Karl-Heinz Reuband

Soziale Determinanten des Drogengebrauchs

Karl-Heinz Reuband

Soziale Determinanten des Drogengebrauchs

Eine sozialwissenschaftliche Analyse des Gebrauchs weicher Drogen in der Bundesrepublik Deutschland

Westdeutscher Verlag

Die Deutsche Bibliothek – CIP-Einheitsaufnahme

Reuband, Karl-Heinz:
Soziale Determinanten des Drogengebrauchs: eine sozialwissenschaftliche Analyse des Gebrauchs weicher Drogen in der Bundesrepublik Deutschland / Karl-Heinz Reuband. – Opladen: Westdt. Verl., 1994
ISBN 978-3-531-12584-8 ISBN 978-3-322-94211-1 (eBook)
DOI 10.1007/978-3-322-94211-1

Der Westdeutsche Verlag ist ein Unternehmen der Verlagsgruppe Bertelsmann International.

Umschlaggestaltung: Horst Dieter Bürkle, Darmstadt

Gedruckt auf säurefreiem Papier

ISBN 978-3-531-12584-8

VORWORT

Der Gebrauch von illegalen Drogen ist in der Bundesrepublik Deutschland seit langem ein Thema öffentlicher Aufmerksamkeit und Diskussion. Die Fülle der Publikationen zur Thematik ist beeindruckend. Und nicht minder beeindruckend ist die Uniformität, mit der bestimmte Deutungen der sozialen Realität in der deutschsprachigen Literatur vorgetragen werden. Viele Aussagen finden fast ungeteilte Zustimmung - Aussagen, die sich auf Trends, Erscheinungsformen und vor allem auf die Ursachen des Drogengebrauchs beziehen. Doch was sich als beeindruckende Gemeinsamkeit darbietet, spiegelt oft mehr soziale Übereinstimmung als empirisch gesichertes Wissen wider. Mutmaßungen und Mythen haben sich in weite Teile der Drogendiskussion eingeschlichen. Dadurch, daß sie ständig wiederholt werden, sind sie zu quasi-wissenschaftlichen "Selbstverständlichkeiten" geworden, die ohne nähere Prüfung übernommen werden. Vermutlich gibt es kaum ein anderes gesellschaftliches Phänomen, bei dem ein verbreiteter Glaube an Kenntnisse so sehr mit grundlegender Unkenntnis verbunden ist.

In der vorliegenden Arbeit unterziehen wir die vorherrschenden Beschreibungen und Deutungen einer genaueren Betrachtung und überprüfen sie auf ihre Brauchbarkeit. Dabei wird versucht, einen neuen Zugang zum Phänomen des Gebrauchs illegaler Drogen (im folgenden synonym auch Drogen- oder Rauschmittelgebrauch genannt) zu finden: Die gewählte Perspektive ist keine individualistische, wie in den meisten deutschsprachigen Arbeiten zum Thema, sondern eine sozialwissenschaftliche. Die Drogenverwendung wird nicht, wie oft in der Vergangenheit, als eine Sache des "Alles oder Nichts" gesehen und untersucht, sondern als das Ergebnis eines sozialen Prozesses - einer "sozialen Karriere" - mit unterschiedlichen Phasen oder Stufen. Statt zu ergründen, wodurch sich Jugendliche mit und ohne Drogenerfahrung voneinander unterscheiden, versuchen wir, den sozialen Prozeß zu erklären, durch den Jugendliche zu Drogenkonsumenten werden.

Wenn wir im folgenden vom "Drogenkonsumenten" oder "Drogenerfahrenen" sprechen, meinen wir deshalb auch nicht notwendigerweise den aktiven oder in seiner Drogenkarriere fortgeschrittenen Drogenkonsumenten. Wir meinen lediglich denjenigen, der schon einmal Erfahrungen mit Drogen gesammelt hat - sei es als Probierer oder Intensivkonsument und unabhängig davon, ob er am Anfang der Drogenkarriere steht oder in seiner Drogenkarriere weiter fortgeschritten ist. Meist handelt es sich bei der von Jugendlichen verwendeten Droge um Cannabis (in Form der Derivate Haschisch oder Marihuana). Der Konsum "harter Drogen", die - wie Heroin - körperliche Sucht erzeugen und schnell in die Abhängigkeit führen, stellt im Gesamtspektrum des Drogengebrauchs eine relative Seltenheit dar und wird in dieser Arbeit nicht näher behandelt. Grundlagen der Untersuchung sind repräsentative Umfragen unter Jugendlichen. Sie ermöglichen es,

Probierer und fortgeschrittene Konsumenten sowie Personen mit und ohne Kontakte zu Beratungsstellen oder zur Polizei zu erfassen.

Die sozialwissenschaftliche Perspektive, die wir anlegen, ist in erster Linie an Theorien aus der Soziologie abweichenden Verhaltens orientiert. Hier sind in der Vergangenheit verschiedene Ansätze entwickelt worden, die zum Teil zu vielversprechenden Forschungsrichtungen geführt haben. Hier aber auch gibt es eine Vielfalt konkurrierender Erklärungen, über deren Brauchbarkeit man bislang wenig aussagen konnte. Zu sehr hat es an einer Konfrontation mit empirischen Befunden und einer vergleichenden Perspektive gefehlt. Zu sehr haben auch wissenschaftliche "Moden" die Diskussion bestimmt und für lange Zeit zu einer Vernachlässigung anderer Ansätze geführt. Indem wir die wichtigsten Theorien aufgreifen und überprüfen, versuchen wir, dieses Defizit zu reduzieren. So gesehen ist diese Arbeit über die spezifische Problematik des Drogengebrauchs hinaus ein allgemeiner Beitrag zur Soziologie abweichenden Verhaltens - und damit auch zur Grundfrage der Soziologie, unter welchen Bedingungen gesellschaftliche Konformität und Abweichung möglich sind.

Die vorliegende Arbeit wurde ursprünglich als Habilitationsschrift an der Wirtschafts- und Sozialwissenschaftlichen Fakultät der Universität zu Köln angenommen. Für die vorliegende Fassung haben wir, soweit dies für die Argumentation von Bedeutung ist, zwischenzeitlich publizierte Befunde aus Untersuchungen zum Drogengebrauch mitverwertet. Besonderer Dank gilt Erwin K. Scheuch für die vielfältige Unterstützung der Arbeit und die Zurverfügungstellung von Ressourcen des Zentralarchivs für empirische Sozialforschung.

INHALTSVERZEICHNIS

TEIL II

EPIDEMIOLOGISCHE AUSGANGSBEDINGUNGEN
Verbreitung und Erscheinungsformen des Drogengebrauchs

TEIL III

DIE SITUATION DES ERSTGEBRAUCHS
Über das Zusammenspiel motivationaler und situativer Einflüsse

TEIL IV

BEDINGUNGEN FÜR DIE HERAUSBILDUNG DER KONSUMBEREITSCHAFT UND DES FORTGESETZTEN DROGENGEBRAUCHS

TEIL V

BEDINGUNGEN FÜR DIE INTERPERSONALE VERMITTLUNG DEVIANTER MOTIVATION
Ausblick und Konsequenzen

EINLEITUNG

Kaum ein anderes Verhalten Jugendlicher hat in den 70er und 80er Jahren in der Bundesrepublik Deutschland so sehr die öffentliche Aufmerksamkeit auf sich gezogen wie der Gebrauch von Haschisch und anderen illegalen Drogen. Viele Beobachter haben die Verwendung dieser Mittel zu einem Schlüsselphänomen für die Einschätzung der Lage Jugendlicher schlechthin deklariert und als das "eigentliche", wichtigste Jugendproblem bezeichnet. Entsprechend dieser Einschätzung gibt es eine Fülle von Publikationen wissenschaftlicher und populärwissenschaftlicher Art zu diesem Thema (vgl. Hefele 1988). Doch trotz der allgemeinen Aufmerksamkeit ist das Wissen spärlich. Praktiker dominieren die Diskussion mit ihren vagen Impressionen, die häufig wie gesicherte "wissenschaftliche" Erkenntnisse behandelt werden.

Wo wissenschaftliche Arbeiten vorliegen, sind sie oft deskriptiv und - mitbedingt durch die starke Beteiligung von Medizinern und klinischen Psychologen - durch eine individualpsychologische Perspektive geprägt. Soziologen und Sozialpsychologen sind kaum vertreten, und so fehlt es weitgehend an der Anwendung und Weiterentwicklung sozialwissenschaftlicher Ansätze. Dies gilt nicht nur für die Bundesrepublik, sondern in gewissem Umfang selbst für die USA, wo die Drogenforschung die längste Tradition hat (vgl. Winfree et al. 1978:3, Kandel 1980:250, McBride and Clayton 1985:513). Doch die beschriebene Art der Diskussion ist in der Bundesrepublik besonders stark akzentuiert.

Die individualpsychologische Sichtweise bestimmte die Situation in der Bundesrepublik von Anfang an. Mediziner und Psychiater waren es, welche die ersten Studien zum Drogenthema in den 60er und frühen 70er Jahren durchführten. Dabei stellte zunächst die eigene Klientel, mit der sie - meist in ambulanten oder stationären Einrichtungen - in Kontakt kamen, die empirische Grundlage dar (z.B. Burchard 1968, Wanke 1971). Später wurden von Medizinern auch repräsentative Befragungen unter Schülern durchgeführt mit Fragestellungen, die über eine rein medizinische oder psychiatrische Betrachtungsweise hinausgingen und die soziale Beeinflussung des Drogenkonsums mit betrafen (z.B. bei Behrendt 1971, Schwarz et al. 1971, Gostomzyk et al. 1973). Soziologen waren lediglich zu Beginn der 70er Jahre etwas stärker an der Forschung und Diskussion beteiligt (z.B. Jasinsky 1971, 1973, Nordalm 1972, Gerdes und Wolffersdorff-Ehlert 1974, Peterson und Wetz 1975). In Übereinstimmung mit der übrigen Forschung zum Thema richtete sich ihr Interesse dabei mehr auf eine Bestandsaufnahme grundlegender Basisdaten als auf eine systematische, analytische Erklärung des Drogengebrauchs. Impulse zu einer sozialwissenschaftlichen Betrachtung des Phänomens gingen von diesen Arbeiten kaum aus und entwickelten sich auch später nicht.

Seit Ende der 70er Jahre ist die Drogenforschung in der Bundesrepublik nur noch Therapieforschung, zum größten Teil betrieben von Medizinern und in steigendem Maße von Psychologen. Epidemiologische und ätiologische - auf Ursachenanalyse hin ausgerichtete - Untersuchungen, die auf Umfragen unter Jugendlichen gestützt sind, werden fast ausschließlich durch Markt- und Meinungsforschungsinstitute nach eigener Konzeption und im Auftrage von Behörden betrieben. Ihre Forschungsberichte sind in der Regel durch wenig elaborierte ad-hoc-Interpretationen geprägt. Sozialwissenschaftliche Ansätze werden nicht oder kaum aufgegriffen. Kontinuierliche Grundlagenforschung fehlt. Die Ergebnisse werden zudem nicht oder nur teilweise publiziert, so daß es zu keiner Rezeption dieser Arbeiten in der Wissenschaft kommen kann (vgl. Reuband 1989b, 1993).

Im Gegensatz zu manchen Darstellungen (z.B. Reimann und Reimann 1987:12) ist nicht einmal in der sozialwissenschaftlich ausgerichteten Jugendforschung das Drogenthema behandelt worden. Und dies trotz der Tatsache, daß das Drogenphänomen weitgehend ein Jugendphänomen war und ist. In keiner der größeren empirischen Jugendstudien aus den 70er, 80er und 90er Jahren wurden Fragen nach der Drogenerfahrung gestellt (siehe u.a. EMNID 1975, 1977, Psydata 1981, 1985, 1992, infas 1982, SINUS 1983, Allerbeck und Hoag 1985). Auch in den meisten neueren Überblicksarbeiten zur Jugend, in denen empirisches Material anderer Erhebungen referiert wird (vgl. u.a. Schäfers 1980, SINUS 1984, Wiebe 1988, Jaide 1988), bleibt dieser Themenbereich - von Ausnahmen abgesehen (Deutsches Jugendinstitut 1985) - ausgespart.

Die Situation ist in anderen Teilbereichen der Soziologie nicht günstiger, obwohl sich hier ein Zugang z.T. geradezu aufdrängt. So befaßt sich Howard Becker, der wie kein anderer die neuere Diskussion über Abweichung und soziale Kontrolle bestimmt hat und zu den am häufigsten zitierten Autoren in der Soziologie abweichenden Verhaltens zählt (Wolfgang et al. 1978:38), in seinem 1963 erschienenen Buch "Außenseiter" ausführlich mit der Genese des Marihuanagebrauchs (die darin enthaltenen Beiträge zum Marihuanagebrauch wurden sogar bereits in den 50er Jahren erstmals publiziert). Man hat diesen Teil seines Werkes in der Folgezeit jedoch kaum oder gar nicht zur Kenntnis genommen und lediglich den Teil über gesellschaftliche Etikettierungsprozesse rezipiert.

Bemerkenswerterweise sind innerhalb der Soziologie abweichenden Verhaltens auch auf der Basis der anderen Theorieansätze nur selten Versuche unternommen worden, die Drogenverwendung zu erklären. Dabei kann kein Zweifel daran bestehen, daß es sich beim Drogengebrauch um eine Variante abweichenden Verhaltens handelt und sich mehrere Theorieansätze in dieser Bindestrichsoziologie zur Erklärung anbieten: Als abweichend gilt in der Soziologie ein Verhalten, das gegen die gesamtgesellschaftlichen Normen verstößt und mit Sanktionen bedroht wird (vgl. Cohen 1966:1, Scheuch und Kutsch 1975:269, Wiswede 1979:12). Gemeint ist damit nicht - wie es mitunter geschieht - eine

Form klinischer Pathologie (so z.B. Schenk 1975:1f.) oder Abweichung von der statistischen Norm (wie bei Jesse 1983:15, Hornung et al. 1983:12). Die Frage der klinischen Normalität kann ebensowenig der Maßstab für die Zuschreibung des Merkmals gesellschaftlicher Abweichung sein wie die Frage der statistischen Verbreitung. Abweichungen von der statistischen Norm sind allenfalls Rahmenbedingungen, welche die Chance einer besonders positiven oder negativen Bewertung begünstigen. Welches Verhalten als "abweichend" definiert wird, ist - wie schon Emile Durkheim deutlich machte - eine Frage gesellschaftlicher Zuschreibung (Durkheim 1964:424).

Daß Drogengebrauch einschließlich des Haschischgebrauchs in der Bundesrepublik unter die Kategorie des abweichenden Verhaltens subsumiert werden kann, daran besteht kein Zweifel: Die Mehrheit der Bevölkerung mißbilligt den Gebrauch moralisch und plädiert für Sanktionen (vgl. infas 1970, Reuband 1988c). Der Besitz und Erwerb ist überdies rechtlich verboten, so daß dem Handeln nicht nur der Charakter des "Abweichenden", sondern auch des "Kriminellen" zukommt. Innerhalb der strafrechtlichen Delikte zählt die Drogenverwendung zur Kategorie der "victimless crimes" (vgl. Geis 1972:105ff.): der Delinquent schädigt durch den Drogengebrauch per se keinen Dritten, allenfalls sich selbst. Dies ändert zwar nichts am Tatbestand der Abweichung. Es ist aber ein Faktum, das unter Umständen den Akteur in seiner moralischen Ambivalenz gegenüber dem Verhalten prägt und ihm das Gefühl gibt, nichts Unrechtes zu begehen.

Im folgenden wollen wir das Phänomen des Drogengebrauchs als eine Form abweichenden Verhaltens analysieren. Dabei greifen wir auf Theorien aus der Soziologie abweichenden Verhaltens zurück. Indem wir diese aufnehmen, z.T. theoretisch weiterentwickeln und empirisch überprüfen, hoffen wir, die besonders im deutschsprachigen Raum verbreitete Diskrepanz zwischen Theorie und Empirie sowohl in der Soziologie abweichenden Verhaltens (Sack 1978:205ff., Wiswede 1979:59) als auch in der Drogenforschung (wo diese Situation in verschärfter Form auftritt) zu reduzieren. Uns interessiert hauptsächlich die mikrosoziologisch ausgerichtete Frage, wie Jugendliche dazu kommen, Drogen auszuprobieren und den Konsum fortzusetzen.

Die makrosoziologisch ausgerichtete Frage, warum der Gebrauch von Substanzen (wie Haschisch) in einigen Ländern als abweichend gilt und strafrechtlich sanktioniert wird, während er in anderen Ländern (und z.T. auch in früheren historischen Epochen) als konformes oder zumindest gesellschaftlich toleriertes Verhalten begriffen wird, klammern wir aus der Diskussion aus (dazu vgl. eingehender u.a. Völger und Welk 1982). Würde man versuchen, diese Variationen in der gesellschaftlichen Bewertung zu erklären, müßte man zum einen der Frage folgen, unter welchen Bedingungen bestimmte Verhaltensweisen als privat oder öffentlich relevant definiert werden (vgl. dazu Scheuch 1971a). Und man müßte zum anderen untersuchen, unter welchen Bedingungen soziale Sachverhalte zum

Phänomen gesellschaftlicher Abweichung und zum Straftatbestand auf der Gesetzesebene werden (vgl. dazu u. a. Becker 1973, Musto 1973).

Analog den ausgewählten Theorien abweichenden Verhaltens setzen wir die Existenz des Drogengebrauchs als Makrophänomen voraus. Seine Entstehung und Ausbreitung auf der Makroebene im einzelnen zu erklären, würde andersgeartete Fragen und Theorien erfordern und uns in andere Richtungen führen. Unsere Analyse auf mikrosoziologischer Ebene setzt ohnehin mit einer Zeit an, in der sich der Gebrauch von Haschisch und anderen Drogen als Massenphänomen längst etabliert hatte.

Basis unserer Arbeit sind repräsentative Umfragen unter Jugendlichen. Das Vorkommen von Drogengebrauch wird hier über ein Instrumentarium im Rahmen von Selbstauskünften ermittelt. Befragungen zur "selbst-berichteten" Delinquenz zählen seit der klassischen Untersuchung von J.F. Short und F.I. Nye (1957) zu den favorisierten Verfahren kriminalsoziologischer Analyse. Über sie ist es möglich, die Defizite der traditionellen Methoden zu überwinden, die aus dem Rückgriff auf offiziell registrierte Auffälligkeiten resultieren. Mit Hilfe repräsentativer Umfragen ist es möglich, ein genaueres Bild der jeweils interessierenden Delinquenz zu entwickeln: nicht nur im Hinblick auf deren Erscheinungsformen und Prävalenz, sondern auch bezüglich der kausal relevanten Einflußgrößen. Solange man sich auf inhaftierte oder in Therapie befindliche Täter beschränkt, muß offenbleiben, ob über deren Charakteristika das Verhalten oder nur die institutionelle Reaktion und Inanspruchnahme erklärt werden können.

Im Gegensatz zur üblichen Forschungspraxis begnügen wir uns nicht mit der Aufteilung in Deviante und Nicht-Deviante, sondern differenzieren diese intern weiter. Ob globale Aufgliederungen angemessen sind und die implizite Annahme einer habitualisierten Abweichung zutreffend ist, bedarf erst der empirischen Prüfung. Wir begreifen den Konsum als das Ergebnis einer "sozialen Karriere" mit mehreren Phasen oder Stufen, in denen neue Entscheidungssituationen anliegen. Ob jemand in dem Verhaltensmuster weiter voranschreitet oder nicht, erscheint aus dieser Sicht nicht allein als das Produkt der vorangegangenen Entstehungsbedingungen, sondern ebenso als das Produkt der jeweiligen Situation, in die er gelangt ist. Ob der Drogengebrauch im Probierstadium verbleibt oder sich daraus ein fortgesetztes Handlungsmuster entwickelt, ist ein zu erklärender Sachverhalt. Entsprechend interessiert vor allem, wie es zum ersten Konsum kommt und von welchen Bedingungen die Fortsetzung des Drogengebrauchs abhängt. Indem wir die Erklärung des abweichenden Verhaltens in dieser Weise konzipieren, wählen wir eine Perspektive, die bereits bei Howard Becker in seinem erstmals 1963 erschienenen Buch "Outsiders" dargestellt worden ist. In der Folgezeit ist sie irreführenderweise und in verkürzter Form mit seiner Ausformulierung des Labeling Ansatzes gleichgesetzt worden.

Die Analyse stützt sich überwiegend auf Daten, die von uns im Rahmen eines Projekts zum Drogen- und Alkoholmißbrauch unter Hamburger Schülern Mitte der 70er Jahre erhoben wurden, sowie auf Daten, die dort im Rahmen vorangegangener Schülerbefragungen gesammelt worden waren. Diese werden im folgenden einer Sekundäranalyse unter Rückgriff auf die Originaldatensätze unterzogen. Zwar stehen uns aus neuerer Zeit prinzipiell ebenfalls Umfragen zur Drogenthematik zur Verfügung - darunter auch eigene, repräsentative Erhebungen auf der Ebene der Gesamtbevölkerung (vgl. u.a. Reuband 1986a, 1988c) - doch ziehen wir im vorliegenden Fall die Hamburger Schülerbefragungen aus zwei Gründen vor:

(1) Zahl der Befragten: Wo immer man sich nicht mit der bloßen Unterscheidung in Konforme und Deviante begnügen, sondern bei den Devianten intern weiter differenzieren will, bedarf es hinreichend großer Befragtenzahlen. Dies gilt im Fall des Drogengebrauchs um so mehr, als nicht nur die Drogenerfahrung an sich schon selten ist, sondern unter den Drogenverwendern überdies der Probierkonsum überwiegt und der mehrmalige Gebrauch die Ausnahme darstellt. Studien mit einer den Hamburger Schülerbefragungen vergleichbar hohen Fallzahl (von über 5.000 Befragten) sind selten. Und wo es sie gibt, sind sie bis vor kurzem für Sekundäranalysen nicht verfügbar gewesen (so z. B. BMJFFG 1983, Infratest 1987, Simon et al 1992).

(2) Theoriebezug der Fragen: Die Hamburger Schülerbefragungen - darunter vor allem unsere eigene - enthalten mehrere Fragen, mit denen man Theorien abweichenden Verhaltens bzw. des Rauschmittelgebrauchs eingehender überprüfen kann. Die Studien zum Drogengebrauch aus späterer Zeit können den Kriterien der von uns intendierten Testung sozialwissenschaftlicher Theorien nicht genügen. Sie eignen sich lediglich zur epidemiologischen Bestandsaufnahme und Beschreibung von Zusammenhängen, allenfalls noch zur Partialprüfung einzelner Theorien. Die Überprüfung konkurrierender Theorien, wie sie hier geplant ist, kann mit diesen Studien nicht vorgenommen werden.

Die Tatsache, daß die verwendeten Daten überwiegend in den 70er Jahren erhoben wurden, ist im vorliegenden Fall kein Nachteil. Gewiß gibt es fast nirgends so sehr den Eindruck eines raschen Wandels wie beim Drogengebrauch: Neue Drogen träten in Erscheinung, andere Konsummuster würden an Prominenz gewinnen. Was heute gilt, träfe morgen vermutlich schon nicht mehr zu (so u.a. Täschner 1981:41). Doch abgesehen davon, daß dieser Eindruck oft auf Täuschungen beruht und Konstanz vielfach das Bild stärker bestimmt als Wandel (wie später im einzelnen noch zu zeigen sein wird, vgl. auch Kreuzer et al. 1981:20), sind aktuelle Daten in unserer Arbeit ohnehin in der Regel nur dort bedeutsam, wo es um die Prävalenz des Drogengebrauchs und die Verbreitung von drogenspezifischen Verhaltensmustern auf der Ebene der Randverteilungen geht. Wir werden der Möglichkeit des Wandels in diesem Bereich durch Heranziehen entsprechender Daten (soweit diese verfügbar sind) Rechnung tragen. Wo aber, wie überwiegend in dieser Arbeit, die Überprüfung von Theorien abweichenden Verhaltens und des Drogenkonsums interessiert und damit die Beziehungen zwischen Variablen im Vordergrund stehen, ist die Aktualität der Daten peripher: Die zu testenden Theorien sind räumlich und zeitlich invariant formuliert. Sie müßten für den hier gewählten Untersuchungsort ebenso gelten wie für die Bundesrepublik insgesamt. Und sie müßten für die Gegenwart ebenso zutreffen wie für die Vergangenheit oder die Zukunft.

Die vorliegende Arbeit verfolgt zwei Ziele: den Drogengebrauch genauer zu analysieren und die wichtigsten Theorien abweichenden Verhaltens zu überprüfen. Dieser Zielsetzung gemäß ist die Arbeit in die folgenden Teile gegliedert:

In Teil I werden die theoretischen und methodischen Grundlagen der Arbeit behandelt. Der in der Literatur am weitesten verbreitete Ansatz zur Erklärung des Drogengebrauchs und die bislang vernachlässigten, konkurrierenden sozialwissenschaftlichen Erklärungsansätze werden vorgestellt. Zugleich legen wir die Vorteile einer Betrachtungsweise dar, in der das Verhalten als Bestandteil einer "sozialen Karriere" begriffen wird. Wir begnügen uns an dieser Stelle mit einem Resümee der grundlegenden Gesichtspunkte, die für das Verständnis der folgenden Analysen von Bedeutung sind. Die detailliertere Diskussion der einzelnen Theorien findet in den Kapiteln statt, in denen sie einer Prüfung unterzogen werden.

In Teil II werden Erscheinungsformen und Trends dargestellt. Beiden kommt eine eigene Bedeutung für das Verständnis des Drogenphänomens zu, aber auch für die Bestimmung der Ursachen: Erscheinungsformen, Trends und Ursachen werden in der Literatur oft als unmittelbar zusammengehörig betrachtet. Aus Erscheinungsformen und Trends wird auf veränderte Ausgangslagen, aus Ursachen auf mögliche Erscheinungsformen und Trends geschlossen. Was uns hier interessiert, ist: Inwieweit handelt es sich beim Drogengebrauch um ein neues soziales Phänomen? Welche Veränderungen haben sich seit den 60er Jahren ergeben? Und welcher Art ist das Gebrauchsmuster? Wenn jede Drogenverwendung, wie in der dominanten Erklärung des Drogenkonsums in der Bundesrepublik behauptet, aus mehr oder minder dauerhaften Problemlagen heraus erfolgt, müßte eine Fortsetzung des Gebrauchs fast schon zwangsläufig sein. Wenn aber der erste Drogengebrauch nicht notwendigerweise zu einer fortgesetzten Verwendung führt, dann stellt sich die Frage, welche Einflußgrößen über die Anfangsmotivation hinaus auf die Art und Häufigkeit des weiter fortgesetzten Konsums einwirken.

In Teil III geht es um den "Einstieg" in den Drogengebrauch (fast immer in Form des Cannabiskonsums). In welcher Situation kommen Jugendliche dazu? Welche Erfahrungen machen sie, und was sind die Konsequenzen für das weitere Handeln? Als Ausgangspunkt verwenden wir Beckers Arbeit zum Marihuanagebrauch (Becker 1973). Sie stellt nach wie vor den theoretisch wichtigsten, gleichwohl auch am stärksten vernachlässigten Beitrag zum Verständnis des Drogengebrauchs dar. Mit der Betonung und Konzeptualisierung situationsspezifischer Prozesse steht Becker in der Tradition des Symbolischen Interaktionismus, in dem eine qualitative Methodologie präferiert wird. Im Gegensatz zu ihm greifen wir zum einen auf standardisierte Verfahren und quantitative Auswertungen zurück; zum anderen verwenden wir eine repräsentative Studie unter Jugendlichen und beschränken uns nicht auf Konsumenten im fortgeschrittenen Stadium des Drogenkonsums.

In Teil IV wird die Frage nach der Genese des langfristigen Drogengebrauchs aufgegriffen. Es wird der Versuch unternommen, in einer komplementären Perspektive zur situationsspezifischen Analyse (wie sie im vorausgegangenen Teil betrieben wurde) ein Erklärungsmodell soziokulturellen Lernens von Abweichung zu entwickeln. In diesem Zusammenhang beziehen wir jene Theorien des Drogengebrauchs bzw. des abweichenden Verhaltens in die Betrachtung ein, in denen Verhalten in situationsübergreifender Weise erklärt wird. Zu diesen Theorien zählen die Erklärung des Drogengebrauchs als Versuch der Selbsttherapie ("Pathologischer Erklärungsansatz") und deren sozialwissenschaftliche "Alternativen": die Kontrolltheorie von Travis Hirschi, die Theorie der differentiellen Assoziation von Edwin Sutherland, Beckers Erklärung des Marihuanagebrauchs sowie der Labeling Ansatz. In diesem Zusammenhang interessiert uns sowohl die Entwicklung der Konsumbereitschaft unter den Nichtkonsumenten als auch die Verfestigung der Abweichung unter den Konsumenten auf der Verhaltens- und der motivationalen Ebene.

In Teil V wird die Frage der Vermittlung von Devianz unter ausgewählten Aspekten behandelt: hier unter dem Gesichtspunkt der Sichtbarkeit von Devianz unter Gleichaltrigen. Sichtbarkeit ist nicht nur ein potentielles Sanktionsrisiko - wie im Labeling Ansatz thematisiert -, sie ist zugleich die Voraussetzung für die Diffusion des abweichenden Verhaltens auf andere Personen. Aber unter welchen Bedingungen ist jemand bereit, die eigene Devianz einzugestehen? Diese Frage blieb bislang in der Soziologie abweichenden Verhaltens ausgeblendet. Aufgrund dessen greifen wir auf Ansätze zurück, die in der allgemeinen Soziologie und in der Kommunikationsforschung ansatzweise entwickelt wurden. Dies ist nicht unbedingt ein Nachteil: Abweichendes Verhalten ist nur eine Variante von sozialem Verhalten. Allgemeine Theorien der Sichtbarkeit gehen im Fall abweichenden Verhaltens mit Implikationen für die Erklärung der Sichtbarkeit einher.

Die hier vorgelegte Arbeit kann auf einer Beschäftigung mit der Thematik des Drogenkonsums und des abweichenden Verhaltens aufbauen, die in den 70er Jahren begann und vom Verfasser seitdem im Rahmen mehrerer Forschungsprojekte fortgeführt wurde (vgl. u.a. Berger et al. 1980, Reuband 1986a, 1988c). Weil einige unserer früheren Analysen, die sich auf die Hamburger Schülerbefragung beziehen, für die jetzige Argumentation und Vorgehensweise unmittelbare Bedeutung haben, wurden Teile daraus für die vorliegende Arbeit mit verwertet. Das gilt primär für Teil III, der sich partiell auf eine Darstellung stützt, die bereits in dem von Thomas Kutsch und Günther Wiswede herausgegebenen Band "Drogenkonsum. Einstieg - Abhängigkeit - Sucht" (Königstein/Ts. 1980, S. 58-85) erschien. Gegenüber der ursprünglichen Fassung sind die Abschnitte in der Art der Fragestellungen und der Datenbasis erheblich verändert und ausgeweitet worden. Der Rückgriff auf frühere Analysen dient nur der breiteren Einordnung der neuen Analysen und ihrer theoretischen Deutung.

TEIL I

THEORETISCHE UND EMPIRISCHE GRUNDLAGEN

KAPITEL I

THEORETISCHE PERSPEKTIVEN IN DER ERKLÄRUNG VON DROGENKONSUM UND ABWEICHENDEM VERHALTEN

1. Der "Pathologische Erklärungsansatz" des Drogengebrauchs als vorherrschende Sichtweise

1.1 Drogenkonsum als Problembewältigung

Drogengebrauch gilt in der maßgeblichen Literatur der Bundesrepublik weithin als Notsignal und Symptom tieferliegender Störungen: Der Konsument ist Problemlagen ausgesetzt, die ihn belasten. Er versucht, ihnen zu entgehen, indem er sich dem Rausch hingibt. Diese Deutung findet sich bereits kurz nach Einsetzen der Haschischwelle, und sie hat bis heute ihre Prominenz behalten. "Vitale und kreative Persönlichkeiten werden keinerlei Bedürfnisse nach künstlichen Himmelfahrten haben", heißt es 1968, als man des Drogenproblems in der Bundesrepublik erstmals gewahr wird (Kühn 1968:43). Und 11 Jahre später wird, mit fast den gleichen Worten, behauptet: Wer die Entwicklungsstufen einer "reifen" Persönlichkeit durchläuft, "bedarf kaum 'künstlicher' Hilfsmittel, wie dies die Drogen darstellen" (Ladewig et al. 1979:10). Diese Sichtweise des Rausches erst einmal als gültig unterstellt, ist es dann nur noch ein kurzer Schritt zur Deutung des Drogengebrauchs lediglich als Ausdruck seelischer Störung. Der Rausch erscheint als derart pathologisch, daß nur pathologische Motive denkbar sind.

Bei dem Urteil, der Drogenkonsum sei ein Mittel der Flucht vor unangenehmen Realitäten, gibt es einen fast universalen Konsens in der Literatur. Wo Unterschiede zwischen den Autoren auftreten, liegen sie weniger im Grundsätzlichen der Beurteilung als in der Bestimmung der Schwellen, von denen ab die Pathologie der Konsummotivation zum Tragen kommt. Für eine ganze Reihe von ihnen ist <u>jeder</u> Konsum, also auch der erste Probierkonsum, Ausdruck einer seelischen Notlage - implizit etwa bei Mader und Sluga, die es als "selbstverständlich" erachten, daß Drogenmißbrauch <u>immer</u> nur Symptom einer Grundstörung ist (Mader und Sluga 1969:353; Hervorhebung von mir). Explizit ausformuliert bei Heckmann, der dem Erstkonsum die Motivlage "Neugier" deutlich abspricht und Problemlagen postuliert: "Nur selten ist es beim Erstkonsum die vielzitierte Neugier, die zum Probieren von Drogen führt. Sieht man näher hin, so findet man <u>stets</u> eine Konfliktsituation, ein psychisches oder soziales Problem, dem der Konsument mit Hilfe der Drogen zu Leibe rücken will" (Heckmann 1980:61; Hervorhebung von mir). Relativ wenige Autoren glauben an unterschiedliche Motivation je nach dem Stadium der Konsumerfahrung und schreiben dem Erstgebrauch eine andere Motivation zu als dem fortgesetzten Gebrauch (z.B. Bundeszentrale für gesundheitliche Aufklärung 1980:7).[1] Doch wie immer auch die Akzente gelegt werden: einig sind sich die Autoren darin, daß das Überschreiten des Probierkonsums auf jeden Fall selbsttherapeutische Bedürfnisse widerspiegelt. Spätestens bei wiederholtem Konsum, so die dominante These, sind seelische Notlagen Ursachen des Handelns.

Die These, nach der persönliche Probleme für den Drogengebrauch verantwortlich sind, hat den Charakter einer offiziell legitimierten Realitätsdeutung erreicht. Sie wird seit langem von den wichtigsten Drogenbeauftragten in der Bundesrepublik vertreten, die auf Bundes- und Länderebene für die staatliche Koordination von Aufklärung, Forschung und Therapie zuständig sind und diese entscheidend prägen (vgl. u.a. Franke 1980a, 1983:406, Heckmann 1980:83). Sie hat längst parteiübergreifende Züge angenommen (vgl. u.a. Landesregierung Nordrhein-Westfalen 1980:2, Fink zit. nach Kölner Stadt-Anzeiger vom 17.2.1986, S.8). Sie wird von therapeutisch Tätigen (wie z.B. von Kinderärzten) ebenso vertreten (Korczak 1987:156) wie von dem erwachsenen oder jugendlichen Teil der Bevölkerung (Nordalm 1972:172, IWEMA 1972:46, Feyerabend 1973:69, Petermann 1974:540, Schenk 1974c:84, Malhotra 1974:264ff.).

Und sie bestimmt schließlich auch das allgemeine Bild des Drogenkonsums in der Wissenschaft. Dabei macht es wenig Unterschied, ob es sich bei den Autoren um therapeutisch im Drogenbereich tätige Wissenschaftler handelt oder um solche, die eher Grundlagenforschung betreiben. Die Deutung ist im Prinzip dieselbe, nur die Akzente variieren (siehe z.B. Stosberg 1981:8, Kastner und Silbereisen 1984:10, Vogt 1985:7).

Man findet die Deutung selbst bei Autoren, die nicht primär aus der Tradition der Drogenforschung her stammen, sondern von soziologischen Paradigmen her - etwa aus der Soziologie abweichenden Verhaltens oder der Jugendsoziologie - zum Thema stoßen. In dieser Hinsicht ist durchaus typisch der 1980 vorgelegte 5. Jugendbericht der Bundesregierung, verfaßt vom Deutschen Jugendinstitut. Als "sozialwissenschaftliche Erkenntnis" wird darin konstatiert, Alkohol- und Drogengebrauch wären "immer Indiz und Symptom für Verhältnisse, die untragbar sind" (Bundesregierung 1980:41). Ähnlich Marlis Buchmann, die in ihrer Arbeit über Konformität und Abweichung im Jugendalter resümierend schreibt, der habitualisierte Gebrauch von illegalen Drogen sei "Ausdruck von sozial und personal indizierten Handlungsproblemen" (Buchmann 1983:149). Oder Klaus Hurrelmann, der in seiner Einführung in die Jugendsoziologie den Gebrauch als eine "nach innen ge-

1 Bei manchen Autoren stehen auch beide Arten von Aussagen an jeweils verschiedenen Stellen innerhalb der gleichen Publikation nebeneinander. Sie werden dieser Widersprüche nicht bewußt - und lassen so die Ambivalenz in der Einschätzung deutlich werden (vgl. z.B. Ladewig et al. 1979:7). Bei anderen Autoren ergeben sich die Widersprüche, wenn man ihre verschiedenen Publikationen vergleicht (so etwa bei Heckmann 1980:61 vs. 1986:188).

richtete, rückzugsorientierte Form der Problembewältigung" beschreibt und die Konsumenten als Personen charakterisiert, die mittels Drogen einer unangenehmen Wirklichkeit zu entfliehen versuchen (Hurrelmann et al. 1985:120; Hurrelmann und Vogt 1985:38).

Wir wollen den Ansatz, der den Drogenkonsum als Versuch der Problembewältigung interpretiert, im folgenden als "Pathologischen Erklärungsansatz" bezeichnen. Es ist kein ausgereifter theoretischer Ansatz, der in der Herleitung seiner Annahme präzise und systematisch ist. Er bleibt in vielen seiner Hypothesen implizit und wird bei den Autoren eher beiläufig in der Art und Weise erkennbar, in der sie Befunde interpretieren. Er wird deutlich in der Weise, in der einzelne Befunde rückwirkend unter eine bestimmte Perspektive subsumiert werden. Er bestimmt die Art der eingebrachten Konzepte und derjenigen, die außerhalb der Betrachtung bleiben. Und er macht sich bemerkbar in der Selektivität, mit der Forschungsbefunde rezipiert und andersartige Deutungen ausgeblendet bleiben. Das Raster der Erklärung bleibt das gleiche und wirkt implizit ein. Es wird nur dort, wo Thematisierungsbedarf besteht, gelegentlich explizit ausgeführt.

1.2 Problemlagen im gesellschaftlichen Kontext

Die Deutung des Drogengebrauchs als Reaktion auf individuelle Probleme gibt bei einer ganzen Reihe von Autoren zugleich die Richtung an, in der die Ausbreitung des Rauschmittelgebrauchs zu erklären ist. Wenn "vitale, kreative Persönlichkeiten" keinerlei Bedürfnisse nach "künstlichen Himmelfahrten" haben, dann müßten sich nach der Logik individualpsychologischer Erklärungen die individuellen Lebensbedingungen geändert haben. Es bedarf der Erklärung, warum seit den 60er Jahren "fast epidemisch ... junge Menschen von dem Drang befallen (werden), sich mit Hilfe von Rauschmitteln in einen krankhaften Ausnahmezustand zu versetzen und sich damit der Realität zu entziehen" (Schmitt et al. 1975:1). Und damit nicht genug: Weil für die meisten Autoren der Drogengebrauch ein Symptom ist, wird die Existenz von Drogen unter Jugendlichen zur Spitze eines Eisbergs deklariert (z.B. Scheidt 1984:140): Das Ausmaß der individuellen Probleme ist größer, als es die Verbreitung des Drogengebrauchs andeutet.

Und das hat Konsequenzen: Die Existenz des Drogenphänomens gerät nun zum "Beweis" einer seelischen Notlage der Jugend schlechthin. Aus einer Ansammlung heterogener Phänomene jugendlichen Verhaltens, deren Zusammenhang mit Problemlagen man ziemlich willkürlich konstruiert, wird schließlich auf eine "Marginalisierung" der Jugend geschlossen (vgl. z.B. Baake und Heitmeyer 1985:10, Schreiber 1986:232). Die individualistische Sichtweise wird, indem sie derart mit gesellschaftlichem Wandel in Beziehung gesetzt wird, durch soziale Faktoren ergänzt. Aber es kommt zu keiner soziologischen Erklärung im engeren Sinne. Die individuellen Problemlagen werden weiterhin als die entscheidenden Mechanismen begriffen und lediglich durch die bloße Behauptung einer sozialen Genese erweitert, die meist auf die Existenz "gesellschaftlicher Deformationserscheinungen" reduziert ist (z.B. bei Bäuerle et al. 1979:16; Bäuerle 1981:17). In der Literatur zum Drogengebrauch gelten derartige Ansätze völlig zu Unrecht als "soziologische" oder "sozialisationstheoretische" Ansätze. Tatsächlich handelt es sich bei ihnen um einen primär individualpsychologischen Ansatz mit mehr oder minder pauschalem Verweis auf die Gesellschaft. Soziale Normen, Interaktionspartner und Erwartungshaltungen in der Umwelt des Akteurs werden nicht thematisiert. Wo von Sozialisation die Rede ist, sind die Bedingungen des Heranwachsens und der Kindheit gemeint, die zur Problembelastung führen, und nicht die sozial vermittelten Inhalte, die das Handeln leiten.

Der Gesellschaftsbezug ist überall dort, wo auf die Gesellschaft Rekurs genommen wird, durchweg global. Man gibt sich damit zufrieden, vermeintliche Mißstände der Gesellschaft mit dem Drogengebrauch global in Beziehung zu setzen und sich auf "plausible" Erklärungen zu beschränken, getreu dem Motto "Nach gesellschaftlichen Bedingungen, die Suchtverhalten provozieren, brauchen wir nicht lange zu suchen" (so explizit Bode 1985:9). Die Logik, der man sich bei dieser Art von Ursachenzuweisung verschreibt, ist dabei oft zirkulär: Sie geht von der Prämisse aus, Menschen müßten Probleme haben, wenn sie zur Droge greifen. In einem nächsten Schritt werden dann die Dinge als Ursache aufgeführt, die man selbst als Problem der Gesellschaft oder als Problemlage der betroffenen Gruppe für plausibel hält. So wie es beim Thema Frauenalkoholismus die Benachteiligung der Frauen in der Gesellschaft ist (Bode 1984, 1985), ist es bei Jugendlichen die Jugendarbeitslosigkeit, steigende Ehescheidungen oder sonst etwas, was als negative gesellschaftliche Erscheinungen empfunden wird.

Der Drogengebrauch eignet sich offenbar vorzüglich, um den eigenen politischen und gesellschaftlichen Vorstellungen von "Gut" und "Böse" - egal, wie sie auch aussehen mögen - einen vermeintlich objektivierbaren Inhalt zu geben. Und nicht selten werden so völlig konträre Merkmale in der Literatur aufgeführt und mit dem Konsum ursächlich verknüpft. Für die einen ist es die Leistungsüberforderung in der Gesellschaft, für die anderen der zu geringe Leistungsdruck. Diffuse und wertgeladene Klischees der traditionellen Kulturkritik (siehe etwa Keup und Torge 1975:54, Ladewig et al. 1979:1, Täschner 1981:39) sind in diesem Zusammenhang weit verbreitet. Inwieweit die jeweiligen Diagnosen langfristiger gesellschaftlicher Veränderung zutreffen, wird in der Regel ebensowenig empirisch geprüft wie die Frage, ob die vermeintlichen oder realen gesellschaftlichen Veränderungen mit dem Drogengebrauch überhaupt in Zusammenhang stehen.

Indem sie Drogengebrauch in unkritischer Weise allein auf "Mißstände" zurückführt, folgt die Drogenliteratur im deutschsprachigen Raum einem Denkmuster, das Kingsley Davis einst als "Evil-causes-evil-fallacy" bezeichnet hat. Albert K. Cohen hat im Hinblick auf die Delinquenzforschung bereits vor Jahrzehnten die Elemente dieses Fehlschlusses herausgearbeitet und kritisiert: Es ist die unbewußte Annahme, daß "Schlechtes" nur durch

"Schlechtes" erklärt werden kann und daß "Schlechtes" wiederum nur "Schlechtes" hervorbringen kann. Diese Denkweise hat zur Folge, daß - so Cohen für seine Zeit - in den meisten Darstellungen fast immer wieder die gleichen desolaten Zustände als Ursachen sozialer Probleme dargestellt werden: Scheidung, Armut, schlechte Bildung etc. Der Grund für diese selbst in der wissenschaftlichen Literatur bestehenden Neigung liege in einer zu starken Übernahme kultureller Selbstverständlichkeiten. Es gelte als kaum denkbar, daß "Schlechtes" auch aus Bedingungen erwachsen könnte, die allgemein als wünschenswert und legitim erachtet werden (Cohen 1962:79). Albert K. Cohen hat damit einen wichtigen, oft übersehenen Aspekt wissenssoziologischer Art benannt. Gleichwohl wäre es sicherlich falsch, bei aller Berechtigung der Kritik in den umgekehrten Schluß zu verfallen und jegliche Möglichkeit zu negieren, soziale Mißstände könnten durch andere Mißstände mitbedingt sein (siehe auch Hirschi 1973:163ff.). Ob dies der Fall ist oder nicht, ist eine empirische Frage. Sie kann angemessen nur im Kontext konkurrierender Erklärungsansätze geklärt werden.

1.3 Gründe für die Dominanz des "Pathologischen Ansatzes"

Mehr als in anderen Bereichen abweichenden Verhaltens gibt es in der Drogenforschung eine starke Dominanz von Praktikern, die Verallgemeinerungen von persönlichen Erfahrungen mit wissenschaftlichem Anspruch vortragen. Es sind dies vor allem Mediziner, Therapeuten und Sozialarbeiter - Personen, deren professionelle Ideologie die "Helfer"-Perspektive ist: Ihre Sichtweise ist einzelfallzentriert, die Klienten werden als von Natur aus hilfsbedürftig gesehen. Statistischen Auswertungen stehen diese Autoren in einer Mischung grundsätzlicher Kritik an einer zu geringen Informationstiefe (siehe etwa Haas 1974:19) und Abscheu gegenüber der "Reduktion" des Menschen auf "bloße" Zahlen ablehnend gegenüber. Die eigenen Beobachtungen werden für brauchbarer gehalten. Die Unmittelbarkeit der eigenen Erfahrung erscheint ihnen als sicherster Beweis (siehe etwa Täschner 1981:39). Das "gleiche Ergebnis wie im Falle von Einzelfallstudien läßt sich zwar - mit entsprechendem Aufwand - auch statistisch erzielen, nur stehen dort am Ende rein abstrakte Zahlenwerte, während bei der kasuistischen Methode immerhin noch das einzelne Schicksal durchschimmert" (Scheidt 1984:18, ähnlich Heckmann 1980:59).

Wer aber meint, Einzelfallbeobachtungen würden genau das gleiche erbringen wie Repräsentativstudien und all das noch um einiges besser, der wird auch allgemein geneigt sein, die eigenen Beobachtungen mit der allgemeinen Realität zu verwechseln. Der eigene, "qualitative" Blick wird zum Gradmesser der Beurteilung. Der eigene Bezugsrahmen strukturiert die Realität und bildet sie, wie wir aus Untersuchungen über psychiatrische Diagnosen wissen, selektiv ab (siehe Kadushin 1968:110ff., Mentzos und Pitrich 1971:152ff.). Wer Probleme als Ursache des Drogenkonsums wähnt, wird so lange fragen, bis er welche gefunden hat. "Sieht man nur näher hin, so findet sich stets eine Konfliktsituation..." (Heckmann 1980:61; Hervorhebung von mir). Solange man intensiv fragen wird, kann man natürlich bei fast jedem Menschen etwas finden, was man als einen Konflikt oder eine Problemsituation klassifizieren könnte. Die Frage ist nur: Als wie schwer werden diese Konfliktsituationen von Betroffenen erlebt, und wie groß sind die Unterschiede zu Nichtkonsumenten? Nur wenn hier nennenswerte Unterschiede bestehen, wird man von Problemen als Korrelaten des Konsums ausgehen können.

Für eine Vielzahl von Autoren liegt die Bedeutsamkeit der Klientenkontakte für die Analyse des Drogenphänomens vor allem darin, daß sich bei diesem Personenkreis die negativen Folgen des Konsums besonders deutlich offenbaren: Die "sichersten Aussagen über Ursachen von Drogengebrauch lassen sich aufgrund anamnestischer Erhebungen mit in Therapie befindlichen Jugendlichen ermitteln" (Saurbier 1980:145). Das entspricht einer unter Medizinern weitverbreiteten Sichtweise, die allein an naturwissenschaftlich-physikalischen Prinzipien ausgerichtet ist und in jedem Einzelfall die allgemeinen Wirkkräfte zu erkennen glaubt - dies um so mehr, je genauer die Fallkenntnis ist. Die möglichen Verzerrungen, die aus der Auswahl erwachsen, bleiben unberücksichtigt.

Dabei kann man im vorliegenden Fall nicht nur davon ausgehen, daß in Beratungsstellen oder Therapieeinrichtungen vor allem Konsumenten anzutreffen sind, die besonders weit in ihrem Konsum fortgeschritten sind und nicht notwendigerweise für die Konsumerfahrenen schlechthin repräsentativ sind. Man kann auch davon ausgehen, daß noch ein weiterer Selektionsfaktor einwirkt, der das Bild verfälscht: Therapeutisch betreute Drogenabhängige weisen nach amerikanischen Untersuchungen mehr Probleme auf als unbetreute - unabhängig davon, ob letztere aus der Drogenszene oder Strafanstalten stammen (vgl. Sutker und Allain 1973:243ff., Penk und Robinowitz 1976:95, O'Donnell et al. 1976:129, Carlin et al. 1978:337ff., Graeven und Graeven 1983:211, Rounsaville und Kleber 1985:1074f.). Wer sich in eine Drogenberatungsstelle oder in Therapie begibt, wählt diesen Weg gewöhnlich nicht allein des Drogengebrauchs, sondern auch anderer Probleme wegen.[1]

1 Nach verschiedenen Untersuchungen aus der Frühzeit der Drogenwelle bilden nicht-drogenbezogene Probleme sogar mehrheitlich den Anlaß der Konsultation (vgl. Hasse und Waldmann 1971, Rusam und Bernhöft 1972:152f.). Demgegenüber ist nach einer neueren Untersuchung unter Drogenabhängigen das Drogenproblem mehrheitlich der Anlaß (Projektgruppe Rauschmittelfragen 1987:28). Dies muß jedoch keinen Wandel in der Lage der Konsumenten darstellen, sondern mag sich aus der Zuweisungspraxis ergeben: mehr und mehr Klienten kommen zur Beratung und Therapie über justiziellen Zwang (Projektgruppe Rauschmittelfragen 1987:31). In dem Maße, wie Gerichte Therapie zu einer Alternative zur Strafe machen, kommen Drogenkonsumenten durch äußeren - und nunmehr allein drogenbezogenen - Druck in die Therapie.

2. Sozialwissenschaftliche Ansätze zur Erklärung von Drogengebrauch und abweichendem Verhalten

2.1 Drogengebrauch als das Ergebnis eines soziokulturellen Lernprozesses: Sutherlands Theorie differentieller Assoziation und Beckers Theorie des Marihuanagebrauchs

Die pathologisierende Sichtweise des Drogenkonsums ist der Soziologie durchaus nicht fremd. Sie findet sich in abgewandelter Form in Theorien wieder, die lange Zeit zu den einflußreichsten der Kriminalsoziologie zählten und Devianz als Folge gesellschaftlicher Spannungen begreifen. Zu ihnen gehören vor allem Mertons Anomietheorie (1938, 1957, 1964), aber auch die Theorie der doppelten Gelegenheitsstruktur von Cloward und Ohlin (1962). Drogengebrauch gilt in beiden Theorien als individuelle Reaktion auf eine sozialstrukturell vorgegebene, emotional unbefriedigende Lage. Zwar beziehen Cloward und Ohlin - mehr als Merton - kollektive Prozesse und Gruppenbindungen in ihre Erklärung mit ein, doch wird bei ihnen gerade im Falle des Rauschmittelgebrauchs der eigenständige Sozialisationseinfluß differentieller Kontakte betont heruntergestuft: Die sozialen Beziehungen haben lediglich instrumentalen und keinen expressiv-solidarischen Bezug. Der Konsument bedarf sozialer Kontakte, aber er bedarf ihrer nur zu Zwecken des Drogenerwerbs. Freundschaftliche Beziehungen werden kaum oder gar nicht eingegangen (vgl. Cloward und Ohlin 1962:285).

In der Betonung individueller Anpassungsprozesse an emotional unbefriedigende Situationen ähneln die Ansätze den heutigen Deutungen des Drogengebrauchs. Der Unterschied liegt lediglich darin, daß nicht auf Problemlagen schlechthin, sondern auf sozialstrukturell bedingte Problemlagen rekurriert wird.[1] Vielleicht hat diese Homologie der Sichtweise die Übernahme des "Pathologischen Erklärungsansatzes" auch unter Soziologen mitbegünstigt. Doch gleichzeitig gibt es in der Soziologie Theorien abweichenden Verhaltens, die eine Alternative zum "Pathologischen Erklärungsmodell" des Drogenkonsums liefern, bislang in der Diskussion jedoch fast völlig ausgeblendet wurden. Sie lassen den Konsum in einer anderen Sichtweise erscheinen: nicht mehr als eine individualistische Reaktion auf eine psychisch belastende Situation, sondern als ein Handeln, das auf sozial geprägte Vorstellungen über sinnvolles Handeln und den damit verbundenen Gratifikationen und Kosten ausgerichtet ist.

Man findet diese Perspektive vor allem in den Theorien, die als "soziokulturelle

---

1 Mit der Konzentration des Interesses auf Unterschichtdevianz schränken sie ihre Erklärungskraft gleichzeitig wieder ein. Und dies mag mit zu ihrer schwindenden Popularität im Laufe der Zeit beigetragen haben. Drogengebrauch als bloßes Unterschichtphänomen zu erklären, wird der heutigen Situation nicht gerecht. Zur Kritik und zu empirischen Befunden siehe Lindesmith und Gagnon (1964), Reuband (1977a), im Fall der Heroinabhängigen siehe Reuband (1979a:97f.), Berger et al. (1980:24ff.). Zur Frage der Schichtverteilung von Kriminalität siehe insbesondere Sack (1978:301).

Lerntheorien" abweichenden Verhaltens aufgefaßt werden könnten (vgl. Cohen 1966). Ihr grundlegendes Charakteristikum ist die Annahme, daß abweichendes Verhalten nach den gleichen Prinzipien wie konformes Verhalten erlernt wird. Die ursprünglichen Motive unterscheiden Deviante und Nicht-Deviante nicht voneinander. Was sie unterscheidet, sind lediglich die im Kontakt mit anderen Personen erlernten Inhalte. Anders als in vielen älteren soziologischen Theorien abweichenden Verhaltens und in den herkömmlichen Deutungen des Drogengebrauchs wird dabei der Gesellschaft nicht ein einheitliches Werte- und Normensystem, sondern ein Pluralismus auf der Ebene unterschiedlicher Gruppen oder sozialer Milieus zugeschrieben.

Wohl am deutlichsten hat diese Perspektive soziokulturellen Lernens Edwin Sutherland erstmals in den 30er Jahren in seiner Theorie der differentiellen Assoziation entwickelt (Sutherland 1947:6ff.). Konformität und Devianz erwachsen danach nicht aus der gesamtgesellschaftlichen, sondern gruppenspezifischen Teilhabe. Je nach Art der dort vorherrschenden Orientierungen resultiert daraus Abweichung oder Konformität. Die individuellen Merkmale haben in diesem Zusammenhang lediglich eine Vermittlerrolle und sind im Zusammenhang mit dem jeweiligen Kontext zu sehen (Sutherland 1947:8). Dies gilt auch für die Motivlagen. Entsprechend müssen Versuche, kriminelles Verhalten aus spezifischen Motiven herzuleiten (wie z.B. aus Eigennutz oder Frustrationen), fruchtlos bleiben, weil sie handlungsunspezifisch sind und ebenso konformes Verhalten erklären können (Sutherland 1947:7, Sutherland und Cressey 1960:74-80, 203).

Kriminelles Verhalten wird nach Sutherland im Rahmen eines verbalen und averbalen Kommunikationsprozesses in Interaktion mit anderen Personen gelernt. Der Hauptteil dieses Lernprozesses vollziehe sich in intimen persönlichen Gruppen ("intimate personal groups"). "Negativ ausgedrückt" bedeutet das - so der Autor -, daß Kinos oder Tageszeitungen einen relativ unbedeutenden Einfluß auf die Genese kriminellen Verhaltens ausüben. Die Prinzipien, die gelernt werden, umfassen (a) die Techniken, um das Verbrechen zu begehen, sowie (b) die spezifische Richtung der Motivation, Rationalisierungen und Einstellungen. Die spezifische Richtung der Motivation und Einstellungen wird über die Definitionen vermittelt, welche die jeweiligen gesetzlichen Bestimmungen als günstig oder ungünstig kennzeichnen. Eine Person wird kriminell - so die zentrale These -, wenn die für die Begehung günstigen Definitionen stärker verbreitet sind als diejenigen, die dazu in ungünstigem Verhältnis stehen.

Sutherlands Theorie der differentiellen Assoziation ist Devianz-unspezifisch. Der Rauschmittelgebrauch nimmt in seinem Erklärungsmodell keinen besonderen Platz ein. Die Situation ist anders bei Howard Becker (1973), der speziell den Weg in den Drogengebrauch in Form des Marihuanagebrauchs zu erklären versucht. Das Besondere an seinem z.T. bereits in den 50er Jahren erstmals publizierten Ansatz ist, daß er der Situation der erstmals ausgeübten Devianz besondere Aufmerksamkeit schenkt und den weiteren Verlauf als abhängig von den Erfahrungen in dieser Situation konzipiert. Ob die zum ersten Mal ausgeübte Devianz überhaupt Gratifikationswert für den einzelnen Akteur hat oder nicht, ist für ihn - anders als üblicherweise unterstellt - eine offene Frage und vom Akteur und dessen "Lernen" und Situationsdefinition mit abhängig. Weil das Marihuana in seiner Pharmakologie relativ schwach ist, ist die Erfahrung seines Gebrauchs und Deutung als angenehm oder unangenehm eine Sache von erlernten Zuschreibungen.

Ein entscheidender Faktor in der Genese von abweichendem Verhalten als stabilem Handlungsmuster liegt für Becker zum einen in der Art der - vor allem in der Erstsituation gemachten - Drogenerfahrungen, zum anderen in dem Prozeß, durch den sich der Konsument von den Kontrollmechanismen der Gesellschaft befreit. Dieser Prozeß der Lösung muß sowohl die äußerlichen als auch die "inneren" Mechanismen sozialer Kontrolle einbeziehen. Als erstes muß im Fall des Drogengebrauchs das Problem der Illegalität bewältigt werden: Aufgrund der Illegalität der Droge ist der Erwerb erschwert und der Gebrauch durch Sanktionsandrohung gekennzeichnet. Als zweites bedarf es der Abschottung des eigenen Verhaltens gegenüber Sanktionen. Als drittes bedarf es einer Ausschaltung der "inneren" sozialen Kontrolle: der gesellschaftlichen Definition des Drogengebrauchs als amoralisch und unerwünscht (Becker 1973:61).

Die Wege zur Bewältigung der drei genannten Probleme führen nach Becker über den Kontakt mit anderen Rauschmittelkonsumenten. Durch den Kontakt mit ihnen gewinnt der Konsument die notwendigen Verbindungen zu "Dealern" und profitiert von dem Vertrauensverhältnis, das er sich im Rahmen der entstandenen Beziehungen aufgebaut hat. Durch den Kontakt mit ihnen vermag er sich der Droge im Beisein oder Umgang mit Gleichgesinnten hinzugeben, ohne der Gefahr der Mißbilligung oder gar Sanktionierung unterworfen zu sein. Schließlich werden dadurch auch "alternative" Definitionen des Rauschmittelgebrauchs - alternativ zu der gesellschaftlich etablierten Sicht - vermittelt und so die traditionellen Konzeptionen des Amoralischen und Gefährlichen abgebaut. Beckers Perspektive verschiebt sich damit von einer rein situationsspezifischen hin zu einer situationsübergreifenden Erklärung. Und indem dies geschieht, nähert sie sich in wesentlichen Elementen der Sutherlandschen Assoziationstheorie an.

Gemessen an den verwendeten Variablen, die den Weg in den Marihuanagebrauch ebnen, kann man Beckers Erklärung primär als eine Variante von Theorien ansehen, die abweichendes Verhalten als einen soziokulturellen Lernprozeß betrachten. Mit Sutherlands Ansatz bestehen mehrere Gemeinsamkeiten in der Substanz, wenn auch nicht in der Benennung der Variablen. Wo Becker vom Erlernen des Zugangs zu Drogen schreibt, könnte man in der Terminologie der Theorie der differentiellen Assoziation von den Techniken sprechen, die zur Ausübung des delinquenten Handelns notwendig sind. Wo er von der

Notwendigkeit schreibt, sich der "internen sozialen Kontrollen" zu entledigen, die abweichendes Verhalten erschweren, hätte man ebenso von der Notwendigkeit sprechen können, "Definitionen" zu erlernen, die Devianz legitimieren.[1]

Sutherlands und Beckers Ansätze stellen nicht die einzig möglichen theoretischen Ausgangspunkte für soziokulturelle Lerntheorien dar. In neuerer Zeit sind weitere Erklärungsansätze hinzugekommen, die spezifisch auf den Drogengebrauch ausgerichtet sind. So formuliert z.B. Ronald Akers die Theorie differentieller Assoziation in eine Lerntheorie um, die nach den Prinzipien des Behaviorismus organisiert ist (Burgess und Akers 1971, Akers 1977). Ebenso wie bei Sutherland nehmen delinquente Freunde und Bekannte eine herausgehobene Stellung ein. Doch wird deren Bedeutung insofern abgewandelt, als sie weniger mit der Vermittlung von Definitionen als direkten Einflüssen assoziiert wird, die über das Imitationslernen und operantes Konditionieren verlaufen. Vielleicht die wichtigste Ergänzung der Assoziationstheorie, die durch diese Umformulierung stärker in das Blickfeld rückt (und durch Becker mitbedingt sein dürfte), sind die nichtsozialen Verstärker, zu denen Akers auch die Rauschmittelerfahrung zählt. Indem Akers allerdings die Drogenwirkung primär als nichtsozialen Verstärker konzipiert, läuft er z.T. Gefahr, die soziale Komponente der Drogenwirkung aus der Diskussion auszuklammern.[2]

Neben der Theorie von Akers stehen die Ansätze von Richard Jessor (1977, 1984) und Denise Kandel (1974). Sie gelten bei manchen Autoren gar als die wichtigsten sozialwissenschaftlichen Theorien des Drogengebrauchs (Rooney und Wright 1982:1274). Ähnlich der differentiellen Assoziationstheorie wird Abweichung als Folge einer Sozialisation in eine deviante Perspektive und deviante Umwelt begriffen. Der Griff zur Droge wird durch Freunde und Bekannte geprägt, das Verhältnis zu den Eltern wirkt zusätzlich ein. Doch was sich als Erklärungselemente findet, ist - was in der Rezeption durchweg übersehen wird - ebenfalls schon in der differentiellen Assoziationstheorie angelegt. Der Unterschied besteht im wesentlichen darin, daß zusätzliche Variablenkomplexe, oft ad hoc

---

1 Diese Gemeinsamkeiten schließen Unterschiede in den Akzenten nicht aus: Becker formuliert im Vergleich zu Sutherland weniger deterministisch als funktionalistisch und ist damit in der Kausalität offener: für ihn bedarf es der Bewältigung spezifischer Probleme, ehe es zur Fortführung der Devianz kommt. Auch wenn er dies nicht explizit als Möglichkeit darstellt, könnte man diese Akzentuierung als aktive Bewältigungsstrategie des Konsumenten verstehen. Im Gesamtkontext der Arbeit scheint uns die sozialisationstheoretische Version freilich die präferierte und auch die sinnvollere zu sein.

2 Er berücksichtigt in unzureichendem Maße, daß beim Haschischgebrauch die Wirkung durch Erwartungen, situative Einflüsse und soziokulturelle Lernprozesse mitgeprägt ist (ähnlich die Kritik von Elliott et al. 1985:34). Die sozialen Verstärker sind mit den nichtsozialen Verstärkern konfundiert. Ein stringenter Test des Einflusses nichtsozialer Faktoren, die gerade für Akers so zentral sind, steht überdies aus. In seinen empirischen Überprüfungen (so Akers et al. 1979:655) verbindet der Autor jeweils die sozialen und nichtsozialen Einflußfaktoren in seinen Operationalisierungen, statt sie als getrennte Variablen zu erfassen und auf ihre Relevanz zu prüfen.

und ohne ausführlichere Diskussion, miteinbezogen werden.[1] Aus diesem Grunde werden wir uns im folgenden auf die Testung der skizzierten "klassischen" Theorien differentieller Assoziation, einschließlich Beckers Theorie des Marihuanagebrauchs, beschränken. Deren Überprüfung hat auch für die anderen Theorien soziokulturellen Lernens Implikationen.

2.2 Struktur und Wirkung interpersonalen Einflusses

Mit der Betonung der Interaktionspartner für die Genese abweichenden Verhaltens thematisieren sowohl Sutherland als auch Becker eine Perspektive, die in der allgemeinen Soziologie erst in späterer Zeit an Bedeutung gewinnt. Anders als in den traditionellen Arbeiten zur Soziologie der Gruppe und anders als von manchen Kritikern unterstellt (siehe etwa Kornhauser 1978:25, 66, 229, 242ff.), sieht Edwin Sutherland den Einfluß der personalen Umwelt in den Beziehungen zu den einzelnen Mitgliedern dieser Umwelt verankert. Sie haben eine unterschiedlich subjektive Bedeutung für den Akteur und üben mit unterschiedlichem Gewicht Einfluß auf ihn aus.

In dieser Hinsicht ähnelt Sutherlands Konzeption späteren Konzeptionen der Soziologie, denen zufolge das Individuum mit seiner "primären Umwelt" eher in Form bilateraler als in Form von Gruppenbeziehungen in Kontakt steht (vgl. Scheuch 1965). In der neueren sozialwissenschaftlichen Diskussion wird auch von einem "sozialen Netzwerk" gesprochen (siehe u.a. Mitchell 1969, Laumann 1973, Schenk 1984, Schweizer 1989). Dabei wird ebenfalls davon ausgegangen, daß es einen Gruppencharakter der Beziehungen - im Sinne eines geschlossenen Systems - nicht notwendigerweise gibt. Er ist lediglich eine von mehreren möglichen Varianten des Netzwerks. Daß Sutherland der Umwelt keinen von Natur aus gegebenen Gruppencharakter zuschreibt, übersehen im übrigen viele seiner Kritiker und kommen (aufgrund vermeintlich konträrer empirischer Befunde) vorschnell zur Überzeugung, der Ansatz sei längst widerlegt.

Ähnlich wie auch Elihu Katz und Paul F. Lazarsfeld (1964:79) sehen Sutherland und Becker den Einfluß der Umwelt auf das Individuum nicht als Ausdruck einer bloßen äußeren Anpassung qua Gruppendruck. Das Individuum wird vielmehr über die ihm

---

1 So wird bei Kandel in den frühen Arbeiten dem interpersonalen Einfluß - insbesondere den Freunden - eine große Bedeutung eingeräumt und eine sozialisationstheoretische Perspektive vertreten (Kandel 1974). Die Perspektive wird später durch andere Variablen, wie das Verhältnis zu den Eltern, ergänzt und in diesem Zusammenhang die Kontrolltheorie Hirschis als Stützung für das eigene Argument zitiert (Kandel et al. 1978:75). Daß sich diese Theorie als ein Gegenprogramm zu den Theorien soziokulturellen Lernens begreift und andere Variablen als relevant spezifiziert, bleibt unbeachtet und undiskutiert. Nicht minder problematisch Jessor und Jessor. Hier werden u.a. Religiosität und Einstellungen zur Devianz konzeptionell unter ein und demselben Erklärungskomplex - "persönliche Kontrolle" - subsumiert (siehe Jessor und Jessor 1977:38), ohne zu bedenken, daß vermutlich zwischen beiden Kausalitätsbeziehungen bestehen und sie nicht Teil desselben Faktors sind. Die deviante Einstellung wird selbst zum Teil die Folge einer reduzierten religiösen Bindung sein.

vermittelten Inhalte geprägt: Es handelt nicht mit der Mehrzahl seiner Interaktionspartner konform, weil es eine Sanktion fürchtet, sondern weil es deren Ansichten teilt. Wenn es bei Sutherland einen direkten Einfluß der Interaktionspartner jenseits der Einstellungsebene gibt, dann allenfalls im Rahmen des Imitationslernens: Der Akteur wird der abweichenden Handlung in der Situation der Ausübung gewahr. So er sich mit den ausübenden Personen als Rollenmodell identifiziert und die ausgeübte Praxis genau beobachtet hat, wird er das Verhalten ausprobieren. Für Howard Becker sind die anderen Akteure dagegen primär als mögliche Sanktionsinstanzen von Bedeutung (von deren Funktion, die Droge zu beschaffen, einmal abgesehen). Für ihn ist es entscheidend, daß der Konsument sich in Anwesenheit anderer ungehindert dem Drogengebrauch zuwenden kann, wenn die anwesenden Personen ebenfalls über Drogenerfahrung verfügen und sein Verhalten tolerieren (vgl. Becker 1973:66).

Wahrscheinlich entfalten Konsumenten - anders als üblicherweise konzeptualisiert - im Bekanntenkreis einen direkten Einfluß auch außerhalb der Situation, in der es zum Drogenkonsum kommt. Wie wir in einer früheren Arbeit im Zusammenhang mit der Erklärung anderer Verhaltensmuster ausgeführt haben (Reuband 1971:548ff.), halten wir die soziale Validierungsfunktion sozialer Kontakte für die vermutlich wichtigste Komponente der Beeinflussung. Sie besagt, daß das Individuum sein Urteil in der Meinung anderer Personen verankert und sich in seinem Verhalten an ihnen orientiert. Wie aus Untersuchungen zur Soziologie der Gruppe bekannt ist, begünstigt bereits die Tatsache, daß positiv bewertete Personen eine bestimmte Meinung vertreten oder spezifisches Verhalten zeigen, bei vielen Individuen die Bereitschaft zu ähnlichem Verhalten. Dies geschieht selbst dann, wenn im Fall von Nonkonformität nicht mit einer Sanktionierung durch die andere Person gerechnet werden muß. Wirksam wird der Einfluß anderer vor allem, wenn die Situation mehrdeutig ist und objektive Beurteilungsmaßstäbe fehlen (Asch 1952:450ff., Katz und Lazarsfeld 1964:53f., Cartwright und Zander 1970:140).

Man hat diesen Einfluß der Gruppe auf die Realitätsdefinition in prinzipiell mehrdeutigen Situationen gelegentlich die "Bestimmungsleistung" der Gruppe (Hofstätter 1965:58ff.) genannt und betont, daß sich Realität oft erst durch sozialen Konsens als "wahr" konstituiert. Nun ist Realitätsabsicherung nichts, was allein in Gruppen stattfindet. Prinzipiell die gleichen Prozesse ereignen sich im Alltag in anderen Kontexten und werden durch Interaktionsbeziehungen begründet - unabhängig davon, ob diese Gruppencharakter haben oder bilateraler Art sind: wer sich mit seiner Umwelt im Einklang glaubt, der fühlt sich subjektiv sicher. Er orientiert sich an wahrgenommenen Standards seiner Umwelt und macht sie zu seinen eigenen (vgl. dazu auch Mead 1968:214, 1987:311, Berger und Luckmann 1967:66,116).

In der Sozialpsychologie wird dieser Prozeß wohl am besten mit den kognitiven Gleichgewichtstheorien erklärt, wo ein Bedürfnis nach Gleichgewicht zwischen dem Akteur, einem Einstellungsobjekt und seinem (bzw. seinen) Interaktionspartner(n) postuliert wird. Wer mit seinem Interaktionspartner eine positive Beziehung unterhält, der empfindet einen Dissens in der Beurteilung eines Einstellungsobjektes als belastend und paßt sich dem - so er die Beziehung für subjektiv relevant einschätzt - tendenziell in seiner Meinung an (vgl. Heider 1958, Newcomb 1969). Die bloße Wahrnehmung der Andersartigkeit der Interaktionspartner wäre aus dieser Sicht bereits eine eigene Art von Realitätsdefinition - eine Definition dessen, was gesellschaftlich im eigenen Milieu "normal" und akzeptiert und was nicht akzeptiert ist. Aus dieser Perspektive könnte man die Sutherlandsche Konzeption der Definitionen ausweiten: sie würde nicht nur Motivationen spezifischer Art, bezogen auf die Folgen des Handelns, umfassen. Sie schlösse die Bewertung des Verhaltens per se durch andere Personen mit ein.[1]

2.3 Hirschis Kontrolltheorie und der Labeling Ansatz als "Alternativen" zu den Theorien soziokulturellen Lernens

Die soziokulturellen Lerntheorien abweichenden Verhaltens, wie sie insbesondere von Edwin Sutherlands Ansatz repräsentiert werden, haben bis in die frühen 60er Jahre hinein die Diskussion in der Soziologie abweichenden Verhaltens nachhaltig bestimmt. In den 60er Jahren sind zwei neue Perspektiven in die Diskussion hinzugekommen, die auf den ersten Blick und nach dem eigenen Selbstverständnis eine geradezu <u>konträre</u> Stellung zu den Theorien soziokulturellen Lernens einnehmen: Hirschis Kontrolltheorie einerseits (Hirschi 1972) und der Labeling Ansatz andererseits.

Hirschis Theorie ist nicht die erste, die auf kontrolltheoretischen Überlegungen aufbaut (vgl. insbesondere Nye 1958; siehe auch Kornhauser 1978). Hirschi ist jedoch der erste, der sie in systematisierter und umfassender Weise entwickelt. Sein Ansatz gilt inzwischen bei vielen als "Meilenstein" (Wiatrowski et al. 1981:525), als die wichtigste theoretische Neuentwicklung in der Kriminalsoziologie überhaupt. Der Schlüssel zum Verständnis von Delinquenz liegt für Hirschi in der Stärke der sozialen Bindung und ihrem Einfluß auf die Umsetzung devianter Impulse. Mehrere Elemente der Bindung (als Bestandteil der unabhängigen Variablen) werden von ihm genannt: "Attachment" beinhaltet die emotionale

---

1 Generell erscheint es uns erwägenswert, die Möglichkeit einer Integration von Befunden der kognitiven Gleichgewichtstheorien mit Überlegungen sowohl des Symbolischen Interaktionismus als auch Sutherlands Theorie differentieller Assoziation zu prüfen. Was bei Sutherland "positive" und "negative" Definitionen sind, sind in der Sprache der kognitiven Gleichgewichtstheorie und Festingers Theorie der Dissonanz (Festinger 1957) "konstante" und "dissonante" Kognitionen. Sie werden in Form einer gewichteten Bilanzierung handlungsrelevant. Entscheidend ist das Überwiegen positiver (konstanter) Definitionen/Kognitionen über negative (dissonante) Definitionen/Kognitionen.

Bindung an Personen und Institutionen - Familie, Schule und Gleichaltrige. "Commitment" beinhaltet das Eingebundensein in soziale Rollen, die im Alltag aufeinander bezogen sind und somit Abweichung indirekt fördern oder erschweren: Wer sich abweichend verhält, gefährdet dadurch einige der hochgeschätzten Bindungen, die er eingegangen ist. Das dritte Element des "Involvement" beinhaltet das zeitliche Eingebundensein in konventionelle Aktivitäten - z.B. in Form der Dauer von Hausaufgaben.[1] Das vierte Element sind die "beliefs" - die Vorstellungen des einzelnen über Recht und Gesetz. Sie zählen in den Theorien kultureller Lernprozesse zu den "Definitionen", die das delinquente Verhalten nahelegen. In der Kontrolltheorie haben sie lediglich die Funktion, das Ausagieren bestehender devianter Impulse zu ermöglichen.

Für Hirschi ist vor allem das erste seiner vier Elemente, das "attachment", für die Erklärung abweichenden Verhaltens von Bedeutung (siehe auch Matsueda 1982:490). Es ist für Jugendliche auf das engste mit dem Elternhaus und der Schule verbunden. Delinquenz ist immer dann wahrscheinlich, wenn die Bindung zu ihnen gelockert wird. Gestörte Beziehungen zu Elternhaus, Schule oder Gleichaltrigen sind danach allein als ein Zeichen für gelockerte soziale Bindungen zu interpretieren und nicht für innerpsychische Leiden, wie im "Pathologischen Erklärunganſatz". Im Gegensatz zur Theorie differentieller Assoziation hat die Gruppe der delinquenten Peers keinen sozialisierenden Einfluß, sondern stellt lediglich ein "Setting" dar, das den Individuen das Ausagieren devianter Impulse ermöglicht (vgl. auch Hirschi und Gottfredson 1980:17).

Gegenüber der Sutherlandschen Theorie der differentiellen Assoziation bietet Hirschi eine Erweiterung in der Art der als relevant erachteten unabhängigen Variablen. Und viele Autoren sehen hierin auch den entscheidenden Erklärungsgewinn. Doch die Unterschiede sind - was fast durchweg übersehen wird - grundlegender: Eine spezifisch motivationale Determiniertheit abweichenden Handelns wird bei Hirschi negiert. Jeder Mensch hat ihm zufolge in gleichem Maße eine Motivation zur Abweichung. Was deviante Akteure von den nichtdevianten unterscheidet, ist lediglich die Tatsache, daß die einen ihre deviante Motivation in Handlung umsetzen und die anderen nicht (Hirschi 1972:10ff.).

Die zweite und wichtigste theoretische Neuentwicklung innerhalb der Soziologie abweichenden Verhaltens, die sich in den 60er Jahren ereignete, stellt der Labeling Ansatz dar. Im Gegensatz sowohl zu den Theorien des soziokulturellen Lernens als auch Hirschis

---

1 Der Gedanke, der dahinter steht, ist der konkurrierender Aktivitäten. Je mehr Zeit jemand in konventionellen Aktivitäten verbringt, desto weniger Zeit hat er für illegale. Dieser Gedanke wird übrigens schon bei Sutherland im Zusammenhang mit seiner Aussage über die Herausbildung von Definitionen angesprochen und ist insofern kein Gegensatz zu dessen Theorie. Viele Aktivitäten, so schreibt Sutherland, sind neutral und haben keine Konsequenzen für die Herausbildung devianter Definitionen. Sie könnten lediglich indirekt für Abweichung von Bedeutung sein, als sie Zeit beanspruchen, so daß während dieser Zeit Kontakte mit kriminellem Verhalten nicht möglich sind (Sutherland und Cressey 1960:78).

Kontrolltheorie wird hier eine den Handlungen vorausgehende Motivation zur Abweichung verneint. Die Abweichung ist eine Sache situativer und damit zufälliger Bedingungen. Die Fortsetzung über die Situation hinaus ist aufgrund der vorherigen individuellen Merkmale überdies keineswegs vorherbestimmt. Ob es zur Fortsetzung und anschließenden Auskristallisation in Form eines stabilen Handlungsmusters kommt, ist stattdessen eine Folge der gesellschaftlichen Reaktion. Sie wirkt auf die Handlungschance und das Selbstbild des devianten Akteurs zurück. Damit verschiebt sich die Perspektive: die Ursachen der Devianz liegen nicht im Akteur, sondern in der gesellschaftlichen Reaktion (und hier besonders in der Reaktion staatlicher Instanzen sozialer Kontrolle).

Der Labeling Ansatz hat in der Soziologie abweichenden Verhaltens innerhalb weniger Jahre einen Siegeszug ohnegleichen angetreten und die älteren Ansätze verdrängt (vgl. Cole 1975:188ff.). Seine Perspektive gilt weithin - bei Anhängern wie Gegnern - als eine völlig neue Art und Weise, sich des Themas gesellschaftlicher Abweichung anzunehmen. Man spricht von einer grundsätzlich andersgearteten Perspektive und glaubt, daß abweichendes Handeln nicht mehr durch Ursachenanalyse ("ätiologische" Analyse) erklärt werden kann, sondern nur durch eine Analyse der Etikettierungsprozesse. Der Labeling Approach ist als "eigenständiger Ansatz mit anderen devianztheoretischen Ansätzen nicht kompatibel, insbesondere nicht mit einem sogenannten ätiologischen Ansatz" (Keckeisen 1974:13, ähnlich Peters 1985:380).

Es ist bezeichnend für die differenzierte Sicht der "Begründer" des Labeling Ansatzes - im wesentlichen Howard Becker und Edwin Lemert[1] -, daß sie sich in späteren Publikationen von der Vulgarisierung ihrer Positionen distanzieren und sich gegen die vorherrschenden Fehldeutungen wehren (vgl. Lemert 1967, 1974, Becker 1973:177ff.). Für sie, so machen sie deutlich, ging es von vornherein nur um eine erweiterte Perspektive: nicht um eine Alternative, sondern eine Ergänzung bisheriger Betrachtungsweisen. In der Tat läßt sich bei Becker bereits in der ursprünglichen Publikation zeigen, daß er es für durchaus legitim hält, Handeln ohne Bezug zur gesellschaftlichen Reaktion als abweichend zu bezeichnen, er benutzt in diesem Fall nur eine andere Form der Begrifflichkeit, die des "rule breaking behavior" (Becker 1973:14,19).

Übersehen wird von den bereitwilligen Rezipienten des "neuen" Ansatzes, die von Inkompatibilität sprechen, überdies, daß Becker gerade in seinem Buch "Außenseiter" ätiologische Fragestellungen am Beispiel des Marihuanagebrauchs aufgreift. Die Folgen der

1 Neben Becker zählen dazu Lemert (1951, 1972), Kitsuse (1962), Erikson (1971), gelegentlich auch Goffman (1959), Scheff (1964). Das erste Buch mit diesem Ansatz erschien zwar schon Anfang der 50er Jahre (Lemert 1951), wurde jedoch - ähnlich wie Tannenbaum (1938) - erst nachträglich unter die Labeling Perspektive subsumiert (vgl. Rains 1975:1ff., Spector 1976:73ff.). Beckers Buch gilt als dasjenige, welches zum ersten Male die Perspektive voll entwickelte.

Etikettierung als "kriminell" werden von ihm nur auf makrosoziologischer Ebene diskutiert - als Folgen für die Lebensumstände und Zugangsmöglichkeiten zu Drogen.[1] Es ist, als gäbe es hier so etwas wie eine komplette Amnesie, ein völliges Nicht-zur-Kenntnisnehmen und Vergessen des "anderen" ätiologischen Teiles des Werkes von Becker.

Die Ausbreitung des Labeling Ansatzes hat die Forschungsthemen innerhalb der Soziologie abweichenden Verhalten grundlegend verschoben. Der Ansatz wurde innerhalb relativ kurzer Zeit zur etablierten Perspektive, wenn nicht gar zur vorherrschenden "Orthodoxie" (Spector 1976:74). Verständlich ist die Geschwindigkeit der Rezeption wohl nur durch ein Zusammenspiel wissenschaftsinterner und wissenschafts<u>externer</u> Entwicklungen: der neue Ansatz deckt sich in seinen radikaleren Auslegungen mit allgemein gesellschaftlichen, politischen Strömungen - Strömungen, welche die Gesellschaftskritik zum Programm erheben und die negativen Aspekte staatlichen Handelns betonen. Für viele Autoren ist der Ansatz eine Art wissenschaftlicher Fortführung politischer Anliegen mit anderen Mitteln, der Labeling Ansatz wird z. T. zum "wissenschaftlichen Heilsersatz" (Wagner 1985:267). Interaktionsbezüge, die zur "Schulenbildung" in Form spezifischer "scientific communities" führen, verstärken die Ausdifferenzierung und Abschottung: Kriminologische Organisationen, die zum Teil in heftigen Konflikten mit den etablierten Organisationen entstehen, gruppieren sich um das neue Paradigma (vgl. Cohen 1974:26f. für England, Kreissel 1985:305ff. für die Bundesrepublik).

Für viele Autoren ist dieser Siegeszug des Labeling Ansatzes die Entstehung und Ausbreitung eines neuen Paradigmas mit grundlegend anderer Perspektive. Viele Autoren, wie z.B. Fritz Sack, begreifen diese Ausbreitung u.a. als eine Funktion des "Versagens" bisheriger Paradigmen (Sack 1972:11). Doch Versagen setzt eine gewisse Auseinandersetzung voraus, und diese fehlt: Das vermeintliche Versagen des alten Paradigmas wird nirgends demonstriert, es findet keine systematische Diskussion älterer kriminalsoziologischer Ansätze statt, die ein neues Paradigma nötig erscheinen lassen.

Und damit sind zugleich gewisse Einseitigkeiten in der weiteren Entwicklung vorprogrammiert. Neue Selbstverständlichkeiten entwickeln sich: der Labeling Ansatz wird von vielen Autoren für "wahr" gehalten und nicht in systematischer Weise empirisch auf seinen Realitätsgehalt überprüft. Die ätiologischen Ansätze bleiben weitgehend ausgeklammert (dazu vgl. auch Akers et al. 1979:636). Weder werden die älteren Theorien

---

1 Diese makrosoziologische Komponente wird oft falsch verstanden. So sieht Clarence Schrag die Beschreibung Beckers der Schwierigkeiten des Drogenzugangs als Stützung des Etikettierungsansatzes, verstanden als mikrosoziologisches Phänomen (Schrag 1971:92). Doch Becker geht auf die individuelle Entwicklung <u>nach</u> der Entdeckung des abweichenden Handelns gar nicht ein. Ebensowenig mag man die Illegalität des Drogengebrauchs als eine Ursache fortgesetzten Konsums begreifen: für Becker setzt diese nur die Rahmenbedingungen. Solange nicht jemand die dadurch bedingten äußeren Kontrollen zu immunisieren vermag, bleibt er konform!

aufgegriffen oder fortgeführt, noch werden neue Ansätze - wie die Kontrolltheorie - in nennenswertem Maße rezipiert.

3. Abweichendes Verhalten als soziale Karriere - Perspektiven und Möglichkeiten der Analyse

3.1 Die interaktionistische Perspektive abweichenden Verhaltens

Drogengebrauch erscheint in den meisten Versionen des "Pathologischen Erklärungsansatzes" als eine Sache des "Alles oder Nichts". Man verzichtet entweder auf Drogen oder nimmt sie. Wer erst einmal dazu gegriffen hat, setzt den Gebrauch fort. Diese Sichtweise ähnelt in starkem Maße den traditionellen, sozialstrukturell orientierten Theorien kriminellen Verhaltens, in denen - wie etwa im Anomieansatz von Merton - ebenfalls eine Sichtweise vertreten wird, die Devianz als etwas auf Dauer Gestelltes ansieht. Howard Becker setzt in seiner Arbeit "Außenseiter" gegen diese vorherrschende Sichtweise eine andersgeartete Perspektive - eine Perspektive, die man als prozessuale ansehen kann: Das Verhalten erscheint nicht als etwas, was auf einmal existent ist und andauert. Es entwickelt sich über Zeit und kann als das Produkt eines komplexen Zusammenspiels von motivationalen und situativen Faktoren und gesellschaftlichen Reaktionsprozessen gesehen werden.

Beckers Perspektive ist die des Symbolischen Interaktionismus und der Chicagoer Schule der 20er Jahre, weswegen Becker auch von manchen Autoren wie David Matza als "Neo-Chicagoer" bezeichnet wird (siehe Matza 1973:46). Es ist die Perspektive, wie sie besonders von William I. Thomas vertreten wurde, der gemeinsam mit Robert E. Park als der "führende" Vertreter der Chicagoer Schule der Soziologie gilt (so Bulmer 1984:2). Menschliches Handeln ist für Thomas immer nur in bezug auf vergangene Erfahrungen und die jeweils aktuelle Situation verstehbar. Ein und dieselbe Erfahrung muß nicht zum gleichen Ergebnis führen (vgl. Volkart 1965:25). Verhaltensschwierigkeiten sind für ihn in der ganzen Bevölkerung verbreitet. "Es ist sicher, daß wir das Abnormale nur im Zusammenhang mit dem Normalen verstehen können in Reaktion zu dem gesamten sozialen Prozeß; denn beide sind Reaktion auf ihn. Eine Situation oder Erfahrung führt bei der einen Person zu einer ganz bestimmten Anpassungsart, bei der anderen führt sie vielleicht zum Verbrechen, bei wieder einer anderen zum Wahnsinn" (Thomas 1965:98).

In seiner Anfang der 50er Jahre und in Teilen später publizierten Magisterarbeit zum Marihuanagebrauch verdeutlicht Becker wohl am besten die spezifische, von Thomas mitgeprägte Perspektive anhand empirischen Materials.[1] In dem Eingangskapitel seines

---

1 In Beckers Publikation fehlen explizite Bezüge zu Thomas. Doch dürfte er von der Perspektive von W.I. Thomas maßgeblich über deren Vermittlung durch Everett C. Hughes beeinflußt worden sein. Er schrieb bei Hughes seine Magisterarbeit: Hughes gilt als der wichtigste Vermittler der theoretischen und methodischen Positionen von W.I. Thomas (siehe Janowitz 1966:10).

Buches "Außenseiter" (erstmals erschienen 1963), in dem Teile seiner Studie zum Marihuanakonsum wieder abgedruckt sind, wird seine Konzeption von Karriereprozessen und deren Begründung gewissermaßen nachgeliefert und elaboriert: Die in der Forschung übliche Korrelationsanalyse - insbesondere in Form der multivariaten Analyse - stellt dabei den Ausgangspunkt seiner Betrachtung dar. Seine Kritik richtet sich gegen die Praxis, alle unabhängigen Variablen in gleichgewichtiger Weise zu berücksichtigen. Statt dessen wird für eine Konzeption plädiert, die den Prozeßcharakter von Handlungsabläufen und die unterschiedliche Bedeutung von Faktoren in unterschiedlichen Phasen berücksichtigt. Jede Stufe oder Phase bedürfe der Analyse: weil das, was in der einen Phase eine relevante Determinante darstelle, in einer anderen Phase schon ohne Bedeutung sein könne.

So bedarf es z.B. bei der Erklärung des Rauschmittelkonsums einer Erklärung, wie jemand in eine Situation gerät, in der sich ihm die Möglichkeit des Rauschmittelerwerbs eröffnet. Es bedarf weiterhin einer Erklärung, warum er sich zum Konsum bereitfindet, wenn er die Gelegenheit dazu hat, und es bedarf darüberhinaus der Erklärung, warum er den Rauschmittelkonsum über den Erstkonsum hinaus fortsetzt. Die Analyse einer jeden Stufe ist somit Bestandteil der Gesamterklärung des resultierenden Handlungsmusters. Um die regelhafte, stufenweise Abfolge von individuellen Handlungsverläufen zu charakterisieren, wählt Becker den Begriff der "Karriere" und bezeichnet die Art der Betrachtung als "sequentielle" Analyse (Becker 1973:23ff.).

Indem Becker den Karrierebegriff verwendet, greift er auf eine Sichtweise zurück, die schon vorher durch Everett C. Hughes im Kontext seiner berufssoziologischen Untersuchungen entwickelt worden ist (vgl. u.a. Hughes 1958) und, angewendet auf verhaltensspezifische Verläufe, Eingang in die Analyse abweichenden Verhaltens gefunden hat. In welcher anderen Weise der Begriff der Karriere nun verwendet wird, beschreibt wohl als erster Erving Goffman Mitte der 50er Jahre (vgl. Goffman 1972:127). Am prägnantesten hat jedoch Albert K. Cohen (1966:42ff.) diese neue Perspektive, wie sie mit der Übernahme interaktionistischer Ansätze nahegelegt wird, herausgearbeitet. Er sieht darin eine Synthese der verschiedenen, bereits in der Literatur vorhandenen Perspektiven, die zwischen der Betonung motivationaler und situativer Momente variieren.

Auf der einen Seite stehen für Cohen die Ansätze, die das Handeln allein als Folge spezifischer Motivation erklären. Die Situationen stellen nur die Rahmenbedingungen dar, die das Ausagieren von Intentionen erleichtern oder erschweren. Die meisten älteren Theorien abweichenden Verhaltens fallen in diese Kategorie ebenso wie die Mehrzahl der psychologischen Theorien, die pathologisches Verhalten zu erklären suchen (siehe dazu auch Ford und Urban 1963:595). Auf der anderen Seite stehen die Ansätze, welche das Handeln primär als Folge der Situation begreifen. Ob sich jemand konform oder deviant verhält, ist aufgrund der Einstellungen und Motivation nicht vorhersagbar. Vor allem

Arbeiten zur Bandendelinquenz und Gruppendynamik zeichnen sich durch eine derartige Sichtweise aus (vgl. Cohen 1966:103).

"Konjunktive" Theorien verbinden beide Aspekte: Handeln wird zum Ergebnis eines Zusammenspiels von Akteur und Situation, wobei die Interaktion als eine einzelne Episode betrachtet wird. Konjunktive Theorien, die längerfristige Verlaufsprozesse thematisieren und den Interaktionsprozeß betonen, über den sich das deviante Handeln in einer Serie von Stufen oder Phasen über Zeit entwickelt, werden von Albert Cohen als "Interaktionsansätze" abweichenden Verhaltens bezeichnet. Es sind keine Theorien im strengen Sinne analog zur Anomietheorie oder Theorie differentieller Assoziation. Es sind Perspektiven, welche mit jeder dieser Theorien prinzipiell vereinbar sind - auch wenn sie mit bestimmten Theorien eher kompatibel erscheinen als mit anderen.

Gemeinsam ist den Interaktionsansätzen die Thematisierung der Offenheit von Entwicklungsverläufen in Abhängigkeit von motivationalen und situativen Randbedingungen. Vier Elemente sind nach Albert K. Cohen (1966:102-104) konstitutiv für die Betrachtungsweise:

(1) Menschliches Handeln geschieht nicht plötzlich und unvermittelt. Es hat eine eigene Geschichte mit verschiedenen Phasen oder Stufen. Obwohl die eine Phase notwendige Voraussetzung für eine andere ist, ist die folgende Phase nicht vollständig durch die vorausgehende determiniert.

(2) Menschliches Handeln wird durch die Person und die jeweilige Situation bestimmt. Es gibt vermutlich keinen Handlungsverlauf, bei dem nicht in Abhängigkeit von der Situation mehrere Pfade hätten eingeschlagen werden können. Und es gibt vermutlich keine Situation, die nicht je nach innerer Orientierung des Akteurs mehrere Reaktionen hervorrufen könnte.

(3) Einige der Umstände, die die Entwicklung des Handlungsgeschehens bedingen, sind von den Ereignissen früherer Phasen unabhängig. Andere sind dagegen, oft unerwartet, Folgen von Ereignissen früherer Phasen.

(4) Die situative Komponente im Interaktionsprozeß besteht hauptsächlich aus dem "feedback", das durch andere Akteure hervorgerufen wird: Wie sich eine Handlung vollzieht, hängt mit davon ab, wer als Zeuge zugegen ist, wer von der Handlung betroffen wird und wie er darauf reagiert.

Das menschliche Handeln ist aus dieser Sicht Folge mehrerer Situationen, die einmal stärker durch motivationale Elemente, ein anderes Mal stärker durch Gegebenheiten der Situation geprägt sind. Der Weg in die Devianz erscheint als Abfolge mehrerer Schritte, die sich einem Baum ähnlich verästeln und Wege eröffnen, die keine Rückkehr erlauben (siehe Cohen 1966:45).

Howard Becker hat in seiner empirischen Analyse des Erstgebrauchs von Marihuana wohl als erster gezeigt, wie eine derartige prozessuale, interaktionistische Analyse in der Soziologie abweichenden Verhaltens aussehen kann. Konsequenzen für die weitere Forschung hat dies nicht gehabt. Die fast vollständige Vereinnahmung des Beckerschen Werkes für den Labeling Ansatz hat dazu geführt, daß diese Teile seiner Arbeit ausgeblendet blieben und der interaktionistische Ansatz abweichenden Verhaltens mit dem Labeling Ansatz unzulässigerweise gleichgesetzt wurde (so z.B. bei Peuckert 1980:219). Der Labeling Ansatz ist indes lediglich eine mögliche Ausgestaltung der interaktionistischen Perspektive.

Bemerkenswerterweise bleibt Becker in der in- und ausländischen empirischen Drogenforschung weitgehend unbeachtet (von Ausnahmen wie Goode 1970 abgesehen). Eine Aufnahme seiner Ansätze und Perspektiven ist nicht einmal dort anzutreffen, wo einer sequentiellen Analyse das Wort geredet wird. Wo es zu Ansätzen einer sequentiellen Analyse kommt, wird stattdessen eine andere Strategie gewählt: Denise Kandel, die am stärksten als Exponentin eines sequentiellen Analyseansatzes gilt, die in der heutigen Literatur zu Drogenverläufen am häufigsten zitiert und deren Ansatz vielfach mit "dem" sequentiellen Ansatz schlechthin gleichgesetzt wird (so z.B. Silbereisen und Kastner 1985), nimmt die Sequenz legaler und illegaler Drogen als Maßstab und klassifiziert die befragten Jugendlichen danach: Personen, die lediglich Alkohol oder Tabak genommen haben, befinden sich danach in der ersten Phase des Drogenkonsums, diejenigen mit zusätzlicher Haschischerfahrung in der nächsten, diejenigen mit LSD oder Weckmittelerfahrung in der übernächsten etc. (Kandel 1975b, Kandel und Faust 1975).

Die Phaseneinteilung gründet sich bei Kandel auf den empirisch nachgewiesenen Zusammenhang, wonach der Alkohol- und Tabakgebrauch dem Einstieg in den illegalen Drogenkonsum in der Regel vorangeht und diesen begünstigt.[1] Unterscheidungen nach dem Ausmaß der illegalen Drogenerfahrung werden bei ihr nicht gemacht - einmalige Marihuanaprobierer werden mit mehrmaligen und intensiven Marihuanaverwendern (solange diese noch nicht auf eine nächste Droge "umgestiegen" sind) auf eine Stufe gestellt. Damit ist nicht die Frage passageren vs. stabilen Konsums das Thema, wie bei Becker,

---

1 Indem sie Substanzen wie Alkohol und Tabak in ihre Betrachtung miteinbezieht, macht sie deutlich, wie sehr die vielfach als Genußmittel betrachteten Substanzen auch einen Drogencharakter haben können. In der Tat haben Alkohol und Tabak in größeren Mengen und über längere Zeit genossen sehr wohl ein physisches (und psychisches) Abhängigkeitspotential. Sie werden deshalb in der medizinischen Literatur gewöhnlich als Drogen klassifiziert (vgl. u.a. Schenk 1975:58ff.). In der Art der Einnahmemotivation jedoch gibt es Unterschiede: Alkohol wie Tabak werden im allgemeinen nicht genommen, um einen Rauschzustand zu erzielen (vgl. auch Reuband 1980b: 80ff). Illegale Drogen werden hingegen in der Regel dazu verwendet, gezielt das eigene emotionale Empfinden und kognitive Erleben zu beeinflussen und einen Rauschzustand zu erleben.

sondern letztlich allein das Phänomen des "Umsteigens" von einer Droge zur anderen. Der Haschischgebrauch wird faktisch einmal mehr so behandelt, als wäre der einmalige Zugriff immer auch ein dauerhafter Zugriff. Die Analyse der Handlungssituationen bleibt außerhalb der Betrachtung. Daß man die Sequenz legaler und illegaler Drogen zu einem Thema machen kann und dies theoretisch sinnvoll ist, sei dabei durchaus konzediert. Nur: Es klärt nicht die Frage, wieso sich einige Personen auf das Ausprobieren der Droge beschränken und andere nicht. Aus dieser Sicht ist Kandels Ansatz gegenüber dem Ansatz von Howard Becker ein Rückschritt.

3.2 Methodische Ansätze zur Analyse prozessualer Verläufe

Das Zusammenspiel von Motivation und Situation zu untersuchen, gilt in der sozialwissenschaftlichen Literatur als eine Domäne interaktionistischer Ansätze und einer "ihr gemäßen" qualitativen Methodologie. Ebenso wird die Einbeziehung der biographischen, prozessualen Perspektive als etwas angesehen, was genuin dem Symbolischen Interaktionismus eigen ist (vgl. z.B. Matza 1973:22). Der Einsatz von Fragebögen und standardisierten Verfahren wird als der Sache nicht gemäß abgelehnt - eine Tendenz, die durch die Entwicklung des Labeling Ansatzes als eine Version interaktionistischer Theorien weiter verstärkt würde (siehe zu letzterem auch Knutsson 1977:96). Dies hat Konsequenzen nicht nur für die eingesetzten Verfahren, sondern auch für die Art der Auswahlstrategien der jeweils interessierenden Population gehabt. Das Verfahren der analytischen Induktion (dazu u.a. Turner 1953, Bühler-Niederberger 1986), das auch bei Becker im Vordergrund steht, zieht unter dieser Perspektive allemal mehr Interesse auf sich als die systematische, quantifizierende Analyse sozialer Verhältnisse und Beziehungsmuster. Qualitative Auswertungen, die wohl etwas über Zusammenhänge, nicht aber deren Stärke und komplexe Interrelation aussagen, herrschen vor.

Doch dieses Vorgehen ist entgegen den üblichen Darstellungen weder theoretisch noch methodisch zwingend. Übersehen wird nicht nur, daß die vielgerühmten Vertreter qualitativer Verfahren sehr wohl quantitativen Verfahren gegenüber aufgeschlossen waren und sie auch praktisch einsetzten. William I. Thomas plädierte ebenso wie Robert Park in gewissem Umfang für statistische Auswertungen gesammelten Materials (Volkart 1965:39, Bulmer 1984:152). George H. Mead war an empirischen, quantitativ angelegten "survey"-Projekten beteiligt (Bulmer 1984:24). Übersehen wird zudem eine andere Tradition, die mit prinzipiell vergleichbarer Perspektive, aber standardisierten und quantitativen Verfahren vorgeht: die Tradition der Columbia-Schule der Soziologie um Paul F. Lazarsfeld - jene Schule, die als der eigentliche Gegenspieler zur Chicagoer Schule gilt.

Für Lazarsfeld, der in der Tradition der deutschsprachigen Psychologie steht, liegt ein wichtiges Problem der Forschung darin, daß sich Entscheidungsprozesse[1] über längere Zeit erstrecken und dadurch die Grenzen bloßer statistischer Analysen (ähnlich wie es auch Becker schreibt) erreicht werden (Lazarsfeld 1975:155): Direkte, offene Fragen, in denen nach den Gründen des Handelns gefragt wird, helfen nicht weiter, weil oft unterschiedliche Aspekte des Entscheidungshandelns genannt werden, jeder dieser Aspekte aber letztlich in das Handeln eingeht. Um die Ursachen zu erfassen, muß man deshalb untersuchen, wie der einzelne dazu gekommen ist, welcher Situation er ausgesetzt war und welche Entscheidungen er zu treffen hatte. Entsprechend muß von vornherein ein Handlungsschema ("accounting scheme") entworfen werden, demgemäß dann im Interview gezielt gefragt wird (vgl. dazu Lazarsfeld 1954, Kornhauser und Lazarsfeld 1955). Das Vorgehen weicht damit grundlegend von den üblichen Arbeiten zur biographischen Methode ab: während dort das Handeln in Erzählungen "hervorgelockt" wird und allenfalls mit einzelnen Fragen eine gewisse Strukturierung vorgenommen wird, wird hier ein Handlungsschema als Raster vorgegeben und in einzelne standardisierte Fragen zerlegt.

Die von Lazarsfeld entworfene Methode zur Rekonstruktion phasenspezifischer Determinanten ist in die Literatur unter dem Begriff "Reason Analysis" eingegangen (dazu Kadushin 1968). Sieht man einmal von wenigen Ausnahmen ab (Rossi 1955, Kadushin 1969), die auf Schüler Lazarsfelds zurückgehen und an der Columbia Universität entstanden, so kann man von einer kumulativen und systematischen Entwicklung dieser Forschungsrichtung trotz anfänglicher Elaborationen jedoch nicht sprechen. An dieser Entwicklung ist Lazarsfeld selbst nicht ganz unschuldig.[2] Doch all dies hätte wohl nicht für die Stagnation ausgereicht, wären nicht für die allgemeine Rezeption zusätzlich erschwerende Momente hinzugekommen: eine Veränderung in der Perspektive der quantitativen Sozialforschung. Sie entwickelte sich im Verlauf der 40er, 50er und 60er Jahre, wie jüngst James Coleman anmerkte, immer mehr weg von der Erklärung des Handelns zur Erklärung von Verhalten. Der absichtsvolle und intentionale Aspekt menschlichen Handelns geriet dadurch zusehends in den Hintergrund. Die Entwicklung statistischer Verfahren förderte diese Praxis, indem die Untersuchung der Kausalität auf die Phase der Analyse und die Konstanthaltung der jeweiligen Randbedingungen eingegrenzt wird (Coleman 1986:1316).

---

1 Die Ursprünge liegen in der deutschsprachigen Psychologie der Jahrhundertwende mit ihrem Interesse an Entscheidungshandeln (siehe Ach 1933, Lazarsfeld 1972) und den Arbeiten von Charlotte und Karl Bühler mit ihren spezifisch biographischen Akzenten (siehe auch Bühler 1959). Über die Bühlers, an deren Wiener Forschungsstelle er einstmals arbeitete, verläuft der Einfluß auf Lazarsfeld.

2 Sein Interesse an der Genese von Handlungen und Wahlakten nimmt in der Folgezeit in den USA einen anderen Weg. Das Panel wird zum Ersatz für die "Reason Analysis" (vgl. Berelson et al. 1954:277ff.), andere Interessen und Arbeitsschwerpunkte schieben sich in den Vordergrund (siehe auch Lazarsfeld 1975: 155, 215). Damit wird die Rezeption in der quantitativen Sozialforschung, für die Lazarsfeld ein herausragender Repräsentant ist, gemindert (in der qualitativen Sozialforschung herrschen ohnehin andere Traditionen vor).

Erst in neuerer Zeit zeichnet sich in der quantitativen Sozialforschung eine gewisse Rückbesinnung auf Entscheidungshandeln und auf die Situation als Einheit der Analyse ab. Es wird vermehrt erkannt, daß bei der bloßen Analyse korrelativer Zusammenhänge den intervenierenden Prozessen, die im Bewußtsein der Akteure und der Situation ihre Grundlage haben, zu wenig Beachtung geschenkt wird. So hat Raymond Boudon, ein Schüler von Paul Lazarsfeld, in einer neueren Arbeit die Notwendigkeit situationsspezifischer Analysen betont. An die Stelle dieses Faktorenschemas müsse ein Entscheidungsschema treten, das das Handeln aus den Präferenzen und Wahrnehmungen der Akteure in einem Handlungskontext erklärbar werden läßt (siehe Boudon 1980:181). Und mit durchaus ähnlicher Argumentation hat Hartmut Esser dafür plädiert, Entscheidungshandeln zum Gegenstand soziologischer Erklärung zu machen. Dies solle die bloße "Variablen"-Soziologie ergänzen bzw. komplettieren (siehe Esser 1987, 1989).

Allerdings ist diese Neubesinnung auf Entscheidungshandeln bislang keine, die an die älteren Ansätze anknüpft: Sie gründet nicht im Symbolischen Interaktionismus oder der "Reason Analysis", sondern eher in utilitaristisch ausgerichteten Wert-Erwartungstheorien. Der Akzent ist zudem ein etwas anderer: Es geht in der Regel weniger um die retrospektive Rekonstruktion von Handlungsabläufen, wie in der "Reason Analysis" und den interaktionistischen Ansätzen abweichender Karrieren. Es geht vielmehr um eine Analyse aktueller Orientierungen und deren Konsequenzen für zukünftiges Verhalten. Wo die Erklärung vergangener Ereignisse und Erfahrungen das Thema ist, scheint die Anknüpfung an die zuvor genannten Traditionen deshalb durchaus sinnvoll.

4. Konzeption und Untersuchungsgang der Arbeit

Im folgenden wollen wir versuchen, die bestehenden Defizite der Drogenliteratur zu reduzieren. Wir wollen klären, inwieweit die vorherrschenden Deutungen der Verbreitung und Erscheinungsformen von Drogengebrauch mit der Realität übereinstimmen und wie sehr Erklärungsansätze aus der Soziologie abweichenden Verhaltens den traditionellen Erklärungsansätzen überlegen sind. Indem wir die eingangs skizzierten, sich z.T. als Gegensätze verstehenden Theorien in die Untersuchung einbeziehen, werden wir zugleich in die Lage versetzt, etwas über deren relative Erklärungskraft auszusagen. Konkurrierende Theorieüberprüfungen dieser Art sind in der Soziologie abweichenden Verhaltens, aber auch in der Soziologie allgemein, bislang spärlich.

Sowohl bei Becker als auch bei Lazarsfeld und seinen Schülern sind (ebenso wie in der gegenwärtigen biographisch orientierten Forschung) die Personen Ausgangspunkt der Analysen, die ein bestimmtes Handeln vollzogen haben. An ihnen wird retrospektiv der Prozeß rekonstruiert, der zum Handeln geführt hat. Zwar wird die Fruchtbarkeit eines Ansatzes betont, der auch jene einbezieht, die andere Pfade gegangen sind (Becker 1973:24, Kadushin 1968:338), doch sind derartige Analysen selten. Solange das zu untersuchende Verhalten sehr selten vorkommt und in Umfragen auch nur schwer zu erfassen ist, stehen Alternativen zu dieser Wahl lediglich von Personen, die den "Endpunkt" der Karriere erreicht haben, in der Tat zumeist auch nicht zur Verfügung.

Der Nachteil dieses Vorgehens ist zum einen, daß die alternativen Pfade, die nicht in das jeweilige Endstadium führen, nicht miterfaßt werden. Manche Personen gehen nur einen bestimmten Weg und schlagen dann eine andere Richtung (zurück in die Konformität oder eine andere Art der Abweichung) ein. Der Nachteil ist zum anderen, daß man die frühen Phasen der Karriere nur aus Sicht derer erfassen kann, die den Weg in das Endstadium der jeweiligen "Karriere" gegangen sind. Das könnte unter Umständen das Bild erheblich verzerren. So kann man über das Ausmaß positiver erster Rauschmittelerfahrung beispielsweise sehr wenig Repräsentatives sagen, wenn man diese Informationen über Gewohnheitskonsumenten erfragt: weil positive Rauschmittelerlebnisse zur Fortsetzung des Konsums zu prädisponieren scheinen. Bei Wahl von Gewohnheitskonsumenten muß das Ausmaß positiver Rauschmittelerfahrung beim Erstkonsum notwendigerweise überschätzt werden.

Angesichts der Selektionsproblematik erscheint es sinnvoll, die Analyse individueller Karrieren durch eine Analyse der einzelnen Karrierephasen zu ergänzen, in denen alle Personen miterfaßt werden, die diese Phase durchlaufen. Weil in diesem Falle keine Selektionsproblematik entsteht, können die sich in der Phase ereignenden Prozesse mitsamt den situationsspezifischen Vorbedingungen und Konsequenzen angemessen erfaßt werden. Geschieht dies in bezug auf die sukzessiv angeordneten Phasen, so würden wir vorziehen, hier von einer sequentiellen Analyse auf der Ebene einzelner Karrierephasen zu sprechen (im Gegensatz zu einer Analyse auf der Ebene individueller Karriereverläufe). Da der "output" der einen Phase zugleich den "input" einer nächsten Phase darstellt, wäre - trotz der getrennt durchgeführten Analyse einzelner Phasen - selbst in diesem Falle eine Verkettung der Phasen prinzipiell möglich;[1] der Sequenzcharakter kann durch geeignete Fragen nach den Vorbedingungen - etwa zur vorherigen Handlungsbereitschaft - und den Konsequenzen der jeweiligen Situation oder Phase hergestellt werden. Die Analyse der Handlungsabläufe erfolgt nach einer Art Baukastenprinzip.

Im folgenden optieren wir für eine derartige sequentielle Analyse auf der Ebene ausgewählter Karrierephasen. Wo es sich um Phasen handelt, die erst noch zu bestimmten Handlungen führen, stellen die Determinanten der ersten Handlung (etwa die Bereitschaft dazu) eine relevante und zu analysierende Variable dar. Wo sich eine Phase über das

---

1 Diese Strategie ist prinzipiell mit einer Paneluntersuchung wie mit einer Querschnittsanalyse vereinbar. Dabei liegt der Vorteil der Panelanalysen darin, daß man den individuellen Verlauf erfassen kann. Anders als von Lazarsfeld in seinen späteren Arbeiten konzipiert (Berelson et al. 1954:277ff.), kann sie seine "Reason Analysis" jedoch nicht ersetzen (vgl. hierzu auch Kapitel IX).

Vorkommen devianter Akte konstituiert, erscheinen diese hingegen in soziale Situationen und konkrete Handlungsabläufe eingebettet von Bedeutung, so daß man Phasen auch als eine Abfolge von raum-zeitlich abgegrenzten Situationen ansehen könnte.[1] Je nach Konzipierung der Phase ist die Zahl derartiger Situationen unterschiedlich groß. In der Probierphase des Drogengebrauchs ist sie, qua Definition, beschränkt. In der fortgesetzten Phase des intensiven Konsums wird man sie höher ansetzen. Unter theoretischen und pragmatischen Gesichtspunkten könnte man sich sogar dafür entscheiden, eine einzelne Handlungssituation zu einer Phase der Drogenkarriere zu erklären. So könnte man den Erstkonsum als eine eigenständige Phase oder Stufe in der Karriere des Jugendlichen sehen und ihr eine eigene Analyse widmen.

Die Wahl einer sequentiellen Analyse als Orientierungsmaßstab findet in zweifacher Weise ihren Niederschlag in dieser Arbeit: Zum einen machen wir die Erstsituation des Drogengebrauchs zum Gegenstand einer Analyse, welche die Dynamik der Situation, die ihr vorangehenden Bedingungen und Konsequenzen zu ermessen versucht. Anders als von Becker konzipiert, arbeiten wir - ähnlich der Lazarsfeldschen "Reason Analysis" - mit standardisierten Fragen. Wir gehen von einem "accounting scheme" aus, einem konzeptuellen Bezugsrahmen, der das Handeln als Ablauf analytisch faßt. Ihm entsprechend wird die Situation in verschiedene Teilaspekte zerlegt, denen dann eigene Fragen gelten.

Zum anderen versuchen wir der sequentiellen Betrachtungsweise insofern gerecht zu werden, als wir die Herausbildung der Konsumbereitschaft unter Nichtkonsumenten und die Herausbildung der Konsumbereitschaft unter den Konsumenten in die Theorietestung einbeziehen. Daß die Konsumbereitschaft eine relevante Variable für den Einstieg in den ersten Drogengebrauch darstellt, belegt unsere Untersuchung der Erstsituation. Der Einsatz multivariater Analyseverfahren in diesem Zusammenhang erfolgt nicht - wie sonst üblich - über Deviante und Nichtdeviante zusammengenommen, sondern getrennt nach Konsumenten und Nichtkonsumenten.

1 Wir folgen mit diesem Verständnis des Begriffs "Situation" Jürgen Friedrichs, der den Raum-Zeit-Bezug zur Bestimmung der Situation auslegt: "Situationen umfassen das Handeln eines oder mehrerer Akteure auf einem angebbaren Raum in einem angebbaren, nicht offenen Zeitraum" (Friedrichs 1974:47).

KAPITEL II

METHODIK DER UNTERSUCHUNG

1. Datenbasis

Als empirische Grundlage dieser Arbeit dient im folgenden überwiegend eine eigene Untersuchung zum Drogengebrauch Hamburger Schüler aus dem Jahre 1975. Sie wird ergänzt um zwei vorangegangene Hamburger Schülerumfragen aus den Jahren 1971 und 1973.[1] Diese "Vorläufer"-Studien, aus denen Fragen repliziert wurden, dienen zur Vertiefung und Erweiterung. Den durch die Replikation gegebenen Vorteil identischer Formulierungen (dazu siehe Duncan 1975, Allerbeck und Hoag 1984) machen wir uns nicht nur zu Zwecken des Zeitvergleichs, sondern insbesondere auch in Form der Kumulation zunutze: wir verfügen dadurch über höhere Fallzahlen, können unter Verwendung retrospektiver Daten nachträglich Zeitreihen auf der Makroebene erstellen. Dies wird besonders dort wichtig, wo es um die Rekonstruktion der "Drogenwelle" geht.

Die drei genannten Studien beziehen sich auf Schüler an Haupt-, Real- und Berufsschulen sowie an Gymnasien von der 8. Klasse (1971:7. Klasse) bzw. dem 1. Berufsschuljahr an aufwärts. Mit einer Fallzahl zwischen rund 4.500 und 5.500 Befragten pro Umfrage (1971 N=4798, 1973 N=5158, 1975 N=5426) zählen sie zu den größten lokalen Untersuchungen zum Drogengebrauch in der Bundesrepublik. Eine große Befragtenzahl ist gerade für die Analyse des Rauschmittelgebrauchs von großer Bedeutung: Drogengebrauch ist ein seltenes Phänomen. Will man nicht nur die Konsumerfahrung per se erfassen, sondern nach dem Ausmaß der Konsumerfahrung differenzieren, bedarf es einer hinreichend großen Befragtenzahl.[2]

Wie bei vielen anderen gesellschaftlichen Phänomenen, die zu einem "sozialen Problem" wurden, setzte auch beim Drogengebrauch Jugendlicher die Forschung erst relativ spät ein;

---

1 Die ersten beiden Erhebungen wurden im Auftrage und mit finanzieller Unterstützung der Hamburger Behörde für Jugend, Schule und Berufsbildung von M. Jasinsky durchgeführt. Unsere eigene dritte Erhebung entstand im Rahmen eines von der Deutschen Forschungsgemeinschaft finanzierten Projekts zum Rauschmittelkonsum am Zentralarchiv für empirische Sozialforschung. Das Projekt wurde von der Deutschen Forschungsgemeinschaft unter der Nr. Sche 77/21 gefördert (Projektleitung Prof. Dr. Erwin K. Scheuch). Die Hamburger Schülererhebungen von 1971, 1973 und 1975 sind im Zentralarchiv für empirische Sozialforschung der Universität zu Köln unter den Nummern 769-771 archiviert.

2 Lediglich die zu Beginn der 70er Jahre durchgeführten Studien aus Schleswig-Holstein (Schwarz 1975), Hessen (Hessisches Kultus- und Sozialministerium 1971) und Nordrhein-Westfalen (Peterson und Wetz 1975) bieten eine vergleichbare Ausgangsbasis, in neuerer Zeit erst wieder die Bundesstudien zum Drogenkonsum im Auftrag des Bundesministeriums für Jugend, Familie, Frauen und Gesundheit (BMJFFG 1983, Infratest 1987, Simon et al. 1992). Im Gegensatz zu den oben zitierten Hamburger Umfragen ist die Brauchbarkeit dieser Studien für die intendierte Theorietestung jedoch gering.

entsprechend ist die Frühphase der Drogenwelle kaum mehr analysierbar. Die 1971er Umfrage stellt im Hamburger Kontext die erste repräsentative Studie für die Schülerschaft dar, die erste Studie in Hamburg unter Schülern überhaupt stammt von 1970.[1] Gegenüber der Erhebung von 1971 hat sie den Nachteil nicht nur einer weitaus kleineren Fallzahl (N=479), sie ist auch in der Repräsentativität beschränkt. Inwieweit man von ihr auf die Gymnasiasten oder gar die Schülerschaft schlechthin generalisieren kann, ist ungewiß. Man tut deshalb gut daran, sie in Vergleichen nicht isoliert, sondern im Kontext anderer Studien zu verwenden. Wir werden auf diese Erhebung, wo sie für unsere Zwecke dienlich ist, partiell zurückgreifen.[2]

Nach unserer eigenen Schülerbefragung von 1975 wurde lange Zeit in Hamburg keine repräsentative Studie mehr zum Drogengebrauch unter Jugendlichen durchgeführt. Erst 1982 und dann wieder 1987 und 1990 kam es, im Kontext umfassender bundesweiter Drogenstudien im Auftrage des BMJFG, dort erneut zu Erhebungen (Infratest 1987, Simon et al. 1992). Statt auf schriftliche Befragungen von Schülern auf Klassenbasis stützen sich diese auf postalische Befragungen der 12-24jährigen bzw. der 12-29jährigen. Aufgrund der relativ niedrigen Befragtenzahl - 1982 und 1987 N = 720 bzw. 623 unter den 12- bis 24jährigen, 1990 gar nur noch N = 401 in dieser Altersgruppe - und der Beschränkung in den Fragestellungen können diese für unsere Zwecke jedoch nur partiell verwendet werden. Soweit verfügbar[3], dienen uns die Ergebnisse sowohl der ersten unrepräsentativen Studie von 1970 als auch der neueren Studien zur Beschreibung von Trends und zur Beurteilung möglicher Veränderungen. Als Ausgangsbasis für eine eingehende Überprüfung der uns interessierenden theoretischen Fragestellungen eignen sie sich nicht.

---

1 Hätte es nicht früher wegen möglicher Widerstände gegenüber einer Schülerbefragung auf seiten der Wissenschaftler Skrupel gegeben, so wäre vermutlich in Hamburg schon 1968 eine Untersuchung durchgeführt worden. Es wäre die erste überhaupt für die Bundesrepublik gewesen, und sie hätte die Expansion des Drogengebrauchs bereits in der Frühphase erfassen können (vgl. Burchard et al. 1972:186). Erst 1970 wurde in Hamburg dann von Burchards Team der ursprüngliche Plan realisiert - freilich auf Gymnasiasten an lediglich vier Schulen beschränkt (Behrendt 1971, Burchard et al. 1972).

2 Neben dieser Studie gibt es noch eine Befragung vom Anfang der 70er Jahre, welche auf mündlichen Interviews beruht (Seelisch 1972). Sie ist für unsere Zwecke nicht verwendbar, da nicht nur die Stichprobe, sondern auch die Ausschöpfung der Studie - noch mehr als die Gymnasiastenuntersuchung - problematisch ist.

3 Die Studie von 1970 ist im Zentralarchiv unter der Nr. 1614 archiviert und wurde einer Sekundäranalyse unterzogen. Für die 1982er Erhebung stand uns der Tabellenband von Infratest (1982) zur Verfügung. Für die 1987er Erhebung stellte uns freundlicherweise Prof. Dr. Heinz Renn (Universität Hamburg) Tabellen, die von uns spezifiziert wurden, zur Verfügung. Eine Auswertung der 1987er Erhebung, die von Renn vorgenommen wurde, liegt in ausgewählten Teilen vor (vgl. Renn 1988). Die Studie von 1990 war zum Zeitpunkt der Erstellung unserer Arbeit nicht für Sekundäranalysen verfügbar. Inzwischen ist sie im Zentralarchiv unter der Nr. 2243 archiviert und ab 1994 erhältlich. Die Zahl der Konsumenten ist in der uns interessierenden Altersgruppe der 14-19jährigen freilich für sinnvolle Analysen und Vergleiche mit den früheren Hamburger Erhebungen zu gering.

2. Durchführung der Erhebungen und Ausfälle

Die 1971 unter Hamburger Schülern durchgeführte Studie, die als Basisstudie für die späteren Schülerbefragungen von 1973 und 1975 dient, stützt sich auf eine mehrstufige geschichtete Zufallsauswahl: als erstes nach dem Bezirk, um für eventuelle regionale Aufgliederungen über hinreichende Fallzahlen zu verfügen. In einem zweiten Schritt erfolgte eine Auswahl nach der Schule und als drittes nach der Klasse. Nur bei den Berufsschulklassen war eine vorherige Auswahl nicht möglich. Weil nicht von vornherein bekannt war, an welchem Tag für welche Klasse Unterricht stattfand, wurden hier die am Tage der Befragung anwesenden Klassen ausgelost (vgl. Jasinsky 1971, 1973). In den partiellen Replikationsstudien von 1973 und 1975 wurde versucht, die gleichen Schulen und Klassenstufen wie in den vorhergehenden Befragungen in die Stichprobe einzubeziehen. Dies geschah mit dem Ziel, gegebenenfalls auch auf der Ebene einzelner Schulen möglichen Wandel feststellen und analysieren zu können. In die Stichprobe einbezogen und befragt wurden 1971 und 1973 Schüler in 44 und 1975 in 64 Schulen. In unserer Hauptdatenquelle, unserer eigenen Erhebung von 1975, betraf dies insgesamt 245 Schulklassen.[1]

Die Datenerhebung erfolgte in Form einer schriftlichen Befragung in Gruppensituation, in der Regel innerhalb des eigenen Klassenraums und dauerte zwei Schulstunden. Sie wurde mit Ausnahme der 1973er Erhebung ohne vorherige Informierung der Eltern und deren explizite Zustimmung durchgeführt (in der Erhebung von 1973 mußten die Eltern im Fall einer Ablehnung eine schriftliche Nachricht an die Schule geben, was die Ablehnungsquote naturgemäß etwas reduziert). Eine Freiwilligkeit der Teilnahme war prinzipiell gegeben, die Anonymität der Angaben ausdrücklich sowohl mündlich als auch im Einleitungstext zum Fragebogen zugesichert. Da bei Anwesenheit des Lehrers einigen Untersuchungen zufolge abweichende Verhaltensweisen tendenziell verschwiegen werden (Devereux 1970:363, Schwenkel 1973:96), wurde in der 1975er Erhebung vorgeschrieben, daß Lehrer während der Befragung nicht in der Klasse anwesend sein sollten.

Als Befragungsleiter, welche die Fragebögen austeilten, mögliche Fragen beantworteten und die Fragebögen anschließend wieder einsammelten, wurden 1971 und 1973 größtenteils Studenten verwandt, wobei sowohl 1973 (Jasinsky 1973:12) als auch 1975 versucht wurde, viele der ehemaligen Mitarbeiter erneut einzusetzen, um deren erworbene Erfahrungen und Kompetenzen zu nutzen. Ergänzt wurde dieser Befragungsstab in der 1975er Erhebung durch Interviewer des Markt- und Meinungsforschungsinstituts, das die Untersuchung organisatorisch betreute (Kehrmann Marktforschung). Da Effekte anwesender "Interviewer" aufgrund des bloßen äußeren Erscheinungsbildes selbst bei schriftlich ano-

1 Da nicht Individuen, sondern Schulklassen befragt wurden, ist prinzipiell ein Cluster-Effekt möglich. Da wir jedoch über eine hohe Anzahl von Klassen verfügen, dürfte sich der Effekt im Rahmen der vorgenommenen Analyse nicht nennenswert in Form einer Verzerrung der Ergebnisse auswirken.

nymen Befragungen nicht ausgeschlossen werden können (vgl. Phillips 1971:29f., zu Alterseffekten bei mündlichen Umfragen siehe Reuband 1985, 1986a), wurde das Alter der Befragungsleiter in der 1975er Erhebung nach oben hin auf etwa 30 Jahre begrenzt. Ferner wurde ihnen empfohlen, sich entsprechend den damaligen Usancen unter Jugendlichen und der Studentenschaft leger und nicht formell zu kleiden.

Die Durchführung dieser Untersuchung gestaltete sich in der Regel komplikationslos. Nur einmal verweigerte eine Klasse geschlossen die Beantwortung der Fragen, in einem weiteren Falle bestand die Direktion der Schule auf der Anwesenheit von Lehrern während der Befragung; die Erhebung wurde daraufhin vom Interviewer abgebrochen. Die Befragung verlief über zwei Schulstunden hinweg in 87% der Befragungen reibungslos, bei 3% ergaben sich Störungen durch einzelne Schüler, bei 2% Störungen durch eine Gruppe von Schülern und bei 2% Störungen durch die ganze Klasse. Zu dieser außerordentlich großen Kooperation mag nicht zuletzt die Tatsache, daß es sich um eine Befragung in der Schulsituation handelte, beigetragen haben: Jugendliche sind es in diesem Kontext durch Klassenarbeiten gewohnt, mehr als eine Schulstunde am gleichen Platz zuzubringen.

Anwesend waren am Tage unserer Befragung 89% der Schüler. Die Ausfallquote von 11% ist an den üblichen doppelt bis dreifach so hohen Ausfallquoten in mündlichen Befragungen gemessen recht niedrig. Das schließt Verzerrungen jedoch nicht völlig aus. Um deren Ausmaß abzuschätzen, haben wir im Rahmen unserer eigenen Erhebung an einer Schule, in der wir auch eine Nachbefragung zur Qualität der Beantwortung vornahmen, über einen Vertrauenslehrer alle Schüler nachträglich zu kontaktieren versucht, die am Tage der Erhebung nicht anwesend waren. Von den 18 Jugendlichen, die zunächst nicht teilgenommen hatten, konnten 15 - und damit die Mehrheit - schließlich doch noch befragt werden. Die Ergebnisse dieser Befragung sprechen - ebenso wie umfrageinterne Analysen der Drogenerfahrung unter Schülern mit unterschiedlicher Häufigkeit des "Schuleschwänzens" (die wir anhand der 1973er Umfrage vornahmen) - für eine Unterrepräsentierung von Drogenkonsumenten unter den befragten Schülern.[1] Doch die ausfallbedingten Verzerrungen scheinen gleichwohl minimal: Bezieht man die Ausfälle in die Gesamtstichprobe mit ein, so kommt man auf einen Wert von 18% für Rauschmittelerfahrung statt 14%, ein Anstieg mithin um lediglich wenige Prozentpunkte.

Das Ergebnis über die Wirkungen des Ausfalls stimmt mit Befunden amerikanischer Schüleruntersuchungen zum Drogenkonsum überein. Auch dort sind Drogenkonsumenten,

1 Unter den Schülern, die am Tage der Hauptbefragung anwesend waren und einen von uns als brauchbar eingestuften Fragebogen abgegeben hatten (N=100), bekundeten 14% Rauschmittelerfahrung. Unter denen, die im Rahmen der Nachbefragung kontaktiert wurden (N=15), gaben 53% Rauschmittelerfahrung an. Überproportional viele unter ihnen gehören zu den Konsumenten mit mehr als 100maligem Konsum: Unter denen der Erstbefragung sind es 2 von 15, unter den "Ausfällen" immerhin 4 von 8.

wie Nachbefragungen und umfrageinterne Analysen zeigen, üblicherweise unter den "Schulschwänzern" überrepräsentiert. Und ebenso wird dort der Gesamtbefund zur Drogenprävalenz kaum oder gar nicht durch die Ausfälle tangiert (Habermann et al. 1972:120, Kandel 1975a:471, Johnston und O'Malley 1985:40). Auswirkungen auf den Zusammenhang mit zentralen, für den "Pathologischen Erklärungsansatz" relevanten Variablen, ergeben sich - wie weitere Analysen unserer Daten zeigen - nicht: Korreliert man unter den Konsumenten das Ausmaß der Drogenerfahrung mit dem Verhältnis zu Elternhaus oder Schule, so wird die Stärke der Zusammenhänge von der Häufigkeit des "Schuleschwänzens" nicht in nennenswertem Maße tangiert.[1]

3. Beantwortungstendenzen und Datenqualität

Ausfälle stellen nur ein mögliches Problem für die Analyse des Rauschmittelgebrauchs dar. Gewichtiger ist das Antwortverhalten derer, die an der Erhebung teilnehmen: Machen sie wahre Angaben oder präsentieren sie sich anders, als sie wirklich sind? Die erste mögliche, wenn auch eher unwahrscheinliche Verzerrung liegt in der Übertreibung der Angaben: Der Befragte mag fälschlicherweise Drogengebrauch angeben - entweder, weil er zu renommieren versucht (was in schriftlichen, anonymen Befragungen keinen Vorteil bringt und deshalb kaum vorkommen dürfte) oder weil er die Aufgabe nicht ernst nimmt und die Untersuchung zu beeinträchtigen versucht.

In der Vergangenheit hat man versucht, derartige Täuschungen primär über die Nennung fiktiver Drogen zu entdecken[2], und oft zusätzlich eine Reihe weiterer Indizien für fragwürdige Datenqualität hinzugezogen. In der 1973er Hamburger Erhebung wurden daraufhin lediglich 30 von 5.169 Fragebögen aussortiert (davon ungefähr 15 offensichtlich von Kindern ausländischer Arbeitnehmer, die aufgrund von Sprachschwierigkeiten unzureichend beantwortete Fragebögen abgaben). In der 1975er Erhebung wählten wir ein besonders intensives und restriktives Vorgehen: Die Überprüfung erfolgt schrittweise nach Eingang der Fragebögen und später noch einmal im Rahmen maschineller Prüfung. Doch trotz intensiver Suche schieden wir nur 91 von 5.517 Fragebögen aus. Das sind nicht einmal 2%.

---

1 Die Korrelationen steigen nicht systematisch mit sinkender oder wachsender Häufigkeit der Unterrichtsmeidung an. Das Verhältnis zum Vater z.B. korreliert unter den Jugendlichen ohne Meidung des Schulbesuchs in der 1973er Erhebung mit r=.12, unter denen mit mehr als sechsmaligem Fortbleiben mit r=.13.

2 Dies entspricht einer restriktiven Handhabung des Problems: Mancher Konsument unterliegt einer Namensverwechslung: er nimmt Ähnlichkeiten in der Begrifflichkeit zwischen den erinnerten und den im Fragebogen aufgeführten Drogen wahr und bejaht fälschlicherweise den Konsum (Kühne 1974:55, Schenk 1974a:63). Die Zahl der Schüler mit Nennung fiktiver Drogen ist meist klein - in der 1973er Erhebung z.B. lediglich 2 Personen (ähnlich niedrig auch die Zahl in anderen Untersuchungen, siehe u.a. Schwarz et al. 1971:229, Jungjohann et al. 1972:37, Hornung et al. 1983:33).

Inkonsistenzen sind ein Hinweis auf ein Antwortverhalten, das in sich problematisch sein könnte. Personen, die von vornherein darauf verzichten, ihre Abweichung einzugestehen und sich konsistent konform geben, wird man dadurch jedoch nicht erfassen können. Manche Autoren geben sich hier recht skeptisch. Sie schätzen die Möglichkeit gering ein, mittels Umfragen überhaupt valide Daten über Abweichung oder zum Drogenkonsum zu erlangen (siehe z.B. Kaiser 1979:158, Täschner und Bort 1987:377). Auf Belege für die Richtigkeit ihres Urteils verzichten diese Kritiker zumeist. Wo sie welche zitieren, wird oft ein puristischer Standpunkt vertreten, der aus der bloßen Existenz von Verheimlichung - mag sie auch nur Minderheiten betreffen - auf eine Unbrauchbarkeit des gesamten Instrumentariums zurückschließt (so z.B. bei Walker 1983). Im Falle des Drogengebrauchs verweisen überdies besonders Therapeuten gerne auf eigene Erfahrungen: wenn sie selbst schon so große Schwierigkeiten haben, valide Angaben zu erhalten, um wieviel mehr müßte dies erst für Interviewer gelten, die keine Therapeuten sind (so z.B. Haas 1974:108).

Die Wirklichkeit ist komplexer. Angaben gegenüber Therapeuten sind nicht notwendigerweise besser, sondern oft schlechter als die gegenüber fremden Interviewern. Schließlich sind Therapeuten häufig der entscheidende Filter, der über die Aufnahme in die Therapie entscheidet und auch später den Verlauf des Behandlungsprogramms bestimmt. Konsumenten werden sich deshalb "verstellen", um dem vermeintlichen oder real geforderten Profil zu entsprechen (siehe auch Aiken 1986:783). Im herkömmlichen Interview sind derartige strategische Anpassungen nicht nötig. Der Vorteil, den die Befragten daraus ziehen könnten, liegt lediglich in einem günstigen Eindruck auf den Interviewer (vgl. Scheuch 1973:68ff.). Im Fall schriftlicher anonymer Befragungen entfällt dies.

Tatsächlich bieten die bisherigen (ausländischen) Untersuchungen zum Antwortverhalten selbst bei mündlichen, nicht anonymen Befragungen in der Regel ein durchaus günstiges Bild. So scheint das Ausmaß an Anonymität in der Regel weniger das Eingeständnis von Drogenkonsum per se zu tangieren, als lediglich das Eingeständnis seiner intensiveren Formen (vgl. u.a. King 1970, Habermann et al. 1972, Luetgert und Armstrong 1973, Ruppen et al. 1973). Umfragen aus den USA, in denen ehemalige Drogenabhängige befragt werden und deren Antworten mit Angaben aus Akten von Therapieeinrichtungen oder amtlichen Stellen überprüft wurden, weisen z. T. ein Eingeständnis des Drogenkonsums in Höhe von 82% oder gar 97% auf (errechnet nach Simpson et al. 1976:13, Robins 1974:13). Überprüfungen von Angaben zum Heroingebrauch anhand von Urinproben erbringen ebenfalls für eine große Mehrheit Übereinstimmung (Bale 1979, Bale et al. 1981).[1]

---

1 Die relativ schlechte Übereinstimmung zwischen Angaben im Interview zum gegenwärtigen Gebrauch und der Urinanalyse in der Untersuchung von Robins (1974), die zunächst wie ein Gegenbefund erscheint, mag weniger etwas mit einer Neigung zur Verheimlichung in Interviews als mit der Unzulänglichkeit mancher

Das Antwortverhalten beim Drogengebrauch scheint demnach ähnlich günstig wie bei anderen Formen abweichenden und strafrechtlich geahndeten Verhaltens. Solange man sich auf Jugendliche beschränkt, kann man offenbar von einer hohen Validität von Angaben über abweichendes Verhalten einschließlich Drogenkonsum ausgehen (vgl. u.a. Gold 1966:39, 1970:22, Chambliss und Nagasawa 1969, Levy 1972, Farrington 1973, Maddux und Desmond 1975, Hardt und Peterson-Hardt 1977, Blakely et al. 1980, Hindelang et al. 1981, Wille 1983, Benson und Holmberg 1985, Hauge 1987). Die Ursachen mögen die gleichen wie bei der Delinquenz selbst sein: Folge einer allgemein hohen Risikobereitschaft unter Jugendlichen und der Tatsache, daß der "Schutzraum Jugend" bei Abweichungen als eine Art Moratorium wirkt. Erwachsene haben demgegenüber mehr zu verlieren. Ihre Neigung, Abweichung zu verheimlichen, ist entsprechend größer: unter denen, die jemals vor Gericht standen, bekannten dies in einer britischen Studie weniger als die Hälfte (Maghew und Hough 1982), während in einer anderen britischen Studie unter Jugendlichen die Quote bei über 90% lag (Blackmore 1974, Farrington 1977:120).

Auf eine hohe Kooperationsbereitschaft und hohe Antwortvalidität in unserer Umfrage deutet auch eine Nachuntersuchung hin, die wir unter einer Auswahl Hamburger Schüler mit Hilfe eines getrennten Fragebogens einige Tage später unternahmen. Danach hatte die große Mehrheit der Befragten nach eigener Auskunft die Fragen ehrlich beantwortet und den Drogenkonsum eingestanden. Die gleiche Nachbefragung zeigt zugleich, daß eine fehlerhafte Beantwortung aufgrund unzureichendem Frageverständnis vermutlich selten vorkam. Von den befragten 115 Schülern gab keiner an, alle oder die meisten Fragen falsch beantwortet zu haben.[1] Der Rest der Befragten gab an, die Fragen der Wahrheit gemäß beantwortet zu haben. Die Ergebnisse der Nachbefragung ähneln denen einer bundesdeutschen Rekrutenbefragung von Josef Schenk, die analog - nur im Rahmen der gleichen Befragung, am Ende des Fragebogens - die Antwortbereitschaft ermittelte und bei 75% der Befragten die Angabe erhielt, alle Fragen wären ehrlich beantwortet worden. Nur 5% schränkten dies für den Drogenteil ein (Schenk 1974c:43).

4. Indikatoren für Konsumbereitschaft und Konsumerfahrung

Im Rahmen der vorliegenden Arbeit stellt die Bereitschaft zum Drogengebrauch und das

---

der Urinanalysen zu tun haben. Analysen von verschiedenen Labors, so scheint es, sind nicht immer zuverlässig (vgl. dazu Savitz 1977, Berkowitz 1977).

1 Die Mehrheit von 75% meinte sogar, alle Fragen ehrlich beantwortet zu haben. Zu den Fragen zum Rauschmittelkonsum bekundete nur einer, Konsum vorgetäuscht zu haben. Unsere Nachuntersuchung zeigt zugleich, daß die Wahrscheinlichkeit von Mißverständnissen, bedingt durch Schwierigkeiten des Frageverständnisses, selbst bei Schülern mit relativ niedriger Beantwortungskompetenz - in der Haupt- und Realschule - gering ist. Lediglich 7 Schüler (6%) kritisierten die Unverständlichkeit der Fragen; fast genau so viele - nämlich 5 Schüler (4%) - hoben ausdrücklich die Verständlichkeit der Formulierungen hervor. Bei den herangezogenen Klassen für die Nachbefragung handelt es sich um eine 8. Klasse Hauptschule, eine 8. Klasse Realschule und zwei 10. Klassen Realschule.

Ausmaß der Drogenerfahrung die primär interessierenden Variablen dar. Die Konsumbereitschaft zu erfassen ist dabei ein relativ komplexes Unterfangen: In der sozialwissenschaftlichen Literatur ist es eine weithin akzeptierte Tatsache, daß Handlungsintentionen späteres Verhalten nur schwach oder gar nicht zu prognostizieren vermögen. Aber es gibt seit einigen Jahren vermehrt auch Belege dafür, daß diese Beziehung nicht notwendigerweise gilt. Sie ist in gewissem Maße eine Funktion der Konzeptualisierung von Handeln: In der Vergangenheit wurde lange Zeit verkannt, daß Handeln situationsspezifisch ausgerichtet ist und Handlungsintentionen situationsspezifisch gemessen werden müssen (siehe dazu besonders Rokeach 1968:109f., Schuman 1972).

Daß eine derart ausgerichtete situationsspezifische Messung Verhalten besser zu prognostizieren vermag als eine rein objektbezogene, dafür gibt es inzwischen zahlreiche Belege (u.a. Schuman und Johnson 1976:171, Ajzen und Fishbein 1977:911, Cialdini 1981:366ff.). Und daß Handlungsintentionen auch im Bereich des Drogengebrauchs prognostische Wirkungen haben, belegen amerikanische Untersuchungen: Wer bekundet, er sei am Drogengebrauch interessiert und zur Einnahme bereit, nimmt später überproportional häufig Drogen (Blum und Ferguson 1970, Lucas et al. 1975:316, Huba et al. 1981, Murray und Erickson 1987). Eine vollständige Umsetzung der Intention und damit eine 100%ige Entsprechung von geäußerter Handlungsbereitschaft und Handeln findet sich jedoch nicht. Und man kann sie auch gar nicht erwarten: viele Jugendliche mögen zum Konsum bereit sein, aber keine Gelegenheit dazu haben. Andere mögen ihre Einstellung zum Konsum im Laufe der Zeit ändern und im Moment der Gelegenheit dazu negativer stehen als noch in der Zeit davor. Wieder andere werden allzusehr durch Ambivalenzen gekennzeichnet sein, als daß sie sich ohne äußere Anstöße zu einem Griff zur Droge durchringen könnten. Die Motivation ist, wie wir an späterer Stelle zeigen werden, neben der Situation eben nur eine Determinante für den ersten Griff zur Droge. Wenn wir die Konsumbereitschaft als eine abhängige Variable betrachten, untersuchen wir mithin die Konsumbereitschaft nur als geäußerte Handlungsintention, die Einfluß auf den Griff zur Droge nimmt, diesen aber nicht voll determiniert.

Die Konsumbereitschaft wird im folgenden über ausgewählte situationsspezifische Handlungsintentionen ermittelt: Dabei werden die Merkmale der Situation thematisiert, die für den Handelnden als relevant angesehen werden können (wie z. B. das Angebot von Drogen durch Freunde). Das Ausmaß der Konsumerfahrung wird in Ermangelung globaler Häufigkeitsmaße über die in Klassen zusammengefaßte Häufigkeit operationalisiert, mit der die einzelnen genannten Drogen eingenommen wurden. Kumuliert ergibt sich ein Wert für das Ausmaß der Drogenverwendung jemals im Leben. Mag man auch diese Kumulation als einen gewissen Nachteil ansehen, weil die Angaben auf einer nachträglichen Zusammenfassung beruhen, so steht dem andererseits der Vorteil konkreterer Bezüge im Prozeß der Erinnerung entgegen: der Befragte nimmt eine substanzspezifische Bilanzierung in Einzelschritten vor, statt von vornherein eine Gesamtbilanzierung abzugeben. Dies dürfte, wie wir aus Untersuchungen über den Erinnerungsprozeß wissen (vgl. u.a. Wessels 1984) die konkrete Erinnerungsleistung insgesamt begünstigen (zur Konstruktion der Variablen siehe Anhang 1).

Die ermittelten Werte für Konsumbereitschaft und Konsumerfahrung werden von uns in den tabellarischen Analysen zu größeren Kategorien zusammengefaßt, in den übrigen Analysen jedoch in ihrer ursprünglichen Form belassen. Obwohl - ebenso wie die meisten anderen verwendeten unabhängigen Variablen - ordinal gemessen, behandeln wir die Variablen in einer Reihe von Analysen wie metrische. Damit werden zwar die strengen Anforderungen an das Meßniveau nicht immer erfüllt, die oft in statistischen Lehrbüchern formuliert sind. Doch haben Erfahrungen gezeigt, daß Verletzungen dieser Anforderungen bei ordinalen Daten in der Regel nur dann größere Auswirkungen haben, wenn eine starke Schiefe in der Antwortverteilung vorherrscht und weniger als vier Antwortkategorien zur Verfügung stehen. Nur dann werden bei Korrelations-, Regressions- und Pfadanalysen die Zusammenhänge nennenswert beeinträchtigt (Bentler und Chou 1987:88, siehe auch Hindelang 1971, Zeller und Levine 1974, Boyle 1976, Scheuch 1976, Allerbeck 1978, Bollen und Barb 1981, Neumann 1982, Johnson und Creech 1983). In der sozialwissenschaftlichen Methodenliteratur überwiegen die Autoren, die - so Erwin K. Scheuch in einem früheren Überblicksartikel - eine Verletzung der Annahmen über das Meßniveau bei vielen Maßzahlen "nicht für sehr gravierend halten und demgegenüber den Gewinn an Aussagekraft für das entscheidende Argument ansehen" (Scheuch 1976:95, vgl. auch Asher 1976:67, Weede 1977:1). Daß diese Verletzung der Annahmen über das Meßniveau selbst bei komplexen Analyseverfahren wie der Pfadanalyse in der Regel keine praktischen Konsequenzen hat, darauf verweisen in einer neueren umfassenden Übersicht auch Peter M. Bentler und Ching-Peng Chou (1987:88). Entsprechend plädieren beide Autoren für ein pragmatisches Vorgehen, welches die Behandlung von ordinalen Daten wie metrische für prinzipiell zulässig erachtet.

TEIL II

EPIDEMIOLOGISCHE AUSGANGSBEDINGUNGEN

Verbreitung und Erscheinungsformen des Drogengebrauchs

KAPITEL III

ENTWICKLUNG UND VERBREITUNG DES DROGENGEBRAUCHS HISTORISCHE VORLÄUFER UND NEUE TRENDS

1. Drogengebrauch im Wandel

1.1 Vom konformen zum abweichenden Verhalten: Wechselnde Einschätzung des Drogengebrauchs und medizinischer "Fortschritt"

Der Konsum von Rauschmitteln - darunter auch von Mitteln, die körperliche Abhängigkeit erzeugen - ist für Deutschland kein neuartiges Phänomen. Rauschmittelkonsum und Rauschmittelabhängigkeit gab es bereits um die Jahrhundertwende und durch das ganze 19. Jahrhundert hindurch. Nur war der Stellenwert des Gebrauchs und die Art der Verbreitung häufig ein anderer als in der Gegenwart. Die Gefährlichkeit des Mittels wurde oft nicht erkannt. Der Gebrauch stellte keine Form der Abweichung von den gesellschaftlichen Normen dar. In dieser Hinsicht ist der Drogengebrauch ein exemplarisches Beispiel für die kulturelle Relativität dessen, was als abweichend begriffen wird: das Verhalten kann das gleiche sein, nur die gesellschaftliche Bewertung ändert sich (dazu siehe Durkheim 1964:71, 1976:94, Becker 1973:14ff.).

Viele, wenn nicht gar die meisten der heutigen Rauschmittel galten zunächst als "harmloses", z.T. sogar "heilendes" Mittel. Haschisch wurde in medizinischen Kreisen Mitte des vorigen Jahrhunderts pharmakologisch eher zu den "Genußmitteln" als zu den Giften gerechnet - es erschien, gemessen an möglichen Vergiftungserscheinungen, manchen Autoren im Vergleich zu Kaffee oder Tee gar als harmloser (siehe Schroff 1978/79:39). Es fand sich als Bestandteil mancher Orienttabake, die in Deutschland und Österreich verkauft wurden (vgl. Behr 1982:165). Und es hatte lange Zeit den Ruf eines Therapeutikums, das aus medizinischen Gründen geboten war. Bis Ende des 19. Jahrhunderts wurde es als Mittel gegen eine Vielzahl von psychischen und somatischen Leiden - von Schlaflosigkeit, Psychosen, spastischem Husten bis hin zu Rheuma - eingesetzt (vgl. Springer 1980:123f., 1982:92ff., Mikuriya 1982: 92ff.). Der rein hedonistische Haschischgenuß scheint im 19. und frühen 20. Jahrhundert demgegenüber relativ selten gewesen zu sein.

Cannabis ist nicht die einzige Droge, die einen Wandel von der gesellschaftlichen Akzeptanz hin zur Abweichung durchläuft. Das weitaus gefährlichere Opium hatte bis Ende des vorigen Jahrhunderts noch stärker den Ruf eines universalen Heilmittels (vgl. Schmitz 1982). Es war Bestandteil verschiedener Arzneien, die in Drogerien und

Apotheken frei erhältlich waren[1], und es hatte im Alltag eine ähnliche Funktion wie heute das Aspirin: Man wendete es bei leichten Unpäßlichkeiten an (siehe Schivelbusch 1980:217, Berridge 1982:2ff.). Suchtgefahren wurden, von einzelnen Ausnahmen einmal abgesehen, lange Zeit nicht wahrgenommen. Und so ist es eine seltsame Ironie der Geschichte, daß in vielen medizinischen Arbeiten zu Beginn des vorigen Jahrhunderts in Deutschland (Franque 1859) ebenso wie z.B. in England (Berrigde 1978:448) Opiate zur Heilung des Alkoholismus empfohlen werden.

Damit zeichnet sich etwas ab, was in der Folgezeit des 19. und frühen 20. Jahrhunderts noch des öfteren geschehen wird: neue Mittel werden zur Bewältigung von Sucht eingeführt, die sich später als ebenso gefährlich, wenn nicht noch gefährlicher erweisen. Das läßt sich zeigen mit der Einführung der Injektionsspritze, von der man anfangs glaubt, sie würde Sucht verhindern (Hansen 1951:31). Es läßt sich weiterhin zeigen beim Heroin (siehe Inciardi 1986:9) und später beim Kokain, mit dessen Hilfe man Morphinismus zu heilen versuchte (Erlenmeyer 1887:155ff.). Ausgetauscht wird lediglich das Mittel, die Abhängigkeit bleibt bestehen. Die Geschichte der Suchtmittel ist so gesehen auch eine Geschichte des medizinischen "Fortschritts" im Kampf gegen die Sucht, wobei der Fortschritt in diesem Fall nicht in der Minderung, sondern nicht selten in der ungewollten Steigerung des Suchtpotentials bestand.

Eine neue Form des Drogengebrauchs zeichnet sich, von Experimenten mit Haschisch in Kreisen von Intellektuellen einmal abgesehen[2], zu Beginn des 20. Jahrhunderts dann in Form des Kokaingebrauchs ab. Ursprünglich Ende des 19. Jahrhunderts als medizinisches Mittel eingeführt, wurde diese Droge in den 20er Jahren schnell zum Symbol eines neuen exotischen Lebensstils. Im Vergleich zum Morphiumkonsum ist die Zusammensetzung der Betroffenen eine andere, hat sich die Alterszusammensetzung verschoben. Als das eigentlich Bedrohliche und Gefährliche wird in der zeitgenössischen Literatur der wachsende Anteil Jugendlicher angesehen (vgl. Joël 1928:63f, vgl. auch Bonhoeffer und Ilberg 1983:74). Das Altersmuster, das später einmal für die Konsumenten der 60er und 70er Jahre kennzeichnend ist, findet sich jedoch noch nicht. Der Drogengebrauch erscheint

---

1 Nach Untersuchungen in Großbritannien (in Islington und Halloway) enthielten 20% aller Verschreibungen zwischen 1840 und 1860 Opiate (Berridge 1978:441). Nach einer Untersuchung in den USA (in Boston) aus dem Jahre 1888, die 35 Apotheken einbezog, enthielten fast 15% aller Verschreibungen Opiate. Unter den Verschreibungen, die dreimal und mehr wiederverwendet wurden, lag der Opiatanteil bei 78%. Andere Untersuchungen aus der gleichen Zeit erbringen ähnliche Verhältnisse für die USA (Way 1982:19). Inwieweit diese Verhältnisse ebenfalls für das Deutsche Reich gelten, ist ungewiß. Unter Umständen stellen die USA und Großbritannien mit ihrer liberalen Opiatverwendung (siehe u.a. Lomax 1973, Berridge 1982) gewisse Ausnahmen dar: Bei England mag das Eingebundensein in den Opiumhandel entscheidend sein und die Verwendung im eigenen Lande begünstigen. In zeitgenössischen Arbeiten wird von einem hohen Opiatgebrauch in USA ausgegangen (vgl. Pohlisch 1931b:6, Bonhoeffer und Ilberg 1983:74f.).

2 In diese Zeit fallen die Haschischexperimente, die Walter Benjamin, Ernst Bloch und ebenfalls Schriftsteller wie z.B.Ernst Jünger unternahmen (siehe Behr 1982:153, Dieckhoff 1982:728ff.).

mehrheitlich als ein Phänomen (vor allem jüngerer) Erwachsener, nicht aber von Jugendlichen.

Die Zeit der Kokainismuswelle blieb von kurzer Dauer. Glaubt man zeitgenössischen Berichten, so flaute sie in der zweiten Hälfte der 20er Jahre ab (Redlich 1929:22, Wissler 1931:139, Schwarz 1953:10). Welche Gründe dafür verantwortlich sind - die Einschränkungen in der legalen Vergabepraxis (siehe z.B. Linz 1948, Hesse 1953:48), verstärkte Polizeimaßnahmen oder Gründe, die weniger mit staatlichen Maßnahmen als mit Veränderungen in den Lebensbedingungen oder dem Image der Droge zu tun haben -, ist ungewiß. Von einer nennenswerten Verbreitung zu späterer Zeit kann nicht gesprochen werden. Hamburg macht in dieser Hinsicht vermutlich keine Ausnahme (Redlich 1929:29). Was in Hamburg in den 20er und frühen 30er Jahren etwas stärker existierte als anderswo, ist - mitbedingt durch den chinesischen Einwohneranteil im Vergnügungsviertel St. Pauli und durch ausländische Seeleute - das gelegentliche Rauchen von Opium (siehe Redlich 1929:48, Skrentny 1986:166) und der Gebrauch von Heroin (Kohfahl 1926:85, Pohlisch 1931b:485, Helweg 1951:325). Wie sehr sich daraus eine auskristallisierte Drogenszene entwickelt hat und welche Personenkreise davon primär betroffen waren, ist unbekannt.

1.2 Die neue Drogenwelle der 60er Jahre und ihre veränderte Rekrutierungsbasis

Nach Ende des 2. Weltkrieges prägt zunächst lange Zeit wieder der traditionelle Typus des Süchtigen das Bild des Drogenkonsumenten: Kriegsinvaliden und Personen, die nach einer Operation mit opiathaltigen Schmerzmitteln behandelt wurden. Als Suchtmittel stehen synthetische Opiate im Vordergrund. "Kokain gibt es in der Bundesrepublik so gut wie überhaupt nicht mehr, und Heroin ist sowohl aus dem legalen als auch dem illegalen Handel praktisch verschwunden" (Danner 1954:2059). "Haschisch hat", so heißt es in einer Publikation, "bei uns überhaupt keine Bedeutung" und führt "nur in manchen Hühneraugenpflastern ein obskures Dasein" (Beringer 1948:281). Der Weg in den Drogengebrauch erfolgt meist über medizinisch-therapeutische Behandlung. Der Anteil derer, die in dieser Form süchtig wurden, wird Mitte der 50er Jahre auf zwei Drittel beziffert (Holm 1956). Der Anteil der Ärzte und anderer Personen im Gesundheitsbereich wird mit einem Fünftel und weniger angegeben. Die Mehrheit der Betroffenen sind Personen in mittlerem Alter. Jugendliche werden kaum unter den Abhängigen gesichtet. "Es scheint sogar", so heißt es in einer damaligen Publikation, "daß die Personen dieser Altersstufe viel weniger anfällig sind als die übrigen Jahrgänge" (Danner 1954:2058).

Wo in den 50er Jahren in den Hamburger Tageszeitungen von Personen berichtet wird, die in Hamburg wegen Rauschgiftvergehens auffielen, werden - wie eine von uns vorgenommene systematische Prüfung der Artikel ergibt[1] - im Einklang mit dem beschriebenen Muster überwiegend Personen aufgeführt, die entweder im Gesundheitsbereich tätig sind oder nach Operationen süchtig wurden. Es sind Erwachsene, nicht Jugendliche. Der Gebrauch von Cannabis in Form von Haschisch oder Marihuana wird in dieser Zeit kaum erwähnt. Wo man Hinweise auf den Gebrauch dieser Mittel antrifft, geschieht dies primär im Kontext einer Beschreibung neuer Trends in den USA: "Eine Rauschgiftepidemie scheint über die USA hereingebrochen zu sein. Sie hat vor allem die halbwüchsige Jugend erfaßt ... Neben Opium und allen seinen Nebenprodukten ist jetzt vor allem Marihuana in Amerika populär" (Steinitz 1951). Inzwischen gebe es dort das Rauschgift an "jeder Ecke"; "über 40% der Schüler sind in vielen Schulen süchtig" (Hamburger Abendblatt 3.7.1951).

Die deutsche, und hier vor allem die Hamburger Situation wird im Vergleich dazu als unproblematisch beschrieben: "In Hamburg, wo etwa 500 Süchtige und Suchtgefährdete registriert sind, wird Haschisch oder Marihuana nur vereinzelt angeboten. Meistens sind es ausländische Seeleute, die versuchen, in den Griechenlokalen auf St. Pauli selbstgedrehte Marihuanazigaretten zu verkaufen ... Die Polizei aber hat solche Leute 'schnell unter Wind' und sorgt dafür, daß sie rechtzeitig hinter Schloß und Riegel kommen" (Lös 1951). Und in einer wenige Jahre später erschienenen Reportage: "Selbst die neueste Modedroge, das 'blonde Rauschgift aus Hollywood, die Marihuana-Zigarette', findet in der Elbmetropole kaum Abnehmer und daher auch kaum Verkäufer. Ich bin nächtelang kreuz und quer durch St. Pauli umhergezogen, um Händler dieses leicht nach Pfefferminz riechenden Marihuana zu finden. Nur einen Vertreter dieser geschäftstüchtigen Zunft fand ich in der Hafengegend". Doch das Mittel erweist sich als Täuschung: "Meine erste und auch letzte entpuppte sich als eine für ihren Preis recht teure Fälschung ... Hamburg dürfte somit vermutlich die Hafenweltstadt sein, in der diese in Süddeutschland schon erschreckend eingebürgerte Seuche keinen Fuß fassen könnte" (Wiedemann 1954). Süddeutschland - das sind in erster Linie die Bundesländer mit amerikanischer Truppenstationierung. Es sind Gegenden, wo über amerikanische Soldaten auch Deutsche ab und zu an Marihuana-Zigaretten kommen.

Nimmt man die Zahlen der Hamburger Polizei über polizeilich registrierte Drogentäter, so läßt sich der beschriebene Eindruck insgesamt bestätigen. Man kann von den 50er Jahren in der Tat als einer "ruhigen" Zeit im Bereich des Rauschmittelgebrauchs sprechen. Von einer irgendwie gearteten Tendenz, in zunehmendem Maße Rauschmittel zu verwenden, ist nichts zu erkennen. Die Zahl der Rauschgiftdelikte ist niedrig und sogar rückläufig. Sie erreicht Ende der 50er/Beginn der 60er Jahre ihren Tiefpunkt. So fielen

---

1 Ausgewertet wurden die im Archiv des Axel Springer Verlags gesammelten Zeitungsausschnitte. Sie umfassen Berichte sowohl der verlagseigenen Zeitungen als auch der Zeitungen der anderen Hamburger Verlage.

1947 und 1948 noch rund 350 Personen als Drogenkonsumenten bei der Polizei auf. In der Folgezeit sinkt die Zahl allmählich, bis sie Ende der 50er Jahre Werte um 60-70 Personen erreicht. Die Zahl der unter 21jährigen umfaßt in dieser ganzen Zeit maximal zwei Personen pro Jahr (Angaben des Landeskriminalamtes Hamburg).

Der eigentliche Umschwung setzt gegen Mitte der 60er Jahre ein und folgt in dieser Hinsicht zeitversetzt analogen Entwicklungen in den USA. Die Ausbreitung des Drogengebrauchs, der im wesentlichen mit Haschischgebrauch identisch ist, verläuft unerwartet schnell. Die Zahl der polizeiauffälligen Konsumenten steigt jäh an: in Hamburg von 160 Rauschmitteltätern 1967 auf 330 im Jahre 1968, 568 im Jahre 1969 und eindrucksvolle 1.884 ein Jahr später (Abbildung 1). Betroffen sind vor allem Jugendliche - und dies mit steigendem Anteil. Und hierin liegt auch das Neue, was den Drogengebrauch in der zweiten Hälfte dieses Jahrhunderts vom Drogengebrauch früherer Zeiten unterscheidet: Die Jugendlichen avancieren zu den eigentlichen Trägern des Drogengebrauchs. Warum aber sind es nun gerade die Jugendlichen, die diese Entwicklung aufgreifen?

1.3 Jugend als Abweichungspotential

Im Vergleich zu den früher "populären" Drogen Morphium und Kokain stellt Cannabis eine Droge dar, die zur Zeit ihrer Expansion in den 60er Jahren dieses Jahrhunderts im medizinischen Kontext keine nennenswerte Anwendung fand und sich dennoch relativ weit ausbreitete. Damit ist erstmals die Situation gegeben, in der der Drogengebrauch nicht durch die ärztliche Verschreibungspraxis überlagert, wenn nicht gar bestimmt wird:[1] Es gibt keinen "Einstieg" über konformes Verhalten im Rahmen medizinischer Verschreibungen, bei dem sich allenfalls später ein abweichender Gebrauch entwickelt. Die einzige Möglichkeit der Rekrutierung ist eine, die auf der Bereitschaft des einzelnen zu abweichendem Verhalten aufbaut. Damit treten die Personen, die einst über medizinische Verschreibungen zum Mittel kamen - in erster Linie ältere Erwachsene -, unter den Konsumenten notwendigerweise in den Hintergrund. Stattdessen müssen nun Personen stärker repräsentiert sein, denen eine Tendenz zur Abweichung eigen ist.

Jugendliche sind in besonderem Maße dazu prädestiniert, neues, abweichendes Verhalten aufzugreifen und zu praktizieren: Sie sind - wie es schon Emile Durkheim betonte - in einer Phase des Lebens, in der der Mensch am "ungeduldigsten" und am ehesten für Wandel offen ist (Durkheim 1964:295). Diese Offenheit für Abweichungen gründet sich im wesentlichen auf zwei Ursachen: eine, die aus der biographischen Situation, und eine,

---

1 Diese Aussage ist relativ zur jeweiligen Droge zu sehen: Beim Morphium und Kokain gab es einen medizinischen und einen medizinisch nicht-indizierten Gebrauch. Faßt man den Drogenbegriff weiter und bezieht Medikamentenabhängigkeit mit ein, so gibt es auch heute noch einen Weg in die Sucht über ärztliche Verschreibungen. Betroffen sind vor allem Erwachsene, und darunter besonders Frauen (siehe u.a. Vogt 1985).

Abb. 1: Polizeiauffällige Drogenkonsumenten im Alter von 14-17 Jahren im Zeitverlauf

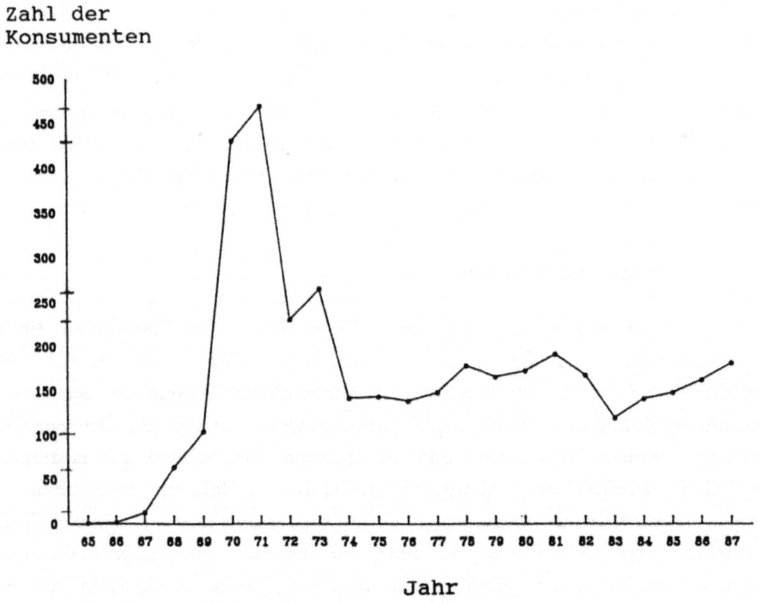

Quelle: Angaben aus der Polizeistatistik des Landeskriminalamts Hamburg

die aus der Rollenkonstellation erwächst. Biographisch gesehen stellt die Jugendphase eine Periode im Lebenslauf dar, in der ein neuer, bisher unbelasteter Zugang zu den Kulturgütern stattfindet. Jugendliche sind, weil sie weniger lange den gesellschaftlichen Sozialisationseinflüssen ausgesetzt waren, gegenüber Erwachsenen weniger stark durch gesellschaftliche Werte, Normen und kulturelle Selbstverständlichkeiten geprägt und deshalb für neue Sichtweisen und Verhaltensmuster offener (vgl. Mannheim 1970). Von der Rollenkonstellation her gesehen ist die Jugendphase (und in gewissem Maße die Phase der jungen Erwachsenen) eine Periode reduzierter Verantwortlichkeit. Soziale Rollen werden ausgeübt, deren Nichterfüllung zu keinen weitreichenden Konsequenzen für das soziale Leben führt: Wer sich dem Rausch hingibt und am nächsten Tag in der Schule fehlt, berührt weniger zentrale Lebensbereiche als Personen, die einem Beruf nachgehen. Ebenso wird derjenige, der ohne familiäre Verpflichtungen ist, weniger Rücksicht auf etwaige gesellschaftliche Mißbilligung zu nehmen haben, die Konsequenzen sind weniger umfassend (vgl. dazu auch Becker 1960).

Die Einbindung der Jugendlichen in den Kreis der Gleichaltrigen über die Schule, Institutionen, die sich an ein jugendliches Publikum wenden (etwa in Form jugendspezifischer Medien) sowie die damit oft verbundene Stilisierung der Jugendlichen zu einer eigenständigen sozialen Kategorie, verstärken die Tendenzen zur Abweichung: eigenständige Realitätsdefinitionen können in Abgrenzung von den Werten und Normen der Erwachsenen unter diesen Umständen umso eher entwickelt werden. Aus dieser Sicht rollen- und generationsspezifischer Prägung bedarf es deshalb nicht notwendigerweise des Rekurses auf entwicklungspsychologisch bedingte Streßfaktoren, welche die Jugendphase prägen und Anfälligkeit für Drogengebrauch als Mittel der Streßbewältigung bedingen (siehe derartige Interpretationen etwa bei Green 1979:17, Kindermann 1981: 138ff., Silbereisen und Kastner 1985:7ff.). Es reicht, von einem sozialstrukturell und biographisch bedingten allgemeinen Abweichungs<u>potential</u> auszugehen, das Jugendlichen eigen ist und verschiedenartige Formen annehmen kann.

Das Abweichungspotential wird in verschiedenen Formen der Abweichung realisiert. Seit jeher findet es in Form des Verstoßes gegen Eigentumsnormen und Normen körperlicher Unversehrtheit seinen Niederschlag - die Kriminalitätsrate steigt im Jugendalter an und sinkt dann wieder ab (Kaiser 1979:182ff., Farrington 1987). Zusätzlich findet es sich in anderen Formen gesellschaftlicher Abweichung wieder: Verhaltensweisen, deren Attraktivität oft gerade in ihrer symbolischen Abgrenzung gegenüber der Erwachsenenwelt liegt. Damit diese sich massenhaft ausbreiten können, bedarf es jedoch in der Regel zunächst eines überlokal sichtbaren Handlungsmodells, einer "sozialen Innovation" (vgl. Rogers und Shoemaker 1971).

So wäre es wahrscheinlich in den 60er Jahren niemals zu einer geradezu explosionsartigen Ausbreitung des Haschischs als neues jugendtypisches Phänomen gekommen, hätte es nicht eine Gruppe von Jugendlichen (wie die Hippies) gegeben, welche den Haschischgebrauch zu einem Symbol für progressives, jugendliches Verhalten hochstilisierten (vgl. Yablonsky 1973). Und vermutlich wäre es auch nicht dazu gekommen, wenn nicht die Massenmedien dieses Thema schnell aufgegriffen und darüber, zuerst in den USA und später dann auch in der Bundesrepublik (dazu siehe auch Gaedt et al. 1976, Schenk 1980, Wormser 1976), berichtet hätten: Lokal beschränkte jugendliche Phänomene können meist nur durch die Medien zu einem überlokalen, länderübergreifenden Phänomen werden.

Es gibt keinen Grund für die Ausbreitung des Drogengebrauchs, welcher der gesellschaftlichen Entwicklung per se inhärent wäre und der zwangsweise zu bestimmten Erscheinungsformen der Jugend, einschließlich der Entwicklung des Drogengebrauchs als massenhaftem Phänomen, führt. Die Gemeinsamkeit der jugendlichen Erscheinungsformen in etwa der gleichen Zeit an unterschiedlichen Orten ist ohne einen Prozeß der Diffusion auf der Ebene von Realitätsdefinitionen und Handlungsmodellen kaum denkbar. Die Ausbreitung hat den Charakter des "Modischen", dem eine gewisse Zufälligkeit anhaftet, weil unter anderen Bedingungen ebensogut andere Verhaltensweisen die gleiche Funktion hätten annehmen können.

Doch Sichtbarkeit allein reicht, wie die soziale Diffusionsforschung zeigt, nicht aus, um eine weite Verbreitung zu garantieren. Ob es zur Annahme einer Innovation kommt, wird ebenfalls von deren Kompatibilität mit den eigenen Wertorientierungen abhängen (vgl. Rogers und Shoemaker 1971:22). Die soziale Lage, welche die Jugend in modernen Industriegesellschaften auszeichnet, dürfte dabei als Selektionsfilter wirken und bestimmte Handlungsmodelle begünstigen: Rebelliert wird vermutlich am ehesten gegen die Wertdimensionen und Verhaltensanforderungen, die im Laufe der eigenen Sozialisation als Verhaltenserwartung an den einzelnen herangetragen wurden und im Konflikt mit seinen bisherigen Orientierungen stehen. Aus dieser Sicht werden Spezifika in der sozialstrukturellen Lage der jeweiligen Gesellschaft <u>indirekt</u> die Wahrscheinlichkeit und Erscheinungsformen der jugendlichen Abweichung mitbestimmen, sie aber nicht direkt determinieren.

Wo man für die expressiven, affektiven und diffusen Orientierungen qua bisheriger Rollenverständnisse offen ist, wird man entsprechend gegen die instrumentalen, affektiv neutralen und funktional spezifischen Anforderungen der Erwachsenenwelt (vgl. dazu Eisenstadt 1956) reagieren. So mag es denn auch kein Zufall sein, daß Drogen unter den Jugendlichen auf relativ breite Resonanz stoßen: mit der Art des Erlebens kommen sie dem Bedürfnis nach expressivem Erleben entgegen und mit der Wahl von illegalen Mitteln dem Bedürfnis nach Abgrenzung gegenüber den Erwachsenen. Vergleichbare Orientierungsmuster finden sich unter Erwachsenen sonst lediglich noch im Kreis der künstlerischen Bohème (vgl. dazu Conti 1984:11) - und hier auch nur fand sich schon im 19. Jahrhundert und frühen 20. Jahrhundert Haschischgebrauch zum Teil eingebettet in eine Art Drogenkult.[1]

Langfristig sind die Chancen zur Herausbildung eigenständiger, jugendlicher Lebensformen und Verhaltensweisen gewachsen. Die Erosion elterlicher Autorität im Gefolge des Modernisierungsprozesses und die sinkende Akzeptanz von Werten der Selbstversagung (vgl. Neidhardt 1968:61, Reuband 1988b) sowie die parallel dazu sich ausbreitende "Jugendkultur" (vgl. dazu auch Scheuch 1971a:11f., Kreutz 1974:154, Allerbeck und Rosenmayr 1976:100ff.) haben die kulturellen und sozialen Voraussetzungen dafür größer werden lassen. Im Laufe der 60er Jahre sind dann zeitversetzt auch die ökonomischen Voraussetzungen für kostspielige Verhaltensweisen - wie ihn der fortgeschrittene Drogengebrauch zweifellos darstellt - günstiger geworden. Die finanziellen Mittel unter den Jugendlichen sind im Gefolge des allgemeinen Wirtschaftsaufschwungs überproportional gestiegen (Emnid 1975).

Damit scheint es, als wären Veränderungen auf der Angebotsseite (in Form der Innovation "Drogengebrauch") <u>und</u> Veränderungen auf der Nachfrageseite (in Form vermehrter Realisierungschancen zum Konsum) im Lauf der 60er Jahre zusammengetroffen. Allein genommen hätte wohl keiner der aufgeführten Faktoren ausgereicht, um die Entstehung des Drogengebrauchs als Massenphänomen zu erklären. Es gibt keinen Schwellenwert in der Entwicklung etwa hin zur Freizügigkeit im Elternhaus oder steigender ökonomischer Ressourcen, der notwendigerweise neue Formen jugendlicher Abweichung - wie den Drogengebrauch - bedingen würde. Erst in der z.T. durchaus zufälligen Konstellation der genannten Faktoren konstituiert sich der Drogengebrauch als makrosoziales Phänomen, das von Jugendlichen aufgegriffen und getragen wird.

2. Neue Drogen und neue Trends - Die Entstehung und Ausbreitung des Haschischkonsums

2.1 Verlauf der Drogenwelle im Spiegel retrospektiver Messungen

Die 60er Jahre sind der Beginn einer neuen Drogenwelle. Sie betrifft in erster Linie Jugendliche und zeichnet sich nach den Polizeistatistiken durch eine außerordentlich

---

1 Und so ist denn der Drogengebrauch bei Jugendlichen und jungen Erwachsenen durchaus nicht völlig neu (was manche Autoren wie Zylmann (1968:17) und Labitzke (1968:56) übersehen). Nur verblaßt er in der Regel angesichts der vorherrschenden Muster, bei denen der Zugang zu den Drogen primär über medizinische Verschreibungen erfolgt. Wo es sich um den hedonistischen, gesellschaftlich abweichenden Drogengenuß handelt, und der Weg dahin nicht über eine ärztliche Verschreibung führt (wie beim Kokainismus und beim Morphinismus um die Jahrhundertwende), werden Jugendliche und junge Erwachsene sehr wohl schon als "neue" Konsumentengruppe genannt (vgl. die Hinweise in Jacob 1984:94).

schnelle Expansion aus. Doch welche Entwicklung tatsächlich genommen wird und welche Drogen hierbei Bedeutung haben, ist ungewiß. Die Schätzungen der Verbreitung variieren in der Literatur und gehen nach anfänglicher Deklarierung des Drogenphänomens als irrelevant für die deutsche Jugend (vgl. auch Becker 1968:7) schnell in Spekulationen mit hohen Schätzungen über. Schon längst hätte die Hälfte aller Schüler jemals Drogen genommen, heißt es in verschiedenen Veröffentlichungen der frühen 70er Jahre (siehe DER SPIEGEL 1971, Homann 1972, Scheidt 1972; weitere Nachweise bei Schenk 1975: 29), und die Zahl würde ständig größer.

Polizeistatistiken helfen hier nicht viel weiter. Sie bilden immer nur einen Ausschnitt des Gesamtgeschehens ab, sind zudem nicht nur eine Funktion der realen Entwicklung des Delikts, sondern auch eine Funktion von polizeilicher Personalstärke und Fahndungsstrategie. Manche Drogen, insbesondere die legalen, sind der polizeilichen Kontrolle unter Umständen überhaupt nicht zugänglich. So wäre es denkbar, daß der Drogengebrauch vor der Haschischwelle bereits in anderer Form verbreitet war. Und manche Hinweise deuten in Hamburg in diese Richtung. Daß Haschisch und Marihuana kaum anzutreffen seien, dafür aber der Gebrauch von anregenden, aufputschenden Tabletten - besonders bei den "Mädchen in den zwielichtigen Hafengassen", aber ebenso bei Personen "in anderen Bevölkerungskreisen" (Lös 1951) -, wird in Berichten Hamburger Tageszeitungen bereits zu Beginn der 50er Jahre erwähnt. Arthur Kreuzer berichtet Ähnliches für die frühen 60er Jahre. Nicht allein die Halbweltkreise waren betroffen, sondern ebenfalls ganz "normale" Jugendliche. Sie würden Weckmittel nehmen, um die Nächte durchzutanzen und sich wachzuhalten (Kreuzer 1975:82).

Nur Umfragen können weiterhelfen und ein Bild des nicht amtlich registrierten Konsums ermitteln. Umfragen zur Drogenprävalenz aber gibt es für die Frühzeit der Drogenwelle in unzureichendem Maße. Was vorhanden ist, sind lediglich vereinzelte Informationen innerhalb von Studien zu anderen Themen. Es sind primär Studien zum Dunkelfeld von kriminellem Verhalten. Angeregt durch die amerikanischen Dunkelfelduntersuchungen unter Studenten, wie sie von Short und Nye Mitte der 50er Jahre durchgeführt wurden (Short und Nye 1957), werden sie in der Bundesrepublik erstmals in den 60er Jahren eingesetzt. Wo in ihnen der Drogengebrauch im Rahmen der Liste begangener, strafrechtlich geahndeter Delikte aufgeführt wird, geschieht dies in globaler Weise: auf der Ebene des Vorkommens per se, nicht der näheren Umstände und Gebrauchsmuster. Dies ändert sich erst mit den Drogenstudien, die im wesentlichen ab 1970 einsetzen.

Vergleicht man die Ergebnisse der recht heterogenen und nur teilweise vergleichbaren Erhebungen für die Zeit Anfang der 60er bis Anfang der 70er Jahre, so scheint es, als hätte sich die entscheidende Expansion des Drogengebrauchs tatsächlich innerhalb weniger Jahre zwischen 1968 und 1970 ereignet. Während in den Studentenuntersuchungen der frühen 60er Jahre zwischen 4% und 5% der Studenten von Rauschmittelkonsum berichten (Fritz Sack, unveröff. Tabelle, Quensel und Quensel 1970), sind es in einer Gymnasiastenuntersuchung in Schleswig-Holstein im Jahr 1968 8% (Pankow 1970), und in der ersten repräsentativen Gymnasiastenbefragung für dieses Bundesland im Jahre 1970 bereits 22% (Schwarz et al. 1971). Die Replikation ein Jahr danach erbringt eine weitgehende Konstanz dieses Wertes. Es scheint, als wäre die Expansionsphase nun in eine Stagnationsphase übergegangen.

Die referierten Befunde geben einen ersten groben Orientierungsrahmen ab, der bestimmte Entwicklungsrichtungen nahelegt. In welchem Ausmaß der Wandel aber tatsächlich stattgefunden hat, sagen diese Zahlen aufgrund der unterschiedlichen Zusammensetzung der Befragten nicht hinreichend genau aus. Und welcher Art, so fragt sich weiter, sind die Trends in der Folgezeit? Die Meinungen gerade zu dieser Frage divergieren in der Literatur erheblich. Unter den denkbaren Entwicklungsrichtungen gibt es praktisch keine, die nicht von irgendeinem Autor oder "Drogenexperten" jemals als Beschreibung der Wirklichkeit behauptet worden wäre. Für die einen gibt es einen langfristigen Rückgang, für die anderen weitgehende Stabilität (so z.B. Wegener 1987:22). Wieder andere sprechen von einem anfänglichen Rückgang und einer Drogenrenaissance gegen Ende der 70er Jahre (so z.B. Portmann 1982:19, Drogeninformation 1983:28, Ditzel und Kovar 1983:11, Strasser zit. nach Täschner 1986:26). Und schließlich gibt es auch die These, die Drogenprävalenz habe sich seit Ende der 60er Jahre ständig ausgeweitet, ein weiterer Aufwärtstrend sei unvermeidlich (so z.B. Furian 1981:11, Lorenz 1983:22, Peuckert 1985:317, Krüger 1989:13).

Empirisches Material ist jedoch kaum oder gar nicht vorhanden und spielt im übrigen nur selten eine Rolle bei den Autoren, die mit großer Selbstsicherheit Trends behaupten und z.T. düstere Katastrophenszenarien für die 90er Jahre entwerfen (siehe z.B. Drogeninformation Nr. 3, 1987:83, Freund 1987:166). In der Drogenforschung herrschen über Fragen des Wandels, von wenigen Ausnahmen abgesehen, bloße Mutmaßungen vor. In der Indikatoren- und Lebensqualitätsforschung innerhalb der Soziologie befaßt man sich zwar bevorzugt mit Wandel, hat jedoch - trotz einer anderen Programmatik und Planung (siehe Zapf 1978:8) - den Bereich abweichenden Verhaltens bis heute völlig ausgeblendet (von Drogen als Thema ganz zu schweigen). In der Soziologie abweichenden Verhaltens blieb andererseits das Interesse an der Thematik des Wandels unterentwickelt. Zeitlich punktuell ausgerichtete Forschung überwiegt (siehe auch die Kritik von Haferkamp 1987:173).

Die Datenlage zur Beschreibung des Langzeitwandels, so sie sich auf regional vergleichbare Studien stützt, die bis in die frühen 70er Jahre zurückreichen und mehrere

Zeitpunkte umfassen, ist für Hamburg am besten.[1] Es gibt kein anderes Bundesland, wo repräsentativ für die Schülerschaft in der Frühzeit der Drogenwelle derart viele Umfragen mit gleicher Methodologie in kurzen Zeitabständen durchgeführt wurden und wo Umfragen ebenfalls aus den 80er Jahren zur Verfügung stehen. Der erste Zugang zur Klärung besteht darin, die auf lediglich vier Schulen beschränkte, erste Hamburger Gymnasiastenuntersuchung aus dem Jahre 1970 von J. Behrendt zur Ausgangsbasis zu nehmen (ZA-Nr. 1616) und sie mit den Gymnasiasten aus den Erhebungen der Jahre 1971 bis 1975 zu vergleichen.

Die zweite und umfassendere Möglichkeit, Wandel zu beschreiben, liegt in der Kombination von Rückerinnerungsfragen und Replikationsstudien. Dabei machen wir uns die Tatsache zunutze, daß in den Hamburger Umfragen zentrale Stationen der Drogenbiographie über Rückerinnerungsfragen erhoben wurden. Diese biographischen Daten, die zunächst lediglich makrosoziologisch ausgerichtet sind, können - eine annähernde Geschlossenheit des untersuchten Sozialsystems vorausgesetzt - in Daten von makrosoziologischer Relevanz überführt werden: indem wir die Angaben zum Jahr des Erstkonsums mit den Angaben zum Geburtsjahrgang des Befragten kombinieren, wird für unterschiedliche Geburtskohorten die Drogenprävalenz der verschiedenen Altersgruppen über die Zeit rekonstruierbar. Diese Strategie ist insofern umfassender angelegt, als sie sowohl eine kontinuierliche Erfassung früherer Perioden als auch eine Fortschreibung des Trends für die neuere Zeit (unter Einschluß nicht nur der Gymnasiasten, sondern der Schülerschaft allgemein) erlaubt.

Die erste Analyse unter Rückgriff auf die Studie von 1970 erbringt eine annähernde Stabilität der Konsumprävalenz zwischen 1970 und 1971: Unter den 15-17jährigen beläuft sich der Anteil der Drogenverwender 1970 auf 21%; ein Jahr später hat er sich geringfügig auf 24% erhöht. Unter den über 18jährigen liegt der Anteil 1970 bei 34%, 1971 bei 37%. Seitdem ist er unter den Gymnasiasten wie in der Gesamtschülerstichprobe rückläufig. Bei der zweiten Strategie errechnet sich die Verbreitung jemals gemachter Drogenerfahrung in den einzelnen Altersgruppen aus der <u>kumulativen</u> Drogenprävalenz der jeweiligen Kohorte über Zeit. Wissen wir z.B., wieviele der 19jährigen des Jahres 1971 bis zum Alter von 15 bzw. 17 Jahren Drogenerfahrung gesammelt haben, so kennen wir auch die Quote der 15jährigen im Jahre 1967 und der 17jährigen im Jahr 1969 (eine annähernde Stabilität der Population und eine hinreichende Rückerinnerung vorausgesetzt). Zusammen mit Befunden aus einer Infratest-Studie von 1982 und 1987 für

1 Zu neueren Versuchen einer Zusammenstellung der wichtigsten Umfragen aus unterschiedlichen Zeiten und Regionen siehe Welz und Kleff 1980, Welz 1983, Korczak 1986. Beide Übersichten sind unvollständig und beziehen z.T. nicht einmal die verfügbaren frühen Studien (siehe die Übersicht bei Reuband 1977c) mit ein. So wird bei Korczak (ähnlich bei Welz) z.B. die hessische Untersuchung von 1972 nicht aufgeführt, ebenso nicht die 1975er Hamburger Schülererhebung.

Hamburg und einer - kleineren und populationsmäßig beschränkten - Schülerbefragung von 1978 sind wir in der Lage, die Entwicklung des Drogengebrauchs über den Zeitpunkt unserer letzten Schülerbefragung von 1975 hinaus bis in die 80er Jahre weiterzuverfolgen.[1]

Die Werte für Drogenerfahrung für die 15- und 17jährigen, für die derartige Vergleichsmöglichkeiten über den gesamten Zeitraum bestehen, sind in Abbildung 2 aufgeführt. Wie man ihr entnehmen kann, hat sich zum einen die Ausbreitung des Rauschmittelkonsums unter Jugendlichen tatsächlich in der zweiten Hälfte der 60er Jahre geradezu explosionsartig vollzogen. 1968 hatten nicht mehr als rund 2% der 15jährigen schon einmal Erfahrungen mit Rauschmitteln gesammelt. Ein Jahr später liegt der Wert bei 9%, schnellt dann jäh auf 22% im Jahre 1970 hoch. Ähnliche dramatische Veränderungen zeichnen auch die anderen Altersgruppen aus. Der Höhepunkt in der Verbreitung liegt - wie schon die erste Analyse andeutete - um 1970/71. Bei den 15jährigen ist er um 1970 erreicht, bei den 17jährigen 1971. Offenbar gibt es im Verlauf der späten 60er Jahre tatsächlich eine Ausweitung des Rauschmittelgebrauchs, und man kann nicht vom bloßen Austausch der einen Droge gegen eine andere - von Weckmitteln zugunsten von Haschisch - sprechen. Mag es auch Weckmittelgebrauch vorher schon gegeben haben, die eigentliche Ausweitung des Drogengebrauchs vollzieht sich erst nach Einführung der neueren Kultdroge Haschisch.

Der zu Beginn der 70er Jahre erreichte Höhepunkt in der Drogenverbreitung hält nur kurz an. Er weicht einem Rückgang, der bis Mitte der 70er Jahre verläuft und dann in eine Phase der Konstanz übergeht. Unter den 15jährigen ist die Prävalenz seitdem mit Werten zwischen 5 und 8% stabil, unter den 17jährigen mit Werten zwischen 14% und 18%. Damit ist die Expansionsphase des Drogengebrauchs auf einen recht kurzen Zeitraum konzentriert. Sie beginnt in etwa um 1968 und ist bereits zwei Jahre später praktisch abgeschlossen. Statt des in vielen Publikationen beschworenen kontinuierlichen Anstiegs gibt es nach 1971 einen Rückgang, der seit Mitte der 70er Jahre in eine stabile Prävalenz übergeht. Und diese Stabilität hält bis in die 90er Jahre an. 1982 gaben 20 % der 12-24jährigen in Hamburg Drogenerfahrung an (Infratest 1982:79), 1990 sind es mit 21 % faktisch genauso viele (Simon et al. 1992:23).[2]

---

1 Dabei unterstellen wir, daß die Datenquellen miteinander vergleichbar sind. Zwar stützt sich die 1982er und 1987er Umfrage auf eine postalische Befragung statt auf eine schriftliche Befragung im Klassenverband wie die Umfragen zuvor. Ihre Ausschöpfungsquote liegt niedriger - mit einem Wert bei 70 bzw. 68% -, während die der vorangegangenen bei schätzungsweise über 90% liegt. Ob dies nennenswerte Konsequenzen für die Messung der Prävalenz hat, ist jedoch zweifelhaft: ein Vergleich zweier Studien in der gleichen Region auf der Basis der beiden Erhebungsverfahren erbringt minimale Unterschiede (siehe Reuband 1988a:Anm.1).

2 Die Entwicklung ist für Hamburg nicht einzigartig. In analog angelegten Analysen, die wir für Nordrhein-Westfalen und Schleswig-Holstein durchführten, ist ein ähnlicher Verlauf der Drogenwelle erkennbar (Reuband 1988a,e). Eine Stabilität dieser Prävalenz seit etwa 1973 findet sich auch in Bayern (Bayerisches Staatsministerium des Innern und Bayerisches Staatsministerium für Arbeit und Sozialordnung 1985:64).

Abb. 2: Anteil der 15- und 17jährigen, die jemals Drogen genommen haben, im Zeitverlauf (in Prozent)

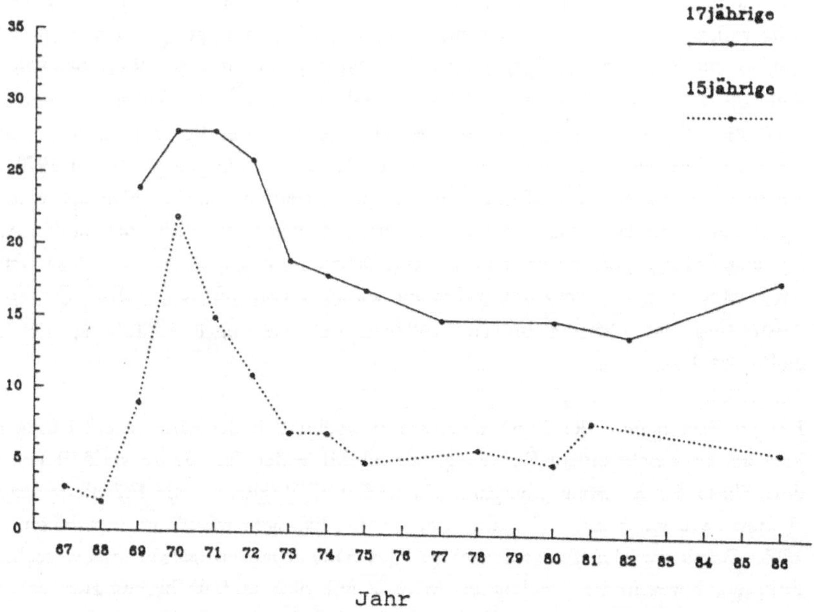

Retrospektive Erfassung des Einstiegsalters und Einstiegsjahres. Die Angaben für die Zeit bis 1975 wurden aus dem Jahr des ersten Drogengebrauchs errechnet, die anderen aus dem Alter beim ersten Drogengebrauch.

Basis bis 1975: Schülererhebungen von 1971, 1973, 1975. 1976-1985: Umfragen unter Jugendlichen von 1982 und 1987 (Infratest 1982:282) sowie unveröffentlichte Tabellen der 1987er Umfragen, zur Verfügung gestellt von Prof. Dr. Heinz Renn (Universität Hamburg). Für die 15jährigen des Jahres 1977: Angaben aus einer Schülerbefragung an 5 Klassen der 9. Schulstufe an Haupt-, Realschulen und Gymnasien (N=356) (Quelle: Braunschweig et al. 1979:71).

Erläuterungen zur Vorgehensweise:

Die hier gewählte Strategie bietet den Vorteil einer retrospektiven Konstruktion von Zeitreihen. Die Nachteile wiegen demgegenüber weniger schwer, sobald man sie durch geeignete Maßnahmen zu reduzieren sucht. Zwei Meßfehler erscheinen als besonders bedeutsam (siehe ausführlicher Reuband 1988a): (1) Je länger der Zeitpunkt der Ereignisse zurückliegt, desto eher wird die Rückerinnerung verfälscht. (2) Die Angaben zur altersspezifischen Drogenprävalenz zu den verschiedenen Zeitpunkten werden z.T. über Kohorten bestimmt, die nicht mehr als repräsentativ für die Hamburger Jugendlichen schlechthin gelten. Indem wir die aktuellen Umfragedaten vorziehen und und uns in der Auswahl der verfügbaren Kohorten beschränken, versuchen wir, diese Fehler zu minimieren. Wir favorisieren die Umfragedaten, bei denen der Rückerinnerungszeitraum am wenigsten weit zurückdatiert: Die Angaben für 1974 entnehmen wir der 1975er Umfrage, Angaben für 1972 der 1973er Umfrage. Die Angaben für die Zeit vor 1971 entstammen alle der 1971er Erhebung (der frühesten verfügbaren). Die Angaben für 1973 und 1971 beruhen auf einer Mittelung der Rückerinnerungsfragen aus der vorhergehenden Umfrage und der Umfrage, die im gleichen Jahr erhoben wurde (also 1971 und 1973 sowie 1973 und 1975). Würde man sich allein auf die aktuellen Angaben der Umfagen von 1973 und 1971 stützen, so würde man nur etwas über den Konsum bis zum Beginn der Erhebung - sie lag jeweils im Frühjahr des Jahres - erfahren.

Um mögliche Verzerrungen aus einer ungleichen Verteilung von männlichen und weiblichen Befragten in den verschiedenen Altersgruppen der Hamburger Schülerbefragungen zu vermeiden, wurde nach dem Geschlecht des Befragten standardisiert und eine Mittelung der geschlechtsspezifischen Werte vorgenommen. Zum Teil wegen der (geringen) Fallzahl, zum Teil aufgrund der bereits kategorisierten Altersgruppierung, mußte für die Zeit nach 1975 mit geschätzten Werten auf Intervallebene (in 3-5 Jahres-Intervallen, N zwischen 125 und 311) gearbeitet werden. Die Altersangaben wurden hierbei in Jahreswerte umgerechnet und die Angaben zur Drogenprävalenz beim Intervallmittelpunkt eingetragen (z.B. "1980 - 1982" = 1981). Bei den 15jährigen ist der retrospektiv über die 1982er Umfrage errechnete Wert für 1975 mit dem Wert der Schülerumfrage identisch. Der Wert für 1978 in dieser Altersgruppe (= 4%) wird mit dem Wert einer Schülerbefragung (mit höherer Fallzahl) aus dem gleichen Jahr (= 7%) gemittelt. Die übrigen aufgeführten Jahreszahlen basieren auf den folgenden Erhebungen: 15jährige "1981", 17jährige "1977" und "1980": jeweils 1982er Umfrage. 15jährige "1980", "1983" und "1986", sowie 17jährige "1982", "1986": jeweils 1987er Umfrage.

Der Befund weitgehender Stabilität seit Mitte der 70er Jahre muß um so mehr erstaunen, als in der neuesten Zeit in den Medien wie in der Politik von einem dramatischen Anstieg des Drogengebrauchs die Rede ist. Zwei Dinge werden dabei fast durchgehend übersehen: Die Entwicklung des Konsums "harter" Drogen - wie Heroin oder Kokain - muß nicht notwendigerweise mit der Entwicklung des Konsums der üblicherweise eingenommenen Drogen - Haschisch - identisch sein. Und zweitens: Ein Anstieg in der Zahl polizeiauffälliger Konsumenten kann sich auch dann ergeben, wenn die Konsumprävalenz unter Jugendlichen stagniert: weil zu den vorhandenen, allmählich älter werdenden Konsumenten weiterhin neue Konsumenten aus den jüngeren Altersgruppen hinzukommen und dadurch die Gesamtzahl größer wird.

Die beobachtete Entwicklung in der Konsumprävalenz unter Jugendlichen gleicht in Hamburg wie anderswo in der Bundesrepublik einer Welle, die anschwillt und wieder abnimmt. Der in der Literatur öfters verwendete und gleichzeitig kritisierte (z.B. Heckmann 1982:165, Kindermann 1985:293) Begriff der "Drogenwelle" ist so unsinnig offenbar nicht. Vergleicht man die Entwicklung der 60er und 70er Jahre mit den Verläufen in früheren Zeiten, so scheint sie zudem auch nicht untypisch zu sein. Der Kokaingebrauch in den 20er Jahren ähnelt in grundlegenden Zügen dem neueren Verlauf. Aus dieser Sicht ist die Geschichte des Drogengebrauchs die Geschichte mehrerer sukzessiver (und z.T. sich wohl auch überlagernder) Drogenwellen (oder "Epidemien"). Was variiert, ist die zeitliche Dauer, Breite und Prävalenz: Zeiten, in denen der Gebrauch der jeweiligen Droge für längere Zeit anhält, wechseln mit Zeiten von allenfalls recht kurzer Dauer. Dazwischen liegen Perioden relativer "Ruhe". Illegale Drogen werden zu bestimmten Zeiten "populär" und verlieren dann wieder an Attraktivität.

Das beschriebene Verlaufsmuster - schnelle Ausweitung und allmählicher Rückgang -, das ebenfalls in manchen lokalen Drogenstudien der USA zu finden ist (siehe Hunt et al. 1979), gleicht einem Muster, das für Modeerscheinungen ("fad behavior") allgemein charakteristisch ist (vgl. auch Hunt et al. 1979:60). Der Drogengebrauch ähnelt einem Prozeß sozialer Diffusion von "Innovationen" (Rogers und Shoemaker 1971): Eine Neuerung wird in das soziale System eingeführt, öffentlich sichtbar und breitet sich aus. Was makrosoziologisch als "Neuerung" zu verstehen ist, ist dabei historisch relativ - viele Verhaltensweisen sind, wie wir an früherer Stelle gezeigt haben, historisch nicht neu. Relevant ist allein der Bezug zur Gegenwart. Ein Verhaltensmuster, das lange nicht mehr ausgeübt wurde und als solches dem Bewußtsein entschwunden ist, muß als Neuerung erscheinen und den Ruf der Modernität auf sich ziehen. Das Individuum unterliegt dem Irrglauben, an einem bisher nicht Dagewesenen teilzuhaben. In der Tat läßt sich zeigen, daß zu Beginn der Haschischwelle der Gebrauch von Haschisch von Nichtkonsumenten wie Konsumenten mit der Kennzeichnung des "Modernen" belegt wird (siehe Lehmann 1971:11).

2.2 Modephänomen oder Symptom? - Zur Frage der Substitution von Drogen durch Alkohol

Die Kennzeichnung des Drogengebrauchs als "Mode", am Anfang der Drogenwelle von manchen Autoren vertreten (z.B. Scheuch 1971a), erscheint vielen Betrachtern der Drogenszene unangemessen. Schließlich gebe es noch immer das Drogenphänomen und wird es voraussichtlich weiterhin geben (vgl. Becker 1979:9, Landesregierung Nordrhein-Westfalen 1980:1). Begreift man "Mode" lediglich als eine vorübergehende Erscheinung - wie im Alltagssprachgebrauch und im Hinblick auf den Drogengebrauch oft üblich -, so wird man der Realität des sozialen Geschehens durch diese Begrifflichkeit in der Tat nicht gerecht. Versteht man "Mode" jedoch als ein Phänomen, das nach einer Ausbreitungsphase zwar schrumpfen mag, aber bei einem nennenswerten Teil der Bevölkerung weiterbesteht, so ist der Sprachgebrauch angemessen und im übrigen auch konform mit dem soziologischen Modebegriff: Fast alle Stile der heutigen Zeit, die wir heutzutage als "normal" und nicht als "modisch" bezeichnen, haben einmal als "Mode" begonnen. Sie haben sich nach mehr oder weniger umfangreichen Versuchen zu einer Dauerform entwickelt oder - wie man auch sagen kann - "kristallisiert" (König 1967:18).

Der Disput darüber, ob der Begriff der "Mode" auf ein Drogenphänomen anwendbar ist oder nicht, ist insofern ein müßiger Streit. Der Nutzen der verwendeten Begrifflichkeit ist eine Funktion des Zeitbezugs: Der Drogengebrauch ist so lange "modisch", wie er sich als soziale Innovation ausbreitet. Er verliert seinen "Modecharakter" in dem Moment, wo er sich auf einem bestimmten Niveau etabliert und über Zeit weiterbesteht. Modische Innovationen auf der Ebene einzelner Drogen (wie z.B. Kokain) sind bei einem insgesamt stagnierenden Niveau damit keineswegs ausgeschlossen.

Die Tatsache, daß die Ausbreitung des illegalen Drogengebrauchs in starkem Maße einem Verlauf folgt, der für die Diffusion von Neuerungen insbesondere modischer Art charakteristisch ist, läßt den Drogengebrauch als eine Art Experiment erscheinen, das Jugendliche aufgreifen und nach einer Phase des Ausprobierens wieder aufgeben. Folgt man dem "Pathologischen Erklärungsansatz", so ist der Gebrauch jedoch durch eine stabile Motivation geprägt und ein Rückgang nur dann möglich, wenn gleichzeitig eine Substitution durch andere Mittel der Problembewältigung erfolgt. Diese anderen Mittel gelten als funktionale Äquivalente: Der Wandel wird lediglich als ein Wandel im äußeren Erscheinungsbild, als eine Veränderung in der Symptomatik begriffen.

Aus dieser Sicht mußte es plausibel erscheinen, als 1972 vom Bundesministerium für Jugend, Familie und Gesundheit vom Rückgang des Rauschmittelkonsums gesprochen wurde, gleichzeitig ein Anstieg im Alkoholgebrauch postuliert wurde. Beides wurde ursächlich miteinander verknüpft: "Die epidemiologische Entwicklung des Drogenmißbrauchs wäre unvollständig dargestellt, wenn nicht zugleich mit der veränderten

Drogengefährdung auch auf den steigenden Jugendalkoholismus hingewiesen würde. Seine Steigerung beruht zu einem Teil offensichtlich darauf, daß Alkohol und Drogen bedingt austauschbar seien" (BMJFG 1972:22). Dieser Deutung, es läge eine Symptomverschiebung vor, sind in der Folgezeit viele Autoren gefolgt (siehe u.a. Becker 1976:13, Kaiser 1979:198).

Die These vom steigenden, exzessiven Alkoholgebrauch Jugendlicher hat sich bis heute weitgehend gehalten. In der Literatur wird der Anstieg als derart selbstverständlich und vermeintlich gesichert angesehen, daß in der Regel darauf verzichtet wird, die notwendigen Belege anzuführen - so z.B. bei Schmidtbauer und Scheidt (1984:49), die so tun, als seien die von ihnen zitierten Zahlen über auffällige Jugendliche nur ein Beispiel von vielen, oder Dröge und Krämer-Badoni (1987:14), die sich mit dem Satz begnügen, es sei "bekannt", daß der Alkohol in den letzten Jahren gerade bei Jugendlichen immer stärker um sich greife. Macht man sich jedoch einmal die Mühe, die vorliegenden Befunde zum Alkoholgebrauch zu sichten, so kann man von irgendwie gearteten Belegen für diese These nicht sprechen.

Tatsächlich ist im Alkoholgebrauch Jugendlicher seit Beginn der 70er Jahre in der Bundesrepublik kein Anstieg mehr zu verzeichnen (vgl. Reuband 1989b). Hinweise für eine Substitution von Drogen durch Alkohol ergeben sich weder auf der Makroebene noch auf der Mikroebene: In der gleichen Zeit, in der sich der Drogengebrauch Jugendlicher in Hamburg erheblich reduziert - der Periode zwischen 1971 und 1975 - bleibt die Quote der Schüler, die innerhalb der letzten zwei Monate betrunken waren, konstant (Reuband 1979b, zu ähnlichen Tendenzen in NRW siehe Reuband 1988a). Entgegen den vorherrschenden Annahmen gibt es ebenfalls keine Neigung ehemaliger Drogenkonsumenten, sich bei Beendigung des Drogenkonsums dem exzessiven Alkoholgebrauch vermehrt hinzugeben. Die ehemaligen Konsumenten trinken im Vergleich zu den aktuellen Konsumenten nicht mehr, sondern weniger (Abbildung 3) (siehe auch Infratest 1982:26). Die Substitutionsthese versagt selbst bei der Extremgruppe der Personen, die bereits von Drogen schon mal körperlich abhängig waren und bei denen man dieses Phänomen am stärksten beobachten müßte: Abstinente Abhängige trinken im Vergleich zu den Rückfälligen nicht mehr Alkohol, wie es der Substitutionsthese entspricht, sondern weniger (zu den Zahlen siehe Stosberg et al. 1985:45).

Entsprechend diesen Befunden kann weder behauptet werden, daß nach Beendigung des illegalen Drogenkonsums legale Drogen wie Alkohol als Ersatz gewählt werden, noch kann man behaupten, Jugendliche mit Konsumdisposition - gewissermaßen "verhinderte" Konsumenten illegaler Drogen - würden sich statt den illegalen den legalen Drogen zuwenden (und dadurch einen Anstieg des Alkoholgebrauchs bedingen). Der "Pathologische Ansatz",

Abb. 3: Alkoholgebrauch bei Drogenkonsumenten nach Zeitpunkt des letzten Drogenkonsums (in %)

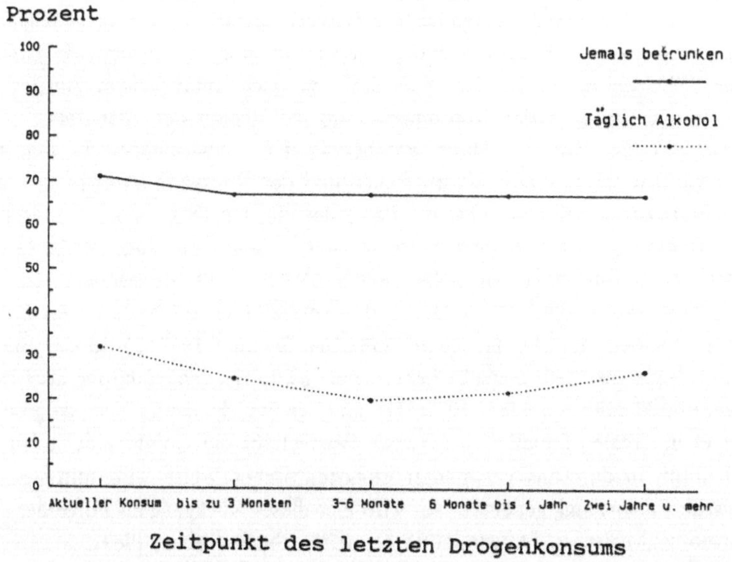

Frageformulierungen: "Wie oft trinken Sie im allgemeinen alkoholische Getränke (wie z.B. Bier, Wein, Schnäpse) ungefähr im Durchschnitt?" Antwortkategorien: habe noch nie alkoholische Getränke getrunken - mehrmals täglich - mehr als zweimal in der Woche - ein- bis zweimal in der Woche - ein- bis zweimal im Monat - seltener als ein- bis zweimal im Monat. "Waren Sie in den letzten zwei Monaten durch alkoholische Getränke betrunken, d.h. kamen Sie aufgrund von Alkoholkonsum in einen Zustand, der schon über dem lag, den man allgemein als 'Schwips' bezeichnet?" Antwortkategorien: ich trinke grundsätzlich keinen Alkohol - nein, ich trinke niemals so viel Alkohol - nein, nicht in den letzten zwei Monaten - ja, einmal ..., ja, mehr als zehnmal. Hier: jemals betrunken gewesen.

Zur Frage zum Zeitpunkt des letzten Drogengebrauchs: "Falls Sie früher Rauschmittel genommen haben und jetzt nicht mehr: wie lange ist es ungefähr her, daß Sie aufgehört haben?" Antwortkategorien: ich habe noch nicht aufgehört, Rauschmittel zu nehmen - einen Monat oder weniger - einen bis drei Monate - drei bis sechs Monate - ein Jahr - zwei Jahre - mehr als zwei Jahre.

der sich einen Konsumrückgang nur bei gleichzeitigem Anstieg im Gebrauch anderer Mittel vorstellen kann, wird damit in Frage gestellt.[1]

2.3 Die Drogenwelle im internationalen Vergleich

Der langfristige Rückgang in der Drogenerfahrung unter Jugendlichen ist keine Besonderheit der Bundesrepublik. Vergleichbare Entwicklungen mit in etwa gleicher zeitlicher Periodisierung lassen sich auch in anderen westeuropäischen Ländern wie Holland oder Schweden nachweisen. Auch dort vollzieht sich nach anfänglichem Anstieg der entscheidende Rückgang in der Konsumerfahrung zu Beginn der 70er Jahre (Hulsmann 1982:164, Isaksson 1985:54). Diese Parallelität der Entwicklungen in den einzelnen Ländern wird in der Literatur oft übersehen und der Rückgang im eigenen Lande allzu schnell als spezifische Entwicklung und Folge der eigenen Drogenpolitik interpretiert. So wird der Rückgang in der Drogenerfahrung unter holländischen Jugendlichen seit Beginn der 70er Jahre von mehreren holländischen Autoren als Konsequenz der liberalen holländischen Drogenpolitik verstanden und in vermeintlichen Gegensatz zur Entwicklung in anderen Ländern gestellt (Hulsmann 1982:164, Schmidt 1987:53). In der Bundesrepublik wird mit gleicher Selbstverständlichkeit die eigene Drogenaufklärung als Ursache des Rückgangs proklamiert (BMJFG 1972:131), und, wo man Holland zitiert, da geschieht es - ungeachtet der realen Situation - meist als Beispiel für die Gefahr einer allzu liberalen Drogenpolitik. In durchaus verwandter ethnozentrischer Weise wird mitunter auch die schwedische Entwicklung gedeutet: Nur wird hier dieser Rückgang als Folge der besonders repressiven schwedischen Drogenpolitik begriffen (Sucht Report 1989).

Warum die eigenen "Maßnahmen" Erfolg gebracht haben sollten, bleibt in allen Fällen undiskutiert und die Mechanismen der Beeinflussung im einzelnen unspezifiziert. Übersehen wird, daß zwischen der Wahl spezifischer staatlicher Maßnahmen und einem Wandel in der Drogenerfahrung nicht notwendigerweise eine Kausalbeziehung bestehen muß. Parallele Entwicklungen zweier Phänomene garantieren keine Kausalbeziehung. Ob bestimmte Maßnahmen den Drogenkonsum begünstigen oder ihn reduzieren, kann nur im Vergleich der unterschiedlichen Maßnahmen in vergleichbaren Kontexten geschehen.[2]

---

1 Die Überprüfung der Annahme von Substitutionseffekten ist hier naturgemäß unvollständig. Untersucht haben wir allein den Übergang auf Alkohol - dem am häufigsten thematisierten Mittel mit funktionaler Äquivalenz. Der Übergang auf andere Mittel oder Verhaltensweisen mit analoger Funktion kann hier nicht untersucht werden.

2 Systematische Untersuchungen über die Folgen der Dekriminalisierung in den USA zeigen, daß aus der Herabstufung des Drogenkonsums zur Ordnungswidrigkeit für das Konsumniveau keine Konsequenzen erwachsen (Johnston et al. 1981:27). Ähnliche Befunde erbringt eine Analyse der Drogensituation in der Bundesrepublik und den Niederlanden (Reuband 1992). Nicht nur die Verbreitung des Konsums ähnelt einander, sondern auch das Muster des Gebrauchs und das Einstiegsalter.

Soweit aufgrund der wenigen vorliegenden Befunde erkennbar, ist der Rückgang der Konsumprävalenz im wesentlichen ein europäisches Phänomen. Den eigentlichen Gegensatz dazu stellen die USA: Dort nahm die Drogenerfahrung im Laufe der 70er Jahre ständig zu und hat inzwischen dazu geführt, daß eine Mehrheit der Jugendlichen über Drogenerfahrung verfügt. In den USA zeichnet sich erst seit Ende der 70er Jahre ein gewisser Umschwung und leichter Rückgang ab. Die Ursache dieses Rückgangs liegt nicht in marktbedingten Engpässen und erschwertem Zugang - er liegt in einem gewandelten Verständnis des Drogengebrauchs: Gesundheitliche Gefahren werden in zunehmendem Maße damit verknüpft (siehe Johnston et al. 1985:157). Die USA machen damit eine Entwicklung durch, die in der Bundesrepublik, wie frühere Analysen unserer Hamburger Untersuchungen belegen, schon zu Beginn der 70er Jahre eintrat (siehe Reuband 1977a:62).

Diffusionen von "Neuerungen", wie der Drogengebrauch, müssen offenbar nicht notwendigerweise identisch verlaufen. Der Höhepunkt in der Ausbreitung kann unterschiedlich schnell erreicht sein, unterschiedlich weite Verbreitung kann sich einstellen und unterschiedlich schnell die Stagnation oder Rezession einsetzen. Die Geschwindigkeit, mit der sich eine Innovation ausbreitet, und das Verbreitungsniveau, das sie erreicht, sind dabei eine Frage u.a. ihrer kulturellen Kompatibilität, des wahrgenommenen Nutzens der Anwendung und der finanziellen Kosten (Rogers und Shoemaker 1971:145ff.), vermutlich aber auch der geographischen und kulturellen Nähe zum Zentrum der Innovation. Die innovatorische Faszination dürfte in den USA, wo der Cannabisgebrauch erstmals durch die Hippies populär gemacht wurde und breite Medienresonanz fand (vgl. u.a.Roszak 1973:227, Yablonsky 1973), größer und effektiver gewesen sein als in den Ländern Europas. Und vielleicht wurde deshalb auch schneller ein Niveau erreicht, das Marihuanagebrauch zu einem Alltagsphänomen eines durchschnittlichen Jugendlichen werden ließ.

Hat sich ein Phänomen aber erst einmal in nennenswertem Umfang etabliert, so bedarf es nicht mehr notwendigerweise einer kulturellen Sinngebung. Es kann sich im Rahmen der normalen Interaktion der Gesellschaft als ein Phänomen Altersgleicher ausbreiten. Das Verhalten wird unter diesen Umständen nicht mehr spezifisch durch Berufung auf höhere Werte legitimiert, sondern wird nun zum Akt der Konformität mit der eigenen Umwelt und gesellschaftlichen Subgruppen. Die Innovation ist gewissermaßen durch kulturelle Minoritäten eingeführt und hat sich, von ihnen abgehoben, auf die weitere Bevölkerung ausgedehnt. Wer sie aufgreift, kann sie in gewissem Maße mit ähnlichem Selbstverständnis jugendeigener "Normalität" praktizieren wie andere jugendspezifische Verhaltensweisen auch.

3. Über den Umgang mit Drogen: Drogenwahl und Gebrauchsmuster

3.1 Drogenkonsum - eine Sache des "Alles oder Nichts"?

In der populären, z.T. auch der wissenschaftlichen Literatur, die implizit durch den "Pathologischen Erklärungsansatz" geprägt ist, wird der Drogengebrauch als eine ungezügelte, fast zwanghaft ausgeübte Verhaltensweise beschrieben und als "natürliche" Konsequenz jedweder Drogenverwendung gesehen. Der Weg in die Abhängigkeit erscheint als vorprogrammiert. "Fast immer" nähmen die konsumerfahrenen Schüler die Droge mehrmals pro Woche zu sich. Sie würden das in hoher Dosis tun und ziemlich wahllos alles herausgreifen, was sie erreichen könnten (Weber 1981:4). Entziehungskuren bei Haschisch seien "fast immer erfolglos" (Brickenstein 1970:61). Es liege "im Wesen des Rausches, daß er Fortsetzung verlangt" (Lechler 1971:61). Und damit nicht genug: Der Haschischkonsum würde normalerweise nur kurze Zeit ausgeübt. Dann erfolge der Umstieg auf andere, "härtere" Drogen mit Abhängigkeitspotential. Fast alle Jugendlichen, die in Therapie gekommen seien, hätten mit Haschisch begonnen und seien nicht dabei geblieben (so z.B. Mader und Sluga 1969:358, Stahl und Panzer 1973:231); unter den polizeiauffälligen Heroinkonsumenten wären die meisten vorher schon mit Cannabis aufgefallen (Rebscher 1980:122).

Für einen Teil der Autoren rührt der Umstieg auf harte Drogen aus der Natur des Gebrauchs: aus dem Tatbestand, daß "das Rauschbedürfnis nicht befriedigt wird und man zu härteren Mitteln greifen muß, um das Gefühl der Befriedigung aufrechtzuerhalten" (Franke 1980c:5). "Beim Haschisch besteht ... eine Art Alles-oder-Nichts-Gesetz" (Schadewaldt 1986:162). Andere Autoren stehen diesem Bild zwangsläufiger Abhängigkeit skeptischer gegenüber, heutzutage mit gestiegener Informiertheit vermutlich mehr als früher. Aber die Gesamtbeurteilung weicht vom früheren Bild nicht grundlegend ab. Man unterstellt nur andere Ursachen: Statt sie im "Wesen des Rausches" zu suchen, sucht man sie nun in der "Natur" des Konsumenten. Man argumentiert nicht mehr mit absoluten, sondern relativierenden Aussagen und behauptet, Jugendliche mit seelischen Schwierigkeiten würden sich in steigendem Maße in den Konsumentenkreis rekrutieren. Entsprechend würde die Umsteigequote wachsen.

Die These vom veränderten Konsummuster und der neuen Konsummotivation tritt zuerst Anfang der 70er Jahre auf, breitet sich aber erst im Verlauf der 70er Jahre stärker aus. Dabei erstaunt, wie sehr die beschriebene Veränderung immer wieder als eine "neue" Entwicklung "entdeckt" und dargestellt wird. "Der Umsteigeeffekt ist zu einem ernsthaften Problem geworden", heißt es erstmals 1970. "Der Frankfurter Psychiater Bochnik, Vorsitzender der Expertenkommission über Drogen, schätzt, daß die Zahl der Umsteiger auf 20 bis 75 Prozent gestiegen ist" (Mathiesen 1970:3). Zwei Jahre später verkündet eine öffentliche Verlautbarung des Bundesministeriums für Jugend, Familie und Gesundheit:

Der Neugier- und Probierkonsum sei besonders bei Haschisch allgemein zurückgegangen. Die Motive des Drogengebrauchs hätten sich verschoben, Probleme würden zunehmend die Ursache des Konsums darstellen. Die verbleibenden Konsumenten würden sich zusehends aus fortgeschrittenen und intensiven Verwendern zusammensetzen (BMJFG 1972: 63).

Die These von der veränderten Motivlage findet sich als Beschreibung jeweils "neuer" Trends bis in die 80er Jahre hinein (vgl. u.a. Dörner et al. 1979:165, Täschner 1981:36, Schmidtbauer und Scheidt 1984:445). Entsprechend wird von verschiedenen Autoren auch der Anstieg des Heroingebrauchs als Resultat einer veränderten Zusammensetzung gesehen: immer mehr Jugendliche würden von Cannabis auf Opiate einschließlich Heroin übergehen (Schmidtbauer und Scheidt 1984:303), immer mehr Personen direkt mit Heroin beginnen (z.B. Thamm 1980:159, Heckmann 1982:171). Neben verbessertem Marktzugang werden vor allem veränderte Motivlagen als Grund dieser Wandlung angeführt: "Es geht unter den Konsumenten nicht mehr um Bewußtseinserweiterung, sondern um Abschalten, 'feeling'. Daher ist Heroin so attraktiv" (Kindermann und Schneider 1982:123).

Die empirischen Materialien sind weniger eindeutig, als es der breite Konsens erscheinen läßt, mit dem die Thesen in der Bundesrepublik immer wieder vorgebracht werden: Die Aussagen über den "typischen Konsum" stützen sich auf eine selektiv ausgewählte Population von Personen, die wegen ihres Konsums auffällig wurden oder um Rat fragten. Daß der Anteil der Süchtigen unter den Konsumenten auch eine Funktion der Hilfesuche und damit ein Artefakt darstellt, wird nicht gesehen.[1] Die vielfach behauptete Aussage, die meisten Haschischkonsumenten würden auf Heroin umsteigen, beruht gar auf logischen Denkfehlern: Wer nur die Personen zur Berechnung nimmt, die den Endpunkt einer Drogenkarriere erreicht haben und von diesen auf Übergangswahrscheinlichkeiten schließt, kann über die Zwischenschritte und ihre Übergangswahrscheinlichkeiten nichts aussagen. Hierfür kämen nur Personen in Frage, die jemals mit Haschisch Erfahrungen gemacht haben.

Die empirische Ausgangsbasis sieht bei den Aussagen über einen Strukturwandel unter Konsumenten keineswegs besser aus: zurückgegriffen wurde in der Vergangenheit auf die Ergebnisse einer Befragung unter Experten (BMJFG 1972:15), deren Kompetenz in der Beurteilung des Phänomens lediglich in der institutionell zugeschriebenen Beschäftigung

---

1 Als ein typisches Beispiel für die massive Fehleinschätzung kann man z.B. die Untersuchungsserie von Wolfram Keup über den Mißbrauch chemischer Substanzen ansehen. Basis seiner Erhebung sind Patienten in Kliniken, deren Drogen- und Medikamentengebrauch nach der Häufigkeit der Einnahme erfaßt wird. Das Suchtpotential wird hier berechnet aus dem Anteil der "abhängigen" Personen in der Gruppe der regelmäßigen Konsumenten. Für Haschisch kommt Keup auf ein Suchtpotential von 92% - höher als bei Heroin (siehe Keup 1985:185). Dies aber ist sowohl nach dem medizinischen Kenntnisstand (vgl. Cohen 1982, Uchtenhagen 1982) als auch dem hier vorgefundenen Konsummuster ausgeschlossen.

mit dem Drogenthema liegt, die aber keinerlei empirische Daten zur Verfügung haben. Es wurde auf Befunde aus Umfragen verwiesen, die untereinander nicht vergleichbar sind.[1] Oder man zog Beobachtungen von Beratungsstellen heran. Diese aber sind nicht nur durch eine fehlende Systematik der Datensammlung, sondern ebenfalls durch die selektive Inanspruchnahme der Institution beeinträchtigt: Es genügt, daß Probierer besser mit Drogen umzugehen lernen und der Beratung fernbleiben, um den Eindruck eines Strukturwandels zu erzeugen.

3.2 Häufigkeit des Konsums und präferierte Droge

Wie sieht der Drogengebrauch tatsächlich aus, wie hat er sich entwickelt? Die verschiedenen Hamburger Umfragen der 70er und 80er Jahre erlauben eine genauere Beschreibung. Sie ermöglichen so gut wie keine der anderen Studien auch einen eingehenderen Vergleich neuerer Verhältnisse mit denen in der Hoch-Zeit der Drogenwelle. Das Bild, das sich darbietet, widerspricht gängigen Thesen der deutschen Literatur. Entgegen den vorherrschenden Annahmen ist der Drogenkonsum moderat. Die Mehrheit derjenigen mit Konsumerfahrung hat die Droge nur wenige Male probiert (Tabelle 1). Selbst in den frühen 70er Jahren, als der Konsum unter Jugendlichen noch weiter verbreitet war, hat fast die Hälfte der konsumerfahrenen Schüler lediglich bis zu fünfmal Drogen zu sich genommen und nicht mehr als ein Zehntel unter ihnen mehr als 100mal.

Diese Situation ändert sich auch in der Folgezeit nicht: Der Anteil derer, die bis zu fünfmal Drogen genommen haben, beläuft sich 1971 auf 44% und 1987 auf 48%. Der Anteil derer mit mehr als 50maligem Konsum ist in der Zeit, in der ein erheblicher Anstieg progredienten Konsums erwartet wurde, sogar rückläufig: Die Werte liegen zumindest noch zu Beginn der 80er Jahre niedriger als zu Beginn der 70er Jahre. Inwieweit der im Vergleich zu 1982 höhere Anteil in der Umfrage von 1987 einen Wandel und eine - wenn auch nur vorübergehende - Rückkehr zu den Verhältnissen der frühen 70er Jahre bedeutet oder lediglich Folge von Schwankungen in der Stichprobe ist, bleibt ungewiß. Sicher ist jedoch: Moderater Drogengebrauch kennzeichnet auch in der Gegenwart die Verwendung fast aller Drogen. Die Mehrheit der Konsumenten hat zum Zeitpunkt der Befragung den Drogenkonsum längst wieder eingestellt.[2]

---

1 So wird in der Publikation des BMJFG (1972:14) auf eine Untersuchung an Dortmunder Schulen verwiesen. Da keine Vergleichsstudie für Dortmund vorliegt, kann ein Vergleich jedoch nicht vorgenommen werden. Ebensowenig kann die zitierte Umfrage der Bundeszentrale für gesundheitliche Aufklärung als Beleg dienen - sie hat zu dieser Zeit ebenfalls keine Vorgänger. Die einzigen Umfragen, die Vergleiche zulassen könnten, sind die von J. Schwarz aus Schleswig-Holstein (Schwarz 1972). Doch sie stützen sich lediglich auf Gymnasiasten, und der abgedeckte Zeitraum umfaßt nicht mehr als ein Jahr.

2 Dabei macht es, wie die Umfragen der 70er Jahre belegen, relativ wenig aus, ob es sich um legal oder nur illegal erhältliche Substanzen handelt. Haschisch wird ebenso selten intensiv genommen wie Weckmittel. Es ist nach unseren Daten lediglich eine leichte Tendenz feststellbar, schwer zugängliche Produkte - wie die verschreibungspflichtigen Weckmittel - seltener zu verwenden.

Tabelle 1 Ausmaß der Drogenerfahrung unter Konsumenten im Zeitverlauf (in Prozent)

<table>
<tr><th></th><th colspan="2">1971</th><th colspan="2">1973</th><th colspan="2">1975</th><th colspan="2">1982</th><th colspan="2">1987</th></tr>
<tr><td>1mal</td><td>15</td><td></td><td>21</td><td></td><td>24</td><td></td><td>35</td><td></td><td>13</td><td></td></tr>
<tr><td>2-5mal</td><td>29</td><td></td><td>23</td><td></td><td>23</td><td></td><td>21</td><td></td><td>35</td><td></td></tr>
<tr><td>6-20mal</td><td>29</td><td></td><td>24</td><td></td><td>24</td><td></td><td>16</td><td></td><td>21</td><td></td></tr>
<tr><td>21-50mal</td><td>5</td><td></td><td>12</td><td></td><td>12</td><td></td><td>16</td><td></td><td>12</td><td></td></tr>
<tr><td>51-100mal</td><td>14</td><td rowspan="2">24</td><td>8</td><td rowspan="2">22</td><td>5</td><td rowspan="2">17</td><td></td><td rowspan="2">13</td><td></td><td rowspan="2">23</td></tr>
<tr><td>mehr als 100mal</td><td>10</td><td>14</td><td>12</td><td></td><td></td></tr>
<tr><td></td><td>100</td><td></td><td>100</td><td></td><td>100</td><td></td><td>100</td><td></td><td>100</td><td></td></tr>
<tr><td>(N=)</td><td>(808)</td><td></td><td>(605)</td><td></td><td>(703)</td><td></td><td>(62)</td><td></td><td>(52)</td><td></td></tr>
</table>

Basis: 1971-1975: 14-19jährige; 1982 und 1987: 15-20jährige. Die Zahlen für 1971-1975 sind - weil es sich um eine Schülerstichprobe mit ungleicher Altersbesetzung handelt - jeweils nach Alter und Geschlecht standardisiert. Die etwas ungleiche Alterskategorisierung aus den 70er Jahren und aus den 80er Jahren (14-19 Jahre und 15-20 Jahre) resultiert aus der Tatsache, daß die Zahlen für die Erhebungen aus den 80er Jahren nur in dieser Form zur Verfügung standen. Angesichts der geringen Altersdifferenzen zwischen den beiden Alterskategorisierungen sind nennenswerte Auswirkungen auf den Gesamtbefund unwahrscheinlich.

Frageformulierungen: (1971-1975): "Wie oft haben Sie ca. dieses bzw. diese Rauschmittel eingenommen?" (1982 und 1987): "Vom ersten Mal bis heute: wie häufig haben Sie diese Rauschmittel genommen?" In den Erhebungen 1971-1975 wurde die Frage einzeln auf die jemals genommenen Drogen gerichtet und Intervallklassen vorgegeben. Diesen Intervallen wurde ein Mittelpunkt zugewiesen und für die Drogen aufsummiert (siehe Erläuterungen in Anhang 1). 1982 und 1987 wurde statt dessen von vornherein die Gesamthäufigkeit in der oben angegebenen Klasseneinteilung erfaßt.

Quelle: Hamburger Schülerbefragungen sowie Infratest (1982:86), und unveröffentlichte Tabellen aus der Infratest Erhebung von 1987, zur Verfügung gestellt von Prof. Dr. Heinz Renn (Universität Hamburg), eigene Berechnungen.

Anmerkungen zur Tabellenkonstruktion: Für diese und die folgenden Tabellen gilt, daß sich die Werte durch Rundungsfehler nicht immer auf 100% - den jeweils ausgewiesenen Basiswerten - summieren müssen.

Wer sich unter den Konsumenten zu den aktuellen Verwendern zählt, konsumiert selten. 1971 gaben unter den Hamburger Konsumenten lediglich 14% täglichen oder fast täglichen Gebrauch an, weitere 15% bekunden Konsum mehr als einmal die Woche. Rund 15 Jahre später behaupten in einer bundesweiten Umfrage der 12- bis 25jährigen (für Hamburg liegen keine neueren Zahlen dazu vor) 8% der Konsumenten, sie hätten Drogen in den letzten 30 Tagen 20mal und mehr genommen. Weitere 14% geben für den gleichen Zeitraum 10-19maligen Konsum an, 8% 6-9maligen Konsum (Institut für Jugendforschung 1987, Frage 47; eigene Berechnungen). Umgerechnet beläuft sich der mehr als einmalige Konsum pro Woche 1982 auf einen Wert von rund 22% (in Hamburg 1971 von 29%). Wöchentlicher Konsum oder täglicher Konsum ist unter denen, die Drogen nehmen, entgegen weitverbreiteten Stereotypen mithin nach wie vor eine Seltenheit.

Wer überhaupt zu Rauschmitteln greift, der greift durchweg auch zu Cannabis. Fast alle Drogenkonsumenten haben es probiert. Und die meisten haben damit auch ihren "Einstieg" in den illegalen Drogengebrauch begonnen. An der Popularität hat sich seit Beginn der Drogenwelle nichts geändert (Tabelle 2). Wo für die 80er Jahre Verschiebungen zu Schlaf- und Beruhigungsmitteln sowie Inhalationsmitteln verstärkt genannt werden, dürfte es sich mehr um Folgen der etwas anders gearteten Fragemethodik als um Folgen substantiellen Wandels handeln.[1] Verschoben hat sich - in stärkerem Maße - allenfalls der Gebrauch spezifischer Arten von Cannabis. In der Umfrage unter Hamburger Gymnasiasten hatten 1970 86% der Konsumerfahrenen schon mal Haschisch und nur 17% Marihuana probiert (eigene Berechnungen). In der Erhebung von 1987 unter Hamburger Jugendlichen gaben weiterhin vier Fünftel (81%) der Konsumenten Haschischerfahrung an, 45% aber auch Marihuanaerfahrung (eigene Berechnungen).[2]

Der Wandel zu vermehrtem Gebrauch von Marihuana könnte ein verändertes Drogenangebot auf dem Markt widerspiegeln. Marihuana könnte in vermehrtem Maße in der Bundesrepublik eingeführt und angeboten worden sein (vgl. etwa Rebscher 1982:34). Womöglich wird zunehmend auch auf eigenen Anbau - sei es im Blumenkasten, im Garten oder auch über einen gezielten Anbau an anderen Orten (wie in Parks oder an Bahngleisen) - zurückgegriffen. Daß Eigenanbau in den hiesigen Breiten, sogar selbst in Ländern mit weniger durchgehender Sonneneinstrahlung wie Schweden, erfolgreich sein und einen hinreichenden Wirkstoffanteil enthalten kann (v. Wachenfelt 1984:177, Wanke und Täschner 1985:27), ist in der Drogenszene inzwischen bekannt. Die Cannabis-Pflanze

1 Die Vorgabe der einzelnen Drogen dürfte in den Umfragen von 1982 und 1987 (vgl. Anhang 1) die Erinnerung besonders an die selten verwendeten Mittel erhöht haben und überdies mit zur Nennung jener Mittel führen, die nicht notwendigerweise als Rauschmittel verwendet wurden.

2 Dieser Trend findet sich auch in anderen Bundesländern (Bayerisches Staatsministerium des Innern und Bayerisches Staatsministerium für Arbeit und Sozialordnung o.J.:68). Die Verhältnisse in der Bundesrepublik nähern sich damit denen in den USA, wo das Marihuana die am häufigsten benutzte Cannabisart darstellt (vgl. NIDA 1976:4).

Tabelle 2 Art der jemals eingenommenen Drogen im Zeitverlauf (Mehrfachnennungen in Prozent)

	1971	1973	1975	1982	1987
Cannabis	94	92	89	81**	87
Weckmittel	44	34	32	27	35
Halluzinogene	17	23	20	11**	11
Schlaf- und Beruhigungsmittel	3	2	1	11	9
Inhalationsmittel	1	1	1	14	21
Opiate	6	4	5	8	10
Sonstige	***	***	6	***	***
(N=)	165 (921)	156 (750)	154 (748)	151 (143)	173 (115)

* Die Kategorie "Cannabis" umfaßt hier und in den folgenden Tabellen allgemein die Nennung "Haschisch", "Marihuana" sowie (nur 1971-75 ursprünglich getrennt erfaßt) "Haschisch mit Opium". Die Zusammenfassung erfolgt, da es sich hier nach den verfügbaren Informationen fast immer um Haschisch handelt. Opiumbeimengungen kommen praktisch nicht vor (siehe dazu auch Bschor et al. 1971, Kleiner 1971, Mattke 1972).

** Die Werte liegen realiter noch etwas höher. Im Falle von Cannabis ist der Wert für Haschisch angegeben, Werte für Marihuana kommen noch hinzu. Bei Schlaf- und Beruhigungsmitteln sind Barbiturate ausgewiesen. Schlafmittel/ Barbiturate kommen noch hinzu. Eine Aufaddition ist aufgrund der verfügbaren Tabellendarstellung (Mehrfachnennungen) hier nicht möglich.

*** Sonstige bzw. nicht spezifische Drogen sind nur 1975 als solche verschlüsselt worden. In der Regel dürfte es sich um Cannabiskonsumenten handeln; der entsprechende Wert ist 1975 mithin realiter etwas höher anzusetzen.

Basis: 1971-1975: Schüler von 14 Jahren an und älter, 1982 und 1987 Jugendliche von 12-24 Jahren.

Quelle: siehe Tabelle 1. Zur Frageformulierung siehe Anhang 2.

zu ziehen, verschafft eine günstige Versorgungsquelle und macht vom illegalen Drogenmarkt unabhängig.

Ob das Marihuana alternativ oder ergänzend zum Haschisch verwendet wird und welche Erfahrungen diejenigen haben, die das Mittel schon einmal ausprobiert haben, ist nicht bekannt. Ob unter den Marihuanaerfahrenen Marihuana inzwischen genauso häufig verwendet wird wie Haschisch oder die Einnahme lediglich eine auf wenige Male beschränkte Probierhandlung darstellt, ist ebenso ungeklärt. Nur eines läßt sich als gesichert sagen: Marihuana wird normalerweise nicht als erste Droge genommen. Der Jugendliche kommt dazu erst im fortgeschrittenen Drogenstadium - und hat vermutlich auch dann erst Zugang dazu.[1] Wer es nimmt, wählt etwas Besonderes - etwas, was womöglich dem Konsumenten den Charakter des Connaisseurhaften gibt.

3.3 Opiaterfahrung und injektiver Gebrauch

Angesichts der Tatsache, daß Drogen gewöhnlich nur einige wenige Male genommen werden, verwundert nicht, daß sich die Mehrheit der Konsumenten mit nur einer Drogenart, zumeist Cannabis begnügt. Lediglich 12-13% der Konsumenten geben in den 70er Jahren an, mehr als zwei Drogenarten (wie Cannabis, Weckmittel, Halluzinogene, Schlaf- oder Beruhigungsmittel, Opiate) ausprobiert zu haben. Die Realität ist von der in der Literatur vielfach behaupteten Gleichsetzung von Konsumerfahrung mit "Umstieg" auf andere, "härtere" Drogen weit entfernt. Und wird auch in der Öffentlichkeit nicht selten jeglicher Drogenkonsum in die Nähe des injektiven Drogengebrauchs gerückt, so ist doch sicher, daß dieser nur von sehr wenigen Jugendlichen mit Konsumerfahrung praktiziert wird[2]: 4-6% der Konsumenten geben in den 70er Jahren ein- oder mehrmaligen Opiatgebrauch an (wobei es sich hier z.T. um gerauchtes Opium handelt und nur z.T. um Opiumderivate, die injiziert werden). Berechnet man allgemein den Anteil derer, die Drogen injizieren, so erhält man einen "Fixer"-Anteil von 3% unter allen Schülern, die jemals Drogen verwendeten.

1 Unter den 1-5maligen Konsumenten des Jahres 1982 gaben 72% an, schon mal Haschisch probiert zu haben, unter den mehr als 50maligen Verwendern 91%. Im Falle des Marihuana ist der Wandel einschneidender: der Anteil der Marihuanagebraucher steigt von 28% auf 91% (Infratest 1982:278). Dieser stärkere Effekt und das anfänglich niedrigere Niveau im Falle des Marihuanagebrauchs könnte ein Indiz dafür sein, daß dieses Mittel als eine Art Droge verstanden wird, die für den fortgeschrittenen Gebrauch typisch ist. Pharmakologisch gesehen ist Marihuana schwächer als Haschisch (vgl. Ditzel und Kovar 1983:48). Der unterschiedliche Wirkstoffgehalt resultiert z.T. aus der Art und Weise der Verarbeitung. Ob aber tatsächlich die mildere Form der Drogeneinnahme gewählt wird, dürfte jedoch nicht nur eine Sache des Mittels, sondern der jeweils gewählten Konsumpraxis und des Ausmaßes sein, in dem die jeweilige Substanz "pur" oder vermischt mit Tabak geraucht wird. Zu dieser Frage gibt es bislang aus den deutschsprachigen Untersuchungen keine Informationen.

2 Dies gilt auch für die polizeiauffälligen Drogenkonsumenten. Die meisten sind Cannabis-Konsumenten (Bundeskriminalamt 1989). In der Medienrezeption wird dies z.T. verkannt und die Zahlen der Drogendelikte mit dem injektiven Gebrauch gleichgesetzt.

Daß nur eine kleine Minderheit jemals zu Opiaten greift oder Drogen injiziert, gilt selbst dann, wenn man der unterschiedlichen Drogenerfahrung der Konsumenten Rechnung trägt und die Opiaterfahrung als Funktion des Ausmaßes an Drogengebrauch analysiert. Sie steigt dann zwar mit wachsender Konsumerfahrung an - unter den mehr als 100maligen Konsumenten unter den Schülern liegt sie bei 17% (die Quote der Fixer bei 8%) - die Opiatkonsumenten bleiben gleichwohl eine Minderheit. Auch wenn man die fortgesetzten Konsumenten harter Drogen in die Betrachtung einbezöge, die in den Umfragen gewöhnlich nur unzureichend ermittelt werden, würde sich an den Relationen wenig ändern. Das Grundmuster bliebe erhalten.[1]

Der Befund, wonach nur wenige der Konsumenten jemals Opiate genommen oder gefixt haben, ist kein Spezifikum der Hamburger Untersuchungen. Ähnliche Werte finden sich in anderen Erhebungen in der Bundesrepublik (vgl. u.a. Infratest 1976, Institut für Jugendforschung 1979, 1987, Schmitt und Stein 1979; für Fixer siehe Bergius 1972:38).[2] Entgegen den üblichen Darstellungen in der Literatur bleibt die Quote der Opiatkonsumenten und Fixer außerdem über die Zeit weitgehend stabil. Der Anteil an Personen mit Opiaterfahrung liegt in den Hamburger Befragungen in der Zeit zwischen 1971 und 1975 zwischen 4% und 6%, 1982 bei 8% und 1987 bei 10%. Die beiden letzten Werte sind zum größten Teil durch ältere Jugendliche in der altersmäßig etwas anders zusammengesetzten Stichprobe bedingt. Würde man sie aus der Berechnung ausschließen, käme man auf

---

1 Hinweise dafür ergeben sich aus dem Vergleich der durch die Hamburger Schülerumfragen geschätzten Fixerzahlen mit denen der polizeilich bekannten Fixer der gleichen Geburtsjahrgänge (vgl. Reuband 1991). So läßt sich einerseits für 1975 aus unserer Umfrage eine Zahl von rund 250 Fixern für die Geburtsjahrgänge 1957-1961 schätzen. Bis Dezember 1976 waren andererseits 71 und bis März 1978 insgesamt 115 Personen aus diesen Kohorten bei der Hamburger Polizei als Fixer registriert. Bei einem Teil könnte man Überschneidung mit dem durch die Umfrage geschätzten Anteil vermuten. Aber setzen wir einmal den Fall, dies käme nicht vor, und addieren die Zahlen, so würde sich der Anteil der Fixer unter den Konsumenten insgesamt um lediglich weitere 1-2 Prozentpunkte erhöhen (zur Datenquelle siehe Reuband 1979a, zur hohen Chance der Polizeiauffälligkeit, welche Polizeidaten bei Fixern als Datenquelle nahelegen, siehe auch Robins and Murphy 1967, McAuliffe 1975, Kreuzer et al. 1981, Reuband 1982).

2 Die wenigen Untersuchungen, die für die Bundesrepublik höhere Werte erbringen, erweisen sich bei näherer Betrachtung als methodisch zweifelhaft. Sie gründen sich entweder auf methodisch problematische Operationalisierungen oder fehlerhafte Berechnungen. So wird in einer seinerzeit vielzitierten Regionalstudie von Manfred Laimer in NRW (siehe z.B. Breuer 1980:24) die Zahl der Opiatkonsumenten unter den befragten Jugendlichen auf 6% beziffert. Umgerechnet auf Personen mit Cannabiskonsum in dieser Studie, kommt man auf einen Anteil von mehr als die Hälfte aller Konsumenten (errechnet nach Laimer 1977:29)! Was die Publikation verschweigt: Im Fragebogen ist von Opiaten gar nicht die Rede. Gesprochen wird lediglich von "harten" Drogen - und dies sind nun einmal für viele Jugendliche etwas anderes als Opiate. Manche mögen Weckmittel (wie das z.T. auch in der wissenschaftlichen Literatur geschieht, z.B. Peterson und Wetz 1975:4) dazuzählen, andere Personen "härtere" Alkoholika wie Schnaps etc. Ebenfalls überhöht ist die Zahl für Opiatkonsum bei Welz und Kleff (Welz und Kleff 1980:76). Wie der Vergleich mit den Originaltabellen zeigt, kommen die Zahlen durch Verwechslung von Mehrfachnennungen mit Einfachnennungen zustande. Einzeldrogen werden aufaddiert, die nicht aufaddiert werden dürfen, weil Überschneidungen möglich sind.

keinen steigenden Anteil an Opiaterfahrung mehr. Was den Anteil der Fixer angeht, liegt er von 1971 bis 1975 bei 3%, 1982 bei 4% (Infratest 1982:87).

Diese weitgehende Konstanz muß unabhängig davon, wie man die These vom hohen Fixeranteil unter den Konsumerfahrenen beurteilt, zunächst verwundern: denn absolut gesehen bedeutet diese Konstanz angesichts des rückläufigen Anteils Rauschmittelerfahrener einen Rückgang. Wie aber kann es einen Rückgang geben, wenn - wie in den 70er und 80er Jahren geschehen - gleichzeitig die Zahl polizeilich registrierter Konsumenten harter Drogen (fast ausschließlich Fixer) dramatisch ansteigt? Der Schlüssel zur vermeintlichen Diskrepanz liegt in der Art der Basis, auf die man die Zahlen bezieht. Wenn man sich auf die Personen beschränkt, die in etwa in die hier gewählten Altersklassen fallen und polizeilich erstmals auffällig wurden, und wenn man weiterhin die Tatsache zeitverzögerten Umstiegs auf harte Drogen und Polizeiaufälligkeit berücksichtigt[1], erscheint die Entwicklung bis Mitte der 80er Jahre dem Verlauf des weichen Konsums ähnlicher, als es zunächst den Anschein hat. Die Kurven verlaufen zeitversetzt, weitgehend parallel (vgl. Abb. 4 mit Abb. 1). Die Mitte der 80er Jahre einsetzende, divergente Entwicklung - es zeigt sich ein erneuter Anstieg - könnte demgegenüber Folge spezifischer Entwicklungen im Preisgefüge und in Untergruppen der Konsumenten sein (vgl. dazu ausführlicher Reuband 1988c, 1989a). Die genauen Gründe dafür sind noch unerforscht.

3.4 Konsequenzen des Konsummusters für die Analysestrategie

Welche Implikationen haben die beschriebenen Befunde für unsere Analyse? Anders als üblicherweise angenommen, bedeutet der Griff zur Droge in der Regel nicht den Beginn eines fortgesetzten Drogengebrauchs. Der Konsum ist keine Sache des "Alles oder Nichts", wie es für den Drogengebrauch vor Beginn der Drogenwelle der 60er Jahre galt und noch heute das Bild des Konsumenten bestimmt. Der Konsum heutzutage beschränkt sich vielmehr in den meisten Fällen auf Probierhandlungen. Daran hat sich seit Beginn der Drogenwelle praktisch nichts verändert. Verwendet wird mehrheitlich Cannabis, eine Substanz, die - im Gegensatz zu den Opiaten - nicht zu körperlichen Abhängigkeitserscheinungen führt (nur bei fortgesetztem exzessivem Gebrauch könnte sich eine Art psychischer Abhängigkeit einstellen). Opiate, die in kurzer Zeit Abhängigkeit hervorrufen und den

1 Bei den Jugendlichen, die später abhängig werden, vergehen zwischen der ersten Drogenerfahrung und dem Umstieg auf Heroin normalerweise zwischen eineinhalb bis vier Jahre - mit einem seit Beginn der 70er Jahre langfristig steigenden Zeitabstand (Herha 1973:66, Haring 1975:66, Kreuzer 1975:74, Kraemer und Feldhege 1976:425, Braun 1977:50, Berger et al. 1980:89, Kreuzer et al. 1981:163, Meer-Fandrey 1985:91, Stosberg et al. 1985:27, Melchinger 1986, Projektgruppe Rauschmittelfragen 1987:18). Vom ersten Gebrauch harter Drogen bis zur polizeilichen Identifikation als Konsument verstreichen weitere eineinhalb Jahre (Kreuzer et al. 1981:252).

Abb. 4: Erstauffällige Opiatkonsumenten nach Alter und Jahr der Erstauffälligkeit im Zeitverlauf

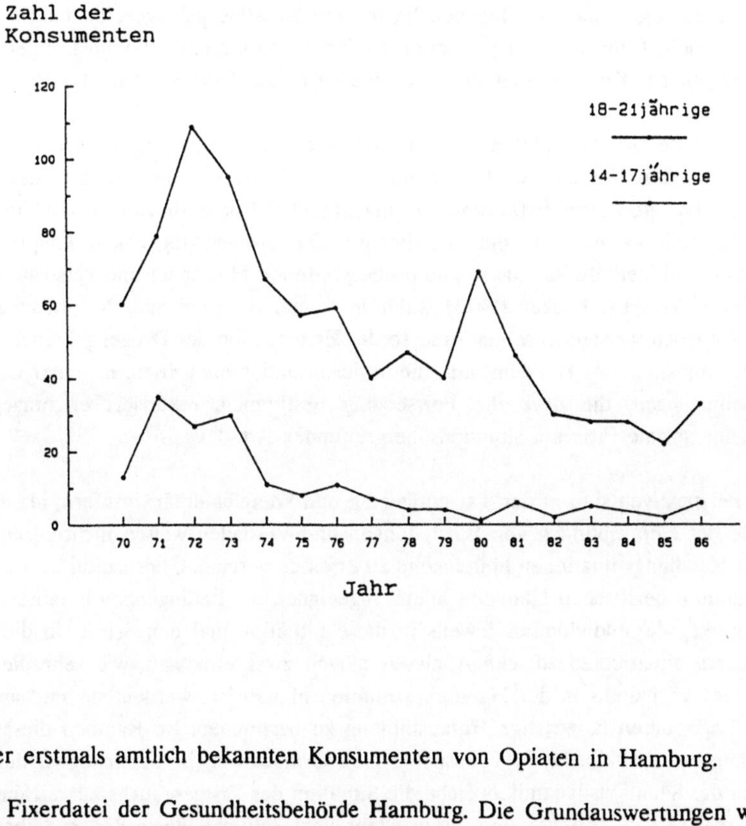

Zahl der erstmals amtlich bekannten Konsumenten von Opiaten in Hamburg.

<u>Quelle</u>: Fixerdatei der Gesundheitsbehörde Hamburg. Die Grundauswertungen wurden freundlicherweise von K.J. Lange für den Verfasser vorgenommen, weitere Berechnungen durch den Verfasser. Die Angaben stützen sich weitgehend auf Informationen über polizeiauffällige Konsumenten harter Drogen.

Griff zur Droge zu einer Sache des täglich und kontinuierlich praktizierten Gebrauchs machen würden, werden nur von einer kleinen Minderheit der Konsumenten verwendet.

Für die Erklärung der Ursachen für Drogengebrauch bedeutet dies: Es macht - wie schon Howard Becker betonte - wenig Sinn, Konsumenten als eine intern nicht weiter zu differenzierende Kategorie von Personen zu sehen und sie als Ganzes mit den Nichtkonsumenten zu kontrastieren. Die weite Verbreitung des Probierkonsums unter den Drogenverwendern läßt es vielmehr ratsam erscheinen, das Ausmaß der jemals gemachten Drogenerfahrung zu einer Größe zu deklarieren, die selbst der Erklärung bedarf: Nicht nur wäre zu begründen, wie Jugendliche in eine Situation gelangen, in der sie erstmals Drogen - meist Cannabis - ausprobieren. Erklärt werden müßte ebenfalls, unter welchen Bedingungen der Konsum über dieses Probieren hinaus fortgesetzt wird.

Zwei Wege der Analyse bieten sich an: Die eine knüpft am Drogengebrauch als situationsspezifischem Handeln an. Sie untersucht, wie jemand in die Situation des Drogengebrauchs kommt, welche Erfahrungen er macht und welche Bedingungen situationsspezifischer Art sein weiteres Handeln bestimmen. Die zweite Möglichkeit knüpft an Einstellungen und Verhältnisse als situationsübergreifende Muster an und versucht, diese zu analysieren. Howard Becker (1973) wählt in seinen Arbeiten zum Marihuanagebrauch beide Vorgehensweisen: In seiner Analyse der Erstsituation des Drogengebrauchs zeigt er die Determinanten des Handelns auf, die in der Situation erwachsen. In seiner Diskussion der Bedingungen, die über die Fortsetzung bestimmen, rekurriert er hingegen auf allgemeine soziale Prozesse situationsübergreifender Art.

Beide Perspektiven sind in der Tat notwendig und komplementär: insofern, als die bloße Analyse der Herausbildung von Einstellungen und Verhaltensweisen nicht deren Umsetzung in Handlungssituationen hinreichend zu erfassen vermag. Gleichzeitig ist die Analyse des situationsspezifischen Handelns allein ungeeignet, die Bedingungen herauszuarbeiten, die den Weg des Individuums jeweils in diese Situation und den Schritt in die nächste bestimmen. Situationsspezifische Analysen mögen zwar ermessen, wie sehr die Definitionen des Verhaltens in der Handlungssituation aktualisiert werden, sie sind aber nicht in der Lage, deren langfristige Herausbildung zu bestimmen. Im Rahmen dieser Arbeit versuchen wir deshalb, beide Teilaspekte gleichermaßen zu berücksichtigen: durch eine Analyse der Situationsdynamik, welche die Situation des Erstgebrauchs auszeichnet, sowie einer Analyse des fortgesetzten Drogengebrauchs, einschließlich der mit ihr einhergehenden Konsumbereitschaft.

TEIL III

DIE SITUATION DES ERSTGEBRAUCHS

Über das Zusammenspiel motivationaler und situativer Einflüsse

KAPITEL IV

VON DER KONFORMITÄT ZUR ABWEICHUNG
BEDINGUNGEN FÜR DEN EINSTIEG IN DEN DROGENKONSUM

1. Intentionaler Akt oder Zufall? Die Bedeutung der Konsumbereitschaft und der Konsummotivation für den Erstgebrauch

1.1 Ambivalenz als Charakteristikum des ersten Drogengebrauchs

Der erste Griff zur Droge stellt eine Art "Wendepunkt" (Strauss 1968:100) dar. Mag der Jugendliche auch vorher schon mit dem Gedanken gespielt haben, eine Droge zu nehmen, mag er auch innerlich dazu bereit sein - Gedanken sind flüchtig und reversibel, Handeln setzt Fakten. Der Griff zur Droge bedeutet einen Grenzüberschritt, eine gesellschaftlich gesetzte Grenze tolerierten und akzeptierten Verhaltens wird verletzt. Natürlich braucht der Probierer den Gebrauch nicht fortzusetzen. Er kann ihn als eine periphere Erfahrung sehen, die bald der Vergangenheit angehört und die er schnell abtut. Aber die Erfahrung ist für viele zugleich auch der Beginn einer Karriere, die zu fortgeschrittener und stabiler Devianz führt. Ob dieser Weg gegangen wird oder nicht, wird zum Teil in der Situation des Erstgebrauchs mit entschieden.

Eine der wichtigsten Fragen, die im Zusammenhang mit dem Beginn des Drogengebrauchs steht, ist die nach der Bedeutung motivationaler und situativer Einflußfaktoren. Die Theorien unterscheiden sich hierin, wie wir an früherer Stelle dargelegt haben, z.T. erheblich: auf der einen Seite stehen die traditionellen Theorien des Drogengebrauchs und abweichenden Verhaltens, die primär motivationale Einflüsse geltend machen. Hierzu gehört das "Pathologische Erklärungsmodell" des Drogengebrauchs ebenso wie Sutherlands Theorie der differentiellen Assoziation oder Mertons Anomietheorie. Intentionales Handeln, basierend auf einer vorher fest auskristallisierten Motivation und Handlungsbereitschaft wird unterstellt. Dem situativen Kontext, in dessen Rahmen sich die erste Delinquenz vollzieht, wird z.T. keine eigenständige Bedeutung eingeräumt. Nicht selten wird - besonders im "Pathologischen Erklärungsansatz" des Drogengebrauchs - sogar die These vertreten, die abweichende Motivation würde sich immer durchsetzen und der situative Kontext könne allenfalls die Umsetzung der Disposition in Handeln verzögern.

Auf der anderen Seite stehen die Theorien, die das Handeln nicht unter Rekurs auf eine Motivation, sondern die Situation begreifen. Ob es zur Devianz kommt oder nicht, ist für sie mehr oder minder eine Sache des Zufalls. Man findet diese Sicht einerseits in Hirschis Kontrolltheorien angelegt, andererseits besonders unter Autoren, die gruppendynamische Prozesse zum Thema machen (wie Short und Strodtbeck 1965, Briar und Piliavin 1965:36), oder auch bei Vertretern des Labeling Ansatzes (siehe z.B. Lemert 1964, 1967). Howard Becker, der die bislang ausführlichste Analyse des ersten Drogengebrauchs geliefert hat, nimmt in dieser Frage eine eher unklare Position ein. Er beschreibt den Konsum einerseits als Zufallsabweichung, spricht an anderer Stelle jedoch von Neugier und einer Bereitschaft, die dem Konsum vorangeht (Becker 1973:46). Daß Neugier ein Motiv ist, das bereits vor der Gelegenheit zum Konsum ausgebildet sein kann, wird nicht wahrgenommen.

In der Forschung über Delinquenz hat man die Frage nach dem Stellenwert motivationaler und situativer Faktoren trotz der Unterschiede zwischen den Theorien bislang nicht aufgegriffen. Auch in der Forschung speziell über den Drogengebrauch war dies kein Thema - allenfalls am Rande werden Informationen erhoben, die Aussagen dazu erlauben könnten und gelegentlich herangezogen werden. Wo dies geschieht (und das ist selten und erfolgt meist in rein deskriptiver Absicht), schleichen sich nicht selten Mißverständnisse ein. So geben in einer bundesdeutschen Schüleruntersuchung bei der Frage nach dem Erstkonsum 38% an, "Ich hatte soviel davon gehört, daß ich es endlich (Hervorhebung von mir) selbst einmal ausprobieren wollte". 53% wählten die Antwortkategorie "Eigentlich hatte ich es nicht unbedingt (Hervorhebung von mir) vor; es ergab sich so". Die Autoren schließen daraus, daß dem Erstkonsum in der Regel keine Konsumbereitschaft vorhergeht (Peterson und Wetz 1975:31).[1] Dabei sagt diese Frage allein darüber etwas aus, wie zielstrebig die Kontaktmöglichkeit gesucht wurde. Konsumbereitschaft und konkrete Planung sind aber nicht ein und dasselbe. Die Konsumbereitschaft mag lediglich ein Handlungspotential darstellen, dessen Realisierung von verschiedenen Bedingungen abhängt. Viele konsumbereite Jugendliche mögen, wenn sie in die entsprechende Situation kommen, vorher von der Möglichkeit des Drogengebrauchs nichts gewußt haben. Die Gelegenheit ergibt sich eher beiläufig.

Trotz des Defizits an empirischen Studien lassen sich einige Befunde finden, die etwas zur Klärung der Frage beitragen können, ob und wie sehr dem Drogenkonsum eine vorherige Bereitschaft zum Konsum vorangeht. Da sind zum einen amerikanische Untersuchungen, die als Panel angelegt sind und zeigen, daß bekundete Konsumbereitschaft die Chance tatsächlichen Konsums zu einem späteren Zeitpunkt erhöht (Blum und Ferguson 1970, Lucas et al. 1975, Huba et al. 1981, Murray und Erickson 1987). Wieviele der konsumbereiten Jugendlichen später zu Drogen greifen und wieviele der Erstkonsumenten sich durch vorherige Konsumbereitschaft auszeichneten, können diese Studien jedoch nicht

---

1 Paradoxerweise gehen die Autoren an anderer Stelle faktisch von der Existenz einer Konsumbereitschaft aus: indem sie im Rahmen ihrer Regressionsanalyse die Konsumbereitschaft und den tatsächlichen Konsum auf einer Variablen - gewissermaßen als Pole eines Kontinuums - anordnen (Peterson und Wetz 1975:55). Es wird fälschlicherweise so getan, als würden sich Probierer durch eine besonders intensive, im Unterschied zu den Konsumbereiten realisierte Konsumbereitschaft auszeichnen.

nachweisen: Zwischen der Befragung und dem ersten Konsum vergeht Zeit, der Prozentsatz der Konsumbereiten kann sich innerhalb dieser Zeit noch weiter vergrößern oder verringern. Denkbar wäre so denn, daß die Personen, die in der vorherigen Befragung nicht als potentielle Konsumenten identifiziert wurden, später doch noch vor dem Erstkonsum eine Konsumbereitschaft entwickeln. Um dieses Problem zu umgehen, bedarf es zwangsläufig retrospektiver Fragen, jeweils gestellt an Personen, die bereits zu Rauschmitteln gegriffen haben.

Die wenigen Untersuchungen mit retrospektiven Fragen in der Bundesrepublik machen deutlich, daß bei den Konsumenten, die über das erste Probierstadium hinausgegangen sind, dem Konsum in der Tat eine Bereitschaft dazu vorangeht. So gestanden in einer Berliner Untersuchung der Drogenszene aus dem Jahre 1969/70 73% der Cannabiskonsumenten ein, sie wären vor dem ersten Konsum bereits auf das Rauschmittel neugierig gewesen; 60% hatten sich bereits seit längerem vorgenommen, es zu probieren (Herha 1973:81). Zu ähnlichen Ergebnissen kommen Untersuchungen unter Fixern, bei denen der Einstieg in den illegalen Drogengebrauch ebenfalls mehrheitlich über Cannabis erfolgte (Kreuzer 1975:299, Berger et al. 1980:53). Ob eine vorherige Konsumbereitschaft in gleichem Maße bei Gelegenheitskonsumenten und Probierern von Mitteln wie Haschisch wirksam ist, kann nicht ohne weiteres daraus gefolgert werden. Gewohnheitskonsumenten könnten eine einseitige Selektion zugunsten von Personen mit hoher Konsumbereitschaft darstellen.[1]

Unsere eigene Untersuchung ist durch keine Vorselektion zugunsten fortgeschrittener Konsumenten verzerrt. Die meisten Befragten haben selten Drogen zu sich genommen, fast die Hälfte nicht mehr als fünfmal. Wie sieht unter ihnen die vorausgehende Konsumbereitschaft aus? Wir haben versucht, sie über die Frage zu erfassen: "Wie war Ihre Einstellung zum Rauschmittelgebrauch, bevor Sie zum ersten Male Rauschmittel nahmen? Wenn man Sie kurz vorher - ungefähr einen Tag vorher - nach Ihrer Bereitschaft zum Rauschmittelgebrauch gefragt hätte, was hätten Sie dann wohl geantwortet?" 37% gaben daraufhin an, vorher eine starke Konsumbereitschaft verspürt zu haben ("Ich würde gerne einmal ein Rauschmittel probieren"). 47% gaben eine ambivalente Haltung an ("... vielleicht einmal ein Rauschmittel probieren"), und 10% bekundeten eine ablehnende Haltung ("... auf keinen Fall ein Rauschmittel probieren"). 6% konnten sich nicht mehr erinnern und wählten die vorgegebene Kategorie "Weiß ich nicht mehr". Die Mehrzahl der Konsumenten ist nach diesen Daten von vornherein zum Konsum disponiert, wenn auch häufig eher in ambivalenter als explizit positiver Weise.

---

1 Manche Indizien sprechen für diese Annahme. So gaben in einer hessischen Untersuchung von Probierern 12% an, sie hätten sich beim Erstkonsum um das Rauschmittel bemüht. Bei den Gewohnheitskonsumenten waren es 28%. Die Gewohnheitskonsumenten gestanden auch seltener ein, zum Konsum überredet worden zu sein (vgl. Hessisches Kultusministerium und Hessisches Sozialministerium 1974:46).

Die zwiespältige Haltung zwischen Hingezogensein und Abwehr scheint über die Zeit ein stabiles Charakteristikum der Einstiegssituation zu sein. Gewisse Variationen in den Akzenten sind damit allerdings nicht ausgeschlossen. So steigt der Anteil der Befragten mit der starken Konsumneigung ("gern probieren") gegen Ende der 60er Jahre jäh an - von 36% 1968 und früher auf rund die Hälfte der neuen Konsumenten der Jahre 1969/70 (Tabelle 3). Daran schließt sich ein Rückgang an, konzentriert auf die Zeit zwischen 1971 und 1973. Dieser Wandel ändert die Relationen von Intention und Ambivalenz. Noch 1968 ist die Zahl konsumbereiter und ambivalenter Jugendlicher gleich groß. Das Verhältnis verschiebt sich zugunsten der Konsumbereiten bis einschließlich 1971 und weicht ab 1972 den Ambivalenten als häufigster Kategorie. Der Höhepunkt in der Konsumneigung scheint damit mit dem Höhepunkt in der Konsumverbreitung zusammenzufallen, wie wir sie früher beschrieben haben.[1] Es hat den Anschein, als würde die zu dieser Zeit beobachtbare rückläufige positive Beurteilung von Rauschmitteln nicht nur den Anteil neuer Konsumenten beeinträchtigen, sondern auch die Stärke der Konsumneigung unter den neuen Konsumenten beeinflussen.

Damit scheint die Stimmung auf der Individualebene in gewissem Maße ein Abbild der vorherrschenden Stimmung auf der Makroebene zu sein. Das könnte die These stützen, die wir früher in anderem Zusammenhang einmal formuliert haben und die sich z.T. auf Befunde über "cross pressures" in der Lazarsfeld-Tradition (siehe u.a. Lazarsfeld et al. 1968, Berelson et al. 1954) stützt: danach spiegeln sich widersprüchliche Einflüsse auf der Makroebene in Form von widersprüchlichen Einstellungen auf der Individualebene wider (Reuband 1974:127ff.). Widersprüchliche Einstellungen bedeuten Ambivalenz; das Individuum schwankt zwischen divergierenden Positionen. Wo wenig kognitive Stützung ist und negative Orientierungen vorherrschen, werden diejenigen, die das neue Verhalten aufgreifen, deshalb der Sache weniger sicher und stärker durch Skrupel geprägt sein.

---

1 Mitte der 70er Jahre zeichnet sich eine erneute Wende ab: die Quote der Konsumgeneigten nimmt wieder zu. Die Entwicklung beginnt, wie sich bei näheren Aufgliederungen zeigen läßt, in der zweiten Hälfte des Jahres 1974 und setzte sich 1975 fort. Vielleicht hängt diese Entwicklung mit einem erneuten - wenn auch nur kurz währenden - Anstieg des Drogengebrauchs in Untergruppen der Jugendlichen zusammen. Der Rückgang des Konsums wird in der ersten Hälfte der 70er Jahre in Hamburg z.T. von einem Anstieg überlagert. Er tritt gegen Mitte der 70er Jahre zunächst in Untergruppen, Angehörige höherer Schichten, auf (Reuband 1977a:61) - Signal womöglich einer erneuten Expansion, die von Untergruppen ausgeht und sich für gewisse Zeit auch auf andere Kreise ausdehnt. Die Tatsache, daß nach 1975 die Konsumerfahrung wieder leicht ansteigt - nachweisbar an den 15jährigen (vgl. Abbildung 2) -, könnte ein Indiz in diese Richtung sein. Was die ambivalente Haltung zur Droge angeht, so ist sie weitgehend unabhängig davon, um welche Droge es sich handelt. Wenn es eine dezidierte positive Haltung gibt, scheint sie - wenn auch nur tendenziell - am ehesten dem Cannabis zugute zu kommen: Cannabis hätten 38% (Weckmittel 32%) vorher "gern" und 48% (Weckmittel 45%) "vielleicht" probiert. Die größere Exotik und Faszination des Haschisch zu Beginn der 70er Jahre ist vermutlich die Ursache dafür.

Tabelle 3 Konsumbereitschaft vor Situation des Erstkonsums nach Jahr des Erstkonsums (in Prozent)

	bis 1968	1969	1970	1971	1972	1973	1974	1975	Gesamt
Gern probieren	36	53	47	42	35	32	34	40	37
Vielleicht	36	33	43	35	48	52	50	41	47
Auf keinen Fall	7	7	6	12	8	10	11	11	10
Weiß nicht mehr	21	7	4	10	9	6	4	5	6
	100	100	100	100	100	100	100	100	100
(N=)	(14)	(13)	(49)	(51)	(105)	(160)	(210)	(78)	(683)

Frageformulierung: "Wie war Ihre Einstellung zum Rauschmittelgebrauch, bevor Sie zum ersten Mal Rauschmittel nahmen? Wenn man Sie kurz vorher - ungefähr einen Tag vorher - nach Ihrer Bereitschaft zum Rauschmittelgebrauch gefragt hätte, was hätten Sie dann wohl geantwortet?" Antwortkategorien: Ich würde gern einmal ein Rauschmittel probieren - ich würde vielleicht einmal ein Rauschmittel probieren - ich würde auf keinen Fall einmal ein Rauschmittel probieren - weiß nicht mehr.

1.2 Exkurs: Zur Validität der erinnerten Konsumbereitschaft

Daß die meisten Jugendlichen nicht aus einer positiven, sondern einer ambivalenten Haltung heraus zur Droge greifen, zeigt, daß der Einstieg in den illegalen Drogengebrauch nicht ohne Skrupel erfolgt und die Motivationstheorien, die das Handeln als intentionalen Akt mit länger bestehender Konsummotivation ansehen, zu kurz greifen. Man könnte einwenden, daß die rückblickende Aussage im Interview deshalb mit vielerlei Unwägbarkeiten verbunden ist. Die Einstufung der vorherigen Konsumbereitschaft als ambivalent bis negativ mag nichts anderes als eine Art nachträgliche Herabstufung sein - der Akteur distanziert sich von der eigenen Devianz. Er definiert die Vergangenheit um und entlastet sich vom möglichen Stigma. Das Ausmaß intentionalen Handelns würde dadurch unterschätzt werden.

Wie berechtigt ist dieser Einwand? Wenn es sich um keine nachträgliche Rationalisierung handelt, sondern die Realität widerspiegelt, müßte sich die Intentionalität des Konsums in zweierlei Weise auswirken: erstens müßten die einmaligen Konsumenten als Personen, die über das Probierstadium noch nicht hinausgekommen sind, in ihren Einstellungen zu Drogen stärker den Nichtkonsumenten mit ambivalenter Konsumbereitschaft nahestehen als den Nichtkonsumenten mit positiver Konsumneigung. Schließlich sind es die Erstkonsumenten, die unseren Daten zufolge gegenüber den Drogen noch am stärksten zwiespältige Gefühle aufweisen. Zweitens müßte es unter den Konsumenten zwischen dem retrospektiv erfaßten Ausmaß an Konsumbereitschaft und den Einstellungen zu Drogen ein ähnliches Muster geben wie unter den Nichtkonsumenten: Der wachsenden Konsumneigung müßte eine Verschiebung in der Drogendefinition parallel laufen; je größer die Konsumneigung ist, desto positiver müßten die Einstellungen sein.

In der Tat läßt sich zeigen, daß bei einem Großteil der hier erfaßten Definitionen von Rauschmittelwirkungen die einmaligen Konsumenten zwischen den negativ und den positiv gestimmten Nichtkonsumenten stehen (Tab. 4). Dieser Befund spricht gegen die in der Vergangenheit mitunter gewählte Vorgehensweise, die Konsumbereitschaft unter den Nichtkonsumenten und den Konsum auf einem Kontinuum anzuordnen und Probierkonsum nur als eine bloße Steigerung der Konsumbereitschaft unter den Nichtkonsumenten zu behandeln (so z.B. bei Peterson und Wetz 1975).

Bestätigung findet auch unsere zweite Annahme, die den Konsumenten je nach vorheriger Konsumbereitschaft unterschiedliche Einstellungen unterstellt. Die Befunde dazu, wiedergegeben in Tabelle 5, zeigen, daß mit steigender, retrospektiv ermittelter Konsumbereitschaft die Wahrnehmung von Haschisch tatsächlich positiver ausfällt. Jugendliche, die angeben, ihre eigene Haltung zum Drogenkonsum sei ambivalent gewesen, haben eher ambivalente Einstellungen und verfügen über weniger kognitiv stützende

Tabelle 4 Einstellungen zum Drogengebrauch nach Konsumdisposition (Zustimmung in Prozent)

	Konsumbereitschaft*				Konsumerfahrung					
	Neg.	Neg. Amb.	Pos. Amb.	Pos.	1	2-5	6-20	21-100	100+	Insgesamt
Gesundheitsgefahr (1)	92	89	86	77	79	75	78	73	70	88
Suchtgefahr (2)	93	87	84	78	75	66	53	32	33	86
Verlust Selbstkontrolle (3)	94	93	85	74	75	69	59	49	41	88
Kriminalitätsfördernd (4)	76	69	64	52	56	48	32	32	26	68
Schafft Zufriedenheit (5)	49	56	66	73	58	69	78	81	83	55
Kontaktbegünstigung (6)	39	49	58	60	52	61	67	72	51	46
Neue Erkenntnisse (7)	41	55	58	65	61	63	72	77	78	49
Konfliktverdrängung (8)	49	55	58	57	47	51	46	52	36	51
Weniger gefährlich als in Zeitungen (9)	7	15	25	46	29	50	55	68	77	17
Alkohol schädlicher (10)	5	9	13	25	18	32	35	48	59	11
Bei Autofahren weniger gefährlich als Alkohol (11)	3	6	6	13	11	14	15	22	33	6
Nichts gegen LSD (12)	2	4	5	17	7	9	11	19	35	5
Härtere Strafen für Haschischhändler (13)	86	79	71	63	70	53	45	33	18	78
Für Haschischverbot (14)	82	69	56	33	63	47	37	28	15	71
(N=)	(3003-3078)	(939-965)	(311-319)	(120-123)	(132-137)	(183-187)	(165-169)	(138-140)	(86-87)	(5088-5190)

* Konsumbereitschaft der Nichtkonsumenten. Für diese wie alle folgenden Tabellen, welche Aufgliederungen nach Konsumdisposition enthalten, bedeutet: Konsumbereitschaft "Neg." = negativ, "Neg.Amb." = überwiegend negativ, aber ambivalent, "Pos.Amb." = überwiegend positiv, aber ambivalent, "Pos." = positiv. Konsumbereitschaft der Nichtkonsumenten und Konsumerfahrung konstruiert wie in Anhang 1 dargestellt. In Klammer sind jeweils die Unter- und Obergrenzen der Berechnungsbasis aufgeführt.

Frageformulierungen zu Tabelle 4, 1-8: "Es folgt nun eine Liste mit Behauptungen über die Wirkungen und Folgen von Haschisch. Geben Sie bitte anhand der Sechsstufenskala an, in welch starkem Maße Sie den jeweiligen Aussagen zustimmen oder nicht zustimmen. Es kommt hier wieder auf Ihre Meinung an, nicht so sehr auf Ihr Wissen." Als Antwortskala wurde eine sechsstufige Skala mit starker, mittlerer und schwacher Zustimmung bzw. Ablehnung verwendet. Aufgeführt ist der Anteil derer mit Zustimmung (stark bis schwach). Die einzelnen Aussagen lauten: (1) "Die Gesundheit wird geschädigt". (2) "Man wird auf die Dauer süchtig". (3) "Man verliert die Selbstkontrolle". (4) "Kriminelle Neigungen werden gefördert". (5) "Man wird ausgeglichen und zufrieden". (6) "Kontakt und Geselligkeit werden erleichtert". (7) "Man gewinnt neue Erkenntnisse". (8) "Die Konflikte, die man hat, sind wie weggeblasen".

Zu 9-13: "Was ist Ihre Meinung zu den folgenden, oft zu hörenden Aussagen? Antworten Sie bitte wieder möglichst spontan. Es interessiert hier nicht das Wissen, sondern Ihre Meinung." Als Antwort diente eine fünfstufige Skala mit den Kategorien "Halte ich für sehr richtig, halte ich für richtig, halte ich weder für ganz falsch noch für ganz richtig, halte ich für völlig falsch". Aufgeführt ist der Anteil für "sehr richtig" und "richtig". Die einzelnen Aussagen: (9) "Haschisch ist lange nicht so gefährlich, wie es von der Presse dargestellt wird". (10) "Alkohol ist schädlicher als Haschisch". (11) "Es ist weniger gefährlich, Auto zu fahren, wenn man von Haschisch 'high' ist, als wenn man betrunken ist". (12) "Gegen LSD ist nichts einzuwenden, solange man es nicht zu oft nimmt". (13) "Man sollte die Haschischhändler stärker bestrafen".

Zu 14: "Sollte Ihrer Meinung nach Haschisch (Marihuana) verboten oder erlaubt (freigegeben) werden? (Mit anderen Worten: Sollte der Konsum nicht strafbar sein?)" Als Antwortkategorien: Verboten - erlaubt - nur für Personen über 18 Jahren sollte es erlaubt sein - der Konsum sollte erleichtert werden - weiß nicht.

Tabelle 5 Einstellungen zum Drogengebrauch nach vorheriger Konsumbereitschaft (Zustimmung in Prozent)

	Konsumbereitschaft			
	Positiv	Ambivalent	Negativ	Insgesamt
Gesundheitsgefahr (1)	61	79	80	71
Suchtgefahr (2)	51	65	70	59
Verlust Selbstkontrolle (3)	58	66	75	63
Kriminalitätsfördernd (4)	36	39	40	38
Schafft Zufriedenheit (5)	80	73	76	76
Kontaktbegünstigend (6)	62	65	75	65
Neue Erkenntnisse (7)	76	60	60	69
Konfliktverdrängung (8)	51	55	35	50
Weniger gefährlich als in Zeitungen (9)	63	47	40	53
Alkohol schädlicher (10)	49	21	35	34
Bei Autofahren weniger gefährlich als Alkohol (11)	21	18	20	19
Nichts gegen LSD (12)	21	10	5	13
Härtere Strafen für Haschischhändler (13)	35	46	50	41
Für Haschischverbot (14)	20	43	45	34
(N=)	(70-71)	(82-85)	(20)	(183-186)

Basis: Befragte, die innerhalb des letzten halben bis dreiviertel Jahres mit dem Drogengebrauch begannen. Die dem Konsum vorangehende Konsumbereitschaft wurde erfaßt wie in Tabelle 4 beschrieben. Positive Konsumbereitschaft bedeutet hier: vorher gern zu Drogen gegriffen, ambivalent = "vielleicht", negativ = "auf keinen Fall".

Frageformulierungen: siehe Tabelle 4.

Definitionen vis-à-vis dem Drogengebrauch als Personen mit dezidiert positiver Haltung. Die Richtung der Beziehung bleibt im übrigen auch dann erhalten, wenn man das Ausmaß der späteren Konsumerfahrung als Kontrollvariable einbezieht. Das Ergebnis läßt sich damit nicht aus der (zweifelsohne bestehenden) größeren Neigung hochmotivierter Erstkonsumenten ableiten, den Konsum selbst unter widrigen Umständen fortzusetzen. Die Daten über die ambivalenten Gefühle beim "Einstieg" in den Drogengebrauch scheinen reale Verhältnisse widerzuspiegeln.

Für die Beurteilung der verschiedenen Theorien bedeutet das Vorhandensein von Ambivalenz: die motivationalen Theorien überschätzen das Ausmaß der vorher auskristallisierten Bereitschaft zur Devianz ebenso wie Hirschis Kontrolltheorie, die jedem Akteur eine Bereitschaft zur Abweichung unterstellt. Die rein situationsspezifisch ausgerichteten Theorien andererseits unterschätzen das Vorhandensein bestehender Dispositionen zur Devianz. Der Akteur gerät nicht rein zufällig dazu, die Abweichung zu praktizieren. Wie aber wird dann die Bereitschaft zur Abweichung in der Situation selbst aktiviert und umgesetzt? Welche Motive werden in der Situation des ersten Drogengebrauchs eingebracht oder geweckt?

1.3 Selbstverbalisierte Motive für den Erstgebrauch

Die situationsspezifische Genese von Motiven, die abweichendes Handeln möglich macht, ist in den Theorien abweichenden Verhaltens und der empirischen Forschung kaum untersucht worden. Besondere Aufmerksamkeit hat sie allenfalls in der Theorie der Neutralisierungstechniken von Gresham Sykes und David Matza (1966) gefunden. Danach weichen Personen mit und ohne abweichendes Verhalten in ihren Orientierungen nicht grundsätzlich voneinander ab. Was sie unterscheidet, ist die situationsspezifische Konstruktion von Entlastungsgründen - Gründe, welche die Bewertung des Handelns als abweichend "neutralisieren" und es dadurch ermöglichen. Wie sich die Neutralisierungsstrategien in der Situation selbst herausbilden, wird von den Autoren freilich nicht näher untersucht und diskutiert. Die Arbeiten, die das Konzept empirisch aufgreifen, schlagen ebenfalls nicht diesen Weg ein, sie behandeln die Neutralisierungstechniken wie situationsübergreifende Handlungsorientierungen.[1]

---

1 Sykes und Matza (1966) sind in ihrer Formulierung nicht ganz eindeutig. Es ist nicht klar, wie sehr die Neutralisierungstechniken bereits bestehen oder ad hoc konzipiert werden. In der Literatur werden sie unterschiedlichen Theorien zugerechnet: mal als Bestandteil (z.B. Jensen 1972b:567), mal als Widerspruch zur Theorie differentieller Assoziation und Bestandteil der Kontrolltheorie (Hirschi 1972:19), ein anderes Mal wieder als eigenständiger Theorienansatz. Anders als vermutet wirken die Neutralisierungstechniken nach neueren empirischen Untersuchungen jedoch nicht nur dort, wo eine konventionelle Moral existiert und neue Entlastungsgründe für das deviante Handeln konstruiert werden. Abweichende Werte und Neutralisierungstechniken gehen vielmehr einander parallel. Die Daten legen den Gedanken nahe, daß die Neutralisierungstechniken ein Bestandteil subkulturell geprägter Definitionen sind (vgl. Minor 1981) und insofern eher in der differentiellen Assoziationstheorie ihren Platz finden.

Unsere Befunde zur vorherigen Konsumbereitschaft erlauben allenfalls einen ersten Zugang zur Analyse der motivationalen Dynamik in der Erstsituation. So sagt die beschriebene Konsumbereitschaft, die dem Erstgebrauch von Drogen vorausgeht und in die Situation des Drogengebrauchs hineingetragen wird, nur etwas über die Stärke der Motivation zum Drogengebrauch aus. Sie sagt nichts über die Art der Motivation aus, die den Weg zum ersten Drogengebrauch ebnet: Selbsttherapeutische Motive sind ebenso mit ihr vereinbar wie diffuse Neugier oder andere Motivlagen. Die Konsumbereitschaft, die dem Erstgebrauch vorangeht, sagt weiterhin nichts über das Ausmaß intentionalen Handelns in der konkreten Handlungssituation aus. Mag auch mancher Jugendliche zunächst nicht zum Konsum bereit sein, so kann doch in der Situation des Drogenangebots eine Motivation geweckt werden, die dem Griff zur Droge subjektiv Sinn gibt. Will man erfahren, in welchem Ausmaß in der Situation des ersten Drogengebrauchs intentional gehandelt wird, muß man deshalb die situationsspezifische subjektive Motivation miteinbeziehen.

Die subjektiven Begründungen des ersten Drogenkonsums haben wir im Rahmen einer offenen Frage zu erfassen versucht. Offene Fragen haben gegenüber geschlossenen den Vorteil, daß sie dem Befragten keine möglichen Motive vorgeben. Wenn Motivangaben oft oberflächlicher und eher zufälliger Art sind, wie manche Autoren vermuten, so wird diese Tendenz durch unsere Vorgehensweise reduziert. Der Befragte ist stärker zu Reflexion gefordert. Explizit wurde der Befragte aufgefordert, so genau wie möglich die Gründe dem Grade der Wichtigkeit nach darzustellen. "Aus welchem Grunde nahmen Sie das erste von Ihnen konsumierte Rauschmittel? Wenn z.B. ein Grund 'Neugierde' war, so versuchen Sie bitte zu schildern, auf welche vermuteten Wirkungen Sie besonders neugierig waren. Wenn ein Grund z.B. 'Probleme' waren, so erläutern Sie die Art der Probleme".[1]

Die Ergebnisse sind in Tabelle 6 zusammengestellt. Wie aus ihr ersichtlich ist, nimmt die Problembewältigung entgegen den Erwartungen in der Literatur einen relativ unbedeutenden Platz ein. Die Mehrheit der Jugendlichen greift aus einer mehr oder minder diffusen Neugier zu Drogen. Das Neugiermotiv entspricht einem allgemeinen Interesse am Experimentieren mit neuen Erfahrungen, wie es Jugendlichen häufig eigen ist. Wer Neugier hat, ist nicht notwendigerweise bestrebt, das Verhalten auf Dauer zu praktizieren. Er will häufig nur etwas ausprobieren. Hat er die Erfahrung gemacht, so hört er wieder damit auf (es sei denn, aus der konkreten Erfahrung erwachsen ihm neue Bedürfnisse und Motive). Die zuvor beschriebene Neigung der meisten Jugendlichen, den Drogengebrauch auf einige wenige Male zu beschränken, findet in den Motivlagen eine durchaus plausible Entsprechung.

---

1 Berechnet man die Übereinstimmung zwischen dem Verfasser und den eingesetzten Codern, so kommt man auf einen Scottschen Reliabilitätskoeffizienten (dazu Galtung 1967:227) von =.87. Dieser Wert indiziert eine außerordentlich hohe Reliabilität.

Tabelle 6 Motiv für Erstkonsum nach Drogenart (Mehrfachnennungen in Prozent)

Konsummotivation	Art der Droge			
	Cannabis	Weckmittel	Sonstiges	Insgesamt
Neugierde	85	70	79	83
Schul-, Berufsprobleme	2	11	-	3
Interpersonale Probleme	7	9	4	7
Abstrakte Umweltprobleme	*	-	-	*
Sonstige Probleme	3	6	6	4
Langeweile	*	-	4	1
Lustgewinn	15	14	11	15
Bewußtseinserweiterung	3	2	6	3
Leistungssteigerung	1	15	6	3
Protest	1	-	-	*
Sozialer Zwang	14	10	15	14
Unzurechnungsfähigkeit	2	2	6	2
Sonstiges	8	7	7	8
	141	145	144	143
(N=)	(554)	(94)	(54)	(702)

* Weniger als 0,5%.

<u>Frageformulierung</u>: "Aus welchem Grunde nahmen Sie das erste von Ihnen konsumierte Rauschmittel? Nennen Sie bitte höchstens zwei Gründe (in der Reihenfolge ihrer Wichtigkeit). Versuchen Sie aber dabei, diese so genau wie möglich darzustellen. (Wenn z.B. ein Grund "Neugierde" war, so versuchen Sie bitte zu schildern, auf welche vermutete Wirkung Sie besonders neugierig waren. Wenn ein Grund z.B. "Probleme" war, so erläutern Sie die Art der Probleme.)

<u>Angaben zur Kategorisierung</u>: Zu der Kategorie "Interpersonale Probleme" werden Antworten gezählt, die sich im Zusammenhang mit Eltern, Freunden und Bekannten etc. ergeben, zur Kategorie "Abstrakte Umweltprobleme" Verweise auf Probleme mit abstrakter Umwelt (die Gesellschaft, Konsumterror etc.). Unter "Lustgewinn" werden hedonistische Motive gezählt (wie mehr erleben, Phantasiegefühl etc., "high" sein). Zu der Antwortkategorie "Leistungssteigerung" werden solche Nennungen gezählt, die sich auf die Verbesserung der körperlichen und/oder geistigen Antriebskraft beziehen. Zur Kategorie "Protest" wird explizit formulierter Protest gegen die engere oder weitere Umwelt gerechnet. Zur Kategorie "Sozialer Zwang" zählen Antworten, die die Gruppenbindung oder sozialen Zwang ansprechen (um Mut in der Gruppe zu beweisen, weil es andere auch taten etc.). Zur Kategorie "Unzurechnungsfähigkeit" gehören Antworten, die sich auf verminderte Zurechnungsfähigkeit beziehen (wie "ich war betrunken", "ich wußte nichts davon"). Maximal zwei Nennungen waren möglich.

Die Dominanz des "Neugier"-Motivs ist weder ein Spezifikum unserer Erhebung, noch ist sie spezifisch für bundesdeutsche Untersuchungen. Gleichgültig, ob die Frage im einzelnen als offene oder geschlossene Frage gestellt wird, es findet sich fast immer dasselbe Muster (siehe u.a. Reeves 1972:6, Fisher 1974:89, Schmitt et al. 1975:46, Plant 1975:78, Thümmel 1984:29). Doch wie kein anderes wird andererseits gerade das "Neugier"-Motiv in der Drogenliteratur in Frage gestellt: es sei zu allgemein (Nordalm 1972:92), es beantworte nicht die Frage, warum man neugierig sei (Gerdes und Wolffersdorff-Ehlert 1974:322f.). Es sei zu oberflächlich und vordergründig, ja, die Motivnennungen seien überhaupt wertlos, bestenfalls mit Vorsicht zu genießen (siehe u.a. auch Redhardt 1971, Seelisch 1972, Jasinsky 1971, Heckmann 1980:61).

Die Einwände sind richtig und falsch zugleich. Dem "Neugier"-Motiv einen zu hohen Allgemeinheitsgrad zu unterstellen, verkennt, daß es nun einmal so etwas wie diffuse Neugier - ein Interesse an neuartigen Erfahrungen ohne deren genauere Kenntnis - gibt. Nähere Explorationen der Erwartungen und Hoffnungen an den Erstkonsum belegen dies (vgl. Berger et al. 1980:58ff.). Selbstverbalisierten Motiven den Charakter der Gültigkeit abzusprechen, hieße, den Akteur als bewußt Handelnden nicht ernst zu nehmen. Motive kann man zwar - und darin ist die Kritik berechtigt - nicht allein als Maßstab der Beurteilung nehmen. Doch schmälert dies nicht ihre Bedeutsamkeit, sind sie doch ein Glied in einer Kette von Verursachungsfaktoren. Erst in der Kombination von objektiven Rahmenbedingungen und subjektiver Motivkonstruktion erschließt sich der Zugang zu den Beweggründen des Handelns. Mögen die Motive letztlich nur den Einfluß anderer Interaktionspartner widerspiegeln, so geben sie doch erst dem Akteur für das eigene Handeln den subjektiven Sinn.

Daß die aufgeführten Motive nicht von der Realität des eigenen biographischen Erlebens abgekoppelt sind, sondern in ihr ihren eigenen Bezug haben, belegen weitergehende Analysen im Rahmen unserer Studie. Sie knüpfen an aktuelle Lebensumstände des einzelnen an, die als problematisch begriffen werden können, und untersuchen, wie sehr sich diese in der Nennung von Problemmotiven widerspiegeln. Wer sich in Problemlagen befindet, nennt - wie Tabelle 7 zu entnehmen ist - tatsächlich häufiger Probleme als Grund seines Konsums. Angesichts dieses Zusammenhangs mit den konkreten Lebensumständen wäre zweifelhaft, wenn man dem Neugiermotiv im Gegensatz zum selbsttherapeutischen Motiv keinen eigenständigen Realitätsgehalt zubilligen würde.[1]

1 Dies gilt auch für die Jugendlichen, die über gestörte Beziehungen zu Eltern oder Schule verfügen und Neugier als Motiv nennen. Schließlich muß sich ihre Problembelastung nicht in jedem Handeln in entsprechend sinnhaft verbundenen Zuschreibungen niederschlagen. Das Arsenal möglicher Argumente für Konsum ist für sie prinzipiell das gleiche. Dies gilt für die Erstsituation ebenso wie die späteren Situationen des Gebrauchs.

Tabelle 7 Nennung von Problemmotiven für Erstkonsum nach Problemlagen (in Prozent)

Familienleben (1)			Lebenszufriedenh. (4)		
Harmonisch	8	(291)	Sehr zufrieden	7	(101)
Üblich, normal	10	(263)	Zufrieden	7	(267)
Gespannt, unerfreulich	22	(133)	Teils-teils	17	(231)
Unerträglich	51	(37)	Nicht so zufrieden	11	(73)
Verhältnis Schule (2)			Unzufrieden	31	(45)
Sehr gut	8	(36)	Selbstmordversuch (5)		
Gut	12	(233)	Keinen	11	(692)
Mittel	11	(351)	Einmal	32	(34)
Schlecht	17	(102)	Zweimal und mehr	53	(19)
Klassenwiederhlg. (3)					
Nein	13	(428)			
Einmal	9	(248)			
Zwei und mehr	16	(49)			

Basis 1 und 5: Schülererhebung von 1973; die anderen: Erhebung von 1975. Jeweils Befragte mit Drogenerfahrung

Frageformulierungen: (1) "Welche der nebenstehenden Antworten würde das Verhältnis zwischen Ihnen und Ihren Eltern (bzw. falls Ihre Eltern gestorben oder geschieden sind, zwischen Ihnen und Ihrer Mutter oder Ihrem Vater) am ehesten bezeichnen?" Antwortkategorien: Im großen und ganzen ist es harmonisch, erfreulich - üblich, unauffällig, normal - gespannt, unerfreulich - unerträglich. (2) "Wie würden Sie ganz allgemein Ihr Verhältnis zur Schule bzw. wenn Sie Lehrling oder Jungarbeiter sind - zu Ihrer Arbeitsstelle (Lehrstelle, Firma) bezeichnen?" Antwortkategorien: sehr gut - gut - mittel - schlecht. (3) "Mußten Sie schon einmal (oder öfter) eine Klasse wiederholen?" Antwortkategorien: Ja, einmal - ja, zweimal - ja, mehr als zweimal. (4) "Nun eine ganz andere Frage: Wie zufrieden sind Sie insgesamt mit sich und dem Leben, das Sie führen? Antwortkategorien: Sehr zufrieden - zufrieden - teils-teils - nicht so zufrieden - unzufrieden. (5) " Traten bei Ihnen (in Ihrer Kindheit oder später) eine oder mehrere der folgenden Erscheinungen auf?" Antwortkategorien u.a. Selbstmordversuch (einmal) - Selbstmordversuch (mehr als einmal).

Die Problemmotivation beim Erstgebrauch wurde wie in Tabelle 6 erfaßt.

Warum aber gibt es die heftige Abwehr gegen das Neugiermotiv in der Drogenliteratur? Das Neugiermotiv per se kann es nicht sein. Man ist ihm gegenüber in anderen Verwendungszusammenhängen durchaus aufgeschlossen und erklärt die Neugier geradezu zur Tugend. Man spricht von Neugier als einem menschlichen Grundbedürfnis und Voraussetzung menschlicher Entwicklung. Sie sei für die Entwicklung von Kreativität und Intelligenz bei Kindern eine Notwendigkeit, für die größten Entdeckungen der Menschheit verantwortlich und für wissenschaftlichen Fortschritt unerläßlich (vgl. u.a. Beveridge 1957:82, Krieger 1978:14, Eckert 1988:14). Offenbar gibt es in der Zubilligung "legitimer" Motive unbewußt eine verhaltensspezifische Zuschreibung: bei konformer und gesellschaftlich akzeptierter Verhaltensweise ist Neugier "normal", bei Verhaltensweisen, denen man den Charakter des Abweichenden und Pathologischen zuschreibt, erscheinen nur pathologische Motive glaubwürdig. Anscheinend gelten bestimmte Verhaltensweisen als derart abweichend und pathologisch, daß man kaum bereit ist, die Beweggründe unter die "normalen" und z.T. hochgeschätzten Motivkategorien zu subsumieren. Die Gründe werden in pathologischen Zuständen gesucht nach dem Motto, wonach "Schlechtes nur wiederum Schlechtes gebiert" (Cohen 1962:79).

Nun sagen die erfragten Motive des Erstkonsums lediglich etwas über die unmittelbaren subjektiven Determinanten des Handelns aus. Die länger bestehende und vorher diskutierte Konsumneigung ist damit nicht notwendigerweise identisch. Widersprüche und situationsspezifische Umdefinitionen sind möglich. So hatten wir an früherer Stelle festgestellt, daß nicht alle Jugendlichen vorher zum Drogengebrauch bereit waren. Um so interessanter erscheint die Frage, wie es bei denen zur Handlung kommt, die der vorherigen Einstellung gegenüber konträr sind. Ist es, wie manche Autoren mutmaßen, lediglich Gruppendruck?

Die Zahlen, die sich in unserer Untersuchung bei der Analyse der Situationsdynamik von Handlungsintentionen ergeben, sprechen gegen bloßen Gruppendruck als Determinante bei zunächst fehlender Konsumneigung. Zwar steigt, wie man Tabelle 8 entnehmen kann, mit sinkender Konsumbereitschaft die Zahl derer leicht an, die sozialen Zwang oder Unzurechnungsfähigkeit (z.B. Betrunkensein) für sich als Grund in Anspruch nehmen. Der Anteil an Personen, die gegen ihren Willen zu Drogen greifen, ist jedoch selbst bei den Konsumenten mit ursprünglich negativer Haltung minimal. Auch unter ihnen bleibt Neugier das Hauptmotiv. Ganz offensichtlich ist es den anwesenden Mitkonsumenten größtenteils gelungen, im Befragten situationsspezifisch Neugier zu aktivieren. Das "positive" Vorbild der anderen und die Möglichkeit des Ausprobierens haben die Einwände in den Hintergrund gerückt und das Bedürfnis entstehen lassen, es mit den Drogen doch einmal selbst zu versuchen.

Tabelle 8 Motiv für Erstkonsum nach vorheriger Konsumbereitschaft (Mehrfachnennungen in Prozent)

Konsummotivation	Konsumbereitschaft		
	Positiv	Ambivalent	Negativ
Neugierde	87	85	60
Schul-, Berufsprobleme	3	3	5
Interpersonale Probleme	7	5	12
Abstrakte Umweltprobleme	*	-	-
Sonstige Probleme	4	2	6
Langeweile	1	1	-
Lustgewinn	18	13	8
Bewußtseinserweiterung	4	3	3
Leistungssteigerung	2	3	10
Protest	1	*	-
Sozialer Zwang	12	15	13
Unzurechnungsfähigkeit	-	2	13
Sonstiges	9	7	8
	148	139	138
(N=)	(254)	(327)	(67)

Anmerkung: Die Konsumbereitschaft wurde wie im Text beschrieben erhoben; erfaßt wurde die vor dem Konsum existente Konsumbereitschaft durch die Antwortkategorien "Ich würde gerne einmal ein Rauschmittel probieren" (hier als "positiv" klassifiziert), "Ich würde vielleicht einmal ein Rauschmittel probieren" (hier als "ambivalent" klassifiziert), "Ich würde auf keinen Fall einmal Rauschgift probieren" (Frageformulierung und Kategorien wie in Tabelle 6 beschrieben).

Anfällig für situationsspezifische Konversion sind überproportional Jugendliche in aktuellen Problemlagen und Jugendliche mit dem Bedürfnis nach Leistungssteigerung. Ersteres wird, wie die genauere Aufschlüsselung belegt, durch die Cannabiskonsumenten bedingt, letzteres durch die Personen, die zu Weckmitteln als Erstdroge greifen. Wer sich in einer schlechten Stimmung befindet, der ist offenbar für kurzfristige vermeintliche Erleichterungen seines Schicksals aufgeschlossen. Er wird die sich ihm bietende Gelegenheit zum Cannabisgebrauch ausnutzen, solange er glaubt, daß es ihm emotional dadurch auf jeden Fall nicht schlechter, sondern höchstens besser geht. Wenn jemand unter seinen Interaktionspartnern positive Erfahrungen durch Haschisch verheißt, wird er seine Hoffnungen darauf setzen und seine eigenen kognitiven sowie emotionalen Widerstände vorübergehend verdrängen. Die zielstrebigen Konsumenten zeichnen sich im Gegensatz dazu überproportional selten durch selbsttherapeutische Motive aus. Das Ergebnis steht damit im deutlichen Gegensatz zu den Annahmen in der Literatur, nach denen Drogen gezielt zur Bewältigung persönlicher Probleme eingenommen werden.

1.4 Verschiebungen in der Einstiegsmotivation?

n

Die Motivation, die jugendliche Konsumenten auszeichnet und die so häufig durch Neugier und selten durch pathologische Motivlagen gekennzeichnet ist, muß über Zeit nicht stabil bleiben. Sie kann sich ändern, weil sich andere Personen in den Kreis der Konsumenten rekrutieren, weil neue Motive gelernt werden oder alte Motive an Faszination verlieren. Unsere Analyse würde unter diesen Umständen schnell obsolet werden und lediglich eine spezifische historische Periode mit ihren Eigenarten abbilden. Folgt man der Literatur, so ist in der Motivlage im Laufe der Zeit ein einschneidender Wandel eingetreten. Statt Bewußtseinserweiterung und Protest würden nur noch Probleme den Einstieg in die illegale Drogenkarriere ebnen. Diese Aussage wird zum ersten Mal in den frühen 70er Jahren vorgebracht (vgl. BMJFG 1972:134) und wird seitdem in Abständen - oft jeweils als Beschreibung "neuer" Entwicklungen - wiederholt (vgl. u.a. Gertz 1980:23, Heckmann 1980:63, Täschner 1981:38, Franke 1983:411, Sickinger und Wöbcke 1983:175, Uchtenhagen 1983:62, Vormann 1984:263). Manche Autoren glauben in der Motivverschiebung auch den eigentlichen Grund für den Anstieg des Heroingebrauchs der 70er Jahre zu erkennen: "Es geht nicht mehr um 'Bewußtseinserweiterung', sondern um Abschalten, "feeling "; daher ist Heroin so attraktiv" (Kindermann und Schneider 1982:123). "Die veränderte Rauscherwartungshaltung gibt sich nicht mit 'Bewußtseinserweiterung' zufrieden; sie verlangt emotionale Befriedigung. Damit ist eine Verlagerung auf die ausnehmend suchtbildenden, harten Drogen verbunden" (Franke 1983:411).

Kumulieren wir die drei Schülerbefragungen und setzen die Motivnennungen mit dem Jahre des Erstkonsums in Beziehung, so sind wir in der Lage, die These des Motivwandels

Tabelle 9 Motiv für Erstkonsum nach Jahr des Erstkonsums (Mehrfachnennungen in Prozent)

Konsum-motivation	bis 1968	1969	1970	1971	1972	1973	1974	1975	- 1982	- 1987
Neugierde	70	82	81	76	83	80	90	89	78[1]	64[2]
Schul-, Berufsprobleme	6	3	3	8	6	5	3	4		
Interpersonale Probleme	4 } 13	8 } 12	8 } 12	11 } 18	8 } 12	5 } 11+	7 } 14+	7 } 11+	} ca.8++	} ca.16++
Abstrakte Umweltprobleme	4	2	2	3	*	-	-	-		
Lustgewinn	19	22	16	9	9	11	16	20	..	..
Bewußtseinserweiterung	2	8	1	*	3	4	3	8	..	..
Leistungssteigerung	26	5	3	5	3	2	3	3	..	..
Sozialer Zwang	2	4	11	16	11	30	13	11	..	..
	132	133	124	124	121	139	139	132	..	..
(N=	(47)	(114)	(232)	(226)	(253)	(178)	(197)	(74)	(67)	(42)

\+ Einschließlich der Nennung sonstiger Probleme.

++ Die jeweiligen Angaben sind Näherungen. Sie basieren auf vorgegebenen Statements zur Konsummotivation. Die Werte könnten höher liegen, wenn man andere Statements mit verwandtem Tenor noch einbeziehen würde.

.. Keine Information

Basis: Kumulierte Umfragen von 1973 und 1975; Befragung von 1982 und 1987, in denen die meisten Konsumenten in der zweiten Hälfte der 70er Jahre bzw. der ersten Hälfte der 8oer Jahre mit dem Konsum begonnen haben dürften. Für 1982 und 1987 werden die Befragten in Ermangelung anderer Daten zur Basis genommen, die bislang nur ein Mittel nahmen. In die Kumulation der Umfragen von 1973 und 1975 sind nur die Antwortkategorien eingegangen, die in diesen Jahren eingesetzt wurden. Die wenigen 1975 neu eingeführten sind ausgelassen.

Frageformulierungen für die Zeit bis 1975 siehe Tabelle 6. Für 1982 und 1987:" Aus welchen Gründen nehmen Sie oder haben Sie manchmal Drogen genommen?" Antwortvorgaben: Weil ich manchmal ein unbeschreiblich tolles Glücksgefühl erlebe - ich kann dann mal den Alltag vergessen und total abschalten (hier = Probleme) - weil ich dann Musik ganz anders höre und Dinge anders wahrnehme - weil ich dann ein gutes körperliches feeling habe - weil ich mich dann der Natur ganz verbunden fühle - aus Neugier - aus Gesellschaft, weil Freunde Rauschmittel nehmen.

1 "aus Neugier"

2 "aus Neugier - um mal was Neues, Aufregendes zu erleben"

zu überprüfen. Wir können dann den Zeitraum zwischen der Zeit 1968 und früher der subkulturell geprägten Phase der Drogenwelle bis zur Mitte der 70er Jahre abdecken. Für die Zeit danach haben wir keine stringenten Vergleichsmöglichkeiten. Ersatzweise nehmen wir mit den Antworten der 1982er und 1987er Erhebung auf eine geschlossene Frage mit verschiedenen Motivvorgaben vorlieb. Das Muster, das sich im Trend darbietet, widerspricht den herrschenden Annahmen. Wie man aus Tabelle 9 ersehen kann, dominiert zu allen Zeiten Neugier als Motiv. Begründungen, die in Richtung Selbsttherapie gehen, bleiben konstant und vereinen im Schnitt nicht mehr als 13% auf sich. Hedonistische Nennungen - wie Lustgewinn - schwanken zwischen einem Zehntel und einem Fünftel. Die vielfach zitierte "Bewußtseinserweiterung" macht als Motiv zu keiner Zeit, seit sich der Cannabisgebrauch als Droge etablierte, mehr als 8% aus. Explizit ausformulierter sozialer Protest schließlich, in der Erhebung von 1975 getrennt ausgewiesen (in der Tabelle nicht mitaufgeführt), vereinigt weniger als 1% auf sich.

Dieses Bild weitgehender "Normalität" in der Motivation ändert sich auch dann nicht, wenn man zusätzliche Indikatoren für 'latente' Konsummotivation mit heranzieht. So meinen manche Autoren, die Motivation zur ersten Drogeneinnahme sei im allgemeinen zu oberflächlich. Das Problem der "echten" Motivation träte erst dann auf, "wenn die Probierer vor der Entscheidung stehen, den Drogenkonsum fortzusetzen" (so z.B. Leuner 1971:288f.). Bezieht man aus dieser Perspektive die verbalisierten Motive für fortgesetzten Gebrauch mit ein (analog verschlüsselt wie die zum Erstkonsum) und/oder die Frage nach der üblichen motivationalen Lage beim praktizierten Konsum - ob Drogen vorwiegend in guten oder schlechten Stimmungen genutzt werden - , so bleibt das Muster konstanter Verhältnisse erhalten.

So wenig, wie sich die vielbeschworene Wende in der Zeit zwischen Beginn und Mitte der 70er Jahre ereignet hat, so wenig ist sie später eingetreten. Die Hamburger Jugendumfragen aus den 80er Jahren, mit Konsumbeginn der Befragten mehrheitlich zwischen 1976 und 1987, weisen Neugierde weiterhin als Hauptmotiv aus. Selbsttherapeutische Motive prägen damit nach wie vor nur bei einer Minderzahl den Einstieg. Die These vom Wandel der Einstiegsmotivation erweist sich als Mythos. Einmal mehr scheinen fehlerhafte Impressionen und selektive Deutungen den Blick auf die Realität des Drogengebrauchs versperrt zu haben.[1]

---

1 Daß sich die Umstände des Erstkonsums seit Beginn der Drogenwelle nicht grundlegend gewandelt haben, belegt schließlich auch eine eigene Untersuchung von Heroinabhängigen - jener Gruppe, bei der man immer wieder den Motivwandel deutlich festmachen zu können glaubte: Für die Situation des Erstkonsums illegaler Drogen ist auch dort seit den frühen 70er Jahren unverändert das Motiv diffuser Neugier charakteristisch (Berger et al. 1980:58ff.). Wo in der Literatur empirische Belege zitiert werden, erweisen sie sich als brüchig. Das gilt z.B. für die Arbeit von Uchtenhagen und Welz (1983:21), in der auf Umfragen unter Jugendlichen verwiesen wird. Wären die Autoren weniger selektiv vorgegangen und hätten die verfügbare vollständige Zeitreihe von 1973 bis 1982 berücksichtigt, so wäre vom Trend in die postulierte Richtung nichts mehr übrig geblieben. Gerade bei den Motiven, die man als selbsttherapeutische werten könnte, sind die Werte im

2. Die Bedeutung situativer Einflüsse für den Erstgebrauch

2.1 Ort und Personenkreis als Elemente situativer Rahmenbedingungen

Positive bis ambivalente Einstellungen gehen dem Konsum voran. Negative Tendenzen sind selten. Relativ selten aber auch dezidierte positive Neigungen zum Konsum. Welchen Stellenwert haben angesichts dessen die situativen Einflüsse, und wie wirken sie - gemeinsam mit den motivationalen Tendenzen auf das Handeln ein? Zwei situative Einflüsse sollen uns an dieser Stelle interessieren: der Kreis der Personen, mit denen der Novize beim Konsum zusammen ist, sowie der Ort des Konsums. Beide schaffen Rahmenbedingungen für das Handeln, beide bestimmen in der einen oder anderen Weise über die Wahrscheinlichkeit, jemals zu Drogen zu greifen.

Die Tatsache, daß Drogenkonsum ein abweichendes und strafrechtlich sanktionierbares Verhalten ist, schafft Zwänge: der Konsument muß dafür sorgen, daß sein Konsum nach außen hin abgeschirmt wird, die Sanktionswahrscheinlichkeit auf ein Minimum schrumpft. Die Bedingung kann durch die spezifische Wahl des Ortes und der Interaktionspartner geschehen, mit denen der Konsum stattfindet. Die Chance, die Handlungsszene fast vollständig bestimmen zu können, ist dabei im privaten Bereich, in der Wohnung oder im eigenen Haus, am größten. Zwar besteht - sofern der Jugendliche mit den Eltern zusammenwohnt - für sie die Chance, durch die Eltern gestört zu werden. Doch läßt sich diese Chance reduzieren, wenn über den Zeitablauf oder die Verhaltensweisen der Eltern (z.B. Nichtbetreten des Zimmers) hinreichende Informationen vorliegen. Nur bei bestimmten Anlässen, wo auch fremde oder entfernt bekannte Personen anwesend sind - wie z.B. bei Partys -, dürfte sich im privaten Bereich bei ausschließlichem Kontakt zu Gleichaltrigen eine gewisse Begrenzung der Kontrollmöglichkeit einstellen.

In der Öffentlichkeit ist demgegenüber die Kontrollchance des Konsumenten im allgemeinen geringer als in der Privatsphäre. Die Zugriffschance sowohl für Vertreter formeller Kontrollinstanzen (wie Polizei, Jugendschutztrupp) als auch für Vertreter informeller Kontrollinstanzen (wie Nachbarn z.B.) ist größer (vgl. Goffman 1959, Goffman 1963, Stinchcombe 1971). Dabei ist es wahrscheinlich relativ gleichgültig, ob es sich um einen Ort im Freien oder eine öffentliche Einrichtung handelt: Öffentliche Einrichtungen haben

---

Zeitvergleich 1973 vs. 1982 außerordentlich stabil oder weisen gar auf einen Rückgang hin: "weil man dabei leichter den Alltag vergessen kann" 32% vs. 25% 1982, "weil man damit eigene Hemmungen überwindet" 26% vs. 18% 1982, "weil man dann leichter Kontakt zueinander bekommt" 15% vs. 16% 1982 (vgl. zur kompletten Serie: Institut für Jugendforschung 1973,1976,1979,1982). Ein Anstieg in der selbsttherapeutischen Motivation ließe sich auch dann nicht zeigen, wenn man neuere Daten aus den späten 80er Jahren (vgl. u.a. Institut für Jugendforschung 1987, ZA-Codebuch Nr. 1968) miteinbezöge.

zwar abgeschlossene Räumlichkeiten, die es häufig erlauben, das Eintreten von Polizei oder Jugendschutztrupps rechtzeitig zu bemerken. Sie haben andererseits jedoch den Nachteil, daß dort meist fremde Personen mit zugegen sind. Diese stellen ein Bedrohungspotential dar, das einkalkuliert werden muß und das Gefühl subjektiver Sicherheit reduziert.

Die vorliegenden bundesdeutschen Untersuchungen bieten auf den ersten Blick kein einheitliches Bild über den Ort des Erstgebrauchs. So wird z.B. die Party in manchen Untersuchungen nur mit einem Anteil von 10% angegeben (Lersner et al. 1971), in anderen Untersuchungen aus dieser Zeit mit 47% (Zimmermann 1976), Diskotheken/ Beatlokale mal mit 20% (Behrendt 1971) und mal mit 41% (Stadtjugendamt 1971). Neben der Art der Untersuchungspopulation sind vermutlich regionale Unterschiede in der Drogenszene und in den polizeilichen Fahndungsstrategien für diese Variationen mitverantwortlich: Wo die Chance öffentlichen Konsums ohne Sanktionsgefahr gegeben ist, werden sich Konsumenten häufiger in die Öffentlichkeit wagen. Wo die Sanktionsgefahr groß ist, werden andere Orte präferiert, werden Unterschiede zudem wohl auch durch die jeweilige "Infrastruktur" der Gemeinde mitbedingt sein - wie das Vorhandensein von Diskotheken mit entsprechendem Musikangebot und Atmosphäre.

So sehr sich auch die verschiedenen Untersuchungen auf den ersten Blick in ihren Befunden unterscheiden, so sehr werden doch diese Unterschiede reduziert, wenn die Orte unter dem Aspekt der Zugangskontrolle in umfassendere Kategorien zusammengefaßt werden. Faßt man die eigene Wohnung, die Wohnung von Freunden oder Partys unter die Rubrik "privater, nicht-öffentlicher Bereich" zusammen, so scheint dort der Erstkonsum in etwas mehr als der Hälfte der Fälle zu erfolgen. Dies gilt auch für unsere Untersuchung mit einem Anteil von 54%. Aufgeschlüsselt nach einzelnen Orten handelt es sich zu 13% um eine Party, zu 7% um Konsum zu Hause und zu 34% um Konsum in der Wohnung von Freunden oder Bekannten. Daß man bei Freunden eher zu Drogen greift als zu Hause, spiegelt dabei weniger Besonderheiten auf seiten des Konsumenten wider, sondern die Tatsache, daß durch die Existenz mehrerer Freunde sich rein von der Wahrscheinlichkeit her die Chance zu einer derartigen Verteilung erhöht. Der übrige Anteil entfällt auf den öffentlichen Bereich, wobei sich Schwerpunkte nicht feststellen lassen.

Die Beschreibung der Orte, an denen der Erstkonsum stattfand, gibt einen ersten Hinweis für den sozialen Kontext des Konsums. Über die konkrete Situation und die anwesenden Personen sagt sie nichts aus. Isolierter Konsum ist theoretisch selbst in Gesellschaft - wie z.B. auf einer Party - möglich: der einzelne braucht sich nur in eine Ecke oder einen anderen Raum zurückzuziehen. Die Frage, in welchem Maße der Konsum von Rauschmitteln sozialen Charakter hat und soziale Faktoren über den Beginn und die Fortsetzung des Konsums bestimmen, ist daher getrennt von der Frage des Ortes zu diskutieren.[1]

Die Ergebnisse der Analyse dokumentieren, daß der Erstkonsum - in Übereinstimmung mit den bisherigen Befunden - kein isolierter Akt ist, sondern fast ausschließlich in Gegenwart anderer Personen stattfindet. Nur in 1% der Fälle vollzieht sich die Einnahme ohne Anwesenheit anderer. Der Kreis der Personen, in dem man das erste Mal zu Rauschmitteln greift, erweist sich als Spiegelbild der Freizeitpartner, mit denen Jugendliche zusammenkommen und mit denen sie engere emotionale Kontakte unterhalten (Tabelle 10): Es sind fast immer Freunde und nähere Bekannte und nicht etwa Fremde (wie es die Drogenaufklärung so oft suggeriert). Allenfalls in 7% der Fälle kann vom Überwiegen von Personen gesprochen werden, zu denen ein mehr oder minder distanziertes Verhältnis besteht.

In den meisten Fällen handelt es sich nicht um eine einzelne, sondern um mehrere Personen. Rauschmittelerfahrene gehören fast immer dazu. Sie machen mit rund zwei Dritteln die Mehrheit der Anwesenden aus (wenn man diejenigen hinzuzählt, bei denen mindestens die Hälfte Konsumerfahrung aufweist, kommt man gar auf vier Fünftel). Nur 7% der Befragten geben an, niemand mit Konsumerfahrung wäre zugegen gewesen (ähnliche Zahlen bei Infratest 1973:33). Professionelle Dealer haben entgegen weitverbreiteten Vorstellungen als Quelle des ersten Drogengebrauchs kaum eine Bedeutung.[2] Darin stimmt

1 Die wenigen in- und ausländischen Studien, welche den anwesenden Personenkreis erfassen (vgl. u.a. Schaps und Sanders 1970, Wetz 1971, Hessisches Kultus- und Sozialministerium 1974, Herha 1973, Infratest 1973, Clark 1974, Fisher 1974, Plant 1975, Kopteff 1980, Thümmel 1984), haben dies - von einzelnen Ausnahmen (Goode 1970) abgesehen - nur am Rande getan. Die Frage nach der Erstsituation gehört nicht zu den Standardfragen in der Drogenforschung. Das Beckersche Erklärungspotential, das gerade auf die soziale Beeinflussung des Drogengebrauchs verweist (Becker 1973), bleibt ungenutzt.

2 Der Mythos vom Dealer, der als Fremder an den Jugendlichen herantritt und ihn zum Haschisch- oder Heroinkonsum "verführt" (vgl. u.a. BMJFG 1972:23, Ladewig et al. 1979:22, Bundespresse-und Informationsamt 1979:286, Bundeszentrale für gesundheitliche Aufklärung 1980:21, AOK 1980:3), hat eine lange Tradition. Er findet sich bereits um die Jahrhundertwende in den USA in bezug auf den hedonistisch orientierten Drogengebrauch (Inciardi 1986:97) und wird in der Folgezeit in Abständen immer wieder neu belebt. Daß das Bild der Heroinabhängigkeit selbst schon zu der Zeit nicht zutraf, als es erstmals an Popularität gewann, zeigen frühe Untersuchungen aus den USA der 30er Jahre (Dai 1964:650). Das gleiche Ergebnis bringen spätere Untersuchungen sowohl in den USA (vgl. u.a. Chein et al. 1964, Brown et al. 1971, Waldorf 1973), wie auch in der Bundesrepublik (siehe Kreuzer 1975, Berger 1976, ausführlich: Berger et al. 1980:9ff.). Neuere Berichte aus Hamburg, wonach Dealer mit Heroin vermischte Haschischzigaretten an Jugendliche verschenken (zuerst im Hamburger Abendblatt, dann später auch in anderen Zeitungen wie dem Deutschen Allgemeinen Sonntagsblatt vom 11.12.1988:1), sind nach persönlicher Auskunft des Hamburger Drogenbeauftragten als auch des Rauschgiftdezernats der Hamburger Polizei unbestätigt. Es würde sich auch um eine fragwürdige Praxis handeln: zum einen macht das einmalige Probieren in der Regel nicht süchtig, zum anderen - und dies ist das entscheidende Argument - setzt der Erfolg dieser Maßnahme voraus, daß Entzugserscheinungen ursächlich mit dem Gebrauch in Verbindung gebracht werden. Solange der Konsument keine Kausalattribution vornehmen kann, wird er kaum von dem einst verwendeten Mittel erneut nehmen, um die Entzugserscheinungen zu bekämpfen (vgl. Lindesmith 1947).

Tabelle 10 Personenkreis nach Ort des Erstkonsums (in Prozent)

Personenkreis	Ort des Erstkonsums									
	Zuhause	Zuhause b. Freunden	Auf Party	Öffentl. Veranst.	in/nahe Diskothek	in/nahe Freizeitstätte	in Schule	Draußen	Sonstiges	Insg.
Allein	21	*	-	8	-	-	-	1	5	3
Allein mit Bruder bzw. Schwester	16	-	-	-	2	-	-	2	2	2
Allein mit Freundin bzw. Freund	33	31	8	20	24	17	33	29	18	26
Mit mehreren Freunden	21	55	64	44	47	53	58	48	48	50
Sowohl mit Freunden als auch entfernteren Bekannten	3	11	19	8	17	27	-	11	10	12
Überwiegend mit entfernteren Bekannten	-	1	4	4	2	-	3	2	-	1
Überwiegend mit Personen, die vorher nicht bekannt waren	2	1	4	12	6	3	-	6	7	4
Mit sonstigen Personen	1	3	1	4	3	-	7	2	11	3
	100	100	100	100	100	100	100	100	100	100
(N=)	(83)	(61)	(229)	(25)	(65)	(34)	(31)	(133)	(60)	(721)

Frageformulierungen zum Ort des Erstkonsums: " Wo haben Sie das erste Rauschmittel eingenommen?" Antwortkategorien: Auf einer Party - bei mir zu Hause - in der Wohnung (od. Zimmer) eines Freundes, einer Freundin oder Bekannten - auf einer öffentlichen Veranstaltung, z.B. einem Konzert - in oder in der Nähe einer Freizeitstätte, z.B. Haus der Jugend, kirchliche Freizeitstätte - in der Schule - irgendwo draußen, z.B. Park, Bahnhof - an anderer Stelle. Wo?" Frageformulierung zum Personenkreis: " Mit wem haben Sie das erste Rauschmittel eingenommen? Antwortkategorien beim Personenkreis; weitgehend wie in der Tabelle ausgewiesen . " Allein mit einer Freundin" und " allein mit einem Freund" sind in der Tabelle zusammengefaßt. Die vorletzte Kategorie heißt im Original: "... Personen, die ich vorher noch nicht kannte".

unsere Untersuchung mit den anderen Erhebungen in der Bundesrepublik überein, wonach die Werte für Dealer ebenfalls in der Regel unter 6% liegen (vgl. u.a. Behrendt 1971:23, Wetz 1971:93, Herha 1973:80, Infratest 1973:38, Schmitt et al. 1975:39). Untersuchungen aus den 80er und 90er Jahren zeigen, daß diese Verhältnisse bis in die Gegenwart weiterbestehen (Bayerisches Staatsministerium des Inneren und Bayerisches Staatsministerium für Arbeit und Sozialordnung o.J.:72, Simon et al. 1992:39).

Erklären kann man die Popularität und Langlebigkeit des Mythos wohl nur aus einer wissenssoziologischen Perspektive. So, wie man Probleme als Ursachen des Konsums begreift und dadurch die gesellschaftlich akzeptierten Motive als mögliche Ursachen hinwegdefiniert, so kommt der Verweis auf Händler als Quelle allen "Übels" einer Immunisierung gegenüber den Motiven und jenen Personen entgegen, die Drogen verwenden und für die Diffusion von Drogengebrauch verantwortlich sind. Daß es sich um Menschen handelt, die - vom Drogengebrauch abgesehen - ansonsten durchaus "konforme" Personen repräsentieren, fügt sich nicht in die Erwartungen. Damit sei nicht gesagt, daß es das beschriebene Phänomen der Verführung durch Dealer nicht gibt. Nur, wer es selektiv zur Kenntnis nimmt und den Konsum allein aus dieser Sicht beschreibt, verfällt einem Trugschluß.

2.2 Anwesende Personen und Konsumerfahrung

Nicht Fremde, sondern Freunde und engere Bekannte sind es, mit denen man beim ersten Drogengebrauch zusammen ist. Mit ihnen zusammen zu sein, bedeutet Vertrauen: Vertrauen in das Ausbleiben von Sanktionierung und Vertrauen in die Reinheit und Ungefährlichkeit der vermittelten Droge - angesichts der Strafbarkeit des Verhaltens und der schwankenden Reinheit der auf dem Markt verfügbaren Mittel ein wichtiges Faktum. Derjenige, der zu Drogen greift, weiß (ebenso wie derjenige, der die Droge anbietet) angesichts der Vertrauensbeziehung (zur Freundesrolle siehe u.a. Naegele 1958, Wright 1970) um die Ungefährlichkeit seines Tuns. Die Gefahr einer Sanktionierung oder Meldung an die Polizei durch diese Interaktionspartner ist nicht gegeben (vgl. auch Blumer et al. 1967:48ff., Schaps und Sanders 1970:143).

Ohne diese spezifische Zusammensetzung der anwesenden Interaktionspartner, die einerseits die üblichen Alltagskontakte widerspiegelt, andererseits jene Situationen, die durch hohes Vertrauen geprägt sind, wäre die Dynamik der Angebotssituation nicht zu verstehen. In den meisten Fällen ist es nicht der Erstkonsument, der um Drogen nachsucht. Es sind die anwesenden Personen, die ihm die Drogen anbieten - und dies meist kostenlos: Wo der Novize das Drogenangebot erhält, braucht er in 85% der Fälle nichts dafür zu zahlen. Aber auch dort, wo er selbst darum bittet, wird ihm dies zu 51% ohne Kosten eingeräumt. Daß der Anteil kostenloser Angebote die Mehrheit der Fälle stellt, liegt wohl in erster Linie in der gesellschaftlichen Natur freundschaftlicher Bande.

Man teilt mit Freunden gemeinsame Erfahrungen und schafft dadurch Gemeinsamkeiten auf emotionaler Ebene. Daß man in Abständen Solidarität durch den Austausch materieller und immaterieller Ressourcen bekräftigt, gehört zur traditionellen Freundschaftsrolle.

Die Weitergabe der Droge erfüllt jedoch nicht nur die Funktion einer Bekräftigung bestehender Beziehungen. Sie wird vermutlich zusätzlich durch das Gefühl, einer Avantgarde anzugehören, und das Bemühen um Reduktion kognitiver Dissonanz begünstigt: Je mehr man sich als Teil einer Avantgarde fühlt, desto eher hat man "Missionierungsbedürfnisse". Und je mehr Leute in der eigenen Umgebung schon einmal Rauschmittel probiert haben, desto weniger ist man innerhalb des gesellschaftlichen Kontextes ein "Abweichler", desto geringer der Zustrom dissonanter Kognitionen. Wer sich durch andere Personen in seiner Umwelt im Verhalten gestützt sieht, fühlt sich in seinem Handeln sicherer. Freunde nehmen in dieser Hinsicht eine besonders wichtige Stützungsfunktion wahr: weil sie subjektiv emotional bedeutsamer sind, zählt auch ihr Urteil mehr.

Schließlich gibt es - besonders bei den weniger engen Bekannten - wohl auch so etwas wie eine Statuskomponente: wer die Droge großzügig verschenkt oder andere am Konsum teilhaben läßt, demonstriert die eigene Überlegenheit. Dies gilt um so mehr überall dort, wo diese Gabe nicht erwidert werden kann. "Die nicht erwiderte Gabe erniedrigt ... denjenigen, der sie angenommen hat" (Mauss 1978:123). Die Folge ist auf seiten des Empfängers das Gefühl der Verpflichtung zur Dankbarkeit. Aus dieser Sicht ist vermutlich auch das geschlechtsspezifische Muster der Drogenweitergabe zu verstehen: Wo Drogen angeboten werden, ist dies unabhängig vom Geschlecht kostenlos (Männer 88%, Frauen 92%). Wo der Erstkonsument aber selbst darum bittet, macht es einen Unterschied, welchem Geschlecht er angehört: von anderen (meist männlichen) Konsumenten erhalten 43% der Männer die Droge kostenlos, aber 76% der Frauen. Die Schenkung etabliert ein Verhältnis, das mehr implizit als explizit traditionelle Elemente der geschlechtsspezifischen Hierarchie reproduziert. Auch die Jugendlichen, die sich in ihrem Verhalten als so unkonventionell erweisen, sind in dieser Hinsicht den gesellschaftlichen Traditionen verhaftet.

Angebote sind eine Seite des Transaktionsprozesses in der Situation des Erstkonsums, die Annahme des Angebots ist eine andere. Für das traditionelle "Pathologische Erklärungsmodell" des Drogenkonsums ist die Beeinflussung durch die Gruppensituation, so wie sie sich in der Dynamik von Angebot und Annahme ausdrückt, nur als Zeichen individueller Pathologie denkbar. Die "Nachgiebigkeit" der Konsumenten läßt sie "bestimmbar erscheinen durch andere" (Wanke et al. 1972:194). Der "emotional labile" Jugendliche kann sich dem Gruppendruck nicht entziehen (so z.B. Täschner 1983:42). Aus dieser Sicht wird der soziale Einfluß auf den Konsum nicht zum Anlaß, das bisherige Erklärungsmodell zu überdenken und situativ-soziale Erklärungen miteinzubeziehen. Im Gegenteil wird aus dem Befund, der so konträr zur eigenen These steht, in der Drogenliteratur eine weitere Bestätigung des "Pathologischen Erklärungsmodells": Die soziale Beeinflussung wird zu einer Pathologie auf seiten des davon betroffenen Individuums umdefiniert.

Daß der Mensch ein soziales Wesen ist, das allgemein durch seine Interaktionspartner geprägt wird, wird von den Vertretern einer derartigen Sichtweise übersehen. Auch das konforme Verhalten ist Produkt täglicher Interaktionsbeziehungen und von Gruppeneinflüssen. Verkannt wird vor allem aber auch, daß Angebote von "Gaben" eine soziale Komponente enthalten und, darauf aufbauend, eine eigene Dynamik entfalten: Denn in unserer Gesellschaft ist es die mehr oder minder selbstverständliche Praxis, Einladungen oder Angebote anzunehmen. Das gesamte gesellschaftliche Leben ist, wie Marcel Mauss in seiner Abhandlung zur "Gabe" ausgeführt hat, auf diesem Prinzip des Austausches aufgebaut: "Ein großer Teil unserer Moral und unseres Lebens schlechthin verharrt noch immer in jener Atmosphäre der Verpflichtung und Freiheit zur Gabe ... Die Dinge haben neben ihrem materiellen noch einen Gefühlswert" (Mauss 1978:123).

Kombiniert mit der Tatsache, daß die Droge in der Regel von einem guten Freund stammt, der in der Weitergabe einen Akt freundschaftlicher Solidarität begeht, kann sich der einzelne schlecht dagegen wehren. Der aus der Art der Beziehung und der Situation erwachsende soziale "Zwang" auf seiten des Konsumenten, anwesenden Personen die Droge anzubieten, findet damit in gewissem Maße sein Pendant in den Rollenerwartungen, denen der Adressat des Angebots ausgesetzt ist. Aus dieser Sicht ist es nicht so sehr der Gruppendruck, der viele zögernde Nichtkonsumenten schließlich zum Konsum führt, sondern die internalisierten gesellschaftlichen Regeln, nach denen Geschenke anzunehmen sind. Das Prinzip der Reziprozität wirkt auf das Handeln und schwächt die inneren Barrieren, die gegenüber dem Drogengebrauch bestehen. So gesehen entsteht die Abweichung auch aus der Befolgung jener Normen, die das Alltagsleben prägen und als tragende Elemente gesellschaftlicher Respektabilität gelten.

3. Vom Erstkonsum zum fortgesetzten Drogengebrauch - Veränderungen im sozialen Kontext der Drogeneinnahme

Der Weg in den Drogengebrauch ist mit sozialen Interaktionssituationen auf das engste verbunden. Doch wie sehr ist diese Erstsituation auch für die späteren Konsumsituationen typisch? Wie sehr ist sie Spiegelbild der Situationen, in denen Drogen genommen werden? Daß der Ritus des Drogengebrauchs oft ein integraler Bestandteil der Gruppe ist und Verbundenheitserlebnisse bietet, haben in der Vergangenheit verschiedene Autoren vermerkt (siehe z.B. Waldmann 1972). Mit zunehmendem Konsum aber, so betonen die meisten zugleich, ändert sich diese Situation: Der Konsument zieht sich aus seinen sozialen Bezügen zurück, eine Vereinzelung tritt ein.

Für die Mehrheit der Autoren stellt dieser Rückzug einen Prozeß dar, der geradezu selbstverständlich aus den Motiven der Betroffenen heraus erwächst: Der Konsum sei selbsttherapeutischer Art, andere Personen beim Akt des Konsums lediglich Staffage. Sie haben kaum oder gar keinen eigenständigen Stellenwert. Sobald der Konsument erst einmal selbst über Drogen verfügt, kann er sich seinen Bedürfnissen ungehindert hingeben (siehe etwa Ladewig 1979:12, Täschner 1981:42f., Scheidt 1984:69, 117). Nur wenige Autoren haben diesem Bild ein differenzierteres hinzugestellt, das den sozialen Einflüssen einen eigenen Stellenwert einräumt und in der Eigendynamik der Gruppenbeziehung eine Determinante auch des individuellen Drogengebrauchs erkennt. Die Interaktionspartner werden danach als mäßigende, den Konsum integrierende Instanz angesehen. Fällt diese fort, ändere sich das Konsummuster. "Mit der Zersplitterung geht auch die stabilisierende Funktion der Gruppe verloren. Der Drogengebrauch nimmt an Ausmaß und Vielfalt zu" (Hasse et al. 1971:3; siehe auch Waldmann 1972). Konsumintensität und Gruppenbindung beim Konsum werden zu einer Sache wechselseitigen Einflusses. Und damit wird in gewissem Maße dem Prozeß die Zwangsläufigkeit genommen, die bei der rein individualpsychologischen Sichtweise meist vorherrscht.

Wie sehr und ab wann sich in der Drogenkarriere die Lösung von anderen Personen vollzieht und der Konsum gelegentlich oder ständig allein ausgeübt wird, ist ungeklärt. Wohl gibt es Untersuchungen, die Konsumenten nach der Art der üblichen Einnahmesituation fragen (siehe z.B. Lersner et al. 1970:57, Bieringer et al. o.J., Scholl-Schaaf und Hornung 1983:51), doch Unterteilungen nach Dauer oder bisheriger Häufigkeit des Konsums werden nicht vorgenommen oder nur in einer rudimentären Form (so z.B. Weidmann 1977:55,81), die fortgeschrittene Konsumenten kaum zu erfassen in der Lage ist. Lediglich Untersuchungen unter behandelten Drogenkonsumenten - meist Abhängigen - bieten gelegentlich Informationen über fortgeschrittene Konsumenten. Danach gibt es einen ausgeprägten Trend zur Isolation im Laufe der Drogenkarriere. Während am Anfang fast alle gemeinsam mit anderen Personen die Mittel nehmen, ist es später zum Zeitpunkt der Befragung nur noch die Hälfte oder weniger (Wanke 1971:54, Hobi 1973:48).

Nun sind derartige Untersuchungen unter Drogenabhängigen nicht notwendigerweise ein guter Ausgangspunkt, um ein allgemeines Bild des Drogengebrauchs zu entwerfen. Man hat es hier in der Regel zum einen mit Personen zu tun, die den Zustand der körperlichen Abhängigkeit erreicht haben und sich Drogen spritzen. Unter diesen Umständen wird das Leben von den Entzugssymptomen dominiert und dem Bemühen, diese zu bekämpfen. Der Konsum findet statt, sobald das Bedürfnis danach erneut erwacht ist. Ob andere Personen zugegen sind oder nicht, ist für den Betroffenen irrelevant. Man hat es zum anderen bei den üblicherweise herangezogenen Untersuchungen mit therapeutisch betreuten Konsumenten zu tun: Viele unter ihnen mögen allein deswegen um Hilfe ersuchen, weil sie isoliert und ohne soziale Stützung sind. Die spezifische Einnahmesituation könnte ein Reflex dieser Situation sein. Konsumenten mit sozialer Stützung suchen möglicherweise andere Formen der Problembewältigung.

Nur Umfragen helfen weiter, die auf einem Querschnitt der Konsumenten basieren und nicht behandelte Konsumenten miteinbeziehen. Dabei erscheint es sinnvoll, die Konsumsituation nicht dichotom zu erfassen - als Konsum "allein" oder "in Gesellschaft" -, sondern der Möglichkeit wechselnder Einnahmesituationen Rechnung zu tragen: mal in Form isolierten und mal geselligen Konsums. Wie man Abbildung 5 entnehmen kann, wird der Drogengebrauch über das erste Mal hinaus bemerkenswert lange Zeit im Kontext anderer Personen betrieben. Selbst bei den Jugendlichen, die mehr als 200mal Drogen zu sich nahmen, gibt noch rund die Hälfte an, sie würde dies meist mit anderen Personen tun. Parallel zum steigenden Konsum erhöht sich die Zahl derer, die Drogen allein oder zusammen mit anderen Personen verwenden. Der isolierte Gebrauch bleibt dagegen weitgehend - wenn auch mit gewissen Schwankungen - in seinem Anteil konstant, selbst unter den mehr als 200maligen Konsumenten handelt es sich nur um eine kleine Minderheit! Das Bild, das sich darbietet, zeigt damit weniger Isolation als es die herkömmlich zitierten Zahlen, die an behandelten Konsumenten gewonnen wurden, erscheinen lassen.

Daß die anderen Personen, mit denen konsumiert wird, keine bloße Staffage darstellen, sondern eine eigenständige Bedeutung haben, zeigen die Angaben über die für Drogen aufgewendeten finanziellen Mittel: für einen Großteil der Jugendlichen bleibt der Konsum zunächst kostenlos oder ist mit nur minimalen Geldbeträgen verbunden. In dem Maße, wie die Konsumerfahrung größer wird, steigen die Beträge. Der Anteil Jugendlicher, die nichts ausgeben und von der Großzügigkeit anderer leben, bleibt mit fast dreißig Prozent jedoch über die Zeit hinweg stabil (Abbildung 6). Es ist ein Befund, der belegt, daß auch der Drogengebrauch nach dem ersten Probieren stark durch das Verhalten anderer Personen mitbestimmt wird: sei es, daß sie dem Akteur auf seinen Wunsch hin Drogen schenken oder ihm von sich aus eine kostenlose Teilnahme ermöglichen. Wie lange die Phase kostenloser Teilhabe anhält, wird variabel sein und von den Drogenkonsumenten, aber auch dem Preisgefüge auf dem Schwarzmarkt abhängen: je enger die Beziehung zum anwesenden Interaktionspartner, desto eher die freizügige Weitergabe. Und je günstiger der Drogenerwerb, desto großzügiger die "Schenkungen". Solange die Preise für Drogen niedrig liegen, können sich Konsumenten Großzügigkeiten in Alltagssituationen leisten. Verknappungen auf dem Drogenmarkt werden aus dieser Sicht die Möglichkeiten kostenloser Teilhabe einschränken und manchem ambivalenten Konsumenten, der des Anstoßes zum Konsum von "außen" bedarf, die Gelegenheit des fortgesetzten Gebrauchs nehmen.

Abb. 5: Sozialer Kontext des Drogengebrauchs nach Ausmaß der Drogenerfahrung (in %)

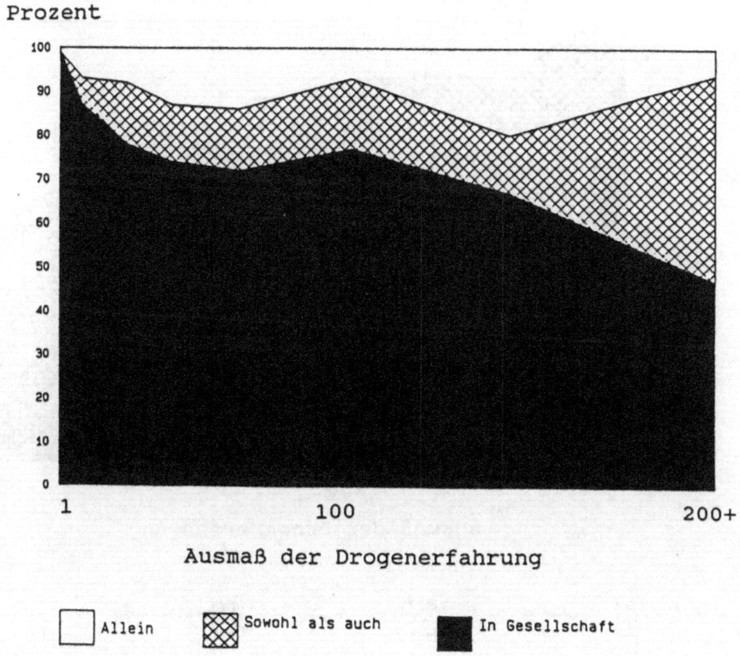

Frageformulierungen: "Falls Sie schon mehr als fünfmal Rauschmittel genommen haben: Nehmen (nahmen) Sie das (die) Rauschmittel meistens, wenn Sie allein sind (waren) oder vorwiegend in Gesellschaft von Freunden oder Bekannten?" Antwortkategorien: meist allein - meist in Gesellschaft - etwa genausooft allein wie in Gesellschaft - in der ersten Zeit mehr in Gesellschaft, später mehr allein - in erster Zeit allein später mehr in Gesellschaft. Die hier vorgenommene Klassifikation orientiert sich an der zuletzt geübten Praxis der Einnahme. Wer früher mit anderen, jetzt allein Drogen nimmt, wird entsprechend der Kategorie "allein" zugerechnet.

Abb. 6: Monatliche Ausgaben für Drogen zur Zeit der intensivsten Drogenverwendung (in Prozent)

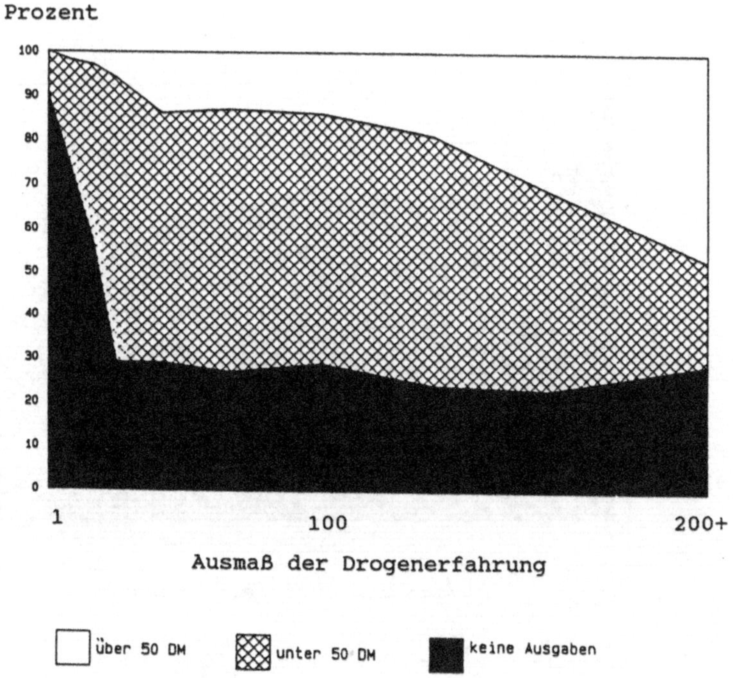

<u>Frageformulierungen</u>: "Wieviel Geld gaben bzw. geben Sie etwa monatlich für Rauschmittel aus, als Sie am meisten verbrauchten?" Antwortkategorien: bis zu DM 5,-, bis zu DM 10,-, ... über DM 150,-, ich habe für Rauschmittel kein Geld ausgegeben.

Was bleibt als Fazit? Alles in allem gesehen, zeigt die Erstsituation des Drogengebrauchs eine für Drogensituationen typische Charakteristik. In ihr spiegelt sich ein Muster wider, das für viele Konsumenten über längere Zeit hinaus Geltung hat. Und dies ist vermutlich auch ein wichtiger Schlüssel zum Verständnis des Drogenphänomens überhaupt: erst die fortgesetzte Praxis, in sozialen Situationen Haschisch zu rauchen und andere Personen freizügig daran teilhaben zu lassen, schafft die Möglichkeit für unerfahrene Jugendliche, von erfahrenen Konsumenten zu lernen und an ihrem Drogengebrauch zu partizipieren. In der alltäglichen ritualisierten Form des Drogenumgangs als Medium sozialen Austausches reproduziert sich die Drogenszene immer wieder von neuem.

KAPITEL V

DROGENWIRKUNGEN: URSACHEN UND ERSCHEINUNGSFORMEN

1. Drogenwirkungen als das Produkt von Lernprozessen

1.1 Soziale Einflüsse auf das Rauscherleben

Wer sich zum Rauschmittelgebrauch entscheidet, verbindet damit die Hoffnung auf eine für ihn neue und möglichst befriedigende Rauschmittelerfahrung. Inwieweit wird diese Hoffnung erfüllt? Welche Erfahrungen werden gemacht und welche Erfahrungen sind überhaupt denkbar? Sieht man von den Arbeiten Howard Beckers einmal ab, so ist die Soziologie des Rausches kaum entwickelt. Die Thematik wird nicht zum Gegenstand theoretischer Reflexion und empirischer Analyse gemacht. Was man findet, sind im Fall von Cannabis allenfalls Laboratoriumsexperimente zur Frage der subjektiven Drogenwirkung, bei denen in künstlichen Situationen ausgewählte Bedingungen manipuliert werden (so z.B. Waskow et al. 1970, Wirler 1970). Erfaßt werden in der Regel erfahrene und hochmotivierte Konsumenten - Personen also, deren Erlebnisse nur in begrenztem Maße auf Konsumenten schlechthin generalisiert werden können. Eingesetzt werden standardisierte Dosen von THC - dem wichtigsten, aber nicht dem einzigen relevanten Wirkstoff von Cannabis (vgl. dazu NIDA 1980:7, Petersen 1984:5). Informationen über den Ablauf in realen Situationen und die hier geltenden Einflüsse existieren kaum.[1]

Dieses Defizit und die Relevanz des Rauscherlebens in der sozialen Genese des Drogengebrauchs sind ein Grund, im folgenden die Thematik des subjektiven Drogenerlebens aufzugreifen und ausführlich zu behandeln. Uns geht es dabei nicht nur um eine Analyse der Folgen des Rauscherlebens, sondern vor allem seiner sozialen Determinanten. Wir tun dies im Rahmen einer situationsspezifischen Analyse, welche den Rahmenbedingungen des Handelns besondere Beachtung schenkt. Und wir betreiben dies - was bei den bisherigen Analysen außerhalb des Labors bislang weitgehend unüblich war - im Rahmen einer quantitativ ausgerichteten Analyse.[2]

---

1 Zu den wenigen Ausnahmen zählt Goode (1970). Eher verwirrend, weil das Erleben von Rauschwirkungen und die Häufigkeit des Konsums miteinander vermischt werden, ist dagegen der Beitrag von Orcutt (1987: 347). Es geht hier überdies nicht um eine situationsspezifische Analyse des Rauscherlebens (in Form des sog. "high"-Erlebnisses) als eine situationsübergreifende Analyse seiner Determinanten. Es geht um das "high"-Erlebnis als fortgesetzte Erfahrung.

2 Situationsbezogene Analysen nicht nur zum Drogenthema waren bisher mehr eine Domäne qualitativ arbeitender Sozialwissenschaftler. Daß mikrosoziologische Analysen situationsbedingter Dynamik ebenfalls vergleichbare, wenn nicht gar genauere Ergebnisse erbringen können, wurde in der Diskussion in der Vergangenheit oft übersehen. Der vorliegende Teil ist ein Versuch, die ganze Komplexität einer sozialen Determination von Drogenwirkungen erstmals genauer auch quantitativ zu analysieren.

Daß es soziale Determinanten des Rauscherlebens gibt, wird in der deutschsprachigen, stark medizinisch geprägten Drogenliteratur nicht thematisiert, und die Wirkung von Cannabis fast ausschließlich auf die Pharmakologie der Droge selbst zurückgeführt. Viele Mißverständnisse hinsichtlich der Drogen und ihrer Verwendung haben darin ihre Ursache. Daß die Pharmakologie der Droge jedoch nicht das subjektive Erleben zu erklären vermag, ist schon seit längerem bekannt, wenn auch unzureichend rezipiert. Bereits in der wissenschaftlichen Literatur Mitte des vorigen Jahrhunderts wird die variierende Wirkung des Haschischgebrauchs auf die "Verschiedenheit der Eigentümlichkeit, des besonderen psychischen Charakters, der geistigen Entwicklungsstufe und der jeweiligen geistigen und gemütlichen Stimmung des Individuums" zurückgeführt (Schroff 1978/79:42). Ebenso schreibt der renommierte Pharmakologe Louis Lewin in seinem in den 20er Jahren dieses Jahrhunderts erschienenen Standardwerk "Phantastika", daß "Verlauf und Färbung der akuten Hanfwirkung abhängig (ist) von der Art und Menge des benutzten Präparats und der Disposition des Individuums, seinem Charakter, seiner Geistesrichtung usw." (Lewin 1927:159). Thomas' (1965) Diktum - wonach die Realität mehrdeutig ist und auf das Individuum erst durch die an sie herangetragene Definition subjektiv strukturiert und erlebbar wird - müßte sich mithin bei dieser Droge am Beispiel der Rauscherfahrung besonders gut exemplifizieren lassen.

Die Mehrdeutigkeit des Erlebens wird im Fall von Cannabis weiterhin dadurch gefördert, daß es - im Gegensatz zu Medikamenten und sonstigen Pillen - eine standardisierte Dosis nicht gibt.[1] Die einzige Möglichkeit einer ungefähren Bestimmung eröffnet sich aus der Herkunftsbezeichnung des Mittels: Die Dosierung an relevantem Wirkstoff THC variiert nach Herkunftsland und Anbaugebiet. Je nach Herkunftsland und Anbaugebiet (und Verarbeitung) ist die Farbe verschieden. Mag man auch dem durch entsprechende Typenbezeichnungen Rechnung tragen ("Schwarzer Afghane", "Grüner Türke" etc.) und so eine gewisse Kategorisierung ermöglichen, so ist der Konsument von einer Lösung des Problems standardisierter Einheiten weit entfernt. Bedingt durch den eingeschalteten Zwischenhandel zwischen Herkunftsland und Endverbraucher kommt es immer wieder zu Vermischungen mit anderen Stoffen - um die Droge zu strecken und mehr Profit daraus zu ziehen. Es sind oft wirkungslose Substanzen, die damit vermengt sind, aber z.T. auch solche mit Wirkungsgehalt positiver ebenso wie negativer Art (vgl. Bschor et al. 1971, Mattke 1972). Mancher, weniger erfahrene Konsument, der diese Substanzen verwendet, mag irrtümlich glauben, er habe Haschisch probiert.

---

1 Damit ist nicht gesagt, bei illegalen Drogen gäbe es so etwas zwangsläufig nicht. Im Falle von Heroin gibt es in einigen Zentren des Drogenhandels bemerkenswerterweise Standardisierungsbemühungen, verbunden gar mit einer einheitlichen Verpackung und Kennzeichnung durch "Markennamen". Am stärksten ausgeprägt ist diese Angebotsdifferenzierung wohl in New York (vgl. dazu Goldstein et al. 1984).

Es ist Howard Beckers Verdienst, vor allem auf die Bedeutung der anwesenden Mitkonsumenten für die Rauschmittelerfahrung und damit auf die soziale Komponente des Rauscherlebens hingewiesen zu haben. Ein gewichtiger Einfluß der Mitkonsumenten resultiert nach ihm aus der Art der Einnahme: Cannabis in Form von Haschisch oder Marihuana wird normalerweise geraucht. Der Rauch wird tief inhaliert und je intensiver dies geschieht, desto größer ist die Wirkung. Wer bereits Erfahrungen mit dem Rauchen von Zigaretten hat, wird deshalb wohl häufiger zu einem subjektiv positiven Drogenerlebnis bei dieser Art von Drogen kommen (vgl. auch Goode 1970:132). Doch auch er bedarf - und mehr noch die bisher im Tabakgebrauch Unerfahrenen - einer gewissen Instruktion durch erfahrene Konsumenten. Schließlich geht es darum, den Rauch der Marihuanazigarette in einer besonderen Form zu inhalieren: er muß intensiver als beim üblichen Rauchen von Zigaretten eingeatmet und eine Zeitlang in der Lunge gehalten werden (Becker 1973:46f.).

Der zweite und für Becker gewichtigere Einfluß erfahrener Mitkonsumenten erwächst aus der Mehrdeutigkeit der Cannabiserfahrung für den unerfahrenen Konsumenten. Um die mehrdeutige und oft kaum merkbare Drogenwirkung als subjektiv positiv zu erleben, muß der Erstkonsument lernen, überhaupt Effekte der Droge wahrzunehmen. Veränderungen im kognitiven und emotionalen Erleben müssen erkannt und ursächlich mit der eingenommenen Substanz in Zusammenhang gebracht werden. Gelernt werden muß nach Becker weiterhin, diese Effekte als "positiv" zu definieren. Denn der "Geschmack" für derartige Erfahrungen ist nicht naturgegeben, wie er schreibt. Der Geschmack muß, nicht unähnlich dem erworbenen Geschmack für Austern oder trockenem Martini, sozial erworben werden (Becker 1973:53). Die Ausgangslage ist damit - so könnte man ergänzen - in vielerlei Hinsicht dem Erstkonsum der kulturell integrierten "Alltagsdrogen" wie Alkohol und Zigaretten verwandt, bei denen das "Genießen" in der Jugend in gewissem Umfang erst durch Wiederholung und Zuschreibung von Erlebnisqualitäten gelernt werden muß.

Das Rauscherleben ist nach Becker in gewissem Maße eine "offene" Erfahrung; das Mittel schafft die Voraussetzungen für das Erleben, prägt das Erleben im einzelnen jedoch nur zum Teil. Daß die Drogenwirkung in diesem Zusammenhang in gewissem Umfang einer Interpretation unterliegen muß, um bestimmte subjektive Wirkungsqualitäten zu erbringen, mag ungewöhnlich erscheinen, herrscht doch in der Öffentlichkeit und in der Literatur die Vorstellung prognostizierbarer pharmakologischer Wirkungen und Erlebnisweisen vor. Um die andersgeartete Sichtweise zu begreifen, muß man sich die kategoriale Prägung des emotionalen Lebens allgemein vergegenwärtigen: Viele Emotionen sind universal. Sie ergeben sich aus der Natur der Erfahrung. Wer körperliche Schmerzen zugefügt bekommt, wird sie als unangenehm erleben (es sei denn, es handele sich um einen Masochisten). Aber viele Erfahrungen sind in ihrer emotionalen Wirkungsqualität mehrdeutig und bedürfen der Kategorisierung, ehe sie als positiv oder negativ empfunden werden.

"Ein Individuum, wenn ihm eine körperliche Erregung widerfährt, die es nicht versteht, neigt dazu, darüber mit den kognitiven Schemata Rechenschaft abzulegen, die ihm gerade verfügbar sind" (Lindesmith und Strauss 1983:239). Diese kognitiven Schemata sind individueller wie sozialer Natur. Der einzelne macht sich aufgrund früherer Erfahrungen ein Bild von der Wirklichkeit und der Bedeutsamkeit des Erlebens. Es wird durch die sozial geprägten und sozial vermittelten Typisierungsschemata komplettiert. Das menschliche Wesen wird seiner emotionalen Reaktionen gewahr, indem es sie "in Übereinstimmung mit Definitionen benennt, bewertet und versteht, die von den Gruppen geliefert werden, welchen es angehört" (Lindesmith und Strauss 1983:238).

Je nach kognitivem Schema - so die weiteren Überlegungen - müßten Drogenerfahrungen unterschiedlich erlebt werden. Nicht die "Realität", sondern die Definition der Realität bestimmt den subjektiven Eindruck. So mögen Halluzinationen dem einen als Ausdruck des Kontrollverlustes erscheinen und eines Abtauchens in gefährliche Tiefen des Unterbewußtseins. Für den anderen sind sie eine erstrebenswerte Lösung aus einem "Zwangskorsett" vernunftverhafteter Realität. Bei vielen Naturvölkern dienen Drogen zur Erschließung spezifischer, religiös geprägter - und darin sehr wohl gesellschaftlich präformierter - Erfahrungen. Die Drogen werden in bestimmten Situationen eingenommen und gelten als Teil einer sakralen Handlung. Die Erfahrungen haben entsprechend eine innere Struktur, die wie ein roter Faden dem ungeordneten Erleben übergestülpt wird (vgl. Dobkin de Rios 1975:402f.). In den westlichen Industriegesellschaften mögen die gleichen Erfahrungen, besonders wo sie jemanden relativ unvorbereitet treffen, dagegen als Ausdruck von Geisteskrankheit erscheinen und Panik hervorrufen: Es gibt in diesem Fall keinen subjektiven Sinn, der dem Erleben untergelegt werden kann. Erst in dem Moment, in dem man das Erleben als im Detail zwar unbekannt, aber in der Struktur prognostizierbar auffaßt, verliert es das Moment der Bedrohung. In dem Maße, wie die Definitionen internalisiert und zum Bestandteil der Routine werden, institutionalisiert sich das kognitive Schema als dauerhafte Interpretation von Realität (vgl. auch Lindesmith und Strauss 1983:242).

Über die langfristigen, sozial vermittelten Erwartungen hinaus scheinen nach verschiedenen Arbeiten die unmittelbaren, situativen Erwartungen und Bedingungen auf die Konsumsituation einzuwirken: danach repräsentieren Drogenwirkungen z.T. nur das, was von Konsumenten in der Situation selbst als Erfahrung antizipiert wird. Wer Positives erwarte, erlebe öfter Positives. Wer in einer entspannten Atmosphäre Drogen nehme, erlebe die Wirkung häufiger als angenehm als in einer unruhigen, bedrohlichen Situation (siehe u.a. auch Hasse und Waldmann 1971:412f., Stark-Adamec et al. 1980:868). In der angloamerikanischen Literatur wird dieser Einfluß von Erwartungshaltung und Konsumsituation unter die Begriffe "Set" und "Setting" gefaßt. Beide komplettieren die pharmakologisch bedingten Einflüsse, ersetzen sie jedoch nicht. Die Vermutung, autosuggestive Einflüsse und Umweltbedingungen würden die Ausprägung der Drogenerfahrung stärker bedingen als die Droge selbst (so Schönhöfer 1976:76), kommt bei Cannabis wohl einer Überschätzung externer Einflüsse gleich. Die Aussage dürfte allenfalls bei kleinen und mittleren Dosierungen zutreffen. Bei höheren Dosierungen verlieren die Erwartungshaltung und die Situationsbedingungen gewöhnlich an Einfluß (Carlin et al. 1972; zu den Effekten der Dosis in diesem Zusammenhang siehe auch Miller und Cornett 1978).

1.2 Einnahmeformen und Lernprozesse als Determinanten der Rauscherfahrung

Angesichts der unzureichenden pharmakologischen Determiniertheit des subjektiven Drogenerlebens und der Vielfalt möglicher Faktoren, die darauf einwirken, ist eine einheitliche Erfahrung unter Konsumenten nicht zu erwarten. Und dies ist in der Tat auch der Fall. Ähnlich wie von Howard Becker für den Marihuanagebrauch in den USA beschrieben, sind beim Haschischgebrauch in der Bundesrepublik positive Wirkungen - Wirkungen, die von Konsumenten ungeachtet möglicher somatischer oder psychischer Komplikationen[1] subjektiv als "positiv" erlebt werden - nicht die Regel. Fehlende Wirkungen kommen relativ häufig vor: Die Wirkungsqualitäten in den verfügbaren deutschen Studien werden in etwa 33% bis 45% der Fälle als positiv charakterisiert; negative Qualitäten werden in 12% bis 20% der Fälle genannt. Verhältnismäßig hoch sind keine Wirkungen mit ca. 40% bis 50% (vgl. z.B. Behrendt 1971, Wetz 1971, Nordalm 1972, Herha 1973, Peterson und Wetz 1975, Zimmermann 1976).

In unserer Untersuchung wurde die Beschreibung der Wirkungen von vornherein auf die Dimension der Bewertung eingeschränkt und im Rahmen einer geschlossenen Frage vorstrukturiert. Das Problem offener Fragen ist, daß man häufiger nicht weiß, welche Bewertungen der Befragte mit bestimmten Begriffen verbindet. Von einigen Autoren wird z.B. der Begriff "Rausch" als Anzeichen für das Auftreten unangenehmer Wirkungen interpretiert (so z.B. Zimmermann 1976:70), obwohl alternative Deutungen nicht minder plausibel sind. Der Rausch mag für denjenigen, der im Rausch Grenzüberschreitungen sucht, etwas sehr Positives darstellen, für andere etwas Negatives (zur kulturspezifischen Wertung des Rausches siehe auch Legnaro 1980, 1982).

---

1 Wo im folgenden von positiven oder negativen Drogenwirkungen die Rede ist, wird stets das subjektive Erleben des Konsumenten gemeint. Über die möglicherweise bestehenden medizinischen/psychischen Folgen (dazu vgl. u.a. Cohen 1982, Uchtenhagen 1982) kann hier nichts ausgesagt werden und interessiert auch in diesem Zusammenhang nicht: Wir sind an den wahrgenommenen Erfahrungen und deren Bewertung interessiert.

Anders als in früheren Untersuchungen haben wir in unsere Untersuchung nicht nur eine Kategorie für positive und negative Wirkungen, sondern auch für ambivalente Wirkungsqualitäten aufgenommen, um der möglichen Vielfalt von Erlebnisqualitäten gerecht zu werden. Gemessen an dieser Operationalisierung wird von 27% der Befragten die erste Erfahrung als angenehm empfunden, von 24% als ambivalent. Eine überwiegend negative Wirkung wird nur von 11% genannt, keine Wirkung von 34%. Wie die gegenüber anderen Untersuchungen neu eingefügte Kategorie für ambivalente Wirkungserfahrungen deutlich macht, ist die ausgesprochen positive Erfahrung nicht die Regel. Neutrale und ambivalente Erfahrungen repräsentieren stärker die typische Erfahrung. Nur für eine Minderheit von allenfalls etwa 10% dürfte - wie andere Untersuchungen belegen - die erste Erfahrung ein geradezu "phantastisches" Erlebnis beinhalten (Wetz 1971:92; Nordalm 1972:86, Peterson und Wetz 1975:33, Thümmel 1984:22).

Das Bild überwiegend positiver bis ambivalenter Wirkungserfahrungen gilt mehr oder minder stark für die Verwender aller Drogenarten. Keine Wirkungen haben am häufigsten die Cannabiskonsumenten erfahren. Angesichts der Tatsache, daß die pharmakologische Wirkung hier von Natur eher milde und mehrdeutig ist und einer spezifischen kognitiven Strukturierung bedarf, um wahrgenommen zu werden, erstaunt dies nicht. Was eher bemerkenswert erscheint, ist die Tatsache, daß selbst beim Gebrauch standardisierter Substanzen in Form von Weckmitteln bei 15% der Betroffenen keine Effekte eintreten (Tabelle 11). Mag sein, daß die Jugendlichen die entsprechenden Mittel nicht in der richtigen Dosis einnahmen. Vielleicht aber wurden sie durch andere Ereignisse derart abgelenkt, daß sie die Wirkung an sich gar nicht wahrnehmen konnten: Wer zu Weckmitteln greift, um sich stärker der Musik oder dem Tanz hinzugeben - so wie das in den 60er Jahren noch durchaus üblich war (Kreuzer 1975:83), möglicherweise aber auch noch später anhielt -, der wird sich unter Umständen so sehr durch die Musik oder das eigene Aktivitätsniveau "berauschen" lassen, daß er den zusätzlichen Stimulationseffekt des Weckmittels nicht bemerkt. Und wo er das Mittel mit Alkohol nimmt, mag dessen Effekt stärker empfunden werden als der Effekt der Droge.

Wie kaum eine andere Droge kann Haschisch in vielfältiger Form eingenommen werden und gleichzeitig seine Wirkung entfalten. Man kann es rauchen, man kann es im Tee trinken, man kann es als Bestandteil eines Kuchens oder Plätzchens essen. Je nach Art der Verwendung sind die Effekte unterschiedlich stark und - was hier wohl noch wichtiger ist - nur begrenzt in den Folgen steuerbar. Wer Haschisch raucht, der kann die Dosierung regulieren, indem er längere Zeit bis zu neuem Inhalieren verstreichen läßt. Er kann den Konsum abbrechen, sobald er meint, das für ihn akzeptable Niveau erreicht zu haben. Wer Haschisch hingegen als Bestandteil eines Kuchens oder Plätzchens zu sich nimmt, der ist weniger in der Lage, die genaue Dosis abzuschätzen und auf ihre Wirkungen hin zu kalkulieren (vgl. Schönhöfer 1976:72ff.). Die Wirkung tritt stark zeitverzögert auf, für

Tabelle 11 Drogenwirkung nach Drogenart (in Prozent)

Wirkung	Drogenart Cannabis	Weckmittel	Sonstige	Insgesamt
Angenehm	26	27	38	27
Teils-Teils	22	32	26	24
Unangenehm	11	17	8	11
Keine	37	15	28	34
Weiß nicht	4	9	-	4
	100	100	100	100
(N=)	(567)	(94)	(54)	(711)

Frageformulierung: "Und welche Wirkung stellte sich dann bei Ihrer ersten Rauschmitteleinnahme ein?" Antwortkategorien: Angenehme Wirkung - teils angenehme, teils unangenehme Wirkung - unangenehme Wirkung - keine Wirkung - weiß nicht mehr.

eine Veränderung der Dosierung ist es dann zu spät. Unter diesen Umständen dürften auch die Interventionsmöglichkeiten der anwesenden Mitkonsumenten in gewissem Umfang reduziert sein.

In diesem Zusammenhang ist es nun von Interesse, daß das Cannabis beim ersten Mal fast ausschließlich geraucht wird, und das Rauchen auch am häufigsten zu einem subjektiv positiven Erleben führt. War die Wirkung unter den Rauchern von Cannabis beim ersten Mal zu 27% angenehm, so war sie es unter den Verwendern anderer Einnahmeformen nur zu 16%. Vielleicht hat die Tatsache, daß viele Konsumenten bereits Raucher sind, diese Wirkung mit begünstigt: Zum Zeitpunkt des Erstkonsums von Rauschmitteln hatten immerhin bereits 82% der Konsumenten Erfahrungen mit dem mehrmaligen Rauchen von Zigaretten (mehrmaliges Rauchen hier erfaßt als durchschnittlich mindestens drei Zigaretten pro Tag).[1] Und in der Tat: Ob jemand bereits Raucher ist oder nicht, hat Konsequenzen für das Rauscherleben. Unter den Nichtrauchern verspürten 50% keine Wirkung beim ersten Cannabiskonsum, Raucher hingegen zu 36%. Die Bilanz positiver zu negativer Erfahrung fällt bei den Rauchern zudem besser aus. Unter den Weckmittelverwendern wirkt sich die vorherige Rauchererfahrung, wie hier nicht näher dargestellte Analysen zeigen, nicht in vergleichbarer Weise aus. Angesichts der anderen üblichen Einnahmeform - Weckmittel werden geschluckt - ist dies nicht verwunderlich.

Sind Erfahrungen mit dem Rauchen von Zigaretten - wie Howard Becker betont - dem Rauscherleben bei Cannabis förderlich, so sind sie doch andererseits keine hinreichende Bedingung für positive Wirkung. Denn der Erstkonsument muß von seinen rauschmittelerfahrenen Mitkonsumenten ebenfalls lernen, das Mittel adäquat einzunehmen und es tief zu inhalieren; er muß weiterhin lernen, bestimmte Wirkungsqualitäten zu perzipieren und sie als positiv zu definieren (Becker 1973:46f.; vgl. auch Goode 1970:132ff.). Dieser Lernprozeß kann auf direkten Instruktionen basieren, aber auch auf bloßem Beobachtungslernen: Wer sieht, wie andere den Rauch inhalieren, kann die Einnahmeform als Modell für das eigene Handeln nehmen (vgl. Goode 1970:133).

Wenn die Wirkungen von anderen Konsumenten miterlernt werden - sei es über Instruktionen oder Beobachtung -, müßten zwei Bedingungen für das Rauscherleben günstig sein: (1) die Anwesenheit von anderen Personen während des Konsums und (2) die Anwesenheit von Personen mit Konsumerfahrung. Die Anwesenheit anderer Personen müßte im Vergleich zur Situation einer isolierten Einnahme deshalb dem Erleben förderlich sein, weil sich prinzipiell die Chance eines Lernens über andere Personen eröffnet (gleichgültig, ob diese über vorherige Konsumerfahrung verfügen oder nicht): Sobald einer der Anwe-

---

1 Diese Quote liegt höher als bei den Nichtkonsumenten in vergleichbaren Altersgruppen (vgl. u.a. auch Sieber und Angst 1981:78, Hornung et al. 1983:57) und zeigt, daß der Griff zur ersten illegalen Droge in der Regel nicht den ersten Griff zu psychoaktiven Substanzen darstellt.

senden die Rauschmittelwirkung an sich erfährt und darüber berichtet, sensitiviert er die übrigen für mögliche Effekte. Wo Konsumerfahrene an der Situation teilhaben, muß die Chance einer derartigen Vermittlung am größten sein, verfügen sie doch nicht nur über eigene Erfahrungen, die sie vermitteln können. Sie werden auch eher aufgrund früherer Erfahrungen wissen, welche Probleme für Novizen entstehen können und wie man sie bewältigen kann.

Um die Einwirkungen sozialer und situativer Einflüsse auf das Rauscherlebnis zu analysieren, ziehen wir es im folgenden vor, uns auf Cannabiskonsum zu beschränken. Indem wir uns allein auf den Gebrauch dieser Droge beziehen, halten wir die pharmakologische Variable konstant. Für die detaillierte Analyse der Auswirkungen anderer Mittel ist die Befragtenzahl ohnehin zu gering. Schließlich spricht auch für diese Beschränkung, daß sich Beckers Theorie nur auf den Gebrauch von Cannabis - in Form von Marihuana - bezieht. Uns interessiert, welche Erfahrungen mit der kulturell "neuen" Droge Haschisch gemacht werden und wovon diese abhängig sind.

Als erstes zeigt unsere Analyse, daß Alleinkonsumenten erwartungsgemäß am seltensten positive Rauschmittelerfahrungen machen. Personen mit positiv erlebter Rauschmittelwirkung fehlen gänzlich. Doch gleichzeitig muß man angesichts der niedrigen Fallzahl (N=6) die Befunde als tentativ betrachten.[1] Als zweites zeigt sich, daß sich entgegen den Erwartungen die Anwesenheit rauschmittelerfahrener Mitkonsumenten nicht auf die Chance angenehmer Erfahrungen auswirkt. Sie wirkt nur auf die Chance, partiell positive Erfahrungen zu machen, und das auch nur schwach: Faßt man partielle positive und positive Erfahrungen zusammen, so ergibt sich für diejenigen, bei denen keine rauschmittelerfahrenen Konsumenten anwesend waren, ein Anteil von 41%, bei denen mit rauschmittelerfahrenen Konsumenten von 49%.

---

1 In der einzigen bundesdeutschen Untersuchung, in der - seinerzeit auf unseren Vorschlag hin - eine Analyse der Drogenwirkungen unternommen wurde, geben die allein konsumierenden Jugendlichen - im Gegensatz zu unserer Studie - besonders häufig Drogenwirkungen an (vgl. Zimmermann 1976:73). Die Untersuchung umfaßt im Gegensatz zu unserer Studie ausschließlich Gymnasiasten. Diese wurden 1971 befragt, konsumierten also erstmals Drogen, als die Drogenwelle auf ihrem Höhepunkt war und allgemeines Interesse an Drogen die öffentliche Diskussion bestimmte. Bei unserer Untersuchung fällt der Erstkonsum in eine Zeit der abebbenden Drogenwelle und des absinkenden Interesses am Drogenthema in der Öffentlichkeit. Möglicherweise liegt in dieser Kombination von hoher Bildung auf seiten der Betroffenen und früher Phase der Drogenwelle der Schlüssel zum Verständnis der abweichenden Befunde dieser Untersuchung. Vielleicht geben sich die Alleinkonsumenten hier weniger schnell mit dem Ausbleiben von Wirkung zufrieden: Sie wissen um die "Verheißung" von Haschisch aufgrund der zu dieser Zeit relativ großen Popularität der Drogen und der hohen Bildung, die mit umfassenderen Informationen einhergeht. Sie geben weniger schnell auf und erhöhen, indem sie eine massivere Dosis nehmen, die Chance des Erlebens. Alleinkonsumenten sind besonders gut dazu in der Lage: Sie müssen die Droge nicht mit anderen teilen, können die Dosierung also ungehindert erhöhen. Wenn diese Deutung zuträfe, wäre das Fehlen hinreichender Instruktion durch andere Konsumenten in gewissem Maße kompensierbar durch eine Erhöhung der eingenommenen Dosis.

Nun könnte man einwenden, daß es vielleicht nicht so entscheidend sein kann, ob jemand unter den Anwesenden Rauschmittelerfahrung hat oder nicht. Entscheidender könnte es sein, wieviele unter ihnen über derartige Erfahrungen verfügen. Je mehr es sind, desto größer muß die Chance sein, Informationen vermittelt zu bekommen oder erfahrene Konsumenten beim Konsum zu beobachten. Um diese Annahme zu prüfen, untergliedern wir die Personen, die mit mehreren Jugendlichen ihren ersten Drogenkonsum erlebten, nach dem Anteil rauschmittelerfahrener Mitkonsumenten. Das Ergebnis fällt anders aus als vermutet: Für das Rauscherleben der Erstkonsumenten macht es wenig Unterschied, ob eine Mehrheit oder eine Minderheit der anwesenden Mitkonsumenten bereits über Drogenerfahrung verfügt. Ein systematischer Zusammenhang des Anteils erfahrener Konsumenten mit der Art des Drogenerlebens ist nicht erkennbar.

Möglicherweise ist - wie eine Fixeruntersuchung (Berger et al. 1980:59) nahelegt - das spezielle Erlernen des "richtigen" Rauchens mittels Instruktion in der Bundesrepublik tatsächlich selten und das Beobachtungslernen in der Erstsituation nicht immer in der Lage, den Nachteil fehlender Instruktion auszugleichen. Instruktionen sind vermutlich die effektivste Methode, verbinden sie doch das Beispiel mit der Erläuterung. Amerikanische Untersuchungen zeigen, daß sich eine positive Wirkung um so eher einstellt, je größer das Ausmaß an Instruktion ist (Cheek et al. 1973:20).

2. Drogenwirkungen als das Produkt situativer und motivationaler Einflüsse

2.1 Auswirkungen der Situation

Ginge es nach Howard Becker, so läge die entscheidende Funktion der anwesenden Mitkonsumenten in den Instruktionen und dem Beispiel, das sie dem Novizen für das "richtige" Erleben des Drogengebrauchs geben. Doch die anwesenden Konsumenten haben möglicherweise eine noch ganz andere - bislang in der Literatur weitgehend übersehene und nur von wenigen Autoren thematisierte - Funktion, und diese könnte noch wichtiger sein: Die erste Drogenerfahrung ist für den Konsumenten eine neuartige und mit Unsicherheiten behaftete Erfahrung. Nicht nur, daß er unerwarteten Halluzinationen ausgesetzt werden könnte - die Strafbarkeit des Verhaltens macht ihn auch gegenüber äußeren Eingriffen verletzlich. Je weniger er glaubt, eine Kontrolle über die Handlungssituation ausüben zu können, desto stärker wird er vermutlich für mögliche externe Gefährdungen sensitiviert sein und die Einnahmesituation als angespannt erleben. Letzteres ist naturgemäß geeignet, die Qualität des Drogenerlebens zu beeinträchtigen.

Unter diesen Umständen kommt der Art anwesender Personen eine entscheidende Stellung zu: Je mehr Vertrauen ihnen entgegengebracht wird, desto geringer wird das Ausmaß empfundener Bedrohung sein und desto eher könnte die Voraussetzung für ein subjektiv positives Drogenerlebnis gegeben sein. Herbert Blumer hat in einer Studie Hinweise für ein derartiges Muster finden können und es der oben skizzierten These gemäß gedeutet. Nach ihm besteht zwischen dem Anteil engerer Freunde unter den Anwesenden und der Wahrscheinlichkeit positiven Drogenerlebens ein positiver Zusammenhang: Freunde werden qua Beziehung als die Personen gesehen, denen man das größte Vertrauen entgegenbringt, Fremde gelten als potentielle Bedrohung. Je mehr Freunde zugegen sind, desto größer wird das Vertrauen in die Situation sein (Blumer et al. 1967:58).

Blumers postulierter Mechanismus, folgerichtig weitergedacht, führt dazu, nicht nur Variationen im Drogenerleben nach Art des Personenkreises, sondern auch nach Ort des Erstkonsums zu erwarten: Wo die Handlungskontrolle relativ groß ist, wie innerhalb der eigenen Wohnung oder der von Freunden, müßte die Drogenwirkung am günstigsten ausfallen. Wo die Kontrolle über die Handlungssituation am geringsten ist - an Orten in der Öffentlichkeit -, müßte sie am seltensten positiv sein. Hier droht Gefahr von Fremden, welche die Handlungsszene betreten und die Abweichung als solche identifizieren könnten.

Wären diese Überlegungen über Bedingungen subjektiv empfundener Sicherheit richtig, so wäre es - gemessen an der verbreiteten Annahme über eine pharmakologische Determination der Drogenerfahrung - ein bedeutsamer Befund. Er würde bedeuten, daß der Ausgang der Handlungssituation, wie besonders von Anhängern des Symbolischen Interaktionismus - u.a. auch William Thomas und Howard Becker - postuliert, eine prinzipiell <u>offene</u> Angelegenheit ist: Wie immer auch die in die Situation hineingetragene Motivation sein mag, situationsspezifische "Zufälligkeiten" schaffen einen eigenen Handlungsverlauf, der nicht von vornherein prognostizierbar ist. Welche Drogenerfahrung man macht, hängt mit davon ab, mit wem man gerade an welchem Ort zusammentrifft und welches Meinungsklima gegenüber Drogen wahrgenommen wird.

Für die Annahme situationsspezifischer Einflüsse sprechen einige Befunde unserer Untersuchung. So steigt das Vorkommen positiver Drogenerfahrungen mit zunehmender Intimität der Interaktionspartner an; die Quote unangenehmer oder ausbleibender Erfahrungen geht gleichzeitig zurück. Zusätzlich wirkt der Ort des Konsums auf das Erleben ein: Das Drogenerlebens ist - wie erwartet - an privaten Orten günstiger als an öffentlichen oder halböffentlichen Orten. Nach Tabelle 12 wirken Personenkreis <u>und</u> Ort dabei unabhängig und kumulativ auf die Drogenerfahrung ein. Am größten ist die Chance positiven Erlebens an privaten Orten mit exklusiven Interaktionspartnern, am geringsten an öffentlichen Orten mit Personen, die man kaum oder unzulänglich kennt.

Ob man die Befunde über den Stellenwert von Personenkreis und Ort über Raum und

Tabelle 12 Drogenwirkung nach Personenkreis und Ort (in Prozent)

Wirkung	Zuhause			Party			Öffentlichkeit		
	Einzel-partner	Mehrere Freunde	Bekannte	Einzel-partner	Freunde	Bekannte	Einzel-partner	Freunde	Bekannte
Angenehm	38	28	29	(33)	27	10	31	24	19
Teils-teils	23	21	21	(50)	42	24	19	22	19
Unangenehm	5	8	8	(17)	13	10	13	12	20
Keine	35	43	42	-	18	57	38	42	42
(N=)	100 (80)	100 (120)	100 (24)	100 (6)	100 (45)	100 (21)	100 (64)	100 (123)	100 (59)

Basis: Befragte mit Cannabis als Erstdroge.

Frageformulierung von Personenkreis und Ort wie in Tabelle 10. Zur Kategorie "Zuhause" wird zusammengefaßt: "Bei mir zuhause - in der Wohnung oder im Zimmer eines Freundes, einer Freundin oder Bekannten". "Party" = "auf einer Party", "Öffentlichkeit" = auf einer öffentlichen Veranstaltung, z.B. einem Konzert - in oder in der Nähe eines öffentlichen Lokals, z.B. einer Diskothek - in oder in der Nähe einer Freizeitstätte, z.B. Haus der Jugend, kirchliche Freizeitstätte - in der Schule - irgendwo draußen, z.B. Park, Bahnhof.

Anmerkung zur Tabellendarstellung: Für diese und die folgenden Tabellen gilt: auf einer Prozentuierungsbasis von N $\leq$10 werden die Prozentangaben eingeklammert.

Zeit generalisieren kann, ist allerdings nicht ganz gewiß. Die Tatsache, daß Robert Zimmermann in einer früheren Essener Gymnasiasten-Untersuchung aus dem Jahre 1971 keine vergleichbaren Beziehungen zwischen Drogenerleben, Personenkreis und Ort vorfand (Zimmermann 1976:68f.), könnte auf zeitspezifische Besonderheiten hinweisen: Vertrauen in Personen ist womöglich nicht nur eine Funktion der jeweiligen Beziehungsstruktur zu den Interaktionspartnern, sondern auch eine Folge des wahrgenommenen soziokulturellen Meinungsklimas. Gerade zu Beginn der Drogenwelle wurde in den Medien (vgl. u.a. DER SPIEGEL 1971) vielfach behauptet, eine Mehrheit von Gymnasiasten hätte mehrmalige Drogenerfahrung, eine weitere Drogenausbreitung wäre zudem sicher. In dem Moment aber, wo selbst unbekannten Jugendlichen eine positive Einstellung zum Drogengebrauch unterstellt wird, werden Konsumenten sie nicht mehr als Bedrohung empfinden. Die spezifische Beziehungsstruktur verblaßt hinter der Gleichartigkeit der unterstellten Orientierung. Beim Einfluß des Ortes wären ähnliche Mechanismen denkbar. Solange es, wie an vielen Orten zu Beginn der 70er Jahre, eine öffentliche Drogenszene gab, die von polizeilichen Kontrollen relativ wenig intensiv erfaßt und kontrolliert wurde (siehe dazu auch Gerdes und Wolffersdorff-Ehlert 1975:144f., Kreuzer 1976:149), müßte der Öffentlichkeitscharakter eines Ortes ebenfalls für das Erleben subjektiver Bedrohung relativ peripher bleiben.[1] Wäre diese Annahme richtig, hieße dies: Die wahrgenommene Unterstützung des Drogenkonsums in der sekundären Umwelt und die jeweilige "intime" Zusammensetzung des Mitkonsumentenkreises könnten als funktionale Äquivalente wirken und je nach Zeitperiode zu unterschiedlichen Konstellationen in der sozialen Beeinflussung des Rauschmittelerlebens führen.

2.2 Die Strukturierung des Erlebens durch Motivation und Konsumbereitschaft

Die Art der Rauschmittelerfahrungen scheint nach verschiedenen, in der deutschsprachigen Literatur kaum rezipierten Untersuchungen von den Einstellungen und Erwartungen mitgeprägt, die an den Drogengebrauch herangetragen werden und die sich z.T. erst in der Drogensituation voll entfalten. Man spricht in diesem Zusammenhang auch vom Einfluß, der von der inneren Konfiguration von Einstellungen und Erwartungen ("Set") ausgeht. Wie sehr die Art des Drogenerlebens durch Erwartungen soziokultureller Art geprägt ist, haben vor allem interkulturelle Vergleichsuntersuchungen deutlich gemacht (vgl. Dobkin de Rios 1975:402f.). Sie haben gezeigt, wie sehr zwischen den einzelnen Kulturen das Erlebnis variieren kann. Doch wie sieht es aus, wenn man sich auf eine einzelne

1 Für die Differenz zwischen den Studien sind womöglich aber auch Unterschiede in der Operationalisierung der Drogenerfahrung mitverantwortlich: Im Gegensatz zu unserer eigenen Untersuchung wird in der Essener Erhebung eine offene Frage verwendet, deren Antworten nachträglich entlang eines keineswegs unkontroversen Bewertungsschemas verschlüsselt werden. So wird der Begriff "Rausch" als unangenehmes Drogenerleben klassifiziert (Zimmermann 1976:70), obwohl es aus Sicht des Konsumenten vermutlich eher etwas Positives darstellt. Ambivalente Empfindungen wurden im Gegensatz zu unserem Vorgehen nicht erfaßt. Dies könnte eine unzureichende Erfassung der Akzentuierungen des Erlebens, die durch die jeweilige Situation des Konsums geprägt sind, bedeuten.

Kultur beschränkt und hier die Variationen in den Motivlagen und ihre Effekte betrachtet? Welche Effekte sind bei welchen Motivlagen zu erwarten?

In der traditionellen Sicht des Drogengebrauchs nehmen Probleme den Hauptstellenwert im Motiv-Arsenal ein. Personen mit Problemen würden sich besonders zum Drogengebrauch hingezogen fühlen. Und nur für sie - so vermuten viele Autoren - mache die Drogenerfahrung Sinn. Nur Personen mit Mangelerlebnissen würden aus der Art der pharmakologisch vorgegebenen Rauschmittelerfahrung subjektiven Nutzen ziehen. Selbst bei eindeutigen Suchtmitteln - wie dem Morphium - ist dies gelegentlich behauptet worden. "Die Intensität des durch Opiate erzeugten Vergnügens steht in direkter Proportion zum Grad der psychischen Labilität der Person, die an ihnen süchtig wird" (Kolb zit. nach de Ropp 1964:124). "Der seelisch und körperlich gesunde und normale Mensch wird nicht morphiumsüchtig - auch nach schmerzstillenden Morphiumspritzen" (Holm 1956).[1]

Der Deutung des Rauschmittelerlebens als Folge pathologischer Motivation steht die These anderer Autoren entgegen, daß - besonders beim Haschisch - die in die Situation des Drogengebrauchs eingebrachte Stimmung durch die Drogen lediglich intensiviert wird. Die These findet sich bereits bei Charles Baudelaire in seinem Buch "Die künstlichen Paradiese": "Unser Rausch wird stets der Tonalität des Individuums entsprechen ... Das Gehirn und der Organismus, auf die Haschisch einwirkt, bringen nur die üblichen Erscheinungen hervor, allerdings in Anzahl und Eindruckskraft verstärkt, jedoch stets ihrem Ursprung treu" (zit. nach de Ropp 1964:63). Wer guter Stimmung ist, dessen Empfindungen müßten sich noch weiter zum Positiven hin wenden. Wer in depressiver Stimmung ist, müßte durch den Konsum noch depressiver werden (siehe auch Blumer et al. 1967:57, Herha o.J.:S.5, Hasse und Waldmann 1971:413). Wenn diese Annahme zuträfe - und manche empirischen Befunde sprechen dafür -, würden Personen mit Problemmotiven statt der erhofften positiven Erlebnisse negative machen, ihre subjektive Lage würde sich verschlechtern. Haschisch würde sich - anders als unterstellt - kaum als Mittel der Selbsttherapie eignen.

Um die Auswirkungen der Konsummotivation zu prüfen, ziehen wir die Motive heran, die von den Befragten auf eine offene Frage verbalisiert wurden. Das Ergebnis, dargestellt

---

1 Die These, nur die psychisch kranken oder "minderwertigen" Personen würden dem Morphium verfallen, findet man besonders in der älteren Literatur häufig (siehe u.a. Erlenmeyer 1894:337, Pilcz 1910:918). Sie gründet sich auf die Tatsache, daß nicht jeder, der wegen seiner Krankheit mit Morphium ärztlich behandelt wird, später zum Morphinisten wird. Übersehen wird, daß es eine Frage der Dosierung, der Stärke der Abstinenzsymptome <u>und</u> deren Identifikation als Entzugssymptom ist, ob es zur Entwicklung langfristiger Drogenabhängigkeit kommt. Es ist damit in starkem Maße eine Sache der Definition - nämlich der jeweiligen Kausalattribution -, ob der einzelne den Konsum fortsetzt oder nicht (siehe hierzu Lindesmith 1947, Lindesmith und Strauss 1983:255ff.). Nicht irgendwie geartete Persönlichkeitsstrukturen, sondern sozial mitgeprägte Definitionsprozesse sind es, welche über die Fortsetzung des Gebrauchs entscheiden.

Tabelle 13 Drogenwirkung nach Einstiegsmotivation (in Prozent)

Wirkung	Motivation							
	Neugierde	Probleme	Lust-gewinn	Bewußts.-erweiter.	Sozialer Zwang	Unzurech-nungsfähigk.	Sonstiges	Insgesamt
Angenehm	25	48	56	(40)	27	10	14	26
Teils-teils	24	28	17	(20)	27	-	9	24
Unangenehm	10	7	-	-	3	60	23	11
Keine	40	17	28	(40)	42	30	55	39
	100	100	100	100	100	100	100	100
(N=)	(416)	(29)	(18)	(5)	(33)	(10)	(22)	(533)

Motivkonstruktion wie in Tabelle 6. Die Kategorie "Sonstiges" enthält die Motive Langeweile, Leistungssteigerung, Protest, sonstiges. Die Kategorie "Probleme" faßt die verschiedenen spezifischen Problemnennungen zusammen.

Basis: Befragte mit Cannabis als Erstdroge.

in Tabelle 13, spricht weder für die eine noch die andere, zuvor zitierte Deutung. Weder sind es die Konsumenten mit Problemmotivation, die sich durch eine besonders positive Drogenerfahrung herausheben, noch zählen sie zu der Kategorie von Personen, die besonders schlechte Erfahrungen machen. Statt dessen zeichnet sich ein anderes Muster ab: Diejenigen Konsumenten machen am seltensten eine positive Erfahrung, die mit dem ziemlich globalen und diffusen Motiv der Neugier in die Drogensituation hineingehen. Jugendliche, die Probleme als Motiv nennen, Lustgewinn oder Bewußtseinserweiterung, weisen demgegenüber einen höheren Anteil positiven Erlebens auf. Unangenehmes Erleben ist am häufigsten bei Personen, die aus einem Zustand der Unzurechnungsfähigkeit - etwa im Zustand des Angetrunkenseins - zu Drogen greifen. Hier dominieren mit 60% die unangenehmen Effekte.

Der Befund, der die Konsumenten mit Neugiermotiv als relativ wenig erfolgreich ausweist, ist kein Artefakt unterschiedlicher Prädispositionen. Bezieht man die vorherige Konsumbereitschaft als Kontrollvariable in die Analyse mit ein - die Motive variieren nach unserer vorangegangenen Prüfung leicht nach Konsumbereitschaft -, so bleibt die Grundcharakteristik erhalten. Die Ursache des beobachteten Musters könnte in der Spezifität der Erwartungen und Hoffnungen liegen. Wer spezifischere Erwartungen hat und Problemmotive oder hedonistische Motive nennt, der hat konkrete Erwartungen, die er auf die Änderungen des kognitiven und emotionalen Erlebens projizieren kann. Er ist in seiner Wahrnehmung geschärft und wird Veränderungen entlang des kognitiven Schemas eher gewahr. Wer hingegen über eine diffuse Motivation verfügt und bloß "neugierig" ist, ist in seiner Aufmerksamkeit unspezifisch, strukturiert in geringem Ausmaß die wahrgenommenen Stimuli und ist weniger in der Lage, sie unter ein einheitliches Konzept zu subsumieren.

Stellt das Ausmaß der Strukturierung auf der Motivebene die eine wesentliche Determinante des Rauscherlebens dar, so scheinen die spezifischen Inhalte der Erwartungen und Hoffnungen gleichwohl nicht ohne Bedeutung zu sein. Besonders beachtenswert ist dabei, daß - anders als in der Drogenliteratur üblicherweise unterstellt - Cannabis als Mittel zur Betäubung unangenehmer Erlebnisse nur bedingt geeignet erscheint. Im Vergleich zu anderen Motivlagen (wie Lustgewinn) stellen sich negative Gefühle nicht seltener, sondern häufiger ein! Weiterhin bemerkenswert scheint, daß die hedonistische Motivation ("Lustgewinn") gegenüber den anderen Motivlagen am ehesten positive Drogenerlebnisse erbringt. Dies könnte belegen, was einige Autoren früher schon beschrieben haben: daß die in die Situtation eingebrachten Stimmungen und Erwartungen in der Erlebnissituation in gewissem Maße bekräftigt werden. Wer (emotional getönte) hedonistische Erlebnisse erwartet und erhofft, der hat eher Erlebnisse, die dem antizipierten Gefühlszustand angenähert sind. Die Drogenwirkung würde sich in starkem Maße als ein Produkt dessen erweisen, was aufgrund des eigenen kognitiven Bezugsrahmens und spezifischer Erwartungen an sie herangetragen wird. Es würde sich um eine Art sich selbst erfüllender Prophezeiung handeln.

Nun stellt die Konsummotivation nur eine Komponente von Hoffnungen und Erwartungen dar. Von vielen Konsumenten, so hatten wir gezeigt, wird der Konsum keineswegs zielstrebig gesucht und ersehnt. Nur für eine Minderheit ist die Konsumbereitschaft vorher schon stark ausgebildet. Je nachdem, wie sehr sich jemand vorher schon mit dem Gedanken eigenen Drogengebrauchs vertraut gemacht hat, dürften die Hoffnungen und Erwartungen unterschiedlich ausfallen: Personen, die seit längerem am Konsum interessiert sind, werden sich vorher intensiver um Informationen über den Drogengebrauch gekümmert haben. Sie werden überproportional häufig von Konsumenten um die möglichen Erfahrungen, ihre Wahrnehmung und kognitive Einordnung erfahren haben und umso weniger auf Ratschläge und Erfahrungsaustausch in der Erstsituation angewiesen sein.

Dies könnte - so wäre zu vermuten - die Definition des Drogenerlebnisses mitprägen und dazu führen, daß sich konsumbereite und weniger konsumbereite Jugendliche im Ausmaß des Drogenerlebnisses unterscheiden: je stärker die Konsumbereitschaft ausgeprägt ist - so unsere Annahme -, desto positiver müßte die Gesamtbilanz des Drogenerlebens ausfallen. Die Annahme wird bestätigt. Wie man Tabelle 14 entnehmen kann, steigt der Anteil angenehmer Rauschmittelerfahrungen zu Lasten unangenehmer Erfahrungen um so mehr an, je stärker die Konsumbereitschaft vorher ausgeprägt war. Dies gilt im übrigen auch dann, wenn die vorgebrachten Motive für Drogengebrauch (die ebenfalls Einfluß nehmen) kontrolliert werden: Innerhalb jeder Motivkategorie begünstigt eine hohe Konsumbereitschaft das positive Erleben. Das beobachtete Muster kann nicht auf eine spezifische Kombination von Motiv und Konsumbereitschaft zurückgeführt werden.

3. Kollektive Karriere des Drogenphänomens und Drogenwirkungen

3.1 Über die Institutionalisierung des Drogengebrauchs

Die sozialen Einflüsse, welche die Art des ersten Drogenerlebnisses mit prägen, erwachsen zum einen aus der Situation des Konsums. Sie können aber zum anderen - so hat es Howard Becker in einer späteren Publikation beschrieben (Becker 1967) - unter Umständen schon vorher einwirken. Mit dieser Betonung der bereits vorgegebenen Lernprozesse, die in das Rauscherleben eingehen, geht Becker über seine frühere Betonung der situationsspezifischen Lernprozesse hinaus und wendet seinen Blick auf die vorherrschenden (sub-)kulturellen Orientierungen. Damit verschiebt sich seine Perspektive von einer mikro- zu einer makrosoziologischen Sichtweise.

Tabelle 14 Drogenwirkung nach vorheriger Konsumbereitschaft (in Prozent)

Wirkung	Konsumbereitschaft			Insgesamt
	Positiv	Ambivalent	Negativ	
Angenehm	33	24	20	26
Teils-teils	23	25	18	24
Unangenehm	8	10	22	11
Keine	36	41	40	39
	100	100	100	100
(N=)	(201)	(261)	(45)	(536)

Basis: Befragte mit Cannabis als Erstdroge

Der entscheidende Schlüssel zum Verständnis der makrosoziologischen Prägung des Drogenkonsums liegt für Becker (ebenso wie später für Lindesmith und Strauss (1983)) darin, daß das Drogenerleben durch die erlernten kognitiven Schemata sozial mitgeprägt ist und Neubewertungen unterliegen kann. Neues "Wissen" bedeutet neue Typifizierungsschemata und neue Typifizierungsschemata bedeuten eine andere Art des Erlebens. In dem Maße, wie sich "neues Wissen ansammelt, werden neue gefühlsgeladene Situationen geschaffen" (Lindesmith und Strauss 1983:240). Erfahrungen, die bislang keine spezifische Qualität hatten, wird eine emotionale Qualität unterlegt, negative Deutungen durch positive ersetzt und umgekehrt. Dies spricht für die Möglichkeit veränderten subjektiven Erlebens (bei gleichzeitig objektiv gleichbleibender Wirkung) im Verlauf der Drogenwelle.

Als Beispiel für einen Wandel im subjektiven Drogenerleben zitiert Becker die Geschichte des Marihuanagebrauchs in den USA. Als sich dort zu Beginn der 20er Jahre Marihuana auszubreiten begann, wurde in den Zeitungen und den medizinischen Zeitschriften wiederholt berichtet, "psychotische" Zustände oder andere emotionale Beeinträchtigungen von längerer Dauer würden mit dem Konsum einhergehen. Während der eigentlichen Expansionsphase in den 60er Jahren war auffallend seltener davon die Rede, obwohl die Zahl der Betroffenen hätte ansteigen müssen. Becker deutet diese Entwicklung als Hinweis für die Herausbildung von Erwartungshaltungen und subkulturell ausdifferenzierten Reaktionen: nicht eindeutige Erlebnisreaktionen werden kategorisierbar und prognostizierbarer. Die Offenheit der Situation wird durch neue Definitionsschemata reduziert, die Angst als Ursache psychotischer Reaktionen vermindert. So mag der einzelne weniger überrascht sein, wenn sich bei ihm das emotionale oder kognitive Erlebnis der Situation maßgeblich verändert - mag auch die Art der Erfahrung im einzelnen unerwartet sein, so ist doch die Tatsache der Veränderung an sich nicht unerwartet. "Anormale" Erfahrungen können so in gewissem Umfang zu normalen Prozessen des Erlebens umdefiniert werden.

Leider gibt es keine Daten, die eine Überprüfung dieser Hypothese erlauben würden. Becker gründet sie auf Impressionen, die er aus zeitgenössischen Berichten ableitet, nicht auf systematisch gesammeltes, quantitatives Material. Für die Bundesrepublik war bislang die Materiallage ebenfalls nicht besser: Gelegentlich vorgebrachten Eindrücken aus Beratungsstellen und von Klienten, nach denen die Zahl "psychotischer" Zwischenfälle zurückgegangen sei (so z.B. Schönhöfer 1976:77), können keine Vergleichszahlen über die Verbreitung des Haschischgebrauchs gegenübergestellt werden. Gewisse Hinweise für die Richtigkeit der Beckerschen These gibt es auf der Basis quantitativ angelegter Untersuchungen allenfalls für LSD, einem im Vergleich zu Cannabis stärker halluzinatorischen und in seinen Effekten stärker situationsabhängigen Mittel[1]. Danach sind in den USA trotz steigender LSD-Verwendung psychotische Episoden in Zusammenhang mit LSD an Zahl zurückgegangen. Die Zahl panikartiger Reaktionen auf LSD-Gebrauch ("Horror Trips") scheint abgenommen zu haben, weil - so die Autoren - sich Mechanismen der Umdefinition und Bewältigung derartiger Erlebnisse unter den Konsumenten herausgebildet haben (vgl. Bunce 1979:230, Zinberg 1980: 242).

Zwar bezieht sich Beckers Theorie primär auf die veränderten Formen des Umgangs mit unerwarteten, potentiell bedrohlichen Erlebnissen im Drogenrausch, doch könnte man die von ihm genannten Mechanismen ebenso auf die Drogenwirkung hin verallgemeinern und für den Cannabisgebrauch als Hypothese aufstellen: In dem Maße, wie sich dieser als Massenphänomen etabliert, haben die Konsumenten in gewissem Umfang gelernt, mit damit verbundenen subjektiv negativen Rauscherfahrungen umzugehen, sie umzudefinieren und die Wahrscheinlichkeit "positiven" Erlebens zu maximieren. Dies dürfte langfristig auch für die Erstkonsumenten Konsequenzen haben: Wer erstmals zu Drogen greift, der kennt meist vorher schon Konsumenten und hat etwas über die Drogen gehört. Er greift nicht isoliert zur Droge, sondern in einer Gruppensituation - zusammen mit Leuten, die über Erfahrung verfügen. Damit könnte sich das Wissen der "Drogensubkultur" indirekt auf ihn ausgewirkt haben. Klammert man die möglichen Variationen im pharmakologischen Gehalt des Haschisch als Einflußfaktor aus[2], so wäre daraus als Hypothese für die Situation des Erstkonsums abzuleiten: Subjektiv als positiv definierte[3] Erfahrungen nehmen mit der Etablierung des Drogenphänomens zu und pendeln sich dann auf einem weitgehend stabilen Niveau ein.

Andererseits sind auch gegenläufige Tendenzen denkbar - Tendenzen, die das Ausmaß positiven Erlebens langfristig reduzieren statt es zu erhöhen. Entscheidend hierfür könnte die Auflösung des ideologisch aufgeladenen, subkulturell geprägten Konsums sein - so wie er durch die Hippies Ende der 60er Jahre repräsentiert wurde. Der symbolischen Umhüllung entkleidet, wird der Drogengebrauch zu einem Ritual ohne die hohe symbolische

---

1 LSD wurde ursprünglich in den 30er Jahren entdeckt (vgl. Hofmann 1982). In den frühen 60er Jahren fand es dann vorübergehend und vereinzelt als Mittel der Psychotherapie Anwendung (vgl. dazu Leuner 1982). Seine subkulturelle Verwendung und Propagierung kam erst zu Beginn bis Mitte der 60er Jahre auf, besonders gefördert durch den Harvard-Psychologen Timothy Leary (dazu siehe Scheuch 1971a:29ff.)

2 Leider gibt es keine Daten, die für die Bundesrepublik oder Hamburg Aussagen über Veränderungen des Reinheitsgehalts von Haschisch erlauben, das im Straßenhandel erhältlich ist. Es gibt allenfalls Untersuchungen für einzelne Regionen, und dies auch nur zeitlich beschränkt (siehe z.B. Bschor et al. 1971). Replikationen fehlen. Und so gibt es denn sowohl Mutmaßungen, der Reinheitsgehalt sei langfristig gestiegen, wie Aussagen, wonach der THC-Gehalt bei Cannabis sich seit Beginn der 70er Jahre verringert habe (so z.B. Thamm 1980:161).

3 An dieser Stelle sei nochmals daran erinnert, daß es hier und im folgenden um das subjektive Erleben der Drogenerfahrung geht und nicht um die objektiven Wirkungen, die im Bewußtsein des einzelnen nur partiell präsent sind.

Bedeutung, die er einst hatte. Gleichzeitig wird der Drogengebrauch in dem Maße, wie er sich ausbreitet, "veralltäglicht". "Stripped of a more profound ideological significance, the act of turning on a friend increasingly reduces to little more than an initiation into the art of good living" (Auld 1981:141).[1]

In unserer eigenen Hamburger Schülerumfrage wird nach der Art des Erlebens gefragt, ohne innerhalb der positiven Erlebniskategorie weiter nach Intensität, wie sie besonders in der zuletzt genannten Veralltäglichungshypothese thematisiert wird, zu unterscheiden. Nur die erste Hypothese langfristiger globaler Verbesserung, so wie man sie aus Beckers Überlegungen ableiten kann, wird mithin an ihr überprüfbar. Wie man Tabelle 15 entnehmen kann, zeigt sich über Zeit in der Tat zum einen eine steigende Wahrscheinlichkeit, beim Ausprobieren von Cannabis überhaupt irgendwelche Wirkungen zu erfahren. Zum anderen zeigt sich langfristig - von kurzfristigen Schwankungen einmal abgesehen - eine überproportional steigende Tendenz zu subjektiv als "angenehm" klassifizierten Erfahrungen.[2]

Dabei geht der Zuwachs positiven Erlebens in der Anfangszeit im wesentlichen auf einen Rückgang im Anteil für Wirkungslosigkeit zurück. Seit Beginn der 70er Jahre ändert sich das Muster: Der Anstieg des positiven Erlebens ist nun eher Folge einer rückläufigen Verbreitung unangenehmer Drogenfolgen. Die Zahl der Befragten ohne Wirkung schwankt in dieser Zeit, ohne in eine eindeutige Richtung zu weisen. Die Schwankungen im Anteil unangenehmer und fehlender Wirkungen scheinen in gewissem Umfang in komplementärem Zusammenhang zu stehen: Sobald die Quote für Wirkungslosigkeit abfällt, steigt die Quote unangenehmer Erlebnisse. Und sobald die Quote unangenehmer Erlebnisse (so 1970-1971) sinkt, wächst die Quote der wirkungslosen Erfahrungen (so 1971-1973). Möglicherweise liegen die unangenehmen und wirkungslosen Erlebnisse für viele Jugendliche subjektiv dicht beieinander![3]

---

1 Die zunehmende soziale Heterogenität der Konsumenten, so mutmaßt Auld, wird diesen Prozeß sinkender Faszination des Drogengebrauchs verstärken. Euphorie wird maximiert, sobald die sozialen Differenzen zwischen den Akteuren minimiert sind (Auld 1981:181). Ob diese Annahme stimmt, weiß man mangels empirischer Untersuchungen nicht. Und ob sich Veränderungen in der Zusammensetzung des Konsumentenkreises auswirken, ist ebenfalls ungewiß: Jugendliche neigen ebenso wie Erwachsene dazu, ihren engen Freundes- und Bekanntenkreis aus ähnlichem sozialen Milieu zu rekrutieren (vgl. Reuband 1974). Veränderungen in der Zusammensetzung auf der Ebene der Gesamtgesellschaft müssen sich auf der Ebene der primären Umwelt - auch in der Drogenszene - nicht notwendigerweise auswirken.

2 Bis 1973 hatten unter den Jugendlichen mit emotional gefärbtem Erleben (keine Wirkung einmal ausgeklammert) in der Regel weniger als 40% eine angenehme Erfahrung gemacht, 1977 sind es 47% und 1975 58%.

3 Der beschriebene Trend ist, wie eine entsprechende Untergliederung zeigt, nicht Folge der über die Zeit variierenden vorherigen Konsumbereitschaft. Mag auch diese das Rauscherleben mitprägen - sie ist nicht in der Lage, die langfristig steigende positive Bilanz der Drogenwirkungen zu erklären. Diese muß andere Ursachen haben.

Tabelle 15 Drogenwirkung nach Jahr des Erstkonsums (in Prozent)

	Jahr des Erstkonsums							
Wirkung	bis 1969	1970	1971	1972	1973	1974	1975	Insgesamt
Angenehm	17	20	24	26	21	30	36	26
Teils-teils	22	20	26	26	25	23	18	24
Unangenehm	6	8	21	14	10	11	8	11
Keine	56	53	29	34	44	36	39	39
	100	100	100	100	100	100	100	100
(N=)	(18)	(40)	(42)	(77)	(123)	(168)	(67)	(536)

Basis: Befragte mit Cannabis als Erstdroge.

Bemerkenswert an der hier beschriebenen Entwicklung ist, daß die Wahrscheinlichkeit des positiven Erlebens der ersten Drogeneinnahme zu jener Zeit den Höhepunkt erreicht, als die Drogenprävalenz unter Jugendlichen gerade ihren Tiefpunkt erreichte. Eine sinkende Attraktion der Droge kann offenbar auch dann unter Jugendlichen einsetzen, wenn sich eine Drogensubkultur ausgebildet hat und denjenigen, die zu ihr Kontakt haben, ein in gewissem Maße auskristallisiertes Interpretations- und Handlungsmuster vermittelt wird.

Der Befund, demzufolge jene Jugendliche überproportional häufig keine Drogenwirkung erfahren, die erstmals gegen Ende der 60er bzw. zu Beginn der 70er Jahre zu Haschisch griffen, könnte unter Umständen ebenfalls eine Erscheinung in unserer Analyse (und der anderer Autoren) erklären, die paradox anmutet: Konsumenten, die mehrfach Drogen genommen haben, weisen häufiger keine Wirkung bei Drogenbeginn auf als bloße Probierer. Unter den mehr als 100maligen Drogenkonsumenten sind es in unserer Untersuchung 53%, unter den 2-5maligen Probierern 34%. In der Untersuchung Hamburger Fixer von Arthur Kreuzer bekundeten von 35 hierzu Befragten gar 24 Jugendliche - rund 70% - Enttäuschung über ihren ersten Drogengebrauch; sie erleben kein "high" (Kreuzer 1975:301). Nach Howard Becker aber ist die positive Wirkung des ersten Drogengebrauchs eine Voraussetzung für die Herausbildung des Drogenkonsums als stabiles Handlungsmuster. Nur wer eine positive Wirkung erfährt, setzt den Konsum über das erste Mal hinaus fort (Becker 1973:58). Unter progredienten Konsumenten müßte man danach öfter positive Erfahrungen erwarten als unter Probierern.

Offenbar kann es, wie unsere Daten zeigen, eine Fortsetzung des Gebrauchs auch dann geben, wenn das Erleben nicht mehrheitlich positiv ist. Daß aber die progredienten Konsumenten sogar am seltensten positive Erfahrungen machen, scheint besonders verwirrend. Die Erklärung liegt, wie weitere Analysen zeigen, weitgehend in der historischen Periode des ersten Drogengebrauchs: Der Erstkonsum der progredienten Konsumenten fällt in eine frühere "historische" Periode, in ihrem Erleben spiegelt sich die typische Drogenersterfahrung der früheren Drogen"generationen" wider. Dies könnte heißen: ob sich eine negative Drogenwirkung hemmend auf den weiteren Gebrauch auswirkt, hängt auch von den jeweils historisch vorherrschenden, üblichen Erfahrungsmustern ab. Vermutlich setzen diese den Bezugsrahmen für die Herausbildung der Erwartungen und Beurteilung ihrer Befriedigung. Die Enttäuschung wird im gewissen Maße eine relative - relativ zu dem, was aus Sicht des Akteurs allgemein üblich und erwartbar ist.

Die beobachteten Veränderungen im ersten Rauscherleben über Zeit sind im übrigen kein Spezifikum der Hamburger Jugendlichen. Die gleichen Trends finden sich in anderen Regionen der Bundesrepublik und treten selbst in jenen Untergruppen der Konsumenten auf, die später in ihrer Karriere den Weg in die Heroinabhängigkeit einschlagen: In einer

Untersuchung unter Fixern in Nordrhein-Westfalen aus dem Jahre 1974 - die Mehrheit hat mit dem Erstgebrauch von Cannabis gegen Ende der 60er/Beginn der 70er Jahre begonnen - verspürten 52% nichts beim ersten Konsum. In der von uns rund fünf Jahre später vorgenommenen Replikationsuntersuchung unter Abhängigen, deren Cannabis-Erstgebrauch in späteren Jahren liegt, ist die Quote auf 38% gesunken (Berger et al. 1980:59). Diese weitgehende Übereinstimmung der Befunde im Trend wie auch in der Höhe der Quote mit unseren Daten ist bemerkenswert und deutet auf tatsächlichen Wandel hin. Sie hilft, alternative Deutungen des Phänomens, etwa die einer nachträglichen biographischen Konstruktion, auszuscheiden.[1]

3.2 Prozesse der Veralltäglichung beim Drogengebrauch

Die Hamburger Schülerbefragung - ebenso wie die Fixeruntersuchung, deren Kategorien in der von uns durchgeführten Erhebung daran angelehnt sind - erfaßt die Beurteilung des Drogenerlebens differenziert nach Art des vorherrschenden Eindrucks und unterteilt (neben Wirkungslosigkeit) in positive, ambivalente und negative Wirkungen. Sie unterscheidet <u>innerhalb</u> der Dimension positiven Erlebens nicht weiter nach Intensität des Erlebens und ist aufgrunddessen nicht in der Lage, besonders intensives, euphorisch getöntes Empfinden abzubilden. Um dieses zu erfassen und die zuvor zitierte These der "Veralltäglichung" zu prüfen, bedarf es anderer Studien. Die von J.U. Behrendt 1970 durchgeführte Befragung unter Gymnasiasten in Hamburg und die von W. Peterson und R. Wetz 1972 durchgeführte Untersuchung in Nordrhein-Westfalen bieten die Möglichkeit dazu (Zentralarchiv Studien Nr. 1616 und 873). Beide Studien haben darüberhinaus den Vorteil, über die retrospektiven Fragen zum Erstkonsum jene Zeit relativ gut abzudecken, die durch unsere Hamburger Befragung nur eingeschränkt beschrieben werden kann: die Zeit <u>vor</u> 1970.

Die Vorgehensweisen in den beiden Studien zur Erfassung des Drogenerlebens sind unterschiedlich. In der Hamburger Erhebung wird mit einer offenen Frage gearbeitet, in der Erhebung aus NRW mit einer geschlossenen. Beide erlauben die Erfassung des intensiven positiven Erlebens, decken aber nicht notwendigerweise die übrigen Erlebensformen gleich gut ab. Dies legt nahe, sie hier nur im Hinblick auf die Nennung besonders intensiver Erlebnisse zu verwenden und auf die Konsistenz der Befunde hin zu sichten. Unterzieht man die Erhebungen einer Sekundäranalyse und untergliedert sie nach dem Jahr des Erstkonsums, so kommt man in der Hamburger Studie auf eine offene Frage hin für "euphorische" Erlebnisse auf einen Anteil von 19% im Jahre 1968 und früher, von

---

1 So wäre theoretisch z.B. denkbar, daß das gehäufte Auftreten folgenlosen Drogengebrauchs in der Schülererhebung Folge einer nachträglichen Biographiekonstruktion oder ein Problem der Erinnerung ist. Daß die als Replikationsuntersuchung angelegte Fixeruntersuchung, die aus getrennten Teilerhebungen zu verschiedenen Zeiten besteht, das gleiche Ergebnis wie unsere vorherige Analyse bringt, spricht für die Existenz eines realen Wandels im Drogenerleben.

14% im Jahre 1969 und von 4% im Jahre 1970. Ein Rückgang ist unverkennbar.[1] Die nordrhein-westfälische Schüleruntersuchung von Peterson und Wetz, die mit einer geschlossenen Frage arbeitet, kommt von der Tendenz zu ähnlichen Trends: Die Zahl derer, die den Erstkonsum von Cannabis besonders intensiv und positiv erlebten ("es war ein phantastisches Erlebnis"), fällt gegen Ende der 60er Jahre ab. Sie macht für die Erstverwender um 1968 und früher einen Anteil von 21% aus, ein Jahr später nur noch 5%. Seitdem schwanken die Werte bis zum Ende der Beobachtungsperiode 1972 zwischen 6 und 8%.[2]

Die beiden zusätzlich herangezogenen Untersuchungen stimmen in der Beobachtung überein, nach der in der Frühphase der Diffusion des Cannabis die Attraktion des ersten Erlebens im Schnitt höher liegt als um 1970, die Zeit der größten Verbreitung von Cannabis unter Jugendlichen. Die Nennung euphorischer Beschreibungen sinkt offenbar in dem Maße, wie sich die Haschischwelle auszubreiten beginnt - ein Ergebnis, das in Übereinstimmung mit der These steht, wonach sich im Gefolge der Auflösung subkultureller Überhöhungen und Etablierung des Mittels eine sinkende Faszination einstellen muß.

Das subjektive Drogenerleben, so bleibt als Fazit, ist nicht nur eine Funktion der jeweiligen Einnahmesituation und der anwesenden Akteure als mikrosoziologisches Wirkungselement, es ist offenbar ebenfalls eine Funktion der Phase, in der sich, makrosoziologisch gesehen, das Drogenphänomen befindet. Dabei kann das Drogenerleben unterschiedliche Grade der Intensität annehmen und auf dieser Ebene einem unterschiedlichen, gar gegenläufigen Wandel unterliegen. Einmal mehr wird damit deutlich, wie sehr sich pharmakologische und soziale Einflüsse überlagern können und zusammen das Erleben des Drogenkonsums bestimmen.

---

1 Die Frage lautete: "Welches Befinden und Gefühl stellt sich beim ersten Gebrauch des Mittels ein?" (Behrendt 1971:28). Sie richtet sich allgemein an Konsumenten und Nichtkonsumenten. Daher die Formulierung im Präsens. Diese "Doppel"strategie wird im verwendeten Fragebogen mehrfach eingesetzt. Dabei wird in der Regel deutlich gemacht, daß Konsumenten die Frage auf sich selbst, die Nichtkonsumenten die Frage allgemein auf ihr Image des Konsums oder die Freunde oder Bekannten beziehen, die schon mal Drogen genommen haben. Im Falle der Drogenwirkungen wird implizit die Frage nach dem eigenen Erleben gestellt. Erfragt wird das Erleben bei den Rauschmitteln, die "sie am genauesten kennen". Bis zu 6 Angaben wurden verschlüsselt. Eine genauere Beschreibung der Operationalisierung der verschiedenen Kategorien fehlt leider in den verfügbaren Unterlagen. Wir müssen uns mit den vorfindbaren begnügen. Die wichtigsten verwendeten sind abgedruckt in Behrendt (1971:26). Die Zahl der Befragten mit ausgefülltem Fragebogen zu dieser Thematik (Befragte ohne Wirkungserleben miteingerechnet) und Cannabis als Erstdroge liegt 1968 und früher bei N=16, 1969 N=42 und 1970 N=28.

2 Die Frage lautet: "Welches Gefühl hattest Du, als Du zum ersten Mal ein Rauschmittel (außer Alkohol) genommen hast?" Antwortkategorien: "Mir war ausgesprochen schlecht; Es war eigentlich nichts Besonderes; Es war schön, aber nicht überwältigend; Es war ein phantastisches Erlebnis". Personen ohne Wirkung, aber auch solche ohne beeindruckende Erfahrung, werden sich in der Kategorie "eigentlich nichts Besonderes" finden. Die Zahl der Befragten liegt 1968 und früher bei N=28, 1969 N=73, 1970 N=164, 1971 N=137, 1972 N=106.

Die Tatsache, daß "Lernen" in der Situation und das "Lernen" durch Hörensagen vor dem Erstgebrauch in gewissem Umfang als funktionales Äquivalent angesehen werden können, hat zugleich noch eine weitere, wichtige Implikation: Sie bedeutet, daß im Lauf der "kollektiven Karriere" des Drogenkonsums als makrosoziales Phänomen unter Umständen eine Abnahme von situationsspezifischer Instruktion und Vermittlung von Interpretationsraster für die Drogenerfahrung stattfinden kann, ohne daß dies Konsequenzen für das erste Drogenerlebnis hätte. Aus dieser Sicht könnte Beckers ursprünglich formulierte These, der Konsument müßte in der Erstsituation den Gebrauch und die Interpretation der Drogenwirkung erst lernen, eine zeitliche Relativierung in der Aussagekraft erfahren: Es mag einen Unterschied machen, ob es um die Phase geht, in der sich das Drogenphänomen gerade etabliert, oder eine Phase, in der sich dieses längst ausgebildet hat. Je länger die Drogenszene schon besteht, desto weniger an situationsspezifischer Hilfe könnte nötig sein, um zum gleichen "Erfolg" in der Drogenanwendung zu führen.

4. Konsequenzen der Drogenerfahrung

4.1 Der Einfluß der Drogenwirkung auf die Fortsetzung des Konsums

Die Realität der Drogenwirkung ist - wie wir gezeigt haben - oft weniger spektakulär, als es die Konsumenten erwarten. Das muß nicht ohne Konsequenzen bleiben. Positive Rauschmittelerfahrungen sind, wie Howard Becker gezeigt hat, eine notwendige (wenn auch nicht hinreichende) Voraussetzung zur Fortsetzung des Rauschmittelgebrauchs: Wo das erste Rauschmittelerlebnis positiver Art ist, bildet sich die Bereitschaft zur Fortsetzung des Konsums heraus; wo die positive Wirkung ausbleibt, schwindet das Bedürfnis nach Wiederholung (Becker 1973:56).

Bundesdeutsche Studien, die auf einer repräsentativen Befragung beruhen, bestätigen die behauptete Regelmäßigkeit: Jugendliche mit positiver Erfahrung beim Erstgebrauch hören mit ihrem Konsum weniger schnell auf als solche mit negativer Erfahrung (Nordalm 1972:97, Peterson und Wetz 1973:32, Zimmermann 1976:74). Wieviele unter ihnen bereits nach einmaligem Probieren und nicht erst später abbrechen, bleibt jedoch ebenso wie bei Becker ungeklärt: Beckers Untersuchung stützt sich auf keine repräsentative Stichprobe von Konsumenten, sondern weitgehend auf einen Kreis von zufällig erreichbaren Jazzmusikern mit Drogenerfahrung. In den meisten Untersuchungen, die sich auf eher repräsentative Stichproben von Konsumenten gründen, wird andererseits das Gefühl beim Erstkonsum lediglich mit der Beendigung des Konsums zum Zeitpunkt der Befragung in Verbindung gebracht.

Im folgenden überprüfen wir die These von der zentralen Bedeutung der ersten Rauschmittelerfahrung im Rahmen einer stringenteren Analyse. Dabei vergleichen wir - im Gegensatz zu bisherigen Arbeiten - Personen mit einmaliger Drogenerfahrung mit den

Personen, die mehr als einmal Drogen nahmen. Die Ergebnisse sind in Abbildung 7 dargestellt. Danach macht es wenig Unterschied, ob das erste Gefühl positiv, ambivalent oder neutral ist. Entscheidend für die Fortsetzung des Konsums ist allein, ob die Wirkung negativ ist oder nicht negativ. Unter denen, die beim ersten Mal eine positive Rauschmittelwirkung verspürten, setzten den Konsum 85% fort (meist in Form bloßen Probierkonsums). Unter denen mit ambivalenter Rauschmittelwirkung 83% und bei ausbleibender Wirkung 80%. Demgegenüber führen die Konsumenten mit negativer Erfahrung den Konsum mit 41% nur zu einer Minderheit über das erste Mal hinaus fort.

Dies ist, gemessen an den eher globalen Aussagen Beckers, ein wichtiger Befund. Er bedeutet, daß die Abstufung des Erlebens entlang eines Kontinuums unterschiedlich starker Gratifikationen kaum Effekte hat: Gleichgültig, wie intensiv jemand durch den Konsum belohnt wird - die Wirkungen auf die Fortsetzung des Konsums sind im wesentlichen die gleichen. Ansätze, die rein lerntheoretische Prinzipien auf die Erklärung anwenden (wie dies besonders bei Akers der Fall ist - vgl. Akers 1977), stoßen damit hier auf Grenzen. Sie setzen zu sehr abgestufte pharmakologische Wirkungen mit abgestuften Emotionen gleich. Entscheidender ist der Definitionsprozeß, der - so hat es den Anschein - stärker über globale Kategorisierungen als graduelle Abstufungen einwirkt.

Frustrierende Erfahrungen bewirken wohl nur dann einen Abbruch des Konsums, wenn sie als endgültige Erfahrung angesehen werden oder die von der Droge ausgehende Faszination nicht groß genug ist, um negative Erlebnisse vorübergehend zu ertragen. Handeln ist, wie George H. Mead darstellt, eben kein automatischer Reflex auf Erfahrungen, sondern wird durch Prozesse vermittelt. Der Mensch bezieht die Zukunft mit ihren Möglichkeiten in sein Kalkül mit ein (Mead 1968:160). Der bei vielen Erstkonsumenten verbreitete Glaube, sie würden schließlich doch noch in ihrer Konsumwirkung "erfolgreich" sein, ist dabei durchaus nicht ganz unrealistisch: Die Chance, daß sich nach anfänglich negativer oder ausbleibender Wirkung bei wiederholter Drogenverwendung eine positive Erfahrung einstellt, ist sogar relativ groß (Lersner et al. 1971:56, Zimmermann 1976:71, siehe auch Kreuzer et al. 1981:150).

Führt man die retrospektiv ermittelte Konsumbereitschaft als zusätzliche Variable in die Analyse ein, so findet sich in der Tat eine gewisse kompensatorische Funktion einer starken Konsumbereitschaft: Bei den Konsumenten mit negativer Rauschmittelerfahrung bestimmt die Stärke der vorhergehenden Konsumbereitschaft maßgeblich darüber, ob der Konsum fortgeführt wird oder nicht. Unter denen, die vorher bereits eine dezidiert positive Einstellung zum Rauschmittelkonsum hatten, setzen 60% den Konsum über das erste Mal hinaus fort; der entsprechende Prozentsatz beträgt bei den ambivalenten Erstkonsumenten 40% und bei denen, die dem Konsum zuvor negativ gegenüber standen,

Abb. 7: Fortsetzung des Drogenkonsums nach Art der ersten Drogenerfahrung (in %)

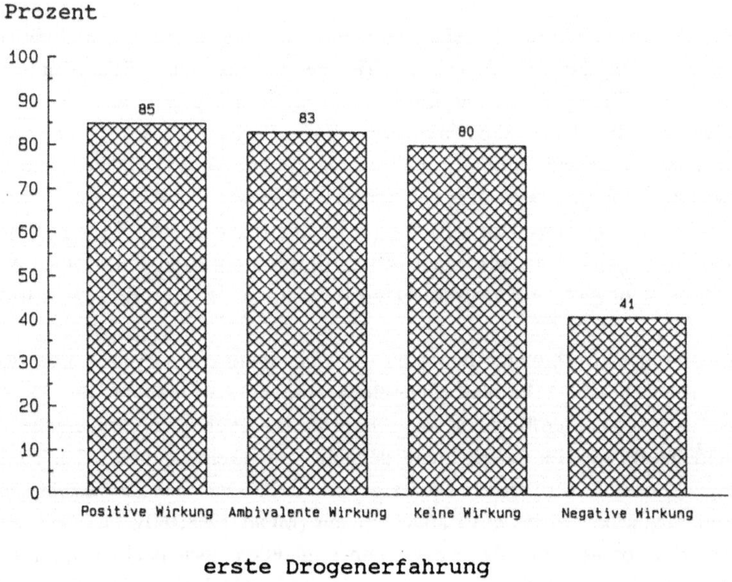

Ausgewiesen ist der Anteil der Jugendlichen, die über das erste Mal hinaus Drogen genommen haben.

Frageformulierung zur ersten Drogenwirkung: "Und welche Wirkung stellte sich bei Ihrer ersten Rauschmitteleinnahme ein?" Angenehme Wirkung - teils angenehme/teils unangenehme Wirkung - unangenehme Wirkung - keine Wirkung - weiß nicht mehr.

nur noch 20%. Bei den Konsumenten mit überwiegend nicht-negativen Erfahrungen (positiv, ambivalent oder ohne Effekt) hat die vorherige Konsumbereitschaft dagegen keinen Effekt auf die Fortsetzung des Konsums: Die Wirkung des Erstgebrauchs ist anscheinend derart groß, daß Unterschiede in der Stärke der Konsumbereitschaft ohne Bedeutung bleiben. Mehr als drei Viertel führen den Konsum weiter (Tabelle 16).

Wie aber begründen nun diejenigen, die den Konsum nach dem ersten Mal nicht fortsetzen, den Abbruch ihres Konsums? Die subjektiven Gründe für den Abbruch des Rauschmittelkonsums haben wir über eine geschlossene Frage erfaßt, bei deren Antwortkategorien die Kategorie "Es wirkte nicht (d.h. ich wurde nicht "high")" explizit enthalten war. Durch die Spezifikation "Ich wurde nicht 'high'" ist diese Kategorie mit Einschränkung auch auf diejenigen Personen anwendbar, die keine Effekte oder keine positiven Effekte verspürten. Wie man Tabelle 17 entnehmen kann, wird diese Begründung um so häufiger genannt, je stärker das ursprüngliche Drogenerlebnis als negativ empfunden wurde. Am bemerkenswertesten jedoch ist: Nur eine Minderheit unter den Personen mit fehlender positiver Drogenwirkung bringt dieses Ausbleiben der Wirkung mit dem Abbruch des Konsums in Verbindung. Selbst Personen ohne Rauschmittelwirkung führen nur zu 41% Wirkungslosigkeit als Grund an.

Das Ausbleiben positiver Effekte stellt für die Mehrheit offenbar nur einen Anlaß dar, sich auf die Gründe zu besinnen, die gegen einen Konsum sprechen. Das Ausbleiben der Wirkung rückt die bestehenden und vorübergehend verdrängten Bedenken - vor allem bezüglich der Gesundheit und des Suchtpotentials - wieder in den Vordergrund. Dies kann als ein erneuter Hinweis für die - bereits zuvor beschriebene - prekäre Balance von positiven und negativen Definitionen des Rauschmittelgebrauchs interpretiert werden. Bedenkt man, daß prinzipiell ähnliche Bedenken bei den Jugendlichen bestehen, die positive Drogenerfahrungen machten, so zeigt sich: Nicht-negatives Rauscherleben scheint eine notwendige, jedoch noch lange nicht hinreichende Voraussetzung für den fortgesetzten Gebrauch zu sein.

4.2 Grenzen situationsspezifischer Erklärungen

Die Situation des ersten Drogengebrauchs bedeutet eine Grenzüberschreitung auf dem Weg in die Abweichung, aber sie ist nicht zwangsläufig der Beginn einer delinquenten Karriere. Viele Jugendliche hören nach dem ersten Probieren wieder auf. Ob sie dies tun oder nicht, ist nach unseren Analysen u.a. eine Funktion situationsspezifischer Erfahrungen. Doch die Beziehung ist keineswegs perfekt und läßt einen weiten Spielraum für den Einfluß weiterer Faktoren; schließlich werden irgendwann auch viele derjenigen Personen eine positive Drogenerfahrung machen, die diese zunächst nicht erlebten und dennoch den Gebrauch fortsetzten. Hat sich eine positive Grundstimmung als relativ dauerhaftes

Tabelle 16 Fortsetzung des Drogengebrauchs nach Art der ersten Drogenwirkung und vorheriger Konsumbereitschaft

Konsum-bereitschaft	Rauschmittelwirkung			
	Angenehm	Teils-teils	Unangenehm	Keine Wirkung
Positiv	93 (68)	83 (46)	60 (15)	87 (72)
Ambivalent	79 (61)	83 (65)	40 (30)	75 (103)
Negativ	80 (10)	100 (8)	20 (10)	88 (17)

Basis: Befragte mit Cannabis als Erstdroge

Tabelle 17 Gründe für Nichtfortsetzung des Konsums nach Art der Drogenwirkung (Mehrfachnennungen in Prozent)

Gründe	Art der Drogenwirkung			
	Angenehm	teils-teils	unangenehm	keine Wirk.
Ich hatte Angst wegen evtl. gesundheitl. Schäden	16	29	22	8
Ich hatte Angst, süchtig zu werden	42	64	25	38
Ich wurde krank davon	-	-	13	-
Eltern oder Freunde haben mich dazu veranlaßt	11	21	10	5
Ich befürchtete, erwischt zu werden	16	-	-	5
Es kostete zuviel Geld	26	21	19	5
Es wirkte nicht, (d.h. ich wurde nicht 'high')	5	7	19	41
Andere Gründe	26	14	28	33
	142	156	136	135
(N=)	(19)	(14)	(32)	(39)

Maximal zwei Nennungen waren möglich.

Frageformulierungen: "Falls Sie früher Rauschmittel genommen haben oder z.Zt. noch nehmen oder inzwischen aufgehört haben bzw. aufhören wollen: Was veranlaßt Sie dazu, nicht weitermachen zu wollen? (Falls mehrere Gründe für Sie zutreffen, so tragen Sie bitte den wichtigsten Grund in das obere und den folgenden in das untere Kästchen ein.)" Antwortkategorien: Ich nehme noch Rauschmittel - Eltern oder Freunde haben mich dazu veranlaßt - ich hatte Angst, süchtig zu werden - es kostete zuviel Geld - ich hatte Angst wegen evtl. gesundheitlicher Schäden - ich befürchtete, erwischt zu werden - es wirkte nicht (d.h. ich wurde nicht 'high') - andere Gründe, welche?

Wirkungserleben erst einmal etabliert, so fragt sich, welche Faktoren nun über die weitere Verwendung der Drogen entscheiden.

Will man erklären, wie man zum Konsum als fortgesetztem Handeln kommt, so bedarf es deshalb einer Berücksichtigung weiterer Einflußgrößen - Einflußgrößen, die sich nicht auf situationsspezifisches Handeln richten, sondern auf Verhalten als situations<u>übergreifendes</u> und dauerhaftes Muster. Die situationsübergreifenden und situationsspezifischen Ansätze sind dabei als komplementäre Perspektiven anzusehen, insofern sie sich jeweils auf unterschiedliche Aspekte menschlichen Handelns beziehen. Im folgenden Teil versuchen wir, über die Frage nach der Verhaltensebene hinaus, die Frage der motivationalen Basis der Abweichung zu klären und dies getrennt nach "Karrierephasen", in diesem Fall unterschieden in die Vorphase des Konsums und die Phase nach Beginn des Erstkonsums. Es geht um die wichtigsten Annahmen des "Pathologischen Erklärungsansatzes", der Theorie der differentiellen Assoziation und Hirschis Kontrolltheorie. In einem gesonderten Kapitel wenden wir uns dem Labeling Ansatz zu - jenem Ansatz, der in der Soziologie abweichenden Verhaltens in den letzten Jahren eine prominente Rolle gewann und für lange Zeit geradezu die vorherrschende Orthodoxie repräsentierte.

TEIL IV

BEDINGUNGEN FÜR DIE HERAUSBILDUNG DER KONSUMBEREITSCHAFT UND DES FORTGESETZTEN DROGENGEBRAUCHS

KAPITEL VI

ÜBER DEN EINFLUSS VON ELTERN, SCHULE UND FREUNDEN AUF DEN DROGENGEBRAUCH - KONKURRIERENDE THEORETISCHE ANNAHMEN UND EMPIRISCHE BEFUNDE

1. Konkurrierende Theorien und ihre Grundannahmen

1.1 Über den Stellenwert intervenierender Variablen für die Theorietestung

Folgt man den dominanten Aussagen der Drogenliteratur, so ist der "Pathologische Erklärungsansatz" in einer fast universalen Weise durch empirische Befunde bestätigt. Wo immer Konsumenten mit Nichtkonsumenten und Konsumenten mit unterschiedlicher Drogenerfahrung untereinander verglichen werden, finden sich Unterschiede, welche die Konsumenten - zumal diejenigen, die in ihrer Drogenkarriere weit fortgeschritten sind - als psychosozial belastet ausweisen: Sie haben nicht nur ein schlechteres Verhältnis zu den Eltern und der Schule. Sie zeichnen sich auch sonst durch ein stärker gestörtes Verhältnis zur Umwelt aus (vgl. dazu u.a. Burchard et al. 1972:190, Gostomzyk et al. 1973:50, Ladewig et al. 1983:19, Schwarz 1975:92, Täschner 1986:30). Gedeutet werden die Befunde durchweg als Zeichen für das Vorhandensein von Problemlagen, die Jugendliche zum Drogengebrauch prädestinieren. Der "typische" Konsument wird als Person porträtiert, die Probleme hat und diese durch den Griff zur Droge zu bewältigen sucht.

Diese Zuschreibung ist vorschnell. Die Unterschiede zwischen den Konsumenten und Nichtkonsumenten sind zum einen nicht so dramatisch, wie es vielfach in den Interpretationen den Anschein hat. Ist auch das Verhältnis zu den Eltern bei den Konsumenten stärker gestört als bei Nichtkonsumenten, so zeichnen sie sich doch in der Regel durch ein positives bis neutrales Verhältnis zu den Eltern und der Schule aus. Von einer Mehrheit der Konsumenten, die zur Umwelt ein gestörtes Verhältnis einnimmt, und einer Mehrheit von Nichtkonsumenten, die mit eben dieser Umwelt in einem positiven Verhältnis steht, kann nicht gesprochen werden (siehe z.B. die Daten in Jasinsky 1971, 1973, Wormser 1973). Die Autoren, welche die Unterschiede so sehr betonen, unterliegen hier einer in der Sozialforschung ebenfalls nicht seltenen[1] Neigung, Unterschiede zu überakzentuieren: Aus graduellen Unterschieden werden solche grundsätzlicher Art.

Übersehen wird zum anderen, daß es Deutungen gibt, die das Phänomen ebenfalls erklären könnten. Diese anderen Deutungen gehen zum Teil von anderen, als relevant

1 In der Soziologie sind ähnliche Tendenzen in der Vergangenheit besonders in der Rezeption der schichtspezifischen Sozialisationsforschung weit verbreitet gewesen.

erachteten Variablen aus. Sie gehen zum Teil aber sogar von den gleichen Variablen wie der "Pathologische Ansatz" aus: In der Kontrolltheorie von Travis Hirschi bedeutet ein gestörtes Verhältnis die Lockerung sozialer Bindung und sozialer Kontrolle. In der Theorie der differentiellen Assoziation von Edwin Sutherland können gestörte Beziehungen insofern Einfluß ausüben, als über sie der Kontakt mit devianten Personen begünstigt wird. Der gleiche Befund wäre mithin ebenso mit den beiden sozialwissenschaftlichen Deutungen devianten Verhaltens vereinbar. Nur die intervenierenden Mechanismen der Beeinflussung unterscheiden sich.

Für die Bestätigung oder Widerlegung der Theorien kommt deshalb den intervenierenden Variablen eine zentrale Bedeutung zu. An ihnen wird entschieden, welche Theorie die bessere ist. Statt sie implizit als Wirkungsmechanismen zu unterstellen - wie in der Drogenforschung üblich -, müssen sie explizit in der Überprüfung berücksichtigt, operationalisiert und in die Auswertung einbezogen werden. Wenn es stimmt, daß gestörte Beziehungen zu Elternhaus und Schule Frustrationen indizieren und diese den Griff zur Droge bestimmen, müssen die Frustrationen die Effekte von Elternhaus und Schule auf den Konsum vermitteln. Wenn andererseits gestörte Beziehungen zu Elternhaus und Schule der differentiellen Assoziationstheorie gemäß lediglich den Kontakt mit Delinquenten begünstigen und keinen eigenständigen kausalen Effekt ausüben, müssen sie ihre Wirkung ausschließlich über die Kontakte mit Delinquenten entfalten. Solange lediglich eine der Theorien aufgegriffen wird, mag die fehlende Berücksichtigung intervenierender Variablen nicht bewußt werden. Die alternativen Einflußmechanismen geraten nicht in das Blickfeld. Sobald aber mehrere Theorien zueinander in Beziehung gesetzt werden, drängen sich die verschiedenen Formen der Beeinflussung auf. Der Forscher ist gezwungen, die Einflußwege genauer zu spezifizieren und wird dadurch der verschiedenen Einflußstrukturen gewahr.

Im folgenden geht es um einen Vergleich der verschiedenen Theorien. Es geht um die Frage, wie sehr der "Pathologische Ansatz" geeignet ist, den "Einstieg" in den Drogengebrauch und dessen Fortsetzung zu erklären und welche Bedeutung im Vergleich dazu die sozialwissenschaftlichen Ansätze haben. Zu diesen zählen wir Sutherlands Theorie der differentiellen Assoziation und Hirschis Kontrolltheorie. Den Labeling Ansatz, der sich ausschließlich auf die Phase nach Einstieg in die Devianz bezieht, klammern wir zunächst aus und unterziehen ihn in einem gesonderten Kapitel einer Überprüfung.

Von besonderer Bedeutung erscheint uns die Einbeziehung von Hirschis Kontrolltheorie. Sie ist in der Bundesrepublik bislang kaum rezipiert und untersucht worden. In den Lehrbüchern und Überblicksarbeiten zur Kriminalsoziologie (siehe Springer 1973, Opp 1974, Kerscher 1978, Lamnek 1979, Pfeifer und Scheerer 1979, Filser 1983, Bohle 1984) wird sie in der Regel nicht erwähnt. Daß Hirschis Kontrolltheorie erst 1969 veröffentlicht wurde, kann als alleinige Erklärung kaum ausreichen: denn selbst in den neueren Übersichten, bei denen die Autoren genug Zeit hatten, den Ansatz zur Kenntnis zu nehmen, wird sie nicht referiert, nicht einmal in das Literaturverzeichnis mitaufgenommen. Der Grund scheint anderer Art zu sein: Es scheint, als wäre der Einbruch des Labeling Ansatzes in die wissenschaftliche Diskussion derart stark gewesen, daß selbst diejenigen durch ihn geprägt wurden, die sich nicht zu dessen expliziten Anhängern zählen. Die Diskussion der "ätiologischen Kriminalitätstheorien" endet in der Bundesrepublik mit den Ansätzen, die in der Zeit vor dem "boom" des Labeling Ansatzes veröffentlicht wurden.

Folgenschwer mag besonders gewesen sein, daß sich eigentlich erst mit dem Aufkommen des Labeling Ansatzes in der Bundesrepublik eine Kriminalsoziologie herausbildete (Haferkamp 1974:48). Die kriminologische Forschung war vorher weitgehend eine Domäne der Juristen. Wendet man Überlegungen von Martin Lipset und Stein Rokkan über die historische Genese von "cleavages" einer Gesellschaft (Lipset und Rokkan 1967) auf die Wissenschaft an und unterstellt vergleichbare Einflüsse, so würde das bedeuten, daß durch diese "Geburtsprägung" der Kriminalsoziologie die seinerzeit vorherrschenden Erklärungsansätze den Bezugsrahmen auch für die Folgezeit setzten: Manche Fragestellungen werden innerhalb dieses Bezugsrahmens als legitimer und relevanter erachtet als andere.

Von besonderem Interesse erscheint andererseits Sutherlands Theorie der differentiellen Assoziation. Sie trägt der sozialen Einbindung menschlichen Verhaltens in besonderem Maße Rechnung und billigt den interpersonalen Kontakten eine eigene normative Kraft zu. Sie stellt unserer Meinung nach eine plausible Alternative zu der herkömmlichen Interpretation des Zusammenhangs zwischen gestörten Eltern- und Schulbeziehungen einerseits und Drogenkonsum andererseits dar. Und sie könnte - so ist unsere These - womöglich auch einige der Befunde erklären, die in der Delinquenzforschung als Bestätigung der Kontrolltheorie gedeutet wurden. Um diese These des alternativen Erklärungspotentials abzuleiten, bedarf es jedoch zunächst einer Explikation der verschiedenen Ansätze und einer Diskussion und Erweiterung der Assoziationstheorie. In der Form, in der sie publiziert wurde, ist sie - auch im Selbstverständnis von Sutherland - rudimentärer Art (Cohen et al. 1956:3). Die üblichen Darstellungen und empirischen Prüfungen der Assoziationstheorie haben Versuche einer Weiterentwicklung kaum unternommen. Sie beschränken sich auf einige wenige Variablen. Elternhaus und Schule, die in anderen Theorien einen zentralen Platz einnehmen, kommen darin nicht vor. Doch ist diese Beschränkung keine zwingende Notwendigkeit. Das Potential des Ansatzes ist, wie wir zeigen werden, größer und umfassender angelegt, als es üblicherweise in der Literatur wahrgenommen wird.

1.2 Theoretische Ansätze im Vergleich - eine Spezifikation impliziter und expliziter Annahmen

Theorievergleiche setzen eine Explikation der Theorie-Elemente voraus. Diese soll im folgenden in Form eines Kausalmodells geschehen, das die unterschiedlichen Einflußwege spezifiziert. Der Bedeutung unterschiedlicher intervenierender Einflußwege in den verschiedenen Theorien versuchen wir dadurch Rechnung zu tragen, daß wir von den gleichen Hintergrundvariablen ausgehen. Zu diesem Zweck greifen wir auf jene Variablen zurück, die in der Diskussion um die Verursachung des Drogengebrauchs die wohl wichtigste Rolle gespielt haben und nach verschiedenen empirischen Analysen auch einen Einfluß auf den Drogengebrauch auszuüben scheinen: das Verhältnis zu Elternhaus und Schule. Erst indem wir die drei Theorien - "Pathologischer Ansatz", Kontrolltheorie und Theorie differentieller Assoziation - auf der Basis gleicher Hintergrundvariablen formalisieren, werden die Gemeinsamkeiten, Besonderheiten und alternativen Pfade deutlich.

In Abbildung 8 haben wir die Variablen zusammengestellt, die den verschiedenen Ansätzen als zentrale Erklärungsmomente eigen sind oder über die Aussagen abgeleitet werden können. Es handelt sich um Variablen, die das Verhältnis zu Elternhaus und Schule betreffen, die Delinquenz der Freunde und die je nach Theorie verschiedenen intervenierenden Variablen (wie Frustrationserleben, Definition des Drogengebrauchs). Nicht aufgenommen sind solche Variablen, die in den Theorien eine sekundäre Bedeutung haben oder im Rahmen des Theorievergleichs keinen angemessenen Platz finden können.[1]

In Modell 1 ist der "Pathologische Erklärungsansatz" aufgeführt. Ihm zufolge repräsentieren Elternhaus und Schule grundlegende Lebensbereiche, die für Jugendliche von subjektiv hoher Bedeutung sind. Wo das Verhältnis zu ihnen gestört ist, stellen sich Frustrationen ein, und der einzelne greift zu Drogen. Frustrationen wirken als notwendiger und ausschließlicher Vermittlungsmechanismus. Freunde und Bekannte stellen keine eigenständige Einflußgröße dar. Wo von ihnen überhaupt die Rede ist, wird der Kontakt zu ihnen als bloßer Reflex von Problemlagen gesehen. Freunde und Bekannte, die Drogen nehmen, gelten als eine Art Refugium, in das sich der problembeladene Jugendliche flüchtet (vgl. z.B. Hobi 1973:48, Heckmann 1980:63, Scheidt 1984:67, Täschner 1986:50). Würde man die Freunde und Bekannten in das Modell einbeziehen, so würden Pfade von

---

1 So haben wir uns in der Spezifikation der Kontrolltheorie auf deren wichtigste Variablen beschränkt, die auch eine Integration mit den anderen Theorien erlauben, die übrigen genannten (siehe Hirschi 1972) bleiben ausgeklammert. Aus der Diskussion ausgeklammert lassen wir ebenfalls die verschiedenen Aspekte schulischen Erlebens - wie Notendurchschnitt, Sitzenbleiben etc. Stattdessen rekurrieren wir auf eine Variable, die summarisch in Form der allgemeinen Schulzufriedenheit die Beurteilung schulischer Erfahrung abdeckt. Sie ist allen Theorien - wenn auch mit unterschiedlichen Akzenten - gemeinsam und eignet sich deshalb am besten als Ausgangsbasis für einen Vergleich.

Abb. 8: Kausalstrukturen: das "Pathologische Modell", die Assoziations- und die Kontrolltheorie

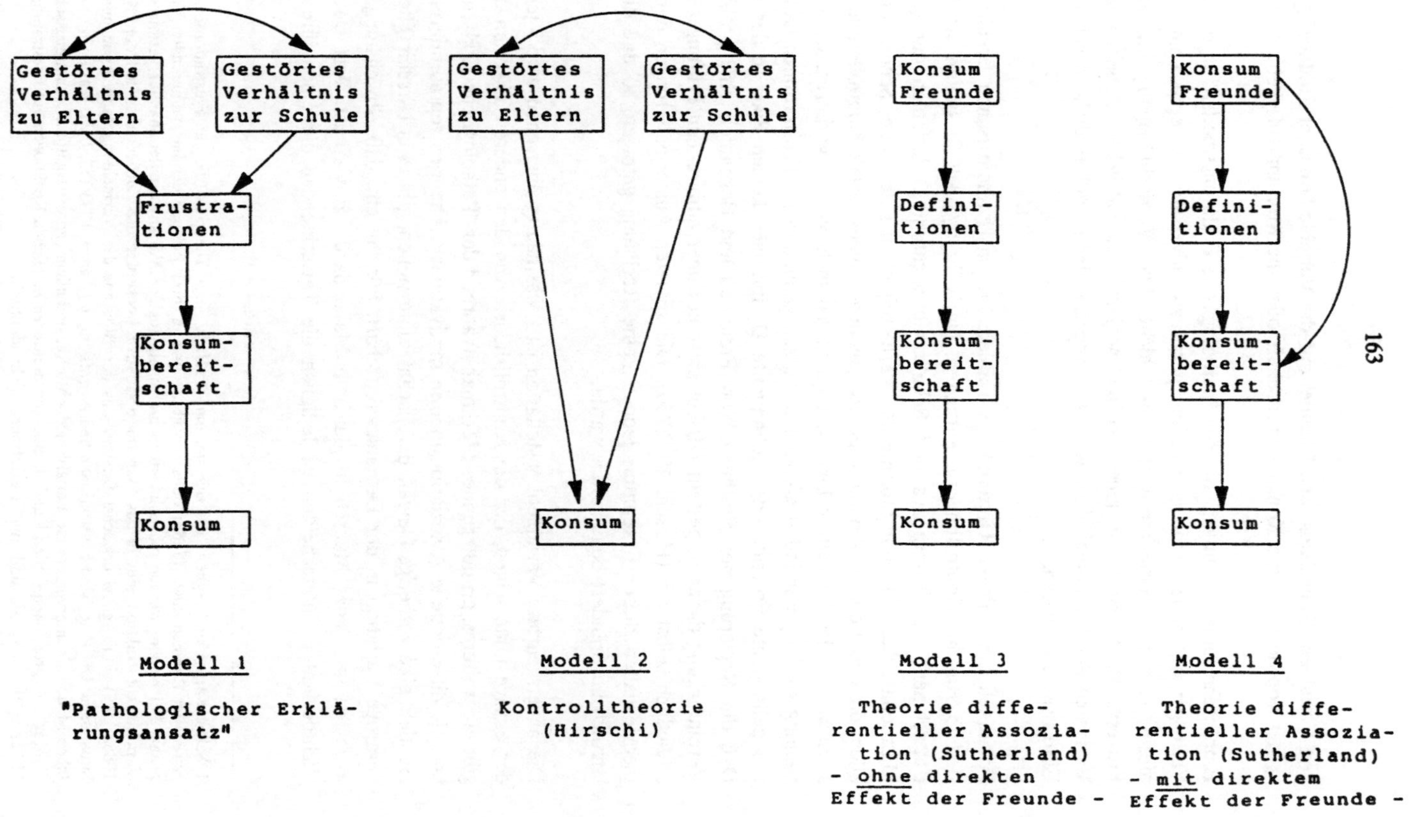

den Variablen "Elternhaus" und "Schule" auf die Variable "Konsum Freunde" gehen, aber keiner von dort auf die Konsumbereitschaft oder die Konsumhäufigkeit.

Empirische Untersuchungen, die das "pathologische Erklärungsmodell" in der skizzierten Form getestet haben, gibt es trotz der geradezu universalen Akzeptanz und Popularität dieses Ansatzes bemerkenswerterweise nicht. Die Vernachlässigung intervenierender Prozesse trifft selbst für jene wenigen sozialwissenschaftlichen Arbeiten zu, welche Varianten des "Pathologischen Ansatzes" repräsentieren und ähnliche Mechanismen des Einflusses postulieren.[1]

Prinzipiell die gleichen Hintergrundvariablen wie im "Pathologischen Erklärungsansatz" sind in Hirschis Kontrolltheorie enthalten. Nach ihr (Modell 2) stellen die Bindungen ("attachment") an Elternhaus und Schule die wichtigsten Variablen dar (siehe auch Matsueda 1982:490). Eine Störung des Verhältnisses zu Eltern oder Schule reduziert vor allem die durch die emotionale Bindung gegebene innere soziale Kontrolle und begünstigt so abweichendes Verhalten: Der Delinquent hat nicht viel zu verlieren, wenn seine Beziehung an die potentiell strafenden Instanzen gemindert ist. Frustrationen haben ebenso wie delinquente Freunde oder delinquente Definitionen keinen Platz in der Erklärung. Daß die Negierung des Einflusses von Freunden und Bekannten eine problematische Vereinfachung darstellt, gesteht Hirschi zwar in seiner empirischen Prüfung der Theorie schließlich selbst ein (Hirschi 1972:230). Die späteren Ausformulierungen der Kontrolltheorie haben dieser Erkenntnis jedoch keine Rechnung getragen, so daß die Theorie letztlich unverändert beibehalten wurde.

Die andersgeartete Variablenkonstellation ist - was häufig übersehen wird - jedoch nicht der einzige Unterschied, der die Kontrolltheorie von den anderen Theorien absetzt. Es gibt ein weiteres, grundlegendes Merkmal: Während der "Pathologische Erklärungsansatz" und die differentielle Assoziationstheorie motivationale Theorien repräsentieren, die dem Handeln eine vorherige Devianzbereitschaft unterstellen, gibt es in Hirschis Theorie keine derartige Variation in der Devianzbereitschaft. Für ihn gilt, daß Abweichung das "Normale" ist und jeder Mensch in gleichem Maße dazu motiviert ist. Was Deviante von Nichtdevianten unterscheidet, ist lediglich die Tatsache, daß die einen ihre devianten

---

1 Selbst Kaplan und Agnew, die sich um eine Prüfung ihrer Theorien (die auf Frustrationserleben rekurrieren) im Rahmen eines Pfadmodells bemühen, sind in ihrer Prüfung der intervenierenden Variablen ungenau. Bei Kaplan werden die abhängigen und unabhängigen Variablen untereinander vermischt: in seiner Variablenkonstruktion geht in das Maß für normative Lockerung die Zufriedenheit mit ein (Kaplan et al. 1986a: 409). Für Agnew erwächst Devianz aus der Blockade des Vermeidungshandelns in unangenehmen Situationen. Die Folge sind Frustrationen und Aggressionen (Agnew 1985:155, 162). Was er in seinem empirischen Modell als intervenierende Variable jedoch mißt, sind allein aggressiv getönte Stimmungsschwankungen ("anger"). Aggressionen stellen lediglich eine von mehreren möglichen Reaktionen auf Frustrationen dar (vgl. Miller et al. 1968). Sie sind mit Frustrationen nicht identisch.

Impulse ausagieren, die anderen nicht. Da die unabhängigen Variablen in Hirschis Modell lediglich das Ausagieren devianter Neigungen beeinflussen und allein die Verhaltensebene betreffen (Hirschi 1972, 1978), haben wir dem Handeln in unserer Modellspezifikation auch keine Devianzbereitschaft als Variable vorgeschaltet.

Die differentielle Assoziationstheorie (Modell 3) scheint auf den ersten Blick von den bisher diskutierten Theorien in der Art der unabhängigen Variablen grundlegend verschieden: sie betont die Bedeutung von Kontakten zu Personen, die positive oder negative Definitionen abweichenden Handelns übermitteln. Jemand begeht immer dann eine delinquente Handlung, wenn die positiven Definitionen über die negativen überwiegen. Elternhaus und Schule, die sowohl im "Pathologischen Erklärungsansatz" als auch in der Kontrolltheorie einen zentralen Platz innehaben, werden nicht als unmittelbar kausal wirkende Variablen behandelt. Statt dessen gelten die im Kontakt mit anderen Personen erworbenen Definitionen als das eigentliche "Herzstück" der Theorie (Burgess und Akers 1971:229, Johnson et al. 1987:325, ähnlich Jackson et al. 1986:337). Ein eigenständiger Effekt des Kontaktes mit Freunden und Bekannten wird - so die übliche Deutung der Theorie - verneint. Wenn Freunde Einfluß ausüben, dann ausschließlich über die durch sie vermittelten Definitionen (siehe u.a. Liska 1969:478, Opp 1974:167, Jaquith 1981:273, Matsueda 1982:492, Elliott et al. 1985:68, Marcos et al. 1986:142, Johnson et al. 1987:327).

Ob die Deutung eines fehlenden direkten Effektes der Freunde korrekt ist, scheint uns weniger gesichert zu sein, als es in der Sekundärliteratur den Anschein hat: Wohl betont Sutherland die herausgehobene Bedeutung von Definitionen, vermerkt in seinen Ausführungen indes auch, daß der Lernprozeß "nicht auf den Prozeß der Imitation beschränkt" sei (Sutherland 1947:7). Das Erlernen devianten Verhaltens schlösse die verbale wie die nonverbale Kommunikation durch Gesten ein (Sutherland 1947:6f., vgl. auch Sutherland 1956:22f.). Positiv ausgedrückt aber heißt das: Imitationslernen, das an der Beobachtung der devianten Personen ansetzt, wird - wenn auch als peripher eingestuft - als Prinzip des Lernens keineswegs von ihm verneint. Angesichts dessen wäre es notwendig, in das Kausalmodell zusätzlich einen direkten Pfad vom Freundeskreis auf die Devianzbereitschaft einzufügen (Modell 4). Setzt man diesen direkten Pfad mit Imitationslernen gleich - wie dies bei Sutherland der Fall zu sein scheint und in der Rezeption seines Werkes durch Ronald Akers (Akers 1977:48) geschehen ist - entstände ein Pfadmodell, das weitgehend dem von Akers (1977:48) und auch Denise Kandel (Kandel 1980:256; Kandel und Andrews 1987:321) gleicht. Die Testung hätte also auch für deren Theorien unmittelbare Konsequenzen. Gleichgültig, wie auch immer man den Stellenwert des direkten Pfads des Freundeskreises in Sutherlands Theorie differentieller Assoziation beurteilt, ist andererseits doch eines sicher: daß bei Sutherland dieser Pfad in seiner Einflußstärke gegenüber dem Pfad der Definitions-Variablen auf die Delinquenz von sekundärem Gewicht ist.

Ob es überhaupt einen direkten Effekt des Freundeskreises auf die Delinquenz gibt, ist trotz der lang anhaltenden Prominenz dieses Ansatzes in der kriminologischen Literatur bemerkenswerterweise empirisch weitgehend ungeklärt. Das Vorherrschen bivariater Analysen in der Überprüfung der Assoziationstheorie hat lange Zeit eine adäquate Prüfung verzögert und bewirkt, daß die Theorie in der Regel nur auf der Ebene der Kontakte zu Delinquenten geprüft wurde (so z.B. Reiss und Rhodes 1964, Tec 1972, Lamnek 1985). Ob die Kontakte direkt oder nur über die Definitionen einwirken, wurde nicht untersucht. Erst neuere Arbeiten aus den USA haben sich stärker bemüht, dem theoretisch als relevant verstandenen Definitionsteil in der empirischen Analyse Rechnung zu tragen.

Diese neueren Bemühungen haben freilich nur begrenzt zu Theorietestungen geführt, die einem kritischen Blick standhalten könnten. So erkennen z.B. Marcos, Bahr und Johnson konzeptionell den Unterschied zwischen direkten und indirekten Effekten an, verzichten jedoch in ihrer Überprüfung auf die Miteinbeziehung der Definitionsvariablen mit der Begründung, man könne sie nicht operationalisieren (Marcos et al. 1986:42ff.). Massey und Krohn verstehen die Definitionen nicht als vermittelnde Mechanismen, sondern schalten sie konträr zur Theorie den Kontakten mit Delinquenten vor (Massey und Krohn 1986:122). Delbert S. Elliott und Mitarbeiter (1985) führen die Definitionen als Variable auf, ordnen sie dann aber nicht nur theoretisch verwirrend ein, sondern lassen sie auch wegen vermeintlicher Irrelevanz aus dem endgültig zu testenden Pfadmodell herausfallen.[1]

Die wenigen Studien, die empirisch überhaupt in direkte und indirekte Effekte trennen, sind in ihren Resultaten zudem widersprüchlich. Der direkte Effekt des Freundeskreises ist in einigen Untersuchungen stärker als der Effekt des Definitionsteils (Jensen 1972b:568, Jaquith 1981:276, Johnson et al. 1987:333, siehe auch Kandel und Andrews 1987:328ff.). In anderen ist der Definitionsteil wichtiger (Matsueda 1982:499, Matsueda und Heimer 1987:833) und in wieder anderen löst sich der direkte Einfluß des Freundeskreises auf die Delinquenz auf; es bleibt der Einfluß des Definitionsteils übrig (Tittle et al. 1986:425, Johnson et al. 1987:349).

---

1 Die Stellung der Definitionen im Modell wird ungenau beschrieben: einerseits werden sie als Maß für die Bindung an die Peers genommen, andererseits als getrenntes Maß gewertet (Elliott et al. 1985:97, 103 vs. 94). Anders als in der differentiellen Assoziationstheorie werden die Definitionen ("attitudes toward deviance" genannt) nicht mit dem Kontakt zu delinquenten Freunden in Zusammenhang gebracht (Elliott et al. 1985:106, Fig. 6.1). Und im endgültig getesteten Modell sind sie nicht mehr aufgeführt, obwohl zumindest beim Rauschmittelgebrauch signifikante Pfade bestehen (Elliott et al. 1985:162, Pfad 10,9). Dieses Herausfallen einer zentralen Variable wird im Text nicht einmal erwähnt, geschweige denn eingehender diskutiert. Man merkt es erst beim Vergleich der Modelle.

Wo ein direkter Einfluß des Freundeskreises nachgewiesen wird, sind Zweifel an dessen üblicher Deutung als Imitationslernen angebracht: nicht nur, daß Imitationslernen eine Anwesenheit bei der Ausübung des Verhaltens voraussetzt und dies für Jugendliche, die sich erstmals dem Drogengebrauch zuwenden (so Akers 1977:49, Akers et al. 1979:638), vorher nur bedingt schon einmal der Fall war (ein großer Teil beginnt, ohne vorher an derartigen Situationen teilgenommen zu haben, siehe Berger et al. 1980:56, Meer-Fandrey 1985:59). Die Begrenztheit zeigt sich auch in empirischen Untersuchungen: Imitationslernen erweist sich, wo es als solches spezifiziert und eigens erhoben wird, als relativ bedeutungslos (Akers et al. 1979:647, Lanza-Kaduce et al. 1984:88). Zugleich belegen die Arbeiten, daß die anderen in der Literatur postulierten Einwirkungsmechanismen direkter sozialer Bekräftigung ebenfalls nicht ausreichen, um den direkten Einfluß des Freundes- und Bekanntenkreises zu erklären. Damit stoßen Ansätze, die allein auf lerntheoretische Erklärungen und Mechanismen geäußerter und erfahrener Belohnung und Bestrafung rekurrieren (wie bei Akers 1977), an ihre Grenzen: Dies könnte für unsere, an früherer Stelle vorgetragene Deutung sprechen, wonach die sozialen Beziehungen einen direkten Effekt auch dann ausüben können, wenn die Devianz selbst nicht sichtbar wird, sondern nur darüber berichtet wird.

2. Interpersonale Beziehungen und ihr Einfluß auf das Handeln. Eine Explikation und Erweiterung der Theorie differentieller Assoziation

2.1 Über den Einfluß von Elternhaus und Schule

Es ist einer der am besten dokumentierten Befunde in der empirischen Literatur zum Drogenkonsum und zur Jugendkriminalität, daß sich Konsumenten von Nichtkonsumenten, Deviante von Nichtdevianten durch ein stärker gestörtes Verhältnis zum Elternhaus und zur Schule auszeichnen. In Sutherlands Theorie ist davon nicht explizit die Rede. Manche Autoren, wie Ruth Kornhauser, haben die Theorie deshalb von vornherein als kaum brauchbar eingestuft und Hirschis Kontrolltheorie, die dem Verhältnis zu diesen beiden Instanzen einen zentralen Platz einräumt, als die überlegenere und realitätsnähere bezeichnet (Kornhauser 1978:253).

Das negative Urteil über die Assoziationstheorie ist vorschnell. Wohl geht Sutherland nicht speziell auf das Verhältnis zu Elternhaus und Schule ein. Er erwähnt lediglich, daß Spannungen in Elternhaus und Schule mit delinquentem Verhalten korrelieren können - soweit, wie diese Merkmale die Kontakte mit Devianten begünstigen (Sutherland 1956:28, Sutherland und Cressey 1960:203). Liest man Sutherlands Darstellung jedoch genauer, so lassen sich unseres Erachtens sehr wohl weitergehende Aussagen daraus ableiten: und zwar aus seinen Bemerkungen über die Bedeutung von Interaktionen im allgemeinen und ihrer Beziehungsqualität. Diese konsequent weitergedacht, relativieren das Bild, das von der Theorie besteht und verschieben die Akzente, die der Autor selbst in seine Darstellung hineinbringt.

Den Ausgangspunkt für die Erweiterung bildet die Aussage, daß an der Vermittlung devianter Verhaltensmuster deviante und nichtdeviante Personen mit ihren positiven und negativen Definitionen des abweichenden Verhaltens beteiligt sind (vgl. auch Cressey 1960:83f.). Die Chance, diese Definitionen wirksam auf andere zu vermitteln, ist dabei eine Funktion der Beziehungsqualität: je enger die Beziehung ist, desto größer die Wahrscheinlichkeit des Einflusses (Sutherland 1947:7, Sutherland und Cressey 1960:78ff.). Nach dieser Konzeption, die sich allgemein auf Interaktionsprozesse bezieht, sind Kontakte zu Freunden und Bekannten lediglich als ein - wenn auch gewichtiger - Teil der Beziehungen unter Jugendlichen anzusehen. Andere Personen, wie Eltern oder Lehrer, obwohl in diesem Zusammenhang nicht genannt, müßten ebenfalls dazu gezählt werden. Weiterhin müßte man nach dieser Konzeption nicht nur den Kontakten mit Devianten, sondern (was in der Literatur unzureichend thematisiert wurde) auch den Kontakten mit Konformen eine unterschiedliche Beziehungsqualität und unterschiedliche Vermittlungschancen einräumen.

Weitet man derart die Perspektive auf konforme Personen und die zu ihnen eingenommene Beziehung aus, so geraten zwangsläufig Elternhaus und Schule in das Blickfeld. Sowohl die Eltern als auch die Schule (vertreten über die Lehrer), stellen in der Regel Repräsentanten konformer Verhaltensweisen und Normen dar. Sie vertreten meist strengere Normen gegenüber abweichendem Verhalten einschließlich Drogengebrauch als Jugendliche (siehe Kaupen et al. 1970, Reuband 1988c), und sie verstoßen auch seltener gegen sie.[1] Unter diesen Umständen müßten unterschiedlich hohe Grade der emotionalen Bindung an sie für die Jugendlichen Folgen haben: ein gutes Verhältnis müßte die Übermittlung konformer Definitionen und Normen fördern, ein schlechtes Verhältnis deren Vermittlung reduzieren. Man könnte im letzteren Fall auch von einer "normativen Entfremdung" (Reuband 1976a:23) sprechen, die eine Lösung aus der etablierten Realitätsdefinition beinhaltet und die Offenheit für Abweichung begünstigt. Entsprechend dieser Konzeption wäre Sutherlands Modell in einer Weise deutbar, die vom Verhältnis zu Eltern und Schule direkte Pfade auf den Definitionsteil zuläßt.[2]

Doch diese Erweiterung auf den Definitionsteil ist nicht die einzige naheliegende Erweiterung. Gehen wir von einem analogen Gedankengang beim direkten Einfluß des

---

1 Ein relativ großer Teil der Jugendlichen übt kriminelle Delikte aus, doch nur ein kleiner Teil setzt sie kontinuierlich über einen längeren Zeitraum bis in das Erwachsenenalter fort. (vgl. Farrington 1986). Zur Verbreitung des Drogengebrauchs in unterschiedlichen Altersgruppen siehe Reuband (1986a:99).

2 Einen Effekt des Verhältnisses zu Elternhaus und Schule auf den Definitionsteil unterstellt auch Matsueda in seinen Modellen der Assoziationstheorie, ohne dies jedoch im einzelnen zu begründen (siehe Matsueda 1982, Matsueda und Heimer 1987). Eine theoretische Diskussion, wie wir sie etwa zum Konzept der "normativen Entfremdung" unternommen haben, unterbleibt.

Freundes- und Bekanntenkreises aus und unterstellen eine soziale Validierungsfunktion bestehender Kontakte, so müßten Elternhaus und Schule ebenfalls einen direkten Effekt auf die Konsumbereitschaft ausüben. Allein die Tatsache, daß eine hochgeschätzte Person ein Verhalten ablehnt, müßte ungeachtet der vermittelten Begründung bereits eine Art von Realitätsdefinition repräsentieren. Eine negative Haltung der Eltern (sowie der Repräsentanten der Schule) zum Drogengebrauch unterstellt, müßte ein gutes Verhältnis zu ihnen die Konsumbereitschaft reduzieren, ein schlechtes Verhältnis sie hingegen begünstigen (siehe Abbildung 9).

Sieht man von der unterschiedlichen Konzeptualisierung der abhängigen Variablen ab und beschränkt sich auf die unabhängigen Variablen, so reduzieren sich durch unsere Erweiterung manche der Differenzen zwischen Sutherlands Theorie und Hirschis Kontrolltheorie. Die Unterschiede werden zu solchen des Akzents: thematisiert werden verschiedene Dimensionen von Beziehungen, bei Sutherland primär die inhaltliche Orientierung der Interaktionspartner, bei Hirschi ausschließlich die Beziehungskomponenten. Sowohl die inhaltlichen wie die Beziehungskomponenten aber sind zwei Seiten der gleichen Medaille. Die Theorien erweisen sich auf der Ebene interpersonaler Beziehungen in gewissem Maße als komplementär und nicht als Gegensätze.[1]

2.2 Interpretationsmöglichkeiten und Überprüfungsstrategien

Was bedeutet nun die von uns vorgenommene Modifikation für die Theorietestung? Will man delinquentes Verhalten als Resultat sozialer Beziehungen erklären, müßte man streng genommen die jeweiligen Theorien um die fehlenden Aspekte ergänzen. Aus methodischen und pragmatischen Gründen unterlassen wir dies und behalten die ursprüngliche Form bei. Nur so können wir die Variablen innerhalb eines Modells nebeneinander in die Betrachtung einbeziehen und deren relativen Stellenwert bestimmen. Nebeneinander gestellt, werden Gemeinsamkeiten und Unterschiede um so deutlicher. Die Ergänzung um die fehlende Komponente ist empirisch überdies nur soweit zwingend, als sie eine nennenswerte Variabilität beinhaltet. Ist die wahrgenommene Orientierung der Eltern in fast uniformer Weise negativ, so kann zusätzliche Erklärungskraft aus deren Berücksichtigung kaum erwachsen. Ist die Beziehung zu Freunden und Bekannten durchgehend positiv, kann

---

1 Die Notwendigkeit, beide Aspekte sozialer Beziehungen in die Diskussion miteinzubeziehen, ist in der Vergangeheit selten thematisiert worden (als Ausnahmen siehe Linden und Hackler 1973) - am wenigsten bei Anhängern von Hirschis Kontrolltheorie. Daran haben auch die divergenten Befunde nichts verändert, eine Relativierung und Modifikation des Ansatzes unterbleibt. Die divergenten Befunde setzen vor allem an der Bedeutung der Gleichaltrigen an, die bei Hirschi zunächst so behandelt werden wie andere Personen, zu denen Bindungen bestehen: wer ihnen gegenüber ein schlechtes Verhältnis hat, wird als delinquenzgefährdet gesehen (Hirschi 1972:143). Replikationsuntersuchungen modifizieren dieses Bild. Sie weisen nach, daß dieses Verhältnis der Delinquenten zu delinquenten Freunden und Bekannten keineswegs so gestört ist, wie von Hirschi unterstellt. Manches spricht sogar für das Gegenteil (siehe insbesondere Hindelang 1973:479, Giordano et al. 1986:1192).

Abb. 9: Erweitertes Modell der differentiellen Assoziation

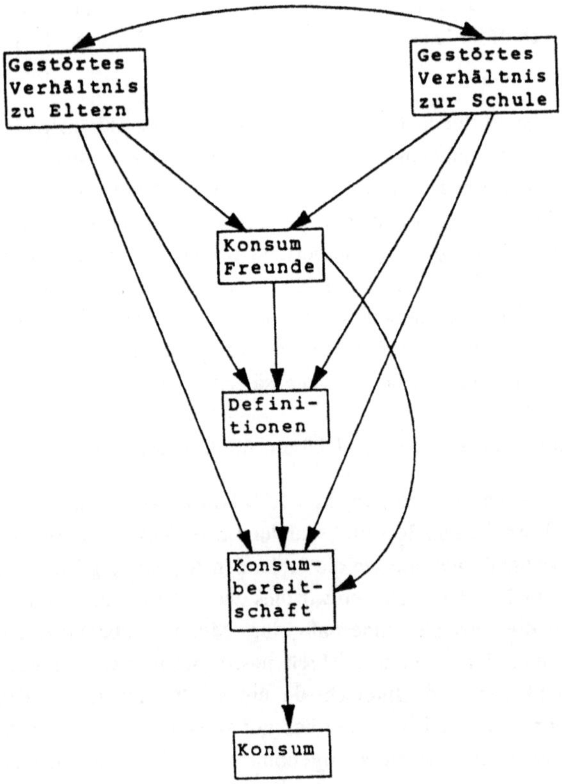

ebenfalls aus der Berücksichtigung der Beziehungsqualität kein nennenswerter Erklärungszuwachs entstehen.

Eine eindeutige Zurechenbarkeit der jeweils fehlenden Komponente liegt in unserem Fall weitgehend vor. Gefragt, wie schlimm die Eltern den Haschischgebrauch bei Jugendlichen fänden, antworten 82% der Schüler mit der Einstufung als "sehr schlimm" oder als "ziemlich schlimm". Nur 3% meinten, die Eltern würden es "nicht so schlimm" finden, und 15% sehen sich zu keiner Einstufung imstande.[1] 88% der Schüler meinen, die Mehrheit der Erwachsenen würde dem Haschischgebrauch bei Jugendlichen ablehnend gegenüberstehen. Das wahrgenommene Urteil der Eltern und Erwachsenen ist praktisch mit einer Ablehnung gleichzusetzen. Ähnlich eindeutig - qua Selbstdefinition - das Verhältnis zu den Freunden und Bekannten: die Beziehung ist von vornherein positiv gefärbt. Entsprechend müßte dort, wo die Freunde Drogen nehmen, die Chance einer Vermittlung von drogen-"freundlichen" Definitionen groß sein. Angesichts der relativen Eindeutigkeit der fehlenden Beziehungskomponente erscheint es uns legitimierbar zu sein, die Bestandteile aus Sutherlands und Hirschis Theorien in ihrer ursprünglichen Form in die Analyse einzubeziehen.

Bleibt noch zu fragen, wie der bislang nicht diskutierte "Mittelteil" im Gesamtmodell - das Verhältnis von Elternhaus und Schule zum delinquenten Freundes- und Bekanntenkreis - zu konzipieren ist. Für Sutherland ergibt sich ein Zusammenhang zwischen einem gestörten Elternhaus und Schule auf die Delinquenz nur soweit, als er durch entsprechende Kontakte mit Delinquenten vermittelt ist. Wo das Verhältnis zur Familie gestört ist, wird sich der Jugendliche häufiger außer Haus aufhalten als jemand mit gutem Verhältnis zu den Eltern und überall dort - wo er in ein Milieu mit erhöhter Kriminalitätsrate gerät - zwangsläufig eine größere Chance haben, mit Delinquenten zusammenzutreffen (Sutherland 1956:28, Sutherland und Cressey 1960:143). Für andere Autoren ist der Kontakt zu Delinquenten die Folge einer reduzierten inneren und sozialen Kontrolle durch die Eltern (z.B. Mays 1972:6), oder eine Reaktion auf schulisches Versagen: mit dem Kontakt zu Delinquenten werde versucht, ein alternatives Werte- und Normensystem zu schaffen, das Selbstachtung trotz schulischem Versagen ermöglicht (Cohen 1956, Downs 1972:99, Lamnek 1985:96).

Und man könnte noch einen weiteren Grund für die Neigung zu deliquenten Freunden bei Vorliegen gestörter Beziehungen zu Eltern und Schule postulieren - einen, der den gleichen Prinzipien unterworfen ist, wie wir sie zuvor im Hinblick auf die Definitionen

---

1 Die Jugendlichen scheinen in dieser Hinsicht die Eltern durchaus realistisch wahrzunehmen. In einer bundesweiten Umfrage, der wir die Frage zur Haschischbewertung entnahmen, gaben 1970 die Befragten im Alter von 18 Jahren an aufwärts ähnliche Antworten zu Protokoll ("sehr schlimm" oder "ziemlich schlimm": 83%, "nicht so schlimm": 17%, keine Angabe: 2%). Eine von uns vorgenommene Replikation dieser Frage auf Bevölkerungsebene im Jahr 1982 sowie 1987 erbringt eine ähnlich negative Haltung zu Haschisch (Reuband 1988c).

und das Handeln aufgestellt haben: Wer ein gestörtes Verhältnis zu Elternhaus und Schule mit ihren Repräsentanten hat, der wird nicht nur seltener deren Orientierungen vis-à-vis der jeweiligen Delinquenz, sondern auch vis-à-vis den delinquenten Jugendlichen übernehmen. Er wird die in der Erwachsenenwelt herrschenden Normen gegenüber derartigen Abweichlern - ungeachtet der spezifischen Drogenbewertung - seltener teilen und Kontakten mit Devianten aufgeschlossener gegenüberstehen. In allen diesen Fällen kann man einen positiven Zusammenhang zwischen gestörten Beziehungen zu Elternhaus und Schule einerseits und Anteil delinquenter Freunde andererseits vermuten: wo Spannungen zu den Eltern oder der Schule bestehen, werden die Jugendlichen häufiger mit Drogenkonsumenten zusammentreffen und diese ihrem Freundeskreis zurechnen.[1]

Das formal integrierte Modell, welches das modifizierte Modell mit den zuvor spezifizierten Modellen verbindet und im folgenden getestet werden soll, ist in Abbildung 10 wiedergegeben. Wie man ihm entnehmen kann, verlaufen je nach Theorie die Pfade zum Teil über unterschiedliche intervenierende Variablen, je nach Theorie wird ein Einfluß auf eine motivationale Determinante des Handelns postuliert oder ein Effekt ausschließlich auf das Verhalten selbst. Die folgende Modelltestung kann zwar insofern nur eine partielle sein, als wir nicht alle Teile des Gesamtmodells überprüfen können: wir sind mangels einer Longitudinalstudie z.B. nicht in der Lage, den kausalen Zusammenhang, der über die Konsumbereitschaft zum vollzogenen Konsum hin verläuft, zu analysieren. Aber wir können jeweils auf einer der Ebenen - der motivationalen oder Verhaltensebene - die Theorietestung vornehmen.

Je nach Einfluß der Hintergrundvariablen können wir zu Aussagen über mögliche Einflußwege kommen: Wenn das gestörte Verhältnis zu den Eltern lediglich die Konsumbereitschaft und nicht direkt das Verhalten bestimmt, liefe der Einfluß primär auf der motivationalen Ebene, Hirschis Kontrolltheorie schlüge fehl. Wenn aber die motivationale Komponente des Verhaltens in Form der Konsumbereitschaft nicht durch das Verhältnis zu den Eltern tangiert wird und das Verhältnis zu den Eltern ausschließlich Auswirkungen auf das Verhalten hat, dann würde tendenziell Hirschis Kontrolltheorie bestätigt. Aus dieser Sicht ermöglicht erst die Ausdifferenzierung der abhängigen Variablen - in eine, die Intentionen und eine andere, die Verhalten mißt - einen Test für die Brauchbarkeit

1 Folgt man der Heiderschen Gleichgewichtstheorie (Heider 1958), so könnte man vermuten, daß bei Vorliegen negativer Orientierung gegenüber den Eltern die Ablehnung der devianten Interaktionspartner durch die Eltern eine Aufwertung der Devianten geradezu begünstigt: zwischen den drei Elementen der Kognition bestände in diesem Fall ein Ungleichgewicht: der Personenkategorie, der man negativ gegenübersteht (in diesem Fall die Eltern) steht eine andere gegenüber (die Konsumenten), die von der ersten negativ beurteilt wird. Gleichgewicht bestünde hier erst, wenn der Akteur seine Einstellung einer der beiden divergierenden Personenkategorien gegenüber ändert. So er nicht sein Verhältnis zu den Eltern ändert, müßte er die Drogenkonsumenten im Verkehrskreis aufwerten und überproportional in den Freundeskreis rekrutieren. Diese Umpolung bei negativen Beziehungen zu anderen Personen ist in den kognitiven Gleichgewichtstheorien von allen Postulaten die problematischste (siehe auch Newcomb 1969:471).

Abb. 10: Integriertes Kausalmodell

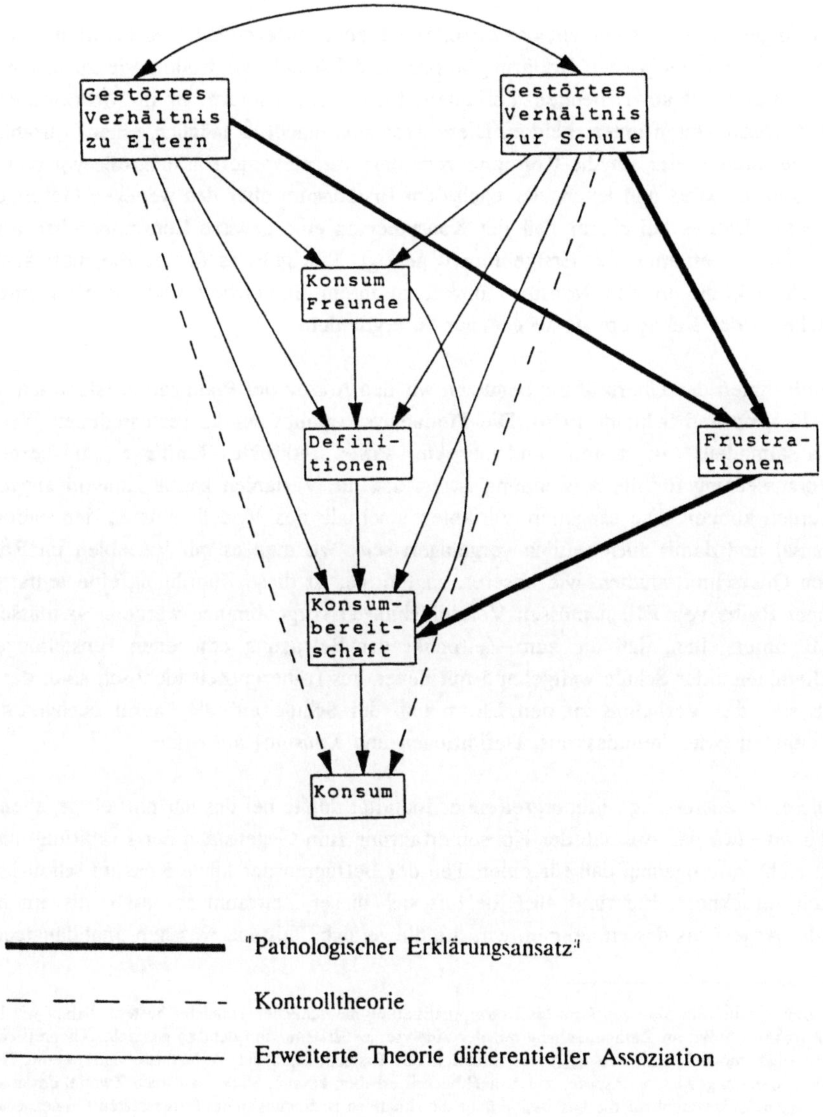

der konkurrierenden Theorien.[1]

3. Vorgehen beim Test der konkurrierenden Theorien

3.1 Konzeption und Probleme der Kausalanalyse

Im folgenden versuchen wir, das erweiterte Modell differentieller Assoziation zusammen mit dem "Pathologischen Erklärungsansatz" und Hirschis Kontrolltheorie zu testen. Dem Karrieremodell abweichenden Verhaltens folgen wir, insofern wir in Nichtkonsumenten und Konsumenten unterscheiden. Diese Trennung macht es möglich, jenen Variablensatz zu bestimmen, der auf die Konsumbereitschaft als relevante Einflußgröße vor dem Erstkonsum einwirkt und jenen, der nach dem Erstkonsum über den weiteren Gebrauch bestimmt. Daß es bei einem Teil der Konsumenten eine gewisse Konsumbereitschaft gibt, hat unsere Situation des Erstgebrauchs gezeigt. Nun geht es darum, die motivationalen Variablen, die in den Konsum führen, in ihrem Stellenwert und Determinanten im Rahmen der Karriereprozesse genauer zu ergründen.

Im Rahmen der Überprüfung benutzen wir den Ansatz der Pfadanalyse (siehe u.a. Asher 1976, Opp und Schmidt 1976). Die Pfadanalyse erlaubt es, die verschiedenen Wege des Kausalmodells zu testen und direkte sowie indirekte Einflüsse zu berechnen. Voraussetzung für die Anwendung ist es, daß die Variablen kausal sinnvoll angeordnet werden können. Die exogenen Variablen innerhalb des Modells müssen den endogenen kausal und damit auch zeitlich vorgelagert sein. Wo man es mit Variablen im Rahmen von Querschnittsstudien, wie unserer, zu tun hat, ist diese Zuordnung eine tentative. In einer Reihe von Fällen müssen Vereinfachungen vorgenommen werden. So müssen wir z.B. unterstellen, daß die zum Zeitpunkt der Befragung erhobenen Einstellungen zu Elternhaus oder Schule weitgehend mit denen aus früherer Zeit identisch sind: der Zeit, als sich das Verhältnis zu den Eltern und der Schule auf die kausal nachgeordneten Variablen (wie Freundeskreis, Definitionen und Konsum) auswirkte.

Diese Voraussetzung zeitübergreifender Identität dürfte bei uns nur partiell gegeben sein: Wo wir etwa das Ausmaß der Konsumerfahrung zum Gegenstand der Erklärung machen, ist nicht zu umgehen, daß für einen Teil der Befragten der letzte Konsum schon längere Zeit zurückliegt. Bei rund 40% beläuft sich dieser Zeitraum auf mehr als ein halbes Jahr. Angesichts dessen nehmen wir, um die zeitliche Distanz zwischen unabhängigen und

1 Daß Zweifel am Sinn von Hirschis Konzeptualisierung menschlichen Handelns besteht, haben wir bereits an früherer Stelle im Zusammenhang mit der Analyse der Erstsituation deutlich gemacht. Theoretisch wäre es jedoch möglich, daß sich nach der Situation des Erstgebrauchs die Verhältnisse ändern und Hirschis Theorie einen gewissen Anspruch auf Brauchbarkeit erheben könnte. Haben wir auch Zweifel daran - siehe in diesem Zusammenhang die Diskussion über die situativen Bedingungen des fortgesetzten Drogengebrauchs - so ist dies doch für uns kein Grund, bereits an dieser Stelle auf eine Überprüfung zu verzichten. Die Analyse ist ein weiterer Mosaikstein in unserer sukzessiven Überprüfungsstrategie.

abhängigen Variablen zu minimieren, später zusätzliche Analysen für den Kreis der aktuellen Konsumenten vor (= Jugendliche, die innerhalb des letzten halben Jahres Drogen verwendeten). Der Konsum liegt für sie noch nicht allzu lange Zeit zurück, das Verhältnis zu den Eltern dürfte sich seitdem nicht entscheidend geändert haben.

Wo wir nicht die Konsumerfahrung, sondern die Bereitschaft zum Konsum als abhängige Variable wählen, ist der kausale Zusammenhang weniger schwer zu bestimmen: Aussagen zur Konsumbereitschaft stellen Aussagen über ein Verhalten dar, das dem augenblicklichen Verhältnis zu Elternhaus, Schule und Freunden zeitlich folgt. Die Konsumbereitschaft als abhängige Variable einzuführen, hat den zusätzlichen Vorteil, daß wir die motivationale Ebene einbeziehen können.

Bei der Pfadanalyse machen wir uns den Vorteil zunutze, daß in der Regel mehrere Indikatoren für den gleichen Sachverhalt zur Verfügung stehen. Wir können dem Umstand Rechnung tragen, daß die uns interessierenden Einstellungen und Verhaltensweisen meist nicht direkt beobachtbar sind oder nur annäherungsweise und fehlerbehaftet im Interview erfragt werden können. Jeder der verwendeten Indikatoren hat seine eigene spezifische Verzerrung. Bei einem solchen Sachverhalt ist das von Karl Jöreskog und Dag Sörbom entwickelte Programm LISREL das Analyseinstrumentarium der Wahl. Es gibt die Möglichkeit, Pfadanalysen unter Verwendung mehrerer Indikatoren pro latentem Konstrukt durchzuführen. Dabei werden die unbeobachteten Konstrukte ("latente Variablen") über die beobachteten ("manifesten") Variablen bestimmt.

Wie gut die verwendeten Indikatoren die intendierte latente Variable mißt, wird bei LISREL im Meßmodell dokumentiert. Je mehr die Ladung in der standardisierten Lösung über .50 liegt und je näher an 1, desto besser. Wo lediglich ein Indikator zur Verfügung steht, setzten wir diesen mit der latenten Variablen gleich und fixierten ihn mit einer Ladung von 1.00. Das Strukturmodell stellt die jeweils durch die Meßfehler korrigierten Beziehungen zwischen den latenten Variablen dar (siehe Jöreskog und Sörbom 1985, Pfeifer und Schmidt 1987). Es bildet die Pfade ab, die für die Theorietestung von Bedeutung sind.

3.2 Kriterien für die Güte der Modellanpassung in LISREL

Mehrere Kriterien sind bei der Beurteilung von LISREL-Analysen anzulegen. Die einen beziehen sich auf die Eignung des Pfadmodells insgesamt - der Gesamtfit zwischen Modell und Daten -, die anderen auf Detailmaße.[1] Als Kriterium für einen guten Gesamtfit gilt

---

1 Die hier angegebenen Maße stellen Faustregeln dar, welche in der Beurteilung der LISREL-Modelle üblich sind. Die von uns gewählten Maße und Kriterien stützen sich auf Angaben in der Literatur sowie die Empfehlungen, die von Prof. Dr. Peter Schmidt und Prof. Dr. Wolfgang Jagodzinski (Universität Gießen) in den Vorlesungen des Frühjahrsseminars 1986 des Zentralarchivs für empirische Sozialforschung gemacht wurden.

ein "adjusted-goodness-of-fit-"(AGF)-Wert von über .90. Modelle, die unterhalb dieser Schwelle liegen (wie bei Silbereisen und Reitzle 1984:13), weisen auf eine schlechte "Anpassung" von Modell und Daten hin. Das zweite Kriterium stellt das "Root Mean Square Residual" (RMSR) dar. Es ist ein Maß für die durchschnittlichen Residualvarianzen zwischen den vom Modell her implizierten und rechnerisch ermittelten, und den tatsächlich auftretenden Werten. Bei der Eingabe von Korrelationen kann das RMSR zwischen 0 und 1 variieren, wobei in diesem Fall gilt: je niedriger es ist, desto besser die Anpassung. Gibt man eine Korrelationsmatrix ein, so sollte das RMSR kleiner sein als .05.[1]

Bei den Detailmaßen sind besonders die Residuen zwischen den modellimplizierten und tatsächlichen Werten für die Einschätzung bedeutsam (vgl. auch Pfeifer und Schmidt 1987:38). Da bei uns Korrelationen die Ausgangsbasis darstellen, orientieren wir uns an der herkömmlichen Praxis der Pfadanalyse, bei standardisierten Lösungen Residuen unter .10 als modellkompatibel und über .10 als modellinadäquat zu betrachten (Opp und Schmidt 1976:177, Weede 1977:59, Meulemann 1985b:39). Die (für nichtstandardisierte Variablen) von Jöreskog und Sörbom empfohlenen Modifikationsindices (Jöreskog und Sörbom 1985:I.42) erscheinen für unsere Zwecke weniger sinnvoll, da sie auf Chi-Quadrat-Werten basieren, und bei hoher Fallzahl (wie sie in unserem Fall vorliegen) fast nur noch zu statistisch signifikanten Befunden führen (siehe auch Long 1983b:74).

Unsere Aufmerksamkeit gilt der internen Struktur der Modelle. Vergleiche zwischen den verschiedenen Kategorien der Konsumenten und den Nichtkonsumenten sind für uns vorrangig im Hinblick auf die Struktur der Beziehungen informativ. Die Stärke der Pfadkoeffizienten ist in diesem Vergleich von nachrangiger Bedeutung. Das Interesse gilt demgemäß den standardisierten Pfadkoeffizienten, die es erlauben, den relativen Einfluß der Variablen innerhalb eines Modells ungeachtet ihrer Originalmetrik zu bestimmen.[2] Die Korrelationsmatrix bietet sich für diese Zwecke als Eingabematrix an (vgl. auch Jöreskog und Sörbom 1985:I.26). Über sie erhält man eine vollstandardisierte Lösung sowie des Meß-als auch Strukturmodells.

Als Ausgangsbasis dient eine Korrelationsmatrix auf der Basis von Pearson's r mit paar-

1 Üblicherweise wird bei Residuen das Kriterium von .10 angelegt, um über die Güte der Anpassung zu befinden. Die durchschnittlichen Residuenwerte auf .05 zu legen, bedeutet mithin einen besonders strengen Test. Zur Praxis, die Grenzwerte auf .05 zu legen, siehe auch Fuchs (1989:51).

2 Die Originalmetrik ist besonders von Interesse, wo es um einen Vergleich der Einflußstärke der Pfade über verschiedene Gruppen hinweg geht (vgl. Asher 1976:47, Opp und Schmidt 1976:121). Im Fall von LISREL würde dies auf der Ebene der latenten Variablen ein identisches Meßmodell voraussetzen. Dies ist in unserem Fall über die verschiedenen Modelle hinweg nicht vorhanden.

weisem Ausschluß von Werten.[1] Ein fallweiser Ausschluß hätte besonders bei den Konsumenten die Berechnungsbasis reduziert. Gerechnet wird mit dem "Unweighted-Least-Squares-Verfahren" (ULS). Es hat im Vergleich zu den anderen Schätzverfahren den Vorteil, gegenüber Verzerrungen in der Input Matrix, wie sie bei paarweisem Ausschluß von Werten leicht auftreten können, relativ unempfindlich zu sein (vgl. Long 1983b:57, 62, Saris und Stronkhorst 1984:174). Beim ULS-Verfahren ist die Eingabe von Korrelationsmatrizen geradezu angeraten (Long 1983b:58).

Bei der Bestimmung der Strukturparameter orientieren wir uns an der Praxis der Pfadanalyse, standardisierte Pfadkoeffizienten über .10 als bedeutsame Effekte zu deuten und Werte darunter aus der Berechnung auszulassen (vgl. Opp und Schmidt 1976:251). Zusätzlich lassen wir uns bei der Beurteilung durch Maße für den Gesamtfit leiten. Das von uns schließlich gewählte Modell ist eines, das nur noch Pfade von .10 und mehr, den höchsten AGF- und den niedrigsten RMSR-Wert aufweist. Die Bestimmung der Strukturpfade erfolgt im Rahmen einer schrittweisen Analyse. Wir nehmen das von uns beschriebene und in Abbildung 10 wiedergegebene Strukturmodell zur Ausgangsbasis und eliminieren sukzessiv die unbedeutenden Pfade. Wir klammern den Pfad mit dem geringsten Effekt aus und führen dann solange immer wieder eine neue Berechnung durch, bis alle unbedeutenden Pfade ausgeschieden sind (zu diesem Vorgehen siehe auch Saris und Stronkhorst 1984:247f.).

3.3 Operationalisierung und Meßmodelle

Verhältnis zu Elternhaus und Schule: Das Verhältnis zu den Eltern wird durch eine globale Antwortvorgabe zur Familie sowie über die spezifische Bewertung des Verhältnisses zu beiden Elternteilen erfaßt. Das Verhältnis zur Schule wird indiziert über die

1 Von LISREL wird zwar ein metrisches Meßniveau vorausgesetzt, doch hat es nach Bentler und Chou keine nennenswerten Konsequenzen für latente Strukturgleichungsmodelle, wenn man ordinale Variablen mit mindestens vier Ausprägungen wie metrische Daten behandelt (Bentler und Chou 1987:88). Im Rahmen unserer Modelltestung ist diese Voraussetzung gegeben. Nur in einem Fall - einem Indikator für die Konsumbereitschaft der Nichtkonsumenten - stehen drei Ausprägungen zur Verfügung. Wir verzichten dennoch nicht auf die Behandlung der Ordinaldaten wie Intervalldaten: der Indikator mit weniger als vier Ausprägungen wird nicht allein, sondern mit zwei weiteren verwendet. Mag er auch in seiner Messung problematischer sein als die anderen, so kann er doch die latente Variable nicht allein oder mehrheitlich bestimmen. Das spätere Meßmodell weist überdies an dieser Stelle keine Komplikationen auf, welche einen Verzicht auf diesen Indikator nahelegen würden. Prinzipiell verfügbar wäre in neueren LISREL-Versionen der polychorische Koeffizient. Allerdings ist die Berechnung bei großer Variablenzahl und großer Stichprobe außerordentlich rechenaufwendig (siehe auch Meulemann 1985b:67). Im Rahmen unserer Analysen, bei denen wir auf der IBM-Anlage des Zentralarchivs rechneten, stießen wir bei der paarweisen Berechnung der entsprechenden Koeffizienten auf Kapazitätsgrenzen. Ob der Gewinn in der Verwendung polychorischer Koeffizienten so groß ist, daß sich der Aufwand lohnt, ist zudem fraglich. Nach einer Untersuchung von Graff und Schmidt (1985) unterscheiden sich die standardisierten Koeffizienten im Strukturmodell nur geringfügig, wenn bei ordinalen Variablen anstelle der polychorischen die Produktmomentkorrelationen berechnet werden. Jagodzinski mutmaßt, daß dies in Modellen mit multiplen Indikatoren "meist der Fall" ist (Jagodzinski 1984:234).

Schulzufriedenheit und das Verhältnis zu den Lehrern. Zensuren oder Klassenwiederholung als Maßstab zu nehmen, hätte über das Ausmaß der Zufriedenheit nur bedingt etwas ausgesagt, weil andere positive Schulerfahrungen Negativerlebnisse kompensieren können. Die Zufriedenheit mit der Schule und den Lehrern repräsentiert eine Art Gesamtbilanzierung. Und genau diese spielt im "Pathologischen Erklärungsmodell" ebenso eine zentrale Rolle wie in Hirschis Kontrolltheorie oder in der von uns erweiterten Fassung der Assoziationstheorie.

Frustrationen: Die Frustrationen, die im "Pathologischen Erklärungsansatz" die wichtigste Variable darstellen, ermitteln wir über eine Frage zur Lebenszufriedenheit und zu Gefühlen des Unglücklichseins. Von beiden Indikatoren erfaßt die Frage zur Zufriedenheit etwas stärker die kognitive Komponente des Erlebens, die Frage zum Unglücklichsein eher die - insgesamt instabilere - emotionale Komponente (dazu siehe auch Campbell et al. 1976:48). Beide Indikatoren stellen ähnlich wie im Fall der Schulzufriedenheit eine Art Gesamtbilanzierung positiver und negativer Erlebnisse und Stimmungen dar. Dabei bedeutet geäußerte Zufriedenheit nicht etwa das Fehlen negativer Erlebnisse. Sie bedeutet lediglich, daß relativ zu den positiven Erfahrungen die negativen Erlebnisse eine untergeordnete Bedeutung haben (siehe dazu auch Bradburn 1969, Scheuch 1971b, Glatzer 1984a:180). Die von uns verwendeten Maße zählen inzwischen in identischer oder äquivalenter Weise zu den Standardinstrumenten in der Forschung zur Lebensqualität. Daß sie ein brauchbares Instrumentarium zur Messung von Frustrationserlebnissen darstellen, ist durch mehrere Studien belegt (vgl. u.a. Robinson 1969, Campbell et al. 1976, Noelle-Neumann 1977b, Glatzer 1984a, b, Smith 1979, Mohr 1987, Habich et al. 1987:468).[1]

Konsum der Freunde: Der Konsum der Freunde wird über den wahrgenommenen relativen Anteil konsumierender und der zum Konsum bereiten Freunde und Bekannten gemessen. Die Operationalisierung allein über die absolute Zahl delinquenter Freunde (so z.B. bei Jensen 1972b:536, Jaquith 1981:275, Meier et al. 1984:70) macht solange wenig Sinn, wie sie keinen Bezug zur Zahl nichtdelinquenter Freunde ermöglicht. Schließlich ist für Sutherland weniger der absolute als der relative Anteil von Interesse: insofern darüber die Relation der positiven und negativen Definitionen bestimmt wird. Indem wir den relativen Anteil zur Messung verwenden, wählen wir ein ähnliches Vorgehen wie einige neuere Studien zur Überprüfung der differentiellen Assoziationstheorie (vgl. u.a. Tittle et al. 1986:411, Johnson et al. 1987:331, Orcutt 1987:346).

---

1 Gegenüber den meist recht umfangreichen psychologisch-klinischen Skalen zur Messung von Depressivität mag unsere Operationalisierung über lediglich zwei Indikatoren als Nachteil empfunden werden. Dies ist jedoch nicht zwingend. Zum einen ist LISREL explizit als Verfahren entwickelt worden, um mit Hilfe einiger weniger Indikatoren und mit einem entsprechenden Meßmodell latente Variablen zu bestimmen. Zum anderen hat auch die Forschung zur subjektiven Lebensqualität gezeigt, daß zwei bis drei Indikatoren zur Erfassung der allgemeinen Zufriedenheit/Unzufriedenheit in der Regel genügen (vgl. Andrews und Whitey 1976:343).

Definition der Droge: Nach Sutherland ist das Verhältnis positiver zu negativen Definitionen für das Handeln entscheidend. Je größer der Anteil positiver Definitionen relativ zu den negativen, desto größer die Bereitschaft zur Abweichung. Das Verhältnis positiver zu negativen Definitionen zu messen, ist ein schwieriges Unterfangen, und die meisten Autoren haben diese Komponenten in der Überprüfung der Assoziationstheorie in der Vergangenheit so denn auch ausgelassen. Denkbar wäre es nur, wenn man alle für den Akteur relevanten Definitionen des Verhaltens zusammenstellen und gewichten würde. Das aber ist, weil bewußte und weniger bewußte Elemente darin eingehen, praktisch unmöglich. Im folgenden wählen wir eine andere Strategie. Wir verstehen die Indikatoren als Bestandteil einer latenten Variablen. Wir gehen von vornherein davon aus, daß die relevanten Definitionen nicht als solche erfaßt, sondern lediglich über ausgewählte Indikatoren ermittelt werden können. Als Definitionsvariable ziehen wir Aussagen über kurz- oder langfristige Drogenwirkungen heran. Sie betreffen das Erleben, auf welches das Handeln des Drogenkonsumenten unmittelbar gerichtet ist. Sie erscheinen deshalb zur Operationalisierung des Definitionsteils besonders gut geeignet.

Nach einer von uns vorgenommenen explorativen und anschließend konfirmatorisch abgesicherten Faktorenanalyse haben die wahrgenommenen Drogenwirkungen zwei Dimensionen: eine negative und eine positive.[1] Diese Zweidimensionalität ist ein bemerkenswerter Tatbestand, steht sie doch im Widerspruch zur verbreiteten Annahme der Drogenaufklärung, eine Abschreckung wurde bereits durch Verweis auf die negativen Folgen des Konsum erreicht. Daß Drogen auch subjektiv positive Wirkungen entfalten können und diese in der Perzeption der Jugendlichen eine Rolle spielen, wird hierbei nicht gesehen. Für unsere Analyse bedeutet der Befund: der Definitionsteil muß in Form beider Dimensionen in die Untersuchung eingeführt werden, das Gewicht des Definitionsteils für die Gesamterklärung ergibt sich nur durch Berücksichtigung seiner beiden Komponenten.

Konsumbereitschaft und Konsumerfahrung: Wir haben in unserer eigenen Untersuchung versucht, die Konsumbereitschaft der Nichtkonsumenten möglichst gemäß der Situation zu modellieren, in der es erstmals zum Konsum kommt. Wir tun dies in dreifacher Weise: über die Art der Personen, die als übliche Vermittler der ersten Droge auftreten, die gegen den Drogengebrauch bestehenden inneren Einwände (bezogen auf die mittelbaren Folgen des Konsums) und die möglichen Folgen des Handelns, die aus der Abweichung von gesellschaftlichen Normen und die Androhung von Sanktionen erwachsen. Die

1 In die explorative Faktorenanalyse gingen - neben den hier aufgeführten Indikatoren - ursprünglich noch einige weitere zu spezifischen Drogenwirkungen sowie einige allgemeine Statements zu den Folgen des Konsums ein (wie: "Haschisch ist lange nicht so gefährlich, wie es von der Presse dargestellt wird"). Wir haben uns für die hier folgende Analyse auf diejenigen mit den höchsten Ladungen beschränkt. Es ist nicht ausgeschlossen, daß bei einer (im Rahmen unserer Untersuchung nicht möglichen) Erweiterung der Indikatoren innerhalb der positiven und negativen Wirkungen eine weitere Differenzierung stattfinden würde.

Konsumerfahrung wird über die kumulierte Häufigkeit der jemals ausprobierten Drogen gemessen. Bei den Konsumenten wird die so ermittelte Konsumhäufigkeit in logarithmierter Form als Indikator für das Ausmaß des Konsums genommen. Zur Messung ihrer Konsumbereitschaft dient die Frage nach der Abbruchbereitschaft und der Bereitwilligkeit, ein Haschischangebot durch Freunde anzunehmen (zu den Operationalisierungen siehe Anhang 1).

In Tabelle 18 haben wir für die Nichtkonsumenten, Konsumenten und die Untergruppe der aktuellen Konsumenten die Meßmodelle aufgeführt. Variablen, die nicht in die Analyse eingehen - mal stellt die Konsumbereitschaft die zu erklärende Variable dar, mal die Konsumerfahrung - sind durch Leerstellen ausgewiesen. Auch wenn die Stärke der Ladungen leicht variieren mag, ist die Struktur der verschiedenen Modelle gleich: Die latenten Variablen werden über den gleichen Satz von Indikatoren erfaßt; diese sind in der Regel ausschließlich einer latenten Variablen zugeordnet. Nur im Fall eines Indikators findet sich eine Ladung auf zwei Faktoren, was als Zeichen für die - theoretisch durchaus bedeutsame - ambivalente Bewertung der hier erfaßten Drogenwirkung unter den Befragten anzusehen ist.

Die Faustregel der psychometrischen Testtheorie, derzufolge Indikatoren mindestens mit .50 auf einem Faktor liegen sollten, um als reliabel gelten zu können (Jagodzinski 1984:232), wird in den Meßmodellen - mit zwei Ausnahmen - erfüllt. Würde man weniger reliable Indikatoren verwenden, käme man leicht zu einer Überschätzung des Strukturmodells (dazu Jagodzinski 1984). Die zwei Indikatoren, die das Kriterium verfehlen, behalten wir aus mehreren Gründen in unserer Analyse: (1) Der Wert liegt in beiden Fällen nur knapp unterhalb des Grenzwertes, (2) die übrigen Indikatoren der latenten Variablen weisen höhere Werte auf, so daß die Gefahr minimiert ist, daß zwei oder mehr wenig verläßliche Indikatoren im Rahmen der Meßfehlerkorrektur den Strukturparameter künstlich "aufblähen", (3) der suboptimale Indikator weist in den übrigen Modellen Ladungen über .50 auf und erfüllt das Meßkriterium. Aus diesen Gründen und Gründen der Vergleichbarkeit erscheint es uns ratsam, den Indikator auch dort beizubehalten, wo er das geforderte Kriterium knapp verfehlt.

Tabelle 18 Indikatoren und Ladungen im Meßmodell für Nichtkonsumenten, Konsumenten und aktuelle Konsumenten (vollstandardisierte Lösung)

Latente Variable	Nr.	Indikatoren	Nichtkonsumenten	Konsumenten jemals	Aktuelle Konsumenten
Gestörtes Verhältnis zu Eltern	1	Familie	.656	.745	.765
	2	Mutter	.623	.560	.522
	3	Vater	.588	.662	.682
Gestörtes Verhältnis zur Schule	4	Schule	.650	.774	.825
	5	Lehrer	.655	.529	.525
Konsum Freunde	6	Bereitschaft Freunde	.848	.788	.772
	7	Erfahrung Freunde	.793	.928	.881
Negativ Def.	8	Sucht	.542	.722	.769
	9	Kriminalität	.474	.625	.584
	10	Kontrollverlust	.614	.598	.534
	11	Ausgeglichenheit	**	-.201*	-.177*
Positiv Def.	11	Ausgeglichenheit	.554	.554	.586
	12	Geselligkeit	.727	.636	.509
Frustrationen	13	Unzufriedenheit	.827	.798	.796
	14	Unglücklichsein	.471	.542	.591
Konsumbereitschaft der Nichtkonsumenten	15	Angebot Freunde	.680	-	-
	16	Sanktionsverzicht	.554	-	-
	17	Risikolosigkeit	.644	-	-
Konsumbereitschaft der Konsumenten	15	Angebot Freunde	-	-	.778
	18	Fortsetzung	-	-	.737
Konsum	19	Log. Konsumerfahrung	-	1.00	1.00

* Nebenladung
** Keine Nebenladung
- Nicht im Meßmodell als Variable enthalten

Als aktuelle Konsumenten gelten Personen, die innerhalb der letzten 6 Monate Drogen nahmen.

Die Nr. bei den Indikatoren verweist auf die Indikatorenübersicht.

Übersicht über die Indikatoren

Nr.	Indikatoren-bezeichnung	Indikatoren-beschreibung	Antwortkategorien und Codes*
1	Familie	Fühlt sich wohl zu Hause	1 = starke Zustimmung 6 = starke Ablehnung
2	Mutter	Verhältnis zur Mutter	1 = ausgezeichnet 6 = überhaupt nicht
3	Vater	Verhältnis zu Vater	1 = ausgezeichnet 6 = überhaupt nicht
4	Schule	Verhältnis zur Schule	1 = sehr gut 4 = sehr schlecht
5	Lehrer	Verhältnis zu Lehrern	1 = sehr gut 5 = sehr schlecht
6	Bereitschaft Freunde	Anteil potentieller Konsumenten im Freundes- und Bekanntenkreis	1 = keiner 7 = fast alle
7	Erfahrung Freunde	Anteil an Konsumenten im Freundes- und Bekanntenkreis	1 = keiner 7 = fast alle
8	Sucht	Drogenwirkung Suchtgefahr	1 = starke Ablehnung 6 = starke Zustimmung
9	Kriminalität	Drogenwirkung Kriminalitätsgefahr	1 = starke Ablehnung 6 = starke Zustimmung
10	Kontrollverlust	Drogenwirkung Kontrollverlust	1 = starke Ablehnung 6 = starke Zustimmung
11	Ausgeglichenheit	Drogenwirkung Ausgeglichenheit	1 = starke Ablehnung 6 = starke Zustimmung
12	Geselligkeit	Drogenwirkung Förderung der Geselligkeit	1 = starke Ablehnung 6 = starke Zustimmung
13	Unglücklichsein	Gefühle des Unglücklichseins	1 = starke Ablehnung 6 = starke Zustimmung
14	Unzufriedenheit	Unzufriedenheit mit sich und dem eigenen Leben	1 = sehr zufrieden 5 = unzufrieden
15	Angebot Freunde	Bereitschaft zum Konsum bei Angebot durch Freunde	1 = auf keinen Fall 5 = sehr gern
16	Sanktionsverzicht	Bereitschaft zum Konsum bei fehlendem Sanktionsrisiko	1 = nein 3 = ja
17	Risikolosigkeit	Bereitschaft zum Konsum bei fehlenden Gesundheitsgefahren	1 = auf keinen Fall 5 = sehr wahrscheinli
18	Fortsetzung	Bereitschaft zur Fortsetzung des Konsums	1 = bereits aufgehört 5 = nicht zum Aufhöre bereit (siehe Anh

Nr.	Indikatoren-bezeichnung	Indikatoren-beschreibung	Codung*
19	Log. Konsum-erfahrung	Häufigkeit des Drogengebrauchs, logarithmiert	Niedrigster Wert vor Logarithmierung = 1, höchster Wert vor Logarithmierung = 525

* Die Codung ist hier lediglich mit der Unter- und der Obergrenze ausgewiesen. Die Frageformulierungen und die Antwortkategorien sind unter der jeweiligen Indikatorennummer unten aufgeführt.

Frageformulierungen: (1) "Ich fühle mich im allgemeinen wohl zu Hause". Statements mit 6 Antwortkategorien: starke, mittelschwache Zustimmung bzw. Konsumablehnung. (2) "Wie verstehen Sie sich im allgemeinen mit Ihrer Mutter?" Ausgezeichnet - recht gut - mittelmäßig - nicht so gut - überhaupt nicht - immer verschieden (teils-teils). Die Kategorie "immer verschieden" wurde mit "mittelmäßig" zusammengefaßt. Ausgelassen sind solche Befragte, bei denen entweder der Elternteil verstorben ist oder - aufgrund von Scheidung - woanders lebt. (3) "Wie verstehen Sie sich im allgemeinen mit Ihrem Vater?" Ausgezeichnet - recht gut - mittelmäßig - nicht so gut - überhaupt nicht - immer verschieden (teils-teils). Die Kategorie "immer verschieden" wurde mit "mittelmäßig" zusammengefaßt. Ausgelassen sind solch Befragte, bei denen entweder der Elternteil verstorben ist oder - aufgrund von Scheidung - woanders lebt. (4) "Wie würden Sie ganz allgemein Ihr Verhältnis zur Schule bzw. - wenn Sie Lehrling oder Jungarbeiter sind - zu Ihrer Arbeitsstelle (Lehrstelle, Firma) bezeichnen?" Sehr gut - gut - mittel - schlecht. (5) "Wie verstehen Sie sich im allgemeinen mit den Lehrern, die Sie selbst im Schulunterricht haben?" Sehr gut - gut - teils gut/teils schlecht - eher schlecht sehr schlecht. (6) "Was meinen Sie: Wieviele Ihrer Freunde und näheren Bekannten würden wohl Haschisch nehmen, wenn man es ihnen anböte?" Fast alle - etwa drei Viertel - etwa die Hälfte - weniger als ein Viertel - einer oder zwei - keiner. (7) "Und wieviele Ihrer Freunde und näheren Bekannten nehmen tatsächlich ab und zu Haschisch oder andere Rauschmittel?" Fast alle - etwa drei Viertel - etwa die Hälfte - weniger als ein Viertel - einer oder zwei - keiner. (8-12) "Es folgt nun eine Liste mit Behauptungen über die Wirkungen und Folgen von Haschisch. Geben Sie bitte anhand der sechsstufigen Skala an, in welch starkem Maße Sie den jeweiligen Aussagen zustimmen oder nicht zustimmen. Es kommt hier wieder auf Ihre Meinung an, nicht so sehr auf Ihr Wissen. Als Antwort stand eine sechsstufige Skala mit starker, mittlerer, schwacher Zustimmung bzw. Ablehnung zur Verfügung. (8) "Man wird auf die Dauer süchtig", (9) "Kriminelle Neigungen werden gefördert", (10) "Man verliert die Selbstkontrolle", (11) "Man wird ausgeglichen und zufrieden (12) "Kontakt und Geselligkeit werden gefördert". (13) "Ich bin häufig unglücklich und traurig". Sechsstufige Antwortskala mit starker, mittlerer, schwacher Zustimmung bzw. Ablehnung. (14) "Nun eine ganz andere Frage: Wie zufrieden sind Sie insgesamt mit sich und dem Leben, das Sie führen?" Sehr zufrieden - zufrieden - teils/teils - nicht so zufrieden - unzufrieden. (15) "Stellen Sie sich vor, ein Freund würde Ihnen Haschisch anbieten. Wie gern würden Sie selbst das angebotene Haschisch nehmen?" Sehr gern - gern - halbe/halbe - ich würde es wahrscheinlich nicht nehmen - ich würde es auf keinen Fall nehmen. (16) "Wenn Sie bisher keine Rauschmittel genommen haben, würden Sie Rauschmittel ausprobieren, wenn sie Ihnen

angeboten würden und Sie sicher wären, daß Sie nicht bestraft (also nicht erwischt) würden?" Nein - ja, weiß nicht - ja, aber nur Haschisch - ja, aber nur Weckmittel - ja, auch LSD - ja, auch Heroin - ja, aber nur LSD. Codung: 1 = nein, 2 = weiß nicht, 3 = ja (verschiedene Formen der Zustimmung zusammengefaßt). (17) "Stellen Sie sich vor, neue wissenschaftliche Untersuchungen würden eindeutig zeigen, daß der Gebrauch von Haschisch keine körperlichen oder seelischen Schäden zur Folge hätte. Wie wahrscheinlich ist es, daß Sie unter diesen Umständen Haschisch probieren würden?" Sehr wahrscheinlich - wahrscheinlich - halbe/halbe - unwahrscheinlich - völlig ausgeschlossen.
(18) "Wollen Sie demnächst vollkommen aufhören, Rauschmittel zu nehmen?" Die 9 verschiedenen Antwortkategorien sind von uns nachträglich in eine Ordinalskala überführt. Diese neue Ordinalskala umfaßt fünf Kategorien: Beendigung des Konsums, Bereitschaft zur Beendigung, Unentschlossen, Auf eingeschränktem Niveau konsumbereit, Konsumbereit ohne jegliche Einschränkungen (zur Konstruktion der Variablen siehe ausführlicher:Anhang 1, Punkt 2).
(19) Konsumerfahrung jemals im Leben logarithmiert (siehe Anhang 1).

4. Einflußstrukturen und Drogenkarriere

4.1 Einflußstrukturen bei Nichtkonsumenten

Wir betrachten zunächst das Strukturmodell für die Nichtkonsumenten hinsichtlich der Konsumbereitschaft. Wie man Abbildung 11 entnehmen kann, führt das gestörte Verhältnis zu Familie und Schule hier entsprechend dem "Pathologischen Erklärungsansatz" zu Frustrationserlebnissen. Am stärksten wirkt sich mit einem Wert von .63 das Verhältnis zur Familie aus, in geringerem Maß das zur Schule mit einem Wert von .19. Die Eltern haben im Vergleich zur Schule vermutlich eine größere Bedeutung, weil die Qualität der Beziehung emotionaler ist und sie den einzelnen eher in seiner Ganzheit betrifft.

Das Frustrationserleben, das durch das Verhältnis zu Elternhaus und Schule mitgeprägt ist, wirkt in einem nächsten Schritt auf die Bereitschaft zum Rauschmittelkonsum ein - so wie es im "Pathologischen Ansatz" postuliert, aber im einzelnen bislang nicht gemessen wurde.[1] Der Einfluß des Frustrationserlebens erweist sich dabei jedoch als schwach. Der Pfadkoeffizient beträgt lediglich .24. Andere Variablen - wie die Zusammensetzung des Freundeskreises - üben einen stärkeren Einfluß aus. Das "Pathologische Modell", das den Griff zur Droge als Versuch selbsttherapeutischer Bemühungen begreift, ist offensichtlich nicht geeignet, zur Haupterklärung erhoben zu werden.

Wenig Rückhalt findet zugleich jene Version des "Pathologischen Ansatzes", die den Kontakt mit Konsumenten lediglich als Reflex der psychischen Notlage deutet. Wohl zeigt sich - wie dies schon Sutherland als Möglichkeit einräumte - ein Zusammenhang zwischen gestörten Beziehungen zu Elternhaus und Schule sowie Zusammensetzung des Freundes- und Bekanntenkreises: wer ein gestörtes Verhältnis zu Elternhaus und Schule hat, der zählt einen größeren Anteil an Rauschmittelerfahrenen zu seinen Freunden und Bekannten. Doch wird die Zusammensetzung des Freundes- und Bekanntenkreises dadurch keineswegs bestimmt. Lediglich 9% der Varianz kann auf die beiden Hintergrundmerkmale zurückgeführt werden. Der verbleibende Teil von 91% bleibt unerklärt. Mit welchen Personen man Kontakt hat, ist eben nicht primär eine Funktion des Verhältnisses zum Elternhaus oder zur Schule, sondern anderer Einflußfaktoren.

---

1 Wohl ist mitunter versucht worden, das Frustrationserleben in die Erklärung miteinzubeziehen. Dies geschah in der Regel lediglich in Form einer bivariaten Analyse, nicht in Form eines Kausalmodells unter Einschluß der jeweiligen "Hintergrundvariablen". Die Stärke des Zusammenhangs ist in der Regel nicht sehr groß (vgl. u.a. Robbins et al. 1970:1749, Behrendt 1971:50, Milman 1972:6, Lavenhar et al. 1972:37, Gostomzyk et al. 1973:60, Malhotra 1974:271, Schenk 1974a:87, Kandel et al. 1976:449, Sieber und Angst 1981:170). In Untersuchungen, die über bivariate Beziehungen hinausgehen und andere Variablen kontrollieren, findet sich z.T. sogar kein Einfluß mehr. Dies gilt z.B. für die Untersuchung von White et al. (1986), welche die Häufigkeit des Marihuanagebrauchs zu erklären versucht und bei der Messung des Frustrationserlebens ein außergewöhnlich umfassendes Instrumentarium mißt, 90 Items zur Messung psychologischer Streß-Symptome und 26 Items zur Messung von Sorgen verwendet (White et al. 1986:353).

Abb. 11: Pfadmodell der Konsumbereitschaft unter Nichtkonsumenten (standardisierte Pfadkoeffizienten)

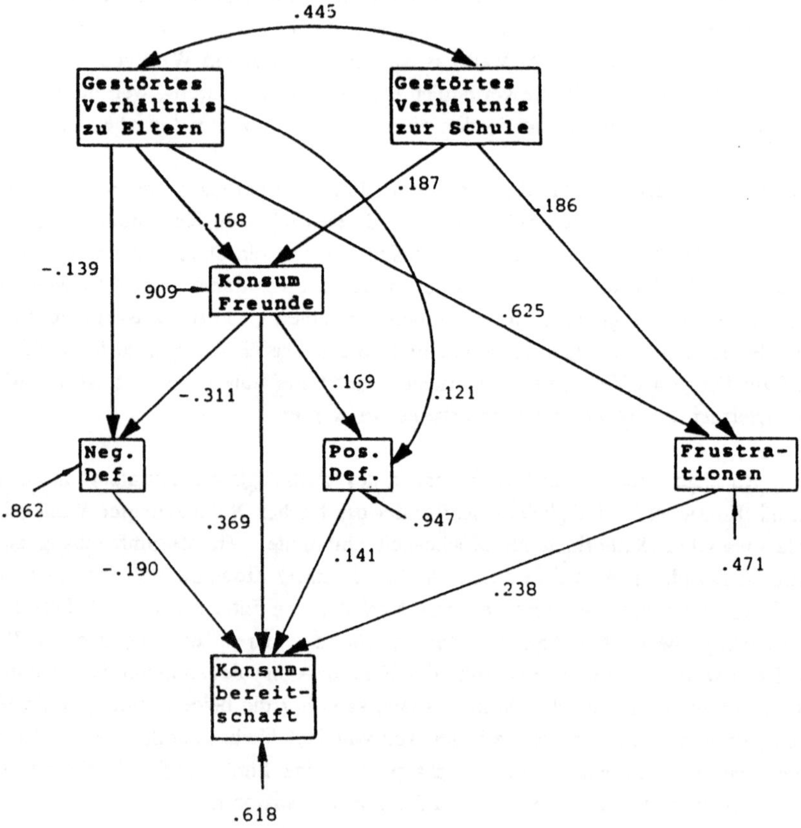

R^2 für Konsumbereitschaft = .382
AGFI = .992
RMSR = .022
Kein Residuum über .10
N zwischen 3084 und 4687

Korrelationsmatrizen als Tabellen 33 und 34 in Anhang 2

Gegenüber dem "Pathologischen Ansatz" findet Sutherlands Theorie eher eine Bestätigung. So zeigt sich, daß der Einfluß des Freundes- und Bekanntenkreises in der Tat zum Teil über die Definitionen des Drogengebrauchs auf die Konsumbereitschaft einwirkt. Dabei werden die negativen Drogenwirkungen durch den Freundeskreis stärker bestimmt als die positiven (bei den negativen Wirkungen beläuft sich der Pfadkoeffizient auf einen Wert von -.311, bei den positiven Wirkungen von .169). Offenbar üben die Freunde, vor allem bei der 'Neutralisierung' der in der Öffentlichkeit und den Massenmedien vorherrschenden Vorstellungen über die Negativfolgen des Drogengebrauchs (vgl. dazu Gaedt et al. 1976, Wormser 1976), eine wichtige Funktion aus. Anders als gewöhnlich in der Assoziationstheorie unterstellt, werden die Definitionsvariablen jedoch nur in geringem Maße durch den Freundeskreis - und ebensowenig durch die anderen hier im Modell aufgenommenen Variablen - geprägt (wie man den hohen Residualvarianzen entnehmen kann). Die Definition der Haschischwirkungen scheint primär von jenseits des engen Freundeskreises vermittelt worden zu sein: von anderen Subgruppen der Gesellschaft, den Medien, der Schule u.a.

Weiterhin zeigt sich, daß die perzipierten Drogenwirkungen gemäß der Assoziationstheorie auf die Konsumbereitschaft einwirken: Wer negative Drogenfolgen (wie z.B. Sucht oder Kriminalität) unterstellt, ist seltener zum Konsum bereit, und wer an positive Drogenfolgen glaubt, häufiger. Der direkte Effekt des Definitionsteils erweist sich insgesamt jedoch als unerwartet schwach - schwächer als man es von Sutherlands Annahmen her erwarten würde.[1] Als weitaus stärker erweist sich der direkte Einfluß des Freundeskreises auf die Konsumbereitschaft mit einem Pfadkoeffizienten von .369. Die Existenz dieses direkten Effekts ist ein Beleg für die herausgehobene Bedeutung der Freunde bei der Herausbildung devianter Motivation und spricht für die Brauchbarkeit des von uns eingeführten Konzeptes, wonach Freunde qua sozialer Validierungsfunktion direkt die Bereitschaft zum Drogengebrauch beeinflussen.[2]

Was die Modifikationen des Sutherland-Ansatzes durch Einführung neuer Pfade angehen, so erweist sich neben der Einbeziehung eines direkten Effekts des Freundeskreises auf die Konsumbereitschaft die Einführung einer direkten Beziehung zwischen einem gestörten

1 Gemessen an den üblicherweise in der Pfadanalyse verwendeten Kriterien, wonach der standardisierte Koeffizient über .10 liegen sollte, sind die Definitionsvariablen gleichwohl bedeutsam genug, um sie im Modell beizubehalten. Die Tatsache, daß die Residualvarianzen hier hoch liegen, ergibt sich aus der Zusammensetzung der im Modell aufgenommenen Variablen und ist per se nicht als Nachteil anzusehen. Die Variable ist lediglich Teil des Gesamtkomplexes der hier einbezogenen Variablen, die zu erklärende Variable - die Konsumbereitschaft - weist weitaus geringere Residualvarianzen auf.

2 Womöglich ist auch z.T. der in anderen Studien auf Verhaltensebene festgestellte direkte Effekt des Freundes- und Bekanntenkreises auf den Drogengebrauch (wie bei Jensen 1972b:569, Jaquith 1981:569, Johnson et al. 1987:339) als ein motivationaler zu sehen und kann nicht (wie oft üblich) allein als ein situationsspezifischer Gelegenheitseffekt interpretiert werden.

Elternverhältnis und dem Definitionsteil als sinnvoll. Wer das Verhältnis als schlecht einstuft, löst sich häufiger von den negativen Wirkungsdefinitionen und ist öfter bereit, den positiven Verheißungen zu glauben (die Pfadkoeffizienten liegen bei -.139 bzw. .121). Anders als vermutet, läßt sich kein analoger Effekt für das Verhältnis zur Schule nachweisen. Und anders als von uns erwartet, verläuft auch kein Pfad vom Elternhaus direkt auf die Konsumbereitschaft (der Koeffizient, den man bei Einbeziehung dieses Pfades erhalten würde, liegt mit .089 - wenn auch knapp - unterhalb des üblichen Kriteriums von .10). Gewisse Tendenzen in die von uns postulierte Richtung deuten sich zwar an, reichen für eine Bestätigung der Hypothese jedoch nicht aus.

Für die Beurteilung des "Pathologischen Ansatzes" und die Einschätzung des Elterneinflusses ist vor allem wichtig, daß der Einfluß der Eltern über mehrere Wege erfolgt. Wie sind diese im einzelnen in ihrer Gewichtung zu beurteilen? Mag es auch - anders als von den Protagonisten der verschiedenen Theorien erwartet - mehrere Einflußwege geben, so könnten doch einige wichtiger sein und einige Theorien begünstigen. Um diese Frage zu beantworten, machen wir uns den Vorteil der Pfadanalyse zunutze, daß Effekte einzelner Variablen in Teilpfade zerlegt und diese in ihrer Stärke geschätzt werden können. Dabei gilt nach der Zerlegungsregel, daß der totale kausale Effekt eine Funktion direkter und indirekter Effekte ist und die indirekten Effekte aus der Multiplikation der Teilstrecken errechnet werden (vgl. Asher 1976:32ff., Opp und Schmidt 1976:147ff.). Indem wir eine Pfadzerlegung vornehmen, können wir prüfen, in welcher Weise das Verhältnis zur Familie auf die Bereitschaft zum Rauschmittelkonsum einwirkt.

Nimmt man eine Analyse nach dem Prinzip der Pfadzerlegung vor, so zeigt sich: Wer den Zusammenhang zwischen einem gestörten Verhältnis zu den Eltern und der Konsumbereitschaft als Ausdruck leidvoller Erfahrungen interpretiert, beschreibt nur die eine Hälfte der Wirklichkeit. Der indirekte Pfad, der von der Familie über das Frustrationserleben auf die Konsumbereitschaft verläuft, liegt bei .149 (= .625 x .238) und bleibt damit hinter dem totalen kausalen Effekt zurück (Tabelle 19). Der totale Effekt ist also nur z.T. - zu etwa mehr als der Hälfte - auf die Mechanismen des "Pathologischen Erklärungsansatzes" zurückzuführen. Der andere, fast genauso starke Teil verläuft über die Mechanismen, die Sutherlands Theorie, einschließlich ihrer Modifikationen im Rahmen einer soziokulturellen Lerntheorie, entsprechen.

4.2 Einflußstrukturen bei Konsumenten

Unsere erste Analyse mit Hilfe eines Pfadmodells hat sich auf Personen ohne Drogenerfahrung beschränkt. Ob die festgestellten Determinanten ebenfalls die Häufigkeit des Drogengebrauchs unter Konsumenten prägen, soll als nächstes geklärt werden. Das Modell,

Tabelle 19 Effektzerlegung: Kausaler Einfluß der Elternbeziehung auf die Konsumbereitschaft unter Nichtkonsumenten

Direkter Effekt	-
Indirekter Effekt	
via Freundeskreis direkt	.062
via Freundeskreis und Definitionen	.014
via Definitionen	.043
via Frustrationen	.149
Totaler kausaler Effekt	.268
Indirekter korrelierter Effekt	.057
Bivariate Korrelation	.325

das sich - nach entsprechender Berechnung und Ausschaltung nicht bedeutsamer Pfade - ergibt, ist in Abbildung 12 dokumentiert.

Ein Teil der Pfade, die sich bereits bei der Analyse der Konsumbereitschaft unter den Nichtkonsumenten abgezeichnet hatten, bleibt bestehen. Ein anderer Teil verschwindet. Gemessen am Einfluß des Frustrationserlebens auf den Drogengebrauch, erweist sich das "Pathologische Erklärungsmodell" einmal mehr als wenig fruchtbar. Wohl bleiben - ähnlich wie bei den Nichtkonsumenten - Zusammenhänge zwischen dem gestörten Elternhaus und Schule und dem Frustrationserleben erhalten. Doch von einem Effekt des Frustrationserlebens auf den Konsum kann nun nicht mehr die Rede sein: Die Beziehung ist nicht stark genug, um als Pfad bestehenzubleiben. Diese Auflösung des Effekts von Frustrationen auf den Drogengebrauch ist um so bemerkenswerter, als die Vertreter des "Pathologischen Erklärungsansatzes" dessen Relevanz gerade für die Phase des fortgesetzten Drogengebrauchs betonen. Konzedieren sie z.T. den ersten Griff zur Droge noch als Ausdruck von Neugier, so sind sie doch darin einig, daß bei dem wiederholten Gebrauch die "eigentliche Motivation" voll zur Geltung kommt und selbsttherapeutische Motive den Konsum bestimmen (siehe z.B. Leuner 1971:289, Bundeszentrale für gesundheitliche Aufklärung 1980:7). Der Zusammenhang zwischen Frustrationen und Drogengebrauch auf der bivariaten Ebene (unter den latenten Variablen beträgt er $r=.10$) scheint im vorliegenden Fall allein aus der Tatsache zu resultieren, daß sowohl die Frustrationen wie auch der Konsum durch kausal vorgeschaltete Drittfaktoren (Elternhaus und Schule) mitbestimmt werden. Damit muß allerdings keineswegs ausgeschlossen sein, daß spezifische Formen des Drogenumgangs - etwa der Umstieg auf andere, "härtere" Drogen - durch Frustrationserleben stärker bestimmt sein könnten. Ob dies zutrifft, kann nur eine Analyse erbringen, die sich speziell jener Untergruppe von Drogenkonsumenten zuwendet, die in ihrer Drogenkarriere besonders weit fortgeschritten sind. Für die Fortsetzung des Konsums über das Probierstadium hinaus zumindest scheinen die Frustrationserlebnisse als Einflußgröße unbedeutend zu sein.

Daß die hier vorgefundene fehlende Bestätigung des "Pathologischen Erklärungsansatzes" nicht als das Ergebnis komplexer Wechselwirkungsprozesse anzusehen ist, welche das Bild kausaler Einflußstrukturen verfälschen[1], darauf weist ein weiterer Befund unserer Studie hin: Fragen wir Konsumenten danach, in welcher Situation sie am ehesten Drogen

1 Nicht völlig auszuschließen wäre etwa, daß bei einem Teil der Konsumenten der Drogengebrauch tatsächlich die depressive Stimmung dämpft. Dann könnte es sein, daß sich das Frustrationserleben durch den Konsum langfristig verringert. Dieser wechselseitige Prozeß könnte - sofern beide Prozesse gleich stark ausfallen - in einer Querschnittstudie zum Eindruck einer nicht existenten Beziehung führen. Daß es Prozesse der beschriebenen Art in der Tendenz gibt, belegt eine Untersuchung von Ginsberg und Greenley für die USA. Danach greifen Jugendliche mit depressiver Orientierung überproportional häufig zu Drogen. Haben sie diese erst einmal genommen, so wendet sich ihre Stimmung zum Positiven hin (Ginsberg und Greenley 1978:31). Ob dieser Wechselwirkungsprozeß jedoch für Jugendliche allgemein und nicht nur Spezialpopulationen gilt, ist bislang weder für die USA noch die Bundesrepublik erforscht.

Abb. 12: Pfadmodell der Konsumerfahrung unter Konsumenten (standardisierte Pfadkoeffizienten)

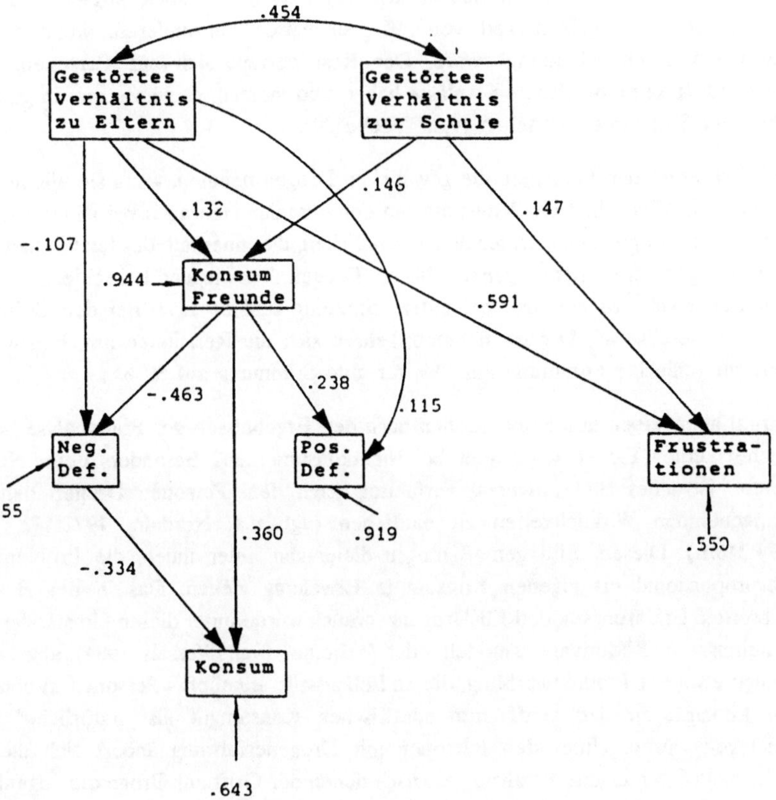

R^2 für Konsum = .357
AGFI = .981
RMSR = .036
Kein Residuum über .10
N zwischen 512 und 723

Korrelationsmatrizen als Tabellen 35 und 36 in Anhang 2

verwenden oder in der Vergangenheit verwendet haben, so werden - anders als im "Pathologischen Erklärungsansatz" vermutet und durchaus mit unseren sonstigen Befunden vereinbar - positive Stimmungssituationen häufiger als negative Stimmungslagen genannt. Auf die Frage "Bei welchen Anlässen nahmen (nehmen) Sie vorwiegend Rauschmittel ein?" nennen lediglich 10% der aktuellen Konsumenten die vorgegebene Kategorie "Wenn ich in einer besonders schlechten Stimmung war (bin) und in eine angenehme kommen wollte (will)". Weitere 3% wählen die Kategorie "wenn ich mich langweile". Demgegenüber betont der größere Teil von 29%, er würde konsumieren, wenn er in einer "besonders guten Stimmung" wäre. Der Rest verteilt sich auf Personen, die stimmungsmäßig keine besonderen Anlässe haben und meinen, es würde mal in guter, mal in schlechter Stimmung geschehen (vgl. Tabelle 20).

Lediglich unter den Personen, die gewöhnlich Drogen nehmen, wenn sie alleine sind - sie stellen eine Minderheit der Konsumenten dar -, ist der Gebrauch bei negativen Anlässen häufiger als bei positiven: Unter den Jugendlichen, die innerhalb des letzten halben Jahres allein Drogen verwendeten, geben 42% an, Drogen überwiegend bei schlechter Stimmung oder Langeweile zu nehmen, bei guter Stimmung sind es 13%. Bei den Befragten, die meist in Gesellschaft Drogen nehmen, kehren sich die Relationen um, beläuft sich der Wert für schlechte Stimmung auf 9%, für gute Stimmung auf 30%.

Warum aber haben nun Frustrationen nach den Ergebnissen der Pfadanalyse bei Konsumenten keinen Effekt, wohl aber bei Nichtkonsumenten? Besonders unter Nichtkonsumenten ist jenes Bild universal verbreitet, nach dem Personen Drogen nehmen, um unangenehmen Wirklichkeiten zu entfliehen (vgl. u.a. Nordalm 1972:172, Malhotra 1974:246ff.). Diesem Bild gemäß mögen diejenigen unter ihnen, die Probleme haben, überproportional oft eigenen Konsum in Erwägung ziehen. Das in der Bevölkerung verbreitete Erklärungsmodell für Drogengebrauch würde unter diesen Umständen eine Art Handlungs- und Motivationsmodell oder "Schema" (vgl. Wessels 1984) abgeben, das - ähnlich etwa der Produktwerbung, die an Lebensstile anknüpft - Personen in entsprechenden Lebenslagen den Griff zum spezifischen Konsumgut als "natürliche" Reaktion nahelegen würde. Unter den Personen mit Drogenerfahrung ändert sich dieses Bild: mitbedingt durch eigene Erfahrungen, nach denen der Griff zur Droge die augenblickliche Befindlichkeit - auch im Fall depressiver Stimmungen[1] - oft eher noch weiter verstärkt.

1 Daß bei Haschischgebrauch die bestehenden Gefühle lediglich intensiviert werden, wird von verschiedenen Autoren aufgrund empirischer Studien und Erfahrungen mit Konsumenten berichtet: Wer in negativer Stimmung sei, dessen Gefühle würden noch negativer. Wer in positiver Stimmung sei, dessen Gefühle würden positiver (vgl. dazu Blumer et al. 1967: 57, Herha o.J.:5, Hasse und Waldmann 1971:413). Selbsttherapeutische Motive wären aus dieser Sicht für das Drogenerleben ungünstig. Daß diese Annahme in gewissem Maße mit der Realität in Einklang steht, dafür hatte unsere Analyse des Erstgebrauchs bereits Indizien erbracht: Jugendliche mit Problemmotiven machen unter den Befragten mit spezifischer Konsummotivation nicht häufiger, sondern seltener subjektiv angenehme Drogenerfahrungen.

Tabelle 20 Vorherrschende Stimmung beim Drogengebrauch nach Zeitpunkt des letzten Konsums (in Prozent)

Vorherrschende Stimmung	Letzter Konsum: Innerhalb der letzten 6 Monate	Letzter Konsum: Mehr als 6 Monate her	Insgesamt
Schlechte Stimmung	10	12	11
Langeweile	3	3	3
Gute Stimmung	29	21	26
Keine besonderen Anlässe	58	61	60
	100	100	100
(N=)	(401)	(263)	(664)

Frageformulierung: "Bei welchen Anlässen nahmen (nehmen) Sie vorwiegend Rauschmittel ein?" Antwortkategorien: Wenn ich in einer besonders schlechten Stimmung war (bin) und in eine angenehme Stimmung kommen wollte (will) - wenn ich mich langweile - es gab (gibt) stimmungsmäßig keine besonderen Anlässe, d.h. ich bin mal in guter Stimmung und mal in schlechter Stimmung.

So wenig wie das "Pathologische Erklärungsmodell" eine Bestätigung findet, so wenig erfährt sie Hirschis Kontrolltheorie. Nach dieser Theorie müßte sich das Verhältnis zu Elternhaus und Schule in direkter Weise auf die Delinquenz auswirken. Dies ist im Pfadmodell jedoch nicht erkennbar. Wenn seitens der Eltern ein Einfluß ausgeübt wird, dann indirekt und im Sinne des erweiterten Modells der differentiellen Assoziation: über den Kontakt mit Konsumenten im Freundeskreis und die Definitionen des Drogengebrauchs. Der totale kausale Effekt des Elternhauses auf die abhängige Variable wird vollständig darüber vermittelt (vgl. auch Tabelle 21). Hätten wir keine Ausdifferenzierung im Rahmen eines Pfadmodells vorgenommen, so wäre dieser Tatbestand nicht sichtbar geworden. Denn solange die alternativen Pfade der anderen Theorien ausgeklammert bleiben, wie in der herkömmlichen Praxis der Kontrolltheorieprüfung (siehe u.a. Hirschi 1972, Hindelang 1973, Wiatrowski 1981), mußte Hirschis Theorie bestätigt werden. Solange der delinquente Freundeskreis und der Definitionsteil nicht explizit in das Modell aufgenommen werden, erscheint der darüber vermittelte Einfluß der Eltern als direkter Effekt.

Am brauchbarsten erweist sich im Fall der Konsumenten einmal mehr die Theorie der differentiellen Assoziation in der leicht modifizierten Form. Daß bei der Vermittlung über die Drogendefinitionen nur noch die negativen Drogenwirkungen einen Einfluß ausüben, ändert daran nichts. Der Befund könne ein Zeichen dafür sein, daß die Definitionen je nach Phase der Drogenkarriere ein unterschiedliches Gewicht haben: die Nichtkonsumenten bedürfen über die Negierung negativer Drogenwirkungen hinaus eines Anreizes über die Wahrnehmung positiver Wirkungen, um Interesse für den Konsum zu entwickeln. Die Konsumenten dagegen haben schon hinreichend diese Anreize umgesetzt. Was als Problem für sie bleibt und mit steigender Konsumerfahrung eher an Bedeutung gewinnt, sind die Schäden, die sich bei fortgesetztem Konsum einstellen könnten. Wer an eine Gefährdung glaubt, der ist offenbar auch seltener zur Fortsetzung bereit. Wer eine Gefährdung negiert, sieht sich eher dazu in der Lage. Genau dies hatte Howard Becker in seinem Erklärungsmodell erwartet, als er schrieb: die Vorstellungen über die negativen Wirkungen des Konsums stellen ein Mittel sozialer Kontrolle dar. Sie müssen überwunden werden, bevor es zum fortgesetzten Gebrauch kommen kann (Becker 1973:73).

4.3 Ein erweitertes Modell von Einflüssen auf den Drogengebrauch

Sutherlands Theorie differentieller Assoziation fand (in modifizierter Form) in unseren Analysen die größte Stützung. Doch wie sicher können wir sein, hier ein empirisch hinreichend abgesichertes Ergebnis kausaler Beziehungen vorzufinden? In unserer bisherigen Interpretation des Zusammenhangs zwischen Freundeskreis und Drogengebrauch gingen wir davon aus, daß der Freundeskreis den Konsum bestimmt und nicht umgekehrt. Entsprechend sind wir bei der Pfadanalyse verfahren und haben dem eigenen Konsum den Konsum der Freunde kausal vorgeschaltet. Nun ist diese Anordnung sicherlich nicht

Tabelle 21 Effektzerlegung: Kausaler Einfluß der Elternbeziehung auf die Konsumerfahrung unter Konsumenten

Direkter Effekt	-
Indirekter Effekt	
via Freundeskreis direkt	.048
via Freundeskreis und Definitionen	.020
via Definitionen	.036
via Frustrationen	-
Totaler kausaler Effekt	.104
Indirekt korrelierter Effekt	.033
Bivariate Korrelation	.137

die einzig denkbare. Die Personen, mit denen Kontakt besteht, sind in bestimmtem Umfang immer auch selbst gewählt. Bereits Emile Durkheim wies darauf hin, daß Kontakte selektiv sind und eine Neigung besteht, mit Personen gleicher Orientierung engere Kontakte einzugehen (Durkheim 1964:54, 102). Aus Untersuchungen über die Bildung interpersonaler Beziehungen ist zudem bekannt, daß solche Personen als Interaktionspartner präferiert werden, mit denen Ähnlichkeiten auf der Einstellungsebene bestehen (vgl. Newcomb 1961, Berscheid und Walster 1969, Wienold 1972). Einstellungshomogenität in der primären Umwelt schafft subjektive Gewißheit und entlastet im Alltag.

Zwei weitere Momente kommen im vorliegenden Fall hinzu: Das erste erwächst aus der Tatsache, daß sich die Drogenkonsumenten zu Beginn der Drogenwelle in gewissem Maße als eine Art kulturelle Avantgarde verstanden und gegenüber der "normalen" Umwelt abgrenzten. Derartige Abgrenzungsversuche haben, wie Howard Becker am Beispiel von Jazzmusikern gezeigt hat, verstärkten Binnenkontakt unter Gleichgesinnten zur Folge (Becker 1973:95ff). Der Zusammenschluß aus dem Gefühl, Avantgarde zu sein, sinkt vermutlich erst in dem Moment, wo der Konsum an Attraktivität verliert. Sobald er keine Neuerung mehr darstellt, von der eine Faszination ausgeht, kommt es zum Prozeß der Veralltäglichung. Die Konsumenten sind dann weniger als früher bemüht, andere Personen zum Konsum zu überreden und mit Gleichgesinnten enge Kontakte zu pflegen.

Der zweite Grund für eine überproportionale Neigung zum Kontakt mit Konsumenten resultiert aus dem Tatbestand, daß der Drogengebrauch eine Abweichung von gesellschaftlichen Normen bedeutet. Die subjektive Definition von Wirklichkeit wird durch die Gesellschaft in Frage gestellt; eine kontinuierliche und intensive Zufuhr negativer Definitionen durch die Umwelt ist vorherbestimmt.[1] Die beste Strategie, sich positive Defintionen zu verschaffen und negative zu vermeiden, besteht in einer Änderung des Freundes- und Bekanntenkreises: indem mit Personen Kontakt eingegangen wird, die das gleiche Verhalten wie der Akteur zeigen und Personen mit anderen Einstellungen und Verhaltensweisen gemieden werden, wird eine Abstützung des eigenen Verhaltens vollzogen (vgl. dazu

---

1 Vielleicht läßt sich dieser Aspekt der von außen herangetragenen negativen Definitionen und ihrer Folgen am besten über die kognitive Dissonanztheorie Festingers (1957) begreifen: das Handeln ist danach in Definitionen von Realität ("Kognitionen") eingebettet, die aus "konsonanten" und "dissonanten" Elementen bestehen. (Man könnte synonym - in Anlehnung an Sutherlands Terminologie - auch von positiven und negativen Realitätsdefinitionen sprechen). Konsonant sind diejenigen, die in Übereinstimmung mit dem Handeln sind; dissonant sind jene, die in Widerspruch dazu stehen. Erstrebt ist ein Zustand, bei dem die konsonanten Kognitionen überwiegen und die Dissonanzen minimal sind. Mehrere Möglichkeiten existieren, diesen Zustand herzustellen. Sie reichen von einer Abschottung gegenüber den dissonanten bis hin zur zusätzlichen Aufnahme konsonanter Definitionen. Der Unterschied der Festingerschen Konzeption zu Sutherland besteht darin, daß letzterer die kognitive Situation vor der Entscheidungssituation betont, Festinger die Situation danach. Es spricht jedoch prinzipiell nichts dagegen, die grundlegenden Elemente der Festingerschen Theorie auch auf die Entscheidungssituation selbst "vorzuverlegen" (siehe Frey 1978).

auch Festinger und Aronson 1970:130). Die Neigung zum Zusammenschluß mit Devianten und die moralische Empörung über eben diese Abweichung stellen aus dieser Sicht zwei Seiten der gleichen Medaille dar. Personen mit abweichendem Verhalten bedürfen in überproportionalem Maße sozialer Unterstützung, um ihre Devianz fortzusetzen. Und je stärker die Abweichung, desto größer die Notwendigkeit dieser Stützung (Reuband 1971:560).

Wenn letztere Interpretation zuträfe, hieße es: die Neigung zum Zusammenschluß kann durch Legalisierung von Cannabis allenfalls reduziert, nicht jedoch aufgehoben werden. Dies übersehen vor allem jene Autoren, die meinen, die Drogensubkultur würde sich allein auf die Tatsache der Illegalität und die Schwierigkeiten des Drogenzugangs gründen (so z.B. Freeland und Campbell 1973:318, Johnson 1973:68, Glass zit. nach Duncan 1975:193). Die sozial bedingte Notwendigkeit des Zusammenschlusses würde nach unserer Konzeption erst entfallen, wenn das Verhalten nicht mehr in der Gesellschaft als abweichend gälte. Doch würde dies gleichzeitig dem Verhalten den Nimbus der Abweichung nehmen und es gesellschaftlich akzeptabel machen.

Wie stark die Neigung zur Selektion Gleichgesinnter und wie stark im Vergleich dazu die Sozialisationswirkung ist, wissen wir nicht. Sozialisationseffekte werden am Anfang der Drogenkarriere einen größeren Stellenwert haben als später, und Selektionsprozesse werden im Verlauf des Drogenkonsums an Bedeutung gewinnen.[1] Je weiter jemand in der Devianz fortschreitet, desto größer der Grad der Abweichung, desto größer die Dissonanzen, die der Bewältigung bedürfen. Doch wie hoch man auch die Selektionseffekte ansetzen mag, die Sozialisationseffekte bleiben als Einflußgrößen bestehen. Der Kontakt zu Konsumenten geht nach verschiedenen Studien sowohl dem Einstieg in die Drogenkarriere als auch dem Umstieg auf andere Drogen wie Heroin voraus. Und er ist nicht oder nur in Teilen Folge einer bereits positiven Einstellung zu derjenigen Droge, die als nächstes genommen wird (vgl. u.a. Sadava 1973:376ff., Jessor 1975:288, Smith und Fogg 1978:281, Brook et al. 1980:140, Berger et al. 1980:82).

Was folgt aus diesem Tatbestand wechselseitiger Beziehungen für unsere Untersuchung? Solange man sich auf die Konsumenten beschränkt und das Ausmaß der Konsumerfahrung zur abhängigen Variable macht, sind bei einem rekursiven Modell Mehrdeutigkeiten in

---

1 Die Versuche einer Bestimmung von Sozialisations- und Selektionseffekten haben in dieser mangelnden Differenzierung ihre Defizite. So nimmt D. Kandel (1978) zwar eine Analyse auf der Basis eines Panels vor, unterscheidet jedoch nicht nach Phase der Drogenkarriere. Dies geschieht ebenfalls nicht bei B. Johnson, der im Rahmen einer Querschnittstudie mit retrospektiven Fragen arbeitet (Johnson 1973:66). Zu Hinweisen für die Neigung zur Umstrukturierung des Freundes- und Bekanntenkreises mit steigendem Konsum siehe die Angaben aus Querschnittstudien bei Cohen 1972:45, Wendiggensen 1972:49, Cheek et al. 1973: 336, Fisher 1974:49, siehe auch Staats 1977:445.

der Kausalität nicht völlig zu vermeiden.[1] Das Problem der zeitungleichen Messung wiegt besonders schwer: Die ermittelten Einstellungen und Verhaltensweisen beziehen sich auf die Gegenwart, die ermittelte abhängige Variable zum Teil auf die Vergangenheit. Man kann dieses Problem durch Beschränkung auf die aktuellen Konsumenten zu reduzieren versuchen: Die zeitliche Distanz zwischen unabhängiger und abhängiger Variable wird durch dieses Vorgehen minimiert. Man kann das Problem aber auch dadurch zu verringern trachten, daß man nicht den Konsum, sondern (ähnlich wie zuvor bei den Nichtkonsumenten) die Konsumbereitschaft zum Maßstab erhebt: das zukünftige Verhalten ist dem Verhältnis zu Elternhaus, Schule oder Freunden kausal nachgeordnet.

Im Rahmen der folgenden Prüfung wählen wir beide Vorgehensweisen: Wir beschränken uns auf Befragte, die innerhalb der letzten sechs Monate Drogen nahmen, und wir beziehen bei ihnen zusätzlich zur Konsumerfahrung die Konsumbereitschaft mit ein. Unser neues Pfadmodell umfaßt als Ausgangsbasis damit das zuvor beschriebene Pfadmodell für Konsumenten, ergänzt um einen Modellteil, der sich auf die Einführung der Konsumbereitschaft als weitere Variable gründet. Die Konsumbereitschaft wird hierbei sowohl als eine Ursache zukünftigen Konsums als auch als eine Folge des bisherigen Gebrauchs begriffen: Wer über einen längeren Zeitraum Drogen genommen hat und positive Erfahrungen macht, der wird durch den Akt des Konsums in seinem Verhalten bekräftigt werden. Gleichzeitig wirkt die derart bekräftigte Konsumbereitschaft auf das weitere Verhalten ein. Da wir hier die Realisierung der Konsumbereitschaft in der Zukunft nicht erfassen können, muß der Folgeaspekt im zu testenden Pfadmodell ausgeklammert bleiben. Entsprechend wird im Modell die Konsumbereitschaft der Konsumerfahrung kausal nachgeordnet.

Die Ergebnisse der Analyse sind in Abbildung 13 zusammengefaßt. Gegenüber dem vorherigen Modell, das ehemalige und aktuelle Konsumenten als Basis hat, sind in der Struktur der Beziehungen nur unwesentliche Änderungen feststellbar: Der zuvor schon schwache Pfad vom Elternhaus auf die Negativdefinition fällt fort. Dafür gibt es nun einen - wenn auch schwachen - direkten Einfluß des Elternhauses auf die Konsumbereitschaft. Der bei den Nichtkonsumenten noch feststellbare Effekt über den Definitionsteil auf die Konsumbereitschaft entfällt (siehe zusammenfassend auch Tabelle 22). Offenbar gewinnt das Verhältnis zu den Eltern, wie letzterer Befund andeutet, mit dem Eintritt in die Drogenkarriere als eigenständige Einflußgröße an Bedeutung.

---

1 Nichtrekursive Pfadmodelle, welche wechselseitige Prozesse zulassen, sind in unserem Fall praktisch nicht testbar. Wollte man die Wechselwirkungen im Rahmen einer Querschnittstudie in Form eines nichtrekursiven Modells modellieren, käme man schnell in methodische Probleme der Identifizierbarkeit. Man müßte nicht nur für den Freundes- und Bekanntenkreis Wechselwirkungen zulassen, ähnlich müßte man vermutlich mit anderen Variablen umgehen. Die Zahl verfügbarer Informationen wäre für diese Schätzungen zu gering.

Abb. 13: Pfadmodell der Konsumbereitschaft unter aktuellen Konsumenten (standardisierte Pfadkoeffizienten)

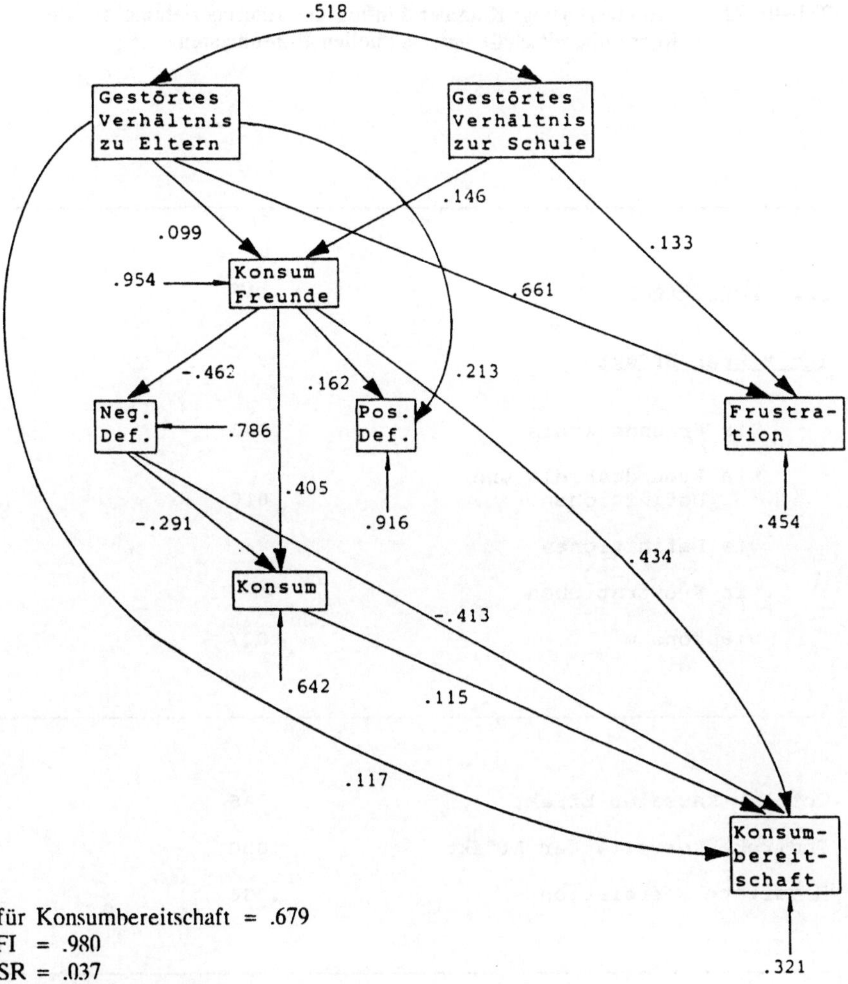

R^2 für Konsumbereitschaft = .679
AGFI = .980
RMSR = .037
Kein Residuum über .10
N zwischen 299 und 417

Korrelationsmatrix als Tabellen 37 und 38 in Anhang 2

Tabelle 22 Effektzerlegung: Kausaler Einfluß der Elternbeziehung auf die Konsumbereitschaft unter aktuellen Konsumenten

Direkter Effekt	.117
Indirekter Effekt	
via Freundeskreis	.043
via Freundeskreis und Definitionen	.019
via Definitionen	-
via Frustrationen	-
via Konsum	.007
Totaler kausaler Effekt	.186
Indirekt korrelierter Effekt	.050
Bivariate Korrelation	.236

Was die konkurrierenden Erklärungsmodelle angeht, so erweist sich der "Pathologische Erklärungsansatz" erneut als nicht haltbar: Frustrationserlebnisse wirken weder auf die Häufigkeit des Konsums noch auf die Konsumbereitschaft ein. Das soziokulturelle Lernmodell, exemplifiziert in Sutherlands Theorie der differentiellen Assoziation, erweist sich - wiederum in der leicht modifizierten Form, die dem Freundes- und Bekanntenkreis einen hohen direkten und dem Definitionsteil einen untergeordneten Einfluß einräumt - als überlegener.

5. Ergebnisse der Prüfung im Kontext ausländischer Studien

Die verschiedenen Theorien, die den Ausgang unserer Prüfung bildeten, sind durch unsere Analysen in unterschiedlichem Maße bestätigt worden. Der "Pathologische Erklärungsansatz" findet in den von uns untersuchten Modellen am wenigsten Stützung. Besonders dort, wo man ihm einen hohen Stellenwert eingeräumt hat - unter den Konsumenten -, ist kein Effekt erkennbar. Hirschis Kontrolltheorie findet mit den hier berücksichtigten Variablen ebensowenig eine Bestätigung. Demgegenüber hat sich Sutherlands Assoziationstheorie in der modifizierten Form bewährt, die dem Freundes- und Bekanntenkreis über den indirekten Einfluß via dem Definitionsteil hinaus einen direkten Einfluß einräumt.

Schließlich hat sich ebenfalls die übrige von uns vorgenommene Spezifikation und Erweiterung der Sutherlandschen Theorie als sinnvoll erwiesen, wenngleich nicht bei allen Variablen in gleichem Maße. Zugleich wurde deutlich, daß die neu postulierten Variablen nicht in jeder Phase der Drogenkarriere gleichermaßen wichtig sind. Offenbar gibt es Unterschiede je nach abhängiger Variable und untersuchter Phase der Drogenkarriere - ein Befund, den wir von vornherein als Möglichkeit eingeräumt hatten, Beckers Konzeption der sozialen Karriere entspricht und den wir mit unserer Differenzierung auch untersuchen wollten.

Die im Rahmen unserer verschiedenen Prüfungen herangezogenen Variablen erweisen sich als erklärungskräftig. Bei den Nichtkonsumenten beträgt die erklärte Varianz für die Konsumbereitschaft, ausgedrückt in r^2 .38, bei den aktuellen Konsumenten gar .68. Vielleicht liegt ein Grund für die höhere erklärte Varianz unter den aktuellen Konsumenten - von möglichen methodischen Ursachen einmal abgesehen[1] - vor allem in dem subjektiv engeren Bezug von Fragen zur Konsumbereitschaft: Für Konsumenten haben die Fragen zur Konsumbereitschaft einen weniger abstrakten Charakter, sie sind in eigene Erfahrung eingebettet. Geht man davon aus, daß Fragen mit geringerem persönlichem

---

1 Man könnte z.B. die Operationalisierung für die Konsumbereitschaft für das Muster verantwortlich machen und bei den Nichtkonsumenten höhere Meßfehler unterstellen. Nur ist gerade bei Nichtkonsumenten durch Einsatz von drei statt zwei Indikatoren die Situation eher besser als schlechter.

Bezug zu weniger auskristallisierten Meinungsäußerungen führen (siehe Converse 1964), dann könnte der beschriebene Befund bedeuten: wo sich jemand wenig Gedanken über einen Sachverhalt gemacht hat, sind die Einstellungen weniger stabil und die Erklärungskraft der Variablen schwächer als bei jemandem, bei dem aktuelle Bezüge aktiviert werden.

Vielleicht das wichtigste Ergebnis der Analyse ist die Stärke des direkten Effektes, der vom Freundes- und Bekanntenkreis auf die Delinquenz und Delinquenzbereitschaft (in Form des Drogengebrauchs) ausgeht. Sie überragt die Stärke des Definitionsteils um ein Vielfaches. Gegenüber jenen Untersuchungen aus den USA, die ebenfalls in direkte Effekte des Freundes- und Bekanntenkreises unterscheiden und indirekte über den Definitionsteil (aus der Bundesrepublik gibt es keine vergleichbaren Studien), weist unsere Untersuchung Gemeinsamkeiten als auch Unterschiede auf: Gegenüber den Arbeiten, die ebenfalls einen direkten Effekt des Freundeskreises auf die Devianz feststellen, liegen unsere Werte im Schnitt etwas niedriger.[1] Sieht man einmal von der Möglichkeit ab, daß sich Amerikaner konformer gegenüber den Personen ihrer Umwelt verhalten (siehe Riesman 1961, Hofstätter 1965:66, Devereux 1970:355), so scheint uns dieser Unterschied primär methodisch bedingt: Die amerikanischen Untersuchungen erfassen die abhängige Variable von der Konformität bis zur Nonkonformität mit ihrer unterschiedlichen Häufigkeit der Begehung, während wir lediglich die Variationen der abhängigen Variablen <u>innerhalb</u> der Kategorie für Konformität oder Nonkonformität zu erklären versuchen. Wir bestimmen die Binnengruppenvarianz. Die anderen Studien ermitteln die Binnen- <u>und</u> Zwischengruppenvarianz, die nicht nur durch die motivationalen, sondern auch die situativen Einflüsse mitbestimmt wird. Durch die Beschränkung auf die Binnengruppenvarianz bleiben in unserer Analyse die zusätzlichen, verstärkenden Effekte der situationsspezifischen Gelegenheitsstruktur - wie sie durch den Freundeskreis mitrepräsentiert wird - ausgeklammert, der Pfadkoeffizient muß notwendigerweise niedriger ausfallen.

Den Untersuchungen, die einen direkten Effekt des Freundeskreises erbringen, stehen in den USA andere entgegen, bei denen der direkte Einfluß des Freundeskreises gegenüber

---

1 So beläuft sich der direkte Effekt in den Untersuchungen von Jaquith (1981:276), Massey und Krohn (1986:153) sowie Johnson et al. (1987) auf Werte zwischen .52 und .56. Lediglich die Untersuchung von Richard E. Johnson (1979:99) erbringt mit einem Koeffizienten von .36 einen Befund, der dem unsrigen vergleichbar ist. Ob der etwas niedrigere Wert in seiner Untersuchung auf die spezifische und im einzelnen diskutierbare Indexbildung zurückgeht - summiert werden relativ heterogene Angaben über die besten Freunde (vgl. Johnson 1979:146f.) - oder andere Gründe hat, sei dahingestellt. Die Tatsache, daß unterschiedliche Delikte den Maßstab bildeten, kann jedenfalls nicht die Ursache für die Unterschiede zwischen den amerikanischen und unserer Untersuchung sein: zu den zitierten amerikanischen Untersuchungen zählen auch welche, die den Drogenkonsum zur abhängigen Variablen machen und mit unserer Analyse vergleichbar sein müßten. Da wir standardisierte Variablen vergleichen, wäre es theoretisch natürlich andererseits auch denkbar, daß die feststellbaren Unterschiede zwischen den Untersuchungen weniger in unterschiedlichem Einfluß der Variablen als unterschiedlicher Varianz liegen. Ein Vergleich unstandardisierter Variablen ist wegen der unterschiedlich gewählten Form der Operationalisierung und Metrik hier jedoch nicht möglich.

dem Einfluß des Definitionsteils verblaßt oder verschwindet. So weist die Untersuchung von Matsueda (1982) sowie Matsueda und Heimer (1987) die stärksten Effekte nicht beim Freundeskreis, sondern bei den Definitionen aus. In der Untersuchung von Richard Tittle und Mitarbeitern entfällt der direkte Einfluß sogar vollends (Jackson et al. 1986, Tittle et al. 1987).

In allen diesen Fällen glauben wir, daß die Methodik der Analyse für diese Befunde verantwortlich ist. Während die Arbeiten, die einen eigenständigen Effekt des Freundeskreises feststellen, diesen über die absolute Zahl oder den relativen Anteil delinquenter Freunde operationalisieren (siehe z.B. Jensen 1972b:566, Jaquith 1981:275, Johnson et al. 1987:411), macht Matsueda seine Operationalisierung an der Zahl polizeilich erfaßter Freunde fest (Matsueda 1982:501, Matsueda und Heimer 1987:837). Die Zahl polizeilich erfaßter Jugendlicher aber wird immer nur einen Teil aller Delinquenten repräsentieren (vgl. u.a. Hood und Sparks 1970:20ff., Reuband 1982:129ff.). Entsprechend mag selbst bei gleicher Delinquenzbelastung der Freunde der Anteil der polizeilich auffälligen Freunde von Befragten zu Befragten variieren und so der Stellenwert der delinquenten Freunde für das eigene Handeln vermutlich unterschätzt werden.

Erschwerend kommt bei Matsueda hinzu, daß sich der Definitionsteil durch besonders niedrige Ladungen der Indikatoren im LISREL-Meßmodell auszeichnet (vgl. Matsueda 1982:502, Matsueda und Heimer 1987:839). Schlechte Meßmodelle dieser Art aber bewirken eine Inflationierung der Strukturparameter (Jagodzinski 1984) - der Einfluß des Definitionsteils wird künstlich "aufgebläht". In dieser Kombination von Unterschätzung des Freundeskreises und Überschätzung des Definitionsteils in seinen Konsequenzen für die Delinquenz mag das atypische Ergebnis dieser Studie seine Ursache haben.[1]

In der Untersuchung von Jackson, Tittle und anderen (Jackson et al. 1986), in der sich überhaupt kein direkter Effekt des Freundeskreises auf die Delinquenz findet, ist der Grund vermutlich ebenfalls primär ein methodischer. Er erwächst aus der künstlichen Trennung von Variablen, die im Prinzip das gleiche messen. Als Maß für Delinquenz nehmen die Autoren die geäußerte Bereitschaft zur Delinquenz: Gefragt wird nach der Wahrscheinlichkeit, mit der der Befragte - eine hohe Devianzbereitschaft vorausgesetzt - diese in Handlung umsetzen würde. Vorgeschaltet wird im Modell eine Variable, die als Motivationsvariable bezeichnet wird. Die Motiv- und die Delinquenzvariable aber stellen

---

1 Wir werden in dieser Annahme durch eine neuere Analyse von Matsueda und Heimer (1987) bekräftigt, die zeigt, daß der Effekt des Definitionsteils bei den schwarzen Befragten am höchsten ist - gerade dort aber auch das Meßmodell für den Definitionsteil am schlechtesten ist.

wahrscheinlich nur zwei Indikatoren für den gleichen Sachverhalt dar.[1] Rückt man diese Fehlperzeption zurecht und berücksichtigt die übrigen Variablen in dieser Arbeit, so werden unsere bisherigen Aussagen eher bekräftigt als geschwächt. Was sich - analog unserer Erhebung zur Konsumbereitschaft - in dieser Studie dann sehr wohl zeigt, ist ein direkter Effekt des Freundes- und Bekanntenkreises auf die "Motivation" für Devianz (die unseres Erachtens nichts anderes als ein anderer Indikator für den gleichen Sachverhalt ist): mit einem Wert, der bei den verschiedenen Delikten im Schnitt bei .48 liegt (Jackson et al. 1986:348).

Damit deutet sich für die USA ein prinzipiell ähnliches Muster sozialen Einflusses auf den Drogenkonsum wie in der Bundesrepublik an. Auch wenn in den USA die Drogensituation etwas anders sein mag als in der Bundesrepublik und anderen westlichen Industrienationen - eine lange Tradition in der Verbreitung von Heroinabhängigkeit in Minoritätsgruppen einerseits, eine weitaus höhere Verbreitung von Cannabiserfahrung unter Jugendlichen andererseits -, scheinen es doch die gleichen Variablen zu sein, welche das Verhalten maßgeblich prägen: repräsentiert einerseits durch den Freundes- und Bekanntenkreis, andererseits (in schwächerem Maße) durch die Definition des jeweiligen abweichenden Verhaltens.

Die herausgehobene Stellung interpersonaler Kontakte für die Genese der abweichenden Karriere hat gewichtige theoretische Konsequenzen: das "Pathologische Erklärungsmodell", ohnehin in seiner Erklärungskraft höchst brüchig, ist durch ein soziokulturelles Lernmodell zu ersetzen, nach dem die Abweichung und ihre Begründung von anderen Personen erlernt wird. Mag auch der Griff zur Droge an den Normen der Erwachsenenwelt oder der Jugendlichen gemessen eine Abweichung von den vorherrschenden Normen repräsentieren - bezogen auf die primäre Umwelt, mit der der Deviante engen und kontinuierlichen Kontakt hat, ist sein Handeln oder seine Bereitschaft dazu so abweichend nicht. Es scheint stärker einen Akt der Konformität mit dieser Umwelt als einen Akt der Abweichung zu repräsentieren.

Aus dieser Sicht ist Abweichung innerhalb einer Gesellschaft relativ: Sie wird es erst unter Bezug auf den Kontext, den man beim Vergleich anlegt. Gesamtgesellschaftliche

---

1 In beiden Fällen wird die Stärke der Devianzbereitschaft erfaßt - einmal von Situation zu Situation, das andere Mal in der Situation selbst. Beides dürfte voneinander nicht unabhängig sein und der Zusammenhang zwischen beiden Maßen ist so denn auch recht eng: Der Pfad, der Motivation und Devianzbereitschaft verbindet, liegt über die einzelnen Delikte hinweg im Schnitt bei einem Wert von .70. Die Frageformulierung zur Messung der Devianzmotivation lautet: "There are a lot of things that people would like to do, even though they might not do them, for one reason or the other ... I'd like you to tell me whether you would like to do these things almost always, a lot of the time, once a while or never". Die Frage zur Delinquenz lautet: "Imagine you were in a situation tomorrow where you had an extremely strong desire or need (commit deviant act). Show me the step that tells what the chances are that you would actually (do deviant act)". Als Antwort stand eine Fünfpunkteskala zur Verfügung von "almost no chance" bis "excellent chance".

Abweichung schließt auf seiten des Individuums Konformität mit der subjektiv relevanten Umwelt der Gleichaltrigen nicht aus. Allerdings - so zeigt unsere Untersuchung sowohl der Erstsituation als auch des fortgesetzten Konsums ebenfalls - ist die Konformität mit der Umwelt kein bloßer Akt der Anpassung. Sie stützt sich auf eine Weckung der Motivation, die durch das von den Interaktionspartnern ausgeübte Verhalten und deren Begründung vermittelt wird. Die Konformität mit der Umwelt ist eine konsensuelle und keine durch bloßen Gruppendruck erzwungene.

KAPITEL VII

STABILISIERUNG VON ABWEICHUNG DURCH LABELING PROZESSE? KONSEQUENZEN DER AUFFÄLLIGKEIT

1. Grundannahmen des Labeling Ansatzes

1.1 Konsequenzen der Polizeiauffälligkeit

Abweichendes Verhalten - zumal, wenn es von den praktizierenden Akteuren nicht als verwerflich, sondern gar als sinnvolles Verhalten verstanden wird - nimmt in seiner Sichtbarkeit gegenüber der sozialen Umwelt einen ambivalenten Status ein. Es wird sichtbar gemacht, der Akteur brüstet sich womöglich gar damit, und hält es gleichzeitig geheim. Handelt es sich wie beim Drogengebrauch nicht nur um abweichendes, sondern gleichzeitig um ein Verhalten, das rechtlich unter Strafandrohung steht, so ist die durch Sichtbarkeit hervorgerufene Gefährdung besonders groß: Wer Drogen nimmt, riskiert nicht nur, seitens seiner Umwelt mit Mißachtung und anderen Sanktionen bestraft zu werden - er riskiert darüberhinaus eine Sanktionierung durch staatliche Instanzen sozialer Kontrolle.

Vor allem diese strafrechtliche Sanktionierung ist der Ausgangspunkt des Labeling Ansatzes. Danach ist die erste Polizeiauffälligkeit der wohl wichtigste Einschnitt, der sich im Laufe einer delinquenten Karriere ergibt. Mußte der Delinquente bisher damit leben, daß sein Verhalten gesellschaftlich als abweichend verstanden wird, so hat sich nun die Situation ergeben, in der eine offizielle Zuschreibung des Etiketts "kriminell" vorgenommen wird. Zum ersten Male werden ihm Konsequenzen angedroht, die sein Leben grundlegend verändern können. Eine der entscheidendsten Stufen in dem Prozeß der Herausbildung eines stabilen Musters abweichenden Verhaltens - so Howard Becker - ist vermutlich die Erfahrung, festgenommen und öffentlich als Abweichler deklariert zu werden (Becker 1973:31).

Zwei grundsätzliche Folgen sieht Becker mit der offiziellen Etikettierung als "kriminell" verbunden. Die erste besteht aus einer Änderung des Fremd- und des Selbstbildes. Eine der wichtigsten Konsequenzen der Auffälligkeit ist der "drastische Wandel in der öffentlichen Identität des Individuums" (Becker 1973:32). Aufgrund seines Handelns wird ihm eine neue Identität zugeschrieben, die alle anderen Formen bisheriger Identität überlagert. Becker zitiert in diesem Zusammenhang die Unterscheidung von Everett C. Hughes zwischen einem "Master Status" und "Auxiliary Status Traits". Kennzeichen des "Master Status" sei es, daß er alle anderen Statusdimensionen überschatte und das Gesamtbild des Individuums nach außen bestimme. Wenn jemand in einer rassistisch orientierten Gesellschaft schwarz ist, dann ist dies der "Master Status", und andere Statusmerkmale -

wie z.B. der Beruf - treten in den Hintergrund. Nach Becker ist die Etikettierung als Abweichler als ein derartiger "Master Status" anzusehen. Dem Etikettierten wird eine generalisierte Haltung zur Abweichung zugeschrieben. Man unterstellt, daß die identifizierte Abweichung Symptom einer Neigung ist, in verschiedenen Verhaltensbereichen gegen Normen zu verstoßen.

Die zweite wichtige Konsequenz polizeilicher Intervention liegt nach Becker in der Veränderung der Gelegenheitsstruktur: Jemanden zu behandeln, als wäre er generell und nicht spezifisch abweichend, schaffe eine sich selbst erfüllende Prophezeiung. Mechanismen werden in Gang gesetzt, die den einzelnen so formen, wie es dem an ihn herangetragenen Image entspricht. Er wird aus den konventionellen Interaktionsbezügen ausgeschlossen. Das mag ihn in einem nächsten Schritt daran hindern, Aufgaben zu erfüllen, die zur Aufrechterhaltung der Konventionalität in anderen Bereichen nötig sind. Die Vernetzung sozialer Lebensbezüge nicht nur auf der Personen-, sondern auch auf der Rollenebene verschlechtert darüberhinaus noch seine Situation: Wer einige Rollen nicht mehr ausüben kann, für den wird zum Teil auch die Partizipation in anderen Rollen unmöglich. Wer seinen Beruf verliert, wird in die Marginalität gedrängt; er muß sich über illegale Kanäle das verschaffen, was er benötigt (Becker 1973:35).

Beckers Postulate konstituieren den Grundstock des Labeling Ansatzes, der sich im Laufe der 60er Jahre entfaltet. Veränderungen des Selbstbildes und Beschneidung der Handlungschancen bleiben die beiden am häufigsten thematisierten Folgen der Etikettierung (vgl. auch Gove 1975:13, Rüther 1975:41ff., Williams 1976:7ff., Knutsson 1977:43). Was sich ändert, ist zum Teil die Akzentuierung. Bei Becker ist die Veränderung des Selbstbildes in die alltagsweltlichen Bezüge eingebettet. Die nachfolgenden Darstellungen betonen stärker die Auswirkungen des Kontaktes mit Instanzen sozialer Kontrolle. Es ist mehr oder minder zur üblichen Deutung geworden, im Kontakt mit den formalen Instanzen sozialer Kontrolle den "einzigen oder zumindest den einzig wichtigen Kontext" zu sehen, in dem negative Etikettierungsprozesse stattfinden (Kobrin 1976:244).

Was den staatlichen Behörden die gewichtige Komponente verleiht, ist deren offizieller Charakter, der die Zuschreibung subjektiv beeindruckend, unabwendbar und in den Konsequenzen irreversibel erscheinen läßt (so z.B. Peters 1973:22). David Matza spricht von einem Schockcharakter der Begegnung und meint: "Wenn das Subjekt von einem solchen Machtangebot (wie den Instanzen sozialer Kontrolle) in die Zange genommen wird, beginnt es in der Tat, seinen abweichenden Aktivitäten größere Bedeutung und größeren Ernst zuzuschreiben" (Matza 1973:177). Der Beschuldigte wird zur zentralen Figur in einem "Drama" - zu einem "Sündenbock", den man nicht nur für das verdammt, was er getan hat, sondern für alles Übel, das man Kriminellen im allgemeinen zuschreibt (Schrag 1971:90, Glaser 1975:84). In der Diskrepanz zwischen "sanktionsmächtiger Fremddefinition" und Selbstbild erwachse schließlich eine Reorganisation des Selbst in Richtung auf die Fremddefinition. Der einzelne übernimmt das ihm zugemutete Etikett und handelt von nun an ihm gemäß (Keckeisen 1974: 39).

Was sich mit der Ausbreitung des Labeling Ansatzes aufgrund von Fehlinterpretationen der Beckerschen Aussagen, z.T. aber auch aufgrund entsprechender Äußerungen anderer Labeling-Theoretiker (so z.B. bei Erikson 1971:38), weiterhin ändert, ist die unterstellte Zwangsläufigkeit, mit der sich die Etikettierung auf das Verhalten auswirkt. Für Becker gilt noch das Moment der Wahl unter jeweils variablen Randbedingungen. Wahlmöglichkeiten sind für ihn mal stärker und mal schwächer vorhanden. Eine Verfestigung der Abweichung sieht er vor allem dann nicht als notwendige Folge an, wenn der Delinquent zum ersten Mal festgenommen wird und dies auf einer Stufe seiner Karriere geschieht, in der er noch zwischen verschiedenen, alternativen Handlungslinien wählen kann. Das erste Mal mit der drastischen Konsequenz seines Handelns konfrontiert, mag er sich dafür entscheiden, zur Konformität zurückzukehren. Wenn er den richtigen Schritt wählt, werde er in den konventionellen Kreis der Gesellschaft wieder aufgenommen werden. Aber wenn er den falschen Weg beschreitet, werde er zurückgewiesen werden, und ein Zyklus sich steigernder Devianz wird die Folge sein (Becker 1973:37).

In der sich ausbreitenden vorherrschenden Version des Labeling Ansatzes (und hier besonders im deutschsprachigen Raum, siehe Haferkamp 1974:63, Stallberg 1975:169) wird demgegenüber stärker die Zwangsläufigkeit der Entwicklung betont. Diese Sichtweise führt in den radikaleren Versionen des Ansatzes schließlich zu Positionen, die Nichtintervention als einzig sinnvolle Reaktion auf Abweichung fordern. Die Stabilisierung von Devianz wird nicht mehr als eine von mehreren Möglichkeiten begriffen, vielmehr wird Intervention von vornherein mit Stabilisierung der Devianz gleichgesetzt. Nichts tun wäre allemal besser als repressiv zu handeln und den devianten Akteur zu bestrafen (vgl. Schur 1973: 155).[1] Daß in dieser Akzentsetzung der Zwangsläufigkeit Grundprinzipien des Symbolischen Interaktionismus verletzt werden, wird von vielen Vertretern dieser Position, die sich z.T. in dieser interaktionistischen Tradition sehen, oft verkannt. Die Wahlmöglichkeiten des Individuums, die geradezu von symbolischen Interaktionen stark betont

---

1 Siehe in diesem Zusammenhang jedoch auch spätere Arbeiten von Schur, die vorsichtiger formuliert sind und betonen, daß man die Bedingungen erst noch erforschen müßte, unter denen Labeling-Prozesse "erfolgreich" verlaufen (Schur 1975:289). Offenbar ist für ihn die Intervention nicht mehr - wie in früheren Arbeiten - eine Maßnahme, die geradezu zwangsläufig zu mehr Delinquenz führt. Radikal, wie er wirkt, ist der Gedanke einer Nichtintervention so neu doch nicht. Bereits der Strafrechtsreformer Franz von Liszt bekundete um die Jahrhundertwende Ähnliches: "Wenn ein Jugendlicher oder ein Erwachsener ein Verbrechen begeht und wir ihn laufen lassen, so ist die Wahrscheinlichkeit, daß er wieder ein Verbrechen begeht, geringer als wenn wir ihn bestrafen (zit. nach Heinz 1985:46).

werden, werden vernachlässigt (ähnlich die Kritik bei Taylor et al. 1973:150, Wiswede 1979:168).[1]

1.2 Zum Stand der empirischen "Bewährung"

Der Labeling Ansatz hat - wie keine andere Theorie abweichenden Verhaltens - innerhalb kurzer Zeit "Furore" gemacht. Er avanciert im Verlauf der 70er Jahre zu einem der am weitesten verbreiteten Ansätze (vgl. u.a. Spector 1976:74, Buchmann und Held 1979:5; siehe dazu auch Cole 1975:212ff.). Die Sicherheit, mit der er in der Literatur immer wieder vertreten wird, steht dabei oft in geradezu umgekehrt proportionalem Verhältnis zu den empirischen Belegen. Wo auf Daten rekurriert wird, werden in der Regel Fallstudien quantitativen Ansätzen vorgezogen - oft mit betont "antipositivistischem" Tenor (vgl. auch Knutsson 1977:67). Als Untersuchungspopulation werden Personen gewählt, die am weitesten in die Delinquenz verstrickt sind und von denen man meint, aus ihren Auskünften die Determinanten von Devianzkarrieren am besten herleiten zu können (siehe etwa Cremer-Schäfer 1987:167).

Daß man sich durch diese Auswahl den Blick für die Abweichung in ihrem breiten Erscheinungsspektrum versperrt, wird nicht gesehen. Wer seinen Ausgangspunkt von Personen nimmt, die in abweichendes Verhalten tief verstrickt sind, der erfaßt in seiner Analyse nur einen Ausschnitt des Gesamtgeschehens. Die Porträts, die er gewinnt, mögen zwar in der nachträglichen Rekonstruktion überzeugend wirken und den Weg in die Devianz als fast zwangsläufig erscheinen lassen - allgemeine Aussagen über die Wirkungen unterschiedlicher Maßnahmen können jedoch daraus nicht abgeleitet werden. Erfaßt werden eben nur jene Personen, bei denen diese Maßnahmen fehlschlugen. Der Anteil derer, bei denen diese Maßnahmen den Weg zurück in die Konformität ebneten, mag weitaus größer sein.[2]

---

1 Aus welchen Gründen auch immer dies geschehen mag - ob aus einer Radikalisierung des Ansatzes heraus oder aus einer Verwechslung makro- mit mikrosoziologischen Aussagen -, sei dahingestellt. Wenn Becker schreibt, die Abweichung konstituiere sich erst durch die gesellschaftliche Definition, ist zunächst einmal eine makrosoziologische Aussage - bezogen auf den jeweiligen Typus des Handelns - getroffen (ähnlich schon Durkheim 1964:71). Nicht notwendigerweise ist damit auch eine mikrosoziologische Aussage gemeint auf der Ebene des Individuums, wie es manche Interpretationen nahelegen (z.B. Schwartz und Stryker 1970:16). Becker erkennt an, daß das Verhalten - an den jeweilig vorherrschenden Normen gemessen - abweichend sein kann. Nur verwendet er hier eine etwas andere Begrifflichkeit und spricht von "rule breaking behavior" (Becker 1973:14).

2 Dies wird von den "Empirikern" des Labeling Ansatzes oft nicht gesehen, aber auch von vielen anderen Autoren nicht, die prinzipiell ähnlich vorgehen. So gründet z.B. Heinz Renn (1984:109ff.) seine Aussagen über die Stabilisierung des Alkoholismus durch negative gesellschaftliche Reaktion auf eine Alkoholismusstudie von A. Legnaro (1968) - die selbst wieder nur auf einer unrepräsentativen Auswahl aller institutionalisierten Alkoholiker basiert. Aus Feldstudien aber wissen wir, daß nur ein Teil aller alkoholgefährdeten Menschen überhaupt derart weit in ihrer Alkoholkarriere fortschreitet (vgl. Room 1985). Womöglich sind die Personen, die sich ohne institutionelle Behandlung des Alkohols enthalten, diejenigen, bei denen die negativen Sanktionen eine konformitätsfördernde Wirkung hatten!

Inzwischen ist es wieder etwas "stiller" um den Labeling Ansatz geworden. Eine gewisse "Lustlosigkeit", weiter systematisch an ihm zu arbeiten, wird vermerkt (Hess und Steinert 1986:3). Seine Attraktivität - so vermuten manche - beginnt zu schwinden (Binder und Geis 1984:316). Ob man freilich in der Soziologie abweichenden Verhaltens schon von einer überwiegenden Ablehnung sprechen kann (so etwa Palamara et al. 1986:90, Albrecht und Karstedt-Henke 1987:317), ist fraglich. Uns scheint, als wäre lediglich die Emphase geschwunden, die so typisch ist, wenn neue Ansätze in die Literatur eingebracht werden.

Wichtige Strömungen des Labeling Ansatzes herrschen besonders im deutschsprachigen Raum weiter vor. Bei vielen Autoren sind seine Annahmen längst Bestandteil ihrer Interpretationsroutinen, bei anderen findet er sich in Form einer "kritischen" Kriminologie vorangetrieben (vgl. Sack 1987:248) oder mündet im "abolitionistischen" Ansatz, für den Strafe ineffektiv und das Strafrecht zugunsten anderer Konfliktregelungsmechanismen ganz abzuschaffen ist (vgl. Scheerer 1984, Smaus 1986). Beide Varianten bauen auf Grundannahmen der Labeling Perspektive auf und radikalisieren sie. So gesehen verbirgt sich hinter der vermeintlichen "Lustlosigkeit" kein Schwund in der Anhängerschaft, sondern eine weitgehende Konstanz mit z.T. neuer Emphase unter verändertem Etikett.

Doch gleichgültig, wie man die gegenwärtige Position des Labeling Ansatzes in der vorherrschenden Kriminologie beurteilen mag - ob man ihn für dominant oder rückläufig erachtet: Man wird kaum die Entwicklung als das Resultat empirischer Auseinandersetzungen begreifen können. Der Aufstieg und die Stagnation des Labeling Ansatzes ähneln eher einer intellektuellen Mode, die einer gewissen Eigendynamik und außerwissenschaftlichen Argumenten folgt.[1] Weder die Protagonisten noch die Kritiker haben in nennenswertem Maße versucht, in systematischer Weise empirisches Material zur Stützung ihrer jeweiligen Thesen heranzuziehen und zu analysieren. Während die einen theoretische Argumentation und illustratives Material mit einer Bestätigung verwechseln, sehen die anderen bereits in der theoretischen Kritik eine hinreichende Widerlegung oder begnügen sich mit Verweisen auf Studien, deren Aussagekraft oft nicht minder zweifelhaft ist.[2] Jeder rekurriert lediglich auf seine eigenen Plausibilitäten. Das eigentliche Potential des Ansatzes erweist sich damit als weitgehend noch nicht ausgelotet (so auch Albrecht und Karstedt-Henke 1987:323);

---

1 Der Aufstieg des Labeling Ansatzes wäre wohl ohne eine Einbindung in gesellschaftliche und politische Reformbestrebungen nicht denkbar gewesen (siehe u.a. Karstedt-Henke 1975:169, Hess und Steinert 1986:4; zur Ausbreitung des Ansatzes innerhalb der Kriminologie siehe insbesondere auch Cole 1975). Doch auch allgemeine Veränderungen innerhalb der Soziologie - hin zu mehr konfliktorientierten Modellen - mögen diese Entwicklung mitbegünstigt haben (siehe Buchmann und Held 1979:6).

2 Typisch für ein derartiges Vorgehen etwa Hagan, der in seiner Diskussion des Labeling Ansatzes in einem Resümee behauptet, er habe in seiner Publikation "zahlreiche" Longitudinalstudien zu diesem Komplex mit negativen Befunden für den Ansatz referiert (Hagan 1987:227). Tatsächlich aber verweist er lediglich auf zwei Studien, die sich überdies auf die Auswirkungen schulischer Reaktionen (Hagan 1987:207) beziehen, nicht auf die Auswirkungen offizieller Kontrollinstanzen, wie sie im Labeling Ansatz im Vordergrund stehen.

an einem "fairen" Test der grundlegenden Aussagen hat es bislang gefehlt (Bazemore 1985:134).

2. Auffälligkeit und ihre Folgen - Befunde bisheriger empirischer Studien zur Polizeiauffälligkeit und offene Fragen

2.1 Konsequenzen der Auffälligkeit für die Delinquenz

Im folgenden wollen wir die Grundannahmen des Labeling Ansatzes überprüfen. Es geht um die Frage, welche Konsequenzen aus dem ersten Kontakt mit der Polizei für die Delinquenz erwachsen. Sich auf die Polizei als Instanz sozialer Kontrolle zu beziehen, hat eine wichtige strategische Bedeutung für die Überprüfung: für die Mehrheit der Labeling Anhänger beginnt die entscheidende Transformation mit dem Eingriff dieser Instanz. Sie ist es, welche den ersten "Filter" im System strafrechtlicher Kontrolle darstellt, die Delinquenz identifiziert und dem Betroffenen das Etikett des Delinquenten zuschreibt. Entsprechend dieser Vorstellung hat sich das Interesse an Selektions- und Labeling-Prozessen in der Vergangenheit zunächst auf ihr Handeln gerichtet - lange Zeit fast nur im Hinblick auf die Selektionsaspekte (siehe z.B. Feest und Blankenburg 1972, Girtler 1980, Landau 1981) und nicht auf die Folgen für den Delinquenten.

Die Mechanismen der Selektionsprozesse auf seiten der Kontrollinstanzen zu erfassen ist in der Tat um einiges leichter, als deren Folgen zu bestimmen: Man kann an den Instanzen selbst ansetzen, das Handeln ihrer Repräsentanten beobachten oder die von ihnen generierten Verwaltungsakten zum Gegenstand der Analyse machen. Die Folgen der Polizeiauffälligkeit für den Delinquenten zu untersuchen ist schwieriger: Sobald man nicht allein die Konsequenzen der unterschiedlichen Reaktionen auf Devianz feststellen, sondern in grundlegender Weise klären will, ob die Auffälligkeit per se - im Vergleich zur Nichtauffälligkeit - das Verhalten prägt. Unter diesen Umständen kann man nicht mehr an den Kontrollinstanzen anknüpfen. Man muß bei den Delinquenten ansetzen und unter ihnen polizeilich erfaßte und nichterfaßte gleichermaßen berücksichtigen.

Die einzige Möglichkeit, dies zu tun, liegt in der Durchführung einer Dunkelfelderhebung. Da die Polizeiauffälligkeit immer nur eine Minderheit aller Delinquenten betrifft (siehe u.a. Hood und Sparks 1970:20ff., Reuband 1982:129ff.), muß diese Erhebung von ihrer Befragtenzahl her recht umfangreich sein. Dies gilt besonders bei der Erforschung des Drogengebrauchs, stellen doch Drogenkonsumenten in der Bundesrepublik (wie in den meisten europäischen Ländern) nur einen kleinen Teil aller Jugendlichen dar - kleiner noch als die Zahl jemals delinquenter Jugendlicher. Studien mit einer hohen Fallzahl aber gibt es in der bisherigen Dunkelfeldforschung kaum. Die Hamburger Schülerumfragen von 1971 und 1973, die Angaben zur Polizeiauffälligkeit enthalten, stellen mit einer Zahl von jeweils fast 5.000 Befragten in der Bundesrepublik wie auch im internationalen Rahmen eine der wenigen Ausnahmen dar.

Der Maßstab für die Messung der Folgen polizeilicher Intervention kann nur ein Indikator für Delinquenz sein, nicht einer, der indirekt damit verbunden ist: der etwa mit den Folgen polizeilicher Intervention oder den Ursachen fortgesetzter Delinquenz in Zusammenhang steht. So gibt es zwar einige - wenn auch widersprüchliche - Anhaltspunkte für die These, daß Polizeiauffälligkeit zu einer veränderten Wahrnehmung der Sanktionsrisiken führt und der Delinquente das Risiko einer Festnahme höher kalkuliert.[1] Doch ob diese Perzeption dann in einem nächsten Schritt tatsächlich das Verhalten im Sinne der Abschreckungshypothese (vgl. u.a. Zimring 1973) bestimmt und die Delinquenz eingeschränkt oder gar aufgegeben wird, ist eine andere Frage.

Nicht nur, daß es unklar ist, ob und wie sehr die Wahrnehmung des Sanktionsrisikos das Verhalten tatsächlich prägt: Die Ergebnisse bisheriger Studien sprechen ebenfalls für eine minimale oder geringe Abschreckungswirkung der wahrgenommenen Entdeckungschance und der Sanktionsschwere, sobald Indikatoren für moralische Empörung oder Anteil Delinquenter im Freundeskreis mit in die Betrachtung einbezogen werden.[2] Ungewiß ist auch die Relevanz des wahrgenommenen Sanktionsrisikos relativ zu anderen Einflüssen: offizielle Erfassung und Sanktionierung bedeuten eben mehr als nur eine Neufestsetzung der Kosten von Delinquenz. Die unbeabsichtigten Folgen der Sanktion, so wie sie vom Labeling Ansatz thematisiert werden, könnten gewichtiger als die beabsichtigten sein und kontraproduktive Effekte auslösen. Sie mögen den Akteur, mag er noch so sehr aufgrund der Sanktionsrisiken zum Rückweg in die Konformität bereit sein, davon abhalten, seine

---

1 Thomas und Bishop (1984:1239) finden in ihrer Untersuchung keinen Effekt der Polizeiauffälligkeit auf die wahrgenommenen Sanktionsrisiken. Bei Paternoster und Mitarbeitern (1985:426) ist der Effekt deliktabhängig: Diebstahl und Scheckfälschungen werden davon betroffen, nicht aber der Marihuanagebrauch. Dies mag kein Zufall sein: beim Marihuanagebrauch handelt sich um ein Delikt ohne Opfer. Wer es geheim betreibt, muß die Chance der Auffälligkeit für sich als geringer kalkulieren als jemand, der andere Menschen schädigt und damit rechnen muß, bei jedem Delikt durch sie angezeigt zu werden.

2 Zur Frage von Entdeckungschance und Sanktionsandrohung vgl. besonders Waldo und Chiricos 1972, Silbermann 1976, Anderson et al. 1977, Meier und Johnson 1977:301, Johnson 1979:112, Grasmick und Bryjak 1980, Diekmann 1980:106f., Albrecht 1980:320, Dölling 1983:75, Meier et al. 1984:73ff., Schöch 1985:105ff., Piliavin et al. 1986:115, Berlitz et al. 1987:24, Demers und Lundmann 1987:190. Die Vorstellung Durkheims, daß Gesetze primär nur dort Geltung erlangen könnten, wo auch die moralischen Normen damit übereinstimmen (Durkheim 1973:440ff.), scheint durch die Befunde eine gewisse Bestätigung zu erfahren. Damit ist jedoch nicht ausgeschlossen, daß bei einer kleinen Minderheit von Tätern, welche die Delinquenz zum Bestandteil einer instrumentellen, habitualisierten Lebensstrategie erhoben haben, die Situation eine andere ist. In Repräsentativumfragen, wo die Mehrheit der Bevölkerung die Variablenzusammenhänge bestimmt, mag die Sanktionskalkulation keine Folgen zeigen. Der Einfluß der Minderheit, die für überproportional viele Taten verantwortlich ist, wird unzureichend erfaßt. Aggregatuntersuchungen über den Zusammenhang zwischen Delikt-Rate und Sanktions- und Entdeckungschancen mögen - wie dies z.T. auch der Fall ist - andererseits sehr wohl Zusammenhänge aufweisen: Sie setzen an den Taten an, die von den kleinen, in Repräsentativumfragen unzureichend erfaßten Täterkreisen ausgehen.

konformen Intentionen in Handeln umzusetzen. Sie mögen neue Handlungszwänge schaffen, welche die Folgen der Abschreckung überlagern.

Klammert man einmal alle Arbeiten aus, welche in der Messung der Auffälligkeit ungenau vorgehen[1] oder Stichproben verwenden, deren Generalisierbarkeit auf deviante Personen problematisch ist, so bleiben nicht viele Studien zu den Folgen der Polizeiauffälligkeit für die selbstberichtete Delinquenz übrig. Dieser Mangel ist angesichts der Prominenz des Labeling Ansatzes bemerkenswert. Und es ist noch bemerkenswerter, daß die wenigen Autoren, die sich der Thematik angenommen haben, weder dem Ansatz in der Regel verpflichtet sind noch ihn von vornherein systematisch zu testen versuchen. Sie wenden dessen Perspektive allenfalls nachträglich an.

Die Zahl dieser Studien ist aber wohl auch wegen der methodischen Probleme spärlich. Zwei Probleme wiegen besonders schwer: die Erfassung der zeitlichen Sequenzen und die Kontrolle von Drittvariablen. Was als Effekt polizeilichen Handelns erscheint, ist unter Umständen nur ein Effekt vorhergehender Selbstselektion. So mögen sich Polizeiauffällige allein deswegen anders verhalten, weil sie sich stärker der Delinquenz als Handlungsmuster hingegeben haben und diese wiederum die Polizeiauffälligkeit ebenso wie die Fortsetzung des Verhaltens bestimmt (dazu siehe Reuband 1982). Nur eine Kontrolle der "Störgrößen" kann Abhilfe schaffen. Dies wird in den vorliegenden Studien meist durch "matching" der Delinquenten in der ihrer Auffälligkeit vorangehenden Delinquenz versucht (z.B. Gold 1970, Williams und Gold 1975) oder bei Longitudinalstudien durch eine nachträgliche Kontrolle der Delinquenz über frühere Panelwellen (Farrington 1977, Thomas und Bishop 1984, Palamara et al. 1986). Die Testung kann jedoch stets nur eine Annäherung sein - je mehr theoretisch und praktisch relevante, potentiell konfundierende Variablen kontrolliert werden, desto besser.

Die vorliegenden Studien sind trotz unterschiedlicher Methodologie in ihren Befunden bemerkenswert gleichartig. Die Arbeiten, die im Rahmen einer Querschnittstudie mittels retrospektiver Fragen und einer Kontrollgruppe Effekte der Intervention zu bestimmen versuchen, erbringen in Übereinstimmung mit dem Labeling Ansatz dort eine stärkere Steigerung der Delinquenzhäufigkeit (Gold und Williams 1969:8, Gold 1970:107) bzw. Deliktschwere (Miller und Gold 1984:98ff.), wo eine polizeiliche Auffälligkeit stattfand. Eine Steigerung der Delinquenz, gemessen an den selbstberichteten Daten der Befragten, findet sich nicht nur in Querschnittstudien, sondern auch in Longitudinalstudien. Sie findet

---

1 Als Beispiel für ungenaue Versuche der Testung siehe etwa die Arbeit von Ray und Downs (1986). Die Autoren versuchen, die Konsequenzen der Auffälligkeit und Etikettierung zu untersuchen, indem sie aktuelle Drogennotfälle im Krankenhaus mit einer Vergleichsgruppe zusammenfassen und auf dieser Basis die Analyse vornehmen. Die Etikettierung schließt Polizeikontakte mit ein - jedoch nur als Kompositum mit anderen Reaktionen verschiedener Instanzen. Das macht Aussagen über spezifische Sichtbarkeit, wie sie uns interessieren, unmöglich.

sich bei Frances Palamara, Francis T. Cullen und Joanne C. Gersten, die den Effekt verschiedener Interventionsformen - von polizeilichen bis hin zu psychiatrischen - untersuchen und zu dem Schluß kommen, die Polizeiauffälligkeit fördere die Delinquenz (Palamara et al. 1986:99ff.). Eine Steigerung nach polizeilicher Intervention zeichnet ebenso die Longitudinalstudie von C.W. Thomas und W. Bishop aus: auch wenn man (ähnlich den anderen Studien) das Ausmaß selbstberichteter Delinquenz zum Zeitpunkt t_1 kontrolliert, bedingt die polizeiliche (ebenso wie die schulische) Intervention einen delinquenzbegünstigenden Effekt zum Zeitpunkt t_2 (Thomas und Bishop 1984:1236f.). Schließlich stimmt mit diesen Befunden eine britische Longitudinalstudie von David Farrington überein: Jugendliche, die wegen ihres Delikts vor Gericht gestellt wurden, neigen später gegenüber Nichtauffälligen zu vermehrter Delinquenz (Farrington 1977, West und Farrington 1977:126, Farrington et al. 1978:277ff.).[1]

Die einzige Arbeit, die aus diesem Muster herausfällt, ist die holländische Paneluntersuchung von Junger-Tas und Junger (1988). Danach hat die polizeiliche Auffälligkeit keine Konsequenzen für die spätere selbstberichtete Delinquenz. Für die Autorinnen stellt dieses Resultat eine Widerlegung des Labeling Ansatzes dar. Andererseits zeichnet sich gerade Holland durch ein "mildes Sanktionsklima" gegenüber Devianz aus (Blankenburg 1985:268); polizeiliche Reaktionen auf jugendliche Delinquenten sind gemäß den offiziellen Richtlinien "weich" zu gestalten (Junger-Tas und Junger 1988). Die Art des Kontaktes mag entsprechend in Holland (dazu siehe auch Hauber 1985:244) "milder" aussehen, als in den Ländern wie USA oder England. Wäre dies der Fall, so könnte man nicht mehr global spezifische Konsequenzen der Polizeiauffälligkeit postulieren, sondern müßte nach nationalem Kontext und der Art polizeilichen Handelns differenzieren.[2]

---

1 Neben den Jugendlichen, die vor Gericht kamen, bezieht Farrington eine weitere Kategorie von Personen in die Analyse mit ein: die Personen, die wegen krimineller Taten mit der Polizei Kontakt hatten, ohne vor Gericht zu erscheinen. Bei dieser Kategorie von Personen findet sich keine Steigerung der Delinquenz nach erfolgter Intervention (West und Farrington 1977:131). Man könnte dies auf den ersten Blick als Zeichen dafür werten, daß eine Steigerung der Delinquenz um so seltener stattfindet, je weniger schwerwiegend die Reaktionen auf Delinquenz ausfallen. Doch methodische Ungenauigkeiten lassen in diesem Fall eindeutige Schlußfolgerungen nicht zu. Farrington faßt Personen, die wegen Verkehrsdelikten auffielen, mit solchen zusammen, die wegen Delinquenz in das Blickfeld der Polizei gerieten. Möglicherweise ist das günstigere Abschneiden dieser Gruppen vor allem durch die Verkehrstäter bedingt. Sie stellen vermutlich den Hauptteil in dieser Kategorie.

2 Der fehlende Effekt polizeilicher Auffälligkeit auf die spätere Delinquenz wäre im holländischen Beispiel aufgrund des andersgearteten polizeilichen Handelns nicht notwendigerweise ein Beleg gegen den Labeling Ansatz, sondern aufgrund der spezifischen gesellschaftlichen Umstände womöglich sogar einer dafür: wo der Kontakt mit der Polizei nicht konfrontativ ausfällt und keinem Schock-Charakter ähnelt, bleiben die negativen Folgen der Intervention für die Stabilisierung der Devianz aus. Bemerkenswert an der Untersuchung der holländischen Autorinnen ist allerdings, daß zumindest in Untergruppen in der Tendenz (wenn auch nicht statistisch signifikant) Polizeiauffälligkeit eher die selbstberichtete Delinquenz zu begünstigen scheint (was die Autorinnen nicht thematisieren, vgl. Tabelle 9 in Junger-Tas und Junger 1988).

2.2 Labeling Instanzen als Kontinuum - Probleme der Messung und Prüfung theoretischer Postulate

Im folgenden wollen wir erstmals für die Bundesrepublik die Folgen der Polizeiauffälligkeit für die Devianzkarriere empirisch prüfen. Dies geschieht, indem wir zunächst das Ausmaß an Sichtbarkeit feststellen und die damit einhergehende Reaktion der Personen, denen die Devianz bekannt wird. In einem zweiten Schritt versuchen wir, die Folgen der Auffälligkeit für den Konsumenten zu bestimmen und dann drittens die Mechanismen zu klären, über die beide Arten von Reaktionen miteinander verbunden sind. Anders als in den bisherigen Studien gehen wir über die Feststellung der bloßen Polizeiauffälligkeit hinaus und beziehen sonstige Formen der Sichtbarkeit gegenüber der Erwachsenenwelt mit ein. Schließlich ist die Auffälligkeit gegenüber der Polizei nur eine von mehreren Formen der Auffälligkeit. Daneben gibt es eine ganze Reihe weiterer Personen und Instanzen - von den Eltern über die Schule bis hin zu Schul- und Jugendbehörden -, die der Abweichung gewahr werden, sie sanktionieren und gemäß der Logik des Labeling Ansatzes auch verfestigen könnten.

Solange wir uns allein auf die Folgen von Polizeiauffälligkeit beschränken, können wir nicht genau ermessen, was spezifisch für Polizeikontakte ist. Instanzenspezifische Konsequenzen und Folgen, die aus der Sichtbarkeit per se resultieren, gehen ineinander über. Womöglich ist es im Gegensatz zum Labeling Ansatz weniger wichtig, wem die Devianz bekannt wird, als daß sie überhaupt bekannt wird: Entscheidend ist vielleicht, daß der Deviante gesellschaftliche Mißbilligung erfährt und ihm dadurch bewußt wird, daß er gesellschaftliche Normen verletzt hat und soziale Kosten für ihn damit einhergehen.

Wenn diese Annahmen zuträfen, wäre gleichwohl noch denkbar, daß zwischen den Instanzen <u>interne</u> Akzentunterschiede beständen, die mit unterschiedlich starken Konsequenzen einhergehen. Nach den vorherrschenden Annahmen des Labeling Ansatzes müßte sich die Devianz in dem Maße verstärken, wie mit der Auffälligkeit eine öffentliche Devianzzuschreibung, eine Art von Degradierungszeremonie (Garfinkel 1956), mit handlungsrelevanten Konsequenzen einhergeht. Dies läßt die Sichtbarkeit und ihre Konsequenzen zu einer Sache des Kontinuums, statt eines "Alles oder Nichts" werden. Die <u>Eltern</u> nehmen dabei (die Nichtauffälligkeit zunächst einmal ausgeklammert) den Platz am einen Ende des Kontinuums ein: jenen, der durch äußere Abschottung und fehlende öffentliche Sichtbarkeit gekennzeichnet ist. Die Eltern leben mit dem Jugendlichen zusammen, sie haben sich mit ihm - auch bei Konflikten - als Mitglied des Haushalts in gewissem Maße arrangiert. Sie mögen vor einer strengen Bestrafung zwar nicht zurückschrecken, aber sie werden das abweichende Verhalten kaum nach außen hin sichtbar machen; es würde den Ruf der eigenen Familie schädigen. Die Art der Reaktion wird überdies tat- <u>und</u> personenbezogen sein, der Jugendliche wird nicht nur von seiner Devianz her beurteilt.

Schule und Jugendbehörde nehmen stärker eine Position ein, die mit öffentlicher Etikettierung und Sanktionierung verbunden ist. Doch ist diese im Vergleich zur Polizei abgemildert. Der Jugendliche wird in der Schule nicht als anonyme Person gesehen, sondern als jemand, mit dem man in gewissem Umfang vertraut ist und bei der die Devianz nicht die ganze Person ausmacht (vgl. auch Stallberg 1977:177). Pädagogische Bezüge werden qua Selbstverständnis aktiviert: die Rolle des Erziehers, der durch geeignete Maßnahmen dem einzelnen den Weg zurück zur Konformität weist, ist gefordert. Richtlinien der Schulbehörden, Devianz intern zu regeln, fördern diese Tendenz.[1] Die Jugendbehörde steht demgegenüber den repressiven Instanzen näher. Sie entscheidet mit über Sanktionsmaßnahmen wie Einweisung in Heim, befaßt sich kraft ihres Amtes häufiger mit Straftatbeständen und ihrer Ahndung (vgl. Brusten und Springer 1976:287). Den repressiven Pol unseres Kontinuums bildet die Polizei (mitsamt der Justiz). Sie ist tat-, nicht täterorientiert. Es geht primär um Aufklärung der Tat und die Sanktionierung des Täters, nicht um pädagogische Maßnahmen.

Basis unserer folgenden Analyse zur Auffälligkeit sind die Erhebungen von 1971 und 1973 (1975 wurde nicht danach gefragt). Die Sichtbarkeit des Konsums wird in beiden Studien über die Frage nach den Personen oder Stellen erfaßt, denen bekannt wurde, daß Rauschmittel genommen wurden. Neben Eltern, Schule und Jugendamt zählen auch "Polizei und Staatsanwalt oder Richter" dazu.[2] Dabei ist bei der polizeilichen Sichtbarkeit nicht notwendigerweise davon auszugehen, daß immer auch Akten angelegt wurden und eine amtliche Registrierung erfolgte - darüber wird der Befragte nur bedingt etwas aussagen können. Entscheidender für uns ist, daß der Jugendliche aufgrund der Situation der Auffälligkeit und der Reaktionen der Instanzenvertreter meint, als Delinquenter der Polizei bekannt geworden zu sein.

Zusätzlich zur Frage der Sichtbarkeit verfügen wir in einer der Umfragen über Angaben zum bloßen Polizeikontakt: In vielen Fällen dürfte es sich um Routinekontrollen handeln: der Jugendliche befindet sich gerade in einer Diskothek und wird im Zusammenhang

---

1 So wird es z.B. in einer Entschließung des Bayerischen Staatsministers für Unterricht und Kultur von 1971 (abgedruckt in Schroeder 1973:189ff.) den Lehrern überlassen, die Problematik des Drogengebrauchs mit dem Schüler selbst zu klären. Nur unter ganz bestimmten Umständen ist der Leiter der Schule zu benachrichtigen. Eine Anzeige bei der Polizei wird nur bei "echter Kriminalität" (gedacht ist primär an "Dealer") für geboten gehalten.

2 Mehrfachnennungen wurden nicht zugelassen. Die Einengung ist ein methodisches Defizit, wiegt aber wohl nicht allzu schwer: der Konsument wird - den Intentionen des damaligen Forschers gemäß - vermutlich jeweils die exklusivste Instanz mit stärkstem Sanktionspotential mit angegeben haben. Und aus ihrer Nennung kann man folgern, wer sonst noch informiert gewesen sein müßte. Wer schreibt, er habe wegen Rauschmittelgebrauchs vor Gericht gestanden, dessen Konsum wird auch der Polizei und den Eltern bekannt geworden sein. Sichtbarkeit auf seiten der Eltern gilt ebenso für den, der Schule, Jugendamt oder Polizei als informierte Stelle nennt. Schließlich gehört es zu den ersten Amtshandlungen dieser Instanzen, Eltern vom Delikt in Kenntnis zu setzen. Die Eltern gelten als die pädagogischen Ansprechpartner.

mit einer allgemeinen Kontrolle befragt; Rauschmittel mag er nicht bei sich haben, oder sie werden bei ihm nicht entdeckt. Doch schon allein die Tatsache, daß er von der Polizei vernommen wurde, könnte ihn in Mißkredit bringen (Brusten und Malinowski 1975:63, Newton und Shelden 1975:237). Dies macht beide Arten der Polizeikontrolle für die Testung des Labeling Ansatzes bedeutsam.

3. Informiertheit der Eltern und der Behörden über den Drogengebrauch

3.1 Informiertheit der Eltern und der "pädagogischen" Instanzen

Erwachsene und die sie repräsentierenden Institutionen wissen nach unserer Untersuchung durchweg selten vom Drogenkonsum der Jugendlichen. Am häufigsten sind die Eltern informiert. Doch auch bei ihnen weiß, zählt man alles - einschließlich der mutmaßlichen Mitteilung durch Schule, Jugendamt oder Polizei - zusammen, lediglich eine Minderheit davon. Das Ergebnis stellt in dieser Hinsicht keine Besonderheit dar. Es stimmt mit den Befunden anderer Untersuchungen aus der Bundesrepublik überein, wo lediglich bei einem Viertel bis einem Drittel der Jugendlichen der Drogenkonsum den Eltern bekannt ist (Binder 1971, Hessisches Staats- und Sozialministerium 1971:43, Infratest 1973:73, 229ff., Peterson und Wetz 1975:48).

Das Bild geringer Sichtbarkeit würde sich auch dann nicht ändern, wenn wir den Verdacht der Eltern auf Drogenkonsum ihres Kindes in die Betrachtung einbezögen. So gaben zu Beginn der 70er Jahre in einer Untersuchung im Landkreis Siegen 25% der Konsumenten eine Kenntnis des Konsums auf seiten der Eltern an. 12% meinten, diese würden es vermuten (Feyerabend 1973:55). Und in einer bayerischen Untersuchung aus dem Jahre 1980 glaubten 22% der Jugendlichen an eine Kenntnis ihres Drogengebrauchs bei den Eltern, 6% an entsprechende Vermutungen (Infratest 1980:134). Zusammengenommen würde dies den Anteil von etwas mehr als einem Drittel nicht überschreiten. Ob die bloßen Vermutungen der Eltern Konsequenzen haben, wissen wir nicht. Solange die Eltern über keine konkreten Anhaltspunkte und Beweise verfügen, werden Strafen vermutlich ausbleiben. Es wird allenfalls zu verbalen Äußerungen kommen, in denen Rauschmittelgebrauch negativ kommentiert wird, vielleicht gibt es auch hier und da Versuche einer verstärkten Beobachtung und Kontrolle.

Im Normalfall wissen die Eltern nichts vom Drogengebrauch ihrer Kinder. Rein von der Wahrscheinlichkeit her muß sich jedoch mit steigender Drogenerfahrung die Chance zufälliger oder geplanter Entdeckung erhöhen: mit steigendem Gebrauch werden "Spuren" hinterlassen, die auf eine deviante Praxis hinweisen. Womöglich wird der Jugendliche auch Änderungen im Verhalten zeigen. Dies mag durch den Drogengebrauch oder die Partizipation an der Drogenszene geprägt sein und den Argwohn der Eltern erregen.[1] In anderen Fällen erfahren Eltern über staatliche Instanzen - wie Schule oder Polizei - davon: wenn die Abweichung dort zuerst sichtbar wird. Tatsächlich wissen Eltern mit steigender Konsumerfahrung ihrer Kinder häufiger davon (ähnlich Feyerabend 1973:57) - gleichgültig, ob die Kenntnis des Konsums allein bei den Eltern oder unter Berücksichtigung der sonstigen Instanzen zum Maßstab genommen wird. Wo nur einmal ein Rauschmittel probiert wurde, liegt der Anteil der "Sichtbaren" bei etwas mehr als einem Zehntel; wo es mehr als 100mal genommen wurde, beläuft sich der Anteil auf mehr als die Hälfte (Abbildung 14). Zugleich läßt sich nachweisen, daß bei den aktuellen Konsumenten die Intensität des Konsums mit der Sichtbarkeit positiv korreliert. Wo Drogen seltener als einmal die Woche genommen werden, ist der Gebrauch bei weniger als einem Fünftel bekannt, wo sie mindestens einmal die Woche verwendet werden, zu 54%. Bei fast täglicher Verwendung liegt der Anteil bei 58% und bei täglichem bei 75%. Bekannt wird mithin am ehesten der fortgesetzte, habitualisierte Drogengebrauch.

Was sind nun die Reaktionen auf die Sichtbarkeit? Die zur Verfügung stehenden Daten erlauben eine Analyse elterlicher Reaktion für jene Fälle, bei denen keine sonstigen amtlichen Stellen involviert waren. Dies betrifft die Mehrheit derer, bei denen die Eltern vom Konsum Kenntnis erhielten. Die dazugehörigen Zahlen sind, aufgegliedert nach Konsumerfahrung, in Tabelle 23 wiedergegeben. Für einen bemerkenswert großen Teil der Konsumenten hat danach die Sichtbarmachung des eigenen Konsums in den 70er Jahren keine stärkeren Reaktionen hervorgerufen. Die Eltern reagieren "milde" oder gar nicht: der Konsum wird zur Kenntnis genommen, in einigen Fällen ein Gespräch begonnen oder der Jugendliche ermahnt. Strafen kommen ausgesprochen selten vor. Diese Reaktion mag angesichts der fast uniformen Ablehnung des Drogengebrauchs durch die Eltern und die Bevölkerung und der weitverbreiteten Forderung nach Strafe (vgl. Infas 1970, Reuband 1988c) erstaunen. Es erscheint wie ein grundlegender Widerspruch. Doch macht es offenbar einen Unterschied, ob ein Verhalten abstrakt verdammt wird, oder es in der eigenen Familie auftritt - in der Familie scheint die Bereitschaft zur Tolerierung größer. Daß es derart selten zu Strafen kommt, muß freilich nicht notwendigerweise heißen, den Eltern wäre die Angelegenheit gleichgültig. Sie mögen andere Formen der pädagogischen Ermahnung vorziehen, weil sie diese für angemessener oder effektiver halten.

---

1 Die Aufklärungsbroschüren zum Drogengebrauch ermuntern z.T. geradezu zum Mißtrauen gegenüber Verhaltensänderungen der Jugendlichen. Sie raten den Eltern, Veränderungen im Verhalten und äußeren Erscheinungsbild als Indizien für Drogengebrauch nachzugehen und führen in diesem Zusammenhang Symptome von körperlichen Störungen, psychischen Auffälligkeiten bis hin zum Leistungsabfall in der Schule oder zu auffallender Interesselosigkeit auf (vgl. u.a. AOK o.J.:5, Landeskriminalamt Baden-Württemberg o.J.:40ff.).

Abb. 14: Sichtbarkeit des Konsums bei Eltern oder anderen Instanzen nach Konsumerfahrung (in %)

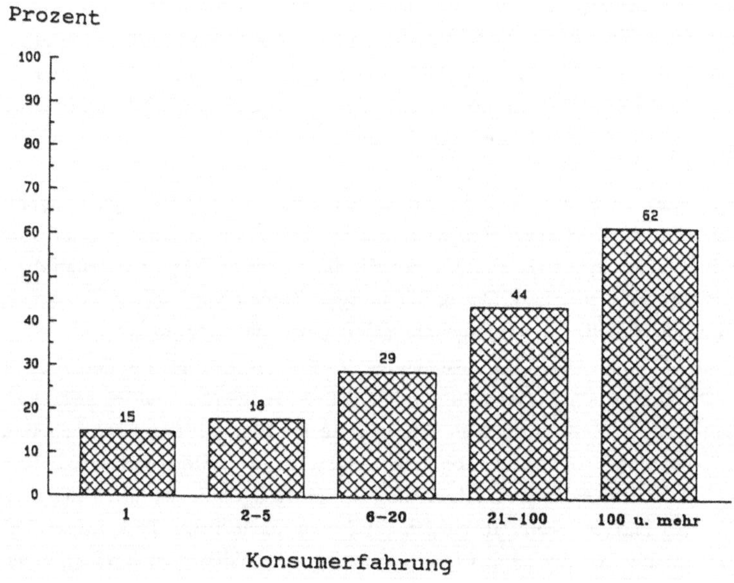

Basis: Drogenkonsumenten, Befragung von 1973

Frageformulierungen: "Wurde einer oder mehreren der folgenden Personen oder Stellen schon einmal bekannt, daß Sie Rauschmittel genommen haben bzw. etwas mit Rauschmitteln zu tun haben oder hatten?" Antwortkategorien: Nein - Eltern - Schule oder Jugendamt oder beiden - Polizei oder Staatsanwalt oder Richter (oder allen diesen).

Tabelle 23 Reaktion der Eltern auf den Drogenkonsum nach Konsumerfahrung (in Prozent)

Reaktion	Konsumerfahrung					
	1	2-5	6-10	21-100	100+	Insgesamt
Keine Folgen	47	52	39	36	19	35
Gespräch	20	23	24	28	36	27
Ermahnung	27	26	28	28	36	29
Bestrafung	7	-	4	5	2	3
Einschaltung von Instanzen, Behörden	-	-	6	3	8	5
	100	100	100	100	100	100
(N=)	(15)	(27)	(51)	(58)	(53)	(205)

Basis: Erhebung von 1971

Frageformulierung: "Wenn es schon einmal bekannt wurde, welche Folgen hatte dies?" Antwortkategorien: Ermahnung durch die Eltern - Bestrafung durch die Eltern - Vorladung (Jugendbehörde) - Gerichtsverhandlung - Verwarnung durch die Schule - Gespräche mit den Eltern (ohne weitere Folgen) - Jugendstrafe bzw. Jugendarrest - keine Folgen.

Folgenlos bleibt der Konsum am häufigsten zu Beginn der Drogenkarriere. Die Eltern geben sich damit zufrieden, den Tatbestand zur Kenntnis zu nehmen. Je mehr die Konsumerfahrung steigt, desto stärker wird die Reaktion: es kommt zu Gesprächen und Ermahnungen. Insgesamt gesehen sind diese Veränderungen jedoch eher graduell als einschneidend. Direkt durch die Eltern vollzogene Strafen nehmen nicht zu, allenfalls - in geringerem Umfang - die Meldung an amtliche Stellen. Daß sich die Eltern an diese wenden, signalisiert eine gewisse Hilflosigkeit, mit dem Drogengebrauch der eigenen Kinder umzugehen. Diese Hilflosigkeit ist in manchen Fällen derart groß, daß die Polizei eingeschaltet wird (siehe auch Schwarz et al. 1972, IWEMA 1972:47, Judis 1975:Tab. 35). Die Eltern erhoffen Hilfe - und leiten damit oft ungewollt ein Ermittlungsverfahren ein![1]

Welche Konsequenzen aus der Sichtbarkeit des Konsums gegenüber den "pädagogisch" ausgerichteten Institutionen Schule und Jugendamt erwachsen, ist in der verfügbaren Studie vom Anfang der 70er Jahre weniger differenziert erfaßt. Wir können nur relativ globale Reaktionen ableiten. Bei der Schule scheint die Reaktion in vielerlei Hinsicht der vieler Eltern ähnlich: in rund einem Drittel der Fälle kommt es zu keinen Konsequenzen, bei 29% erfolgt eine Schulverwarnung, in den anderen Fällen vollzieht sich die Reaktion über die Eltern, die über den Sachverhalt benachrichtigt wurden. Eine Delegierung an die Jugendbehörde oder die Polizei kommt nicht vor. Wer mit dem Jugendamt in Kontakt kommt, hat eher eine Reaktion zu erwarten, Instanzen der Strafjustiz werden häufiger benachrichtigt und in das Verfahren eingeschaltet (Tabelle 24).

3.2 Sichtbarkeit bei der Polizei

Stellen die Eltern den "gemäßigten" Pol der Reaktion auf Devianz, so bildet die Polizei den "repressiven" ab - jenen, der im Labeling Ansatz eine entscheidende Rolle für die weitere Devianz einnimmt. Die Polizei ist es, die offiziell das Etikett der "Kriminalität" zuschreibt. Sie bewertet den einzelnen nicht mehr als Person in seiner Ganzheit, sondern allein nach seinem Verhalten. Betroffen wird von der Intervention in der Regel nur ein Teil der Delinquenten: In- und ausländische Untersuchungen belegen, daß nur wenige Delinquenten mit der Polizei in Kontakt kommen und unter diesen wiederum lediglich ein Teil offiziell registriert wird. Zum Teil reicht die Beweislage nicht aus, zum Teil erscheint der Tatbestand als zu geringfügig, um weitere Maßnahmen einzuleiten (vgl. u.a. Black und Reiss 1970:68, Hood und Sparks 1970:20ff., Brusten und Hurrelmann 1973:54, Lundman et al. 1978:84ff., Frehse 1979:289, Smith und Gray 1985:106).

1 Anders als üblicherweise unterstellt (vgl. z.B. Chapman 1968, Quinney 1974, Brusten 1971:47) ist aus Sicht der Polizei eine derartige Meldung mitunter gar nicht erwünscht: "Jeder Umgang mit Rauschgift ist ein Verstoß gegen das Betäubungsmittelgesetz. Und die Polizei wäre gezwungen, gegen den Probierer oder Süchtigen Anzeige zu erstatten. Kommen Sie daher nicht zu uns, der Polizei" (Landeskriminalamt Baden-Württemberg o.J.:56).

Tabelle 24 Reaktion von Eltern und anderen Instanzen auf den Drogenkonsum (Einfachnennung in Prozent)

Folgen	Sichtbarkeit gegenüber				
	Eltern	Schule	Jugendamt	Polizei	Insgesamt
Keine Folgen	36	33	17	12	34
Gespräch mit Eltern (ohne Folgen)	28	24	-	-	25
Ermahnung durch Eltern	30	14	17	6	27
Bestrafung durch die Eltern	4	-	8	-	3
Verwarnung durch Schule	1	29	-	6	5
Vorladung (Jugendbehörde)	1	-	25	24	4
Gerichtsverhandlung	1	-	17	35	4
Jugendstrafe/Jugendarrest	-	-	17	18	2
	100	100	100	100	100
(N=)	(200)	(21)	(12)	(17)	(250)

Basis: Erhebung von 1971.

Frageformulierungen zur Sichtbarkeit: "Wurde einer oder mehreren der folgenden Personen bzw. amtlichen Stellen schon einmal bekannt, daß Sie Rauschmittel genommen haben?" Antwortkategorien: "Nein - Eltern - Schule - Polizei - Gericht - Jugendamt". Verschlüsselt wurde lediglich eine Nennung. Formulierungen zu den Folgen: "Wenn es schon einmal bekannt wurde: welche Folgen hatte dies?" Antwortkategorien: Ich habe schon Rauschmittel genommen, es ist aber nicht bekannt geworden - Ermahnung durch die Eltern - Bestrafung durch die Eltern - Vorladung (Jugendbehörde) - Gerichtsverhandlung - Verwarnung durch die Schule - Gespräch mit den Eltern (ohne weitere Folgen) - Jugendstrafe bzw. Jugendarrest - keine Folgen". Polizei und Gericht sind unter der Kategorie "Polizei" zusammengefaßt.

Die Ergebnisse unserer Analyse sprechen für ein Muster, das bei aller Unterschiedlichkeit in der Art des Delikts und der Struktur der Auffälligkeit dem Erscheinungsbild der übrigen Delinquenten ähnelt: Polizeikontakte sind selten, und wo sie erfolgen, bleibt die Identifikation und Registrierung meist aus. Nur 13% aller Konsumenten sind nach den Ergebnissen der Umfrage von 1973 jemals von der Polizei wegen Rauschmitteln "zur Rede gestellt" worden. Unter diesen liegt der Anteil an identifizierten Konsumenten bei 30%, so daß sich der Gesamtwert für polizeilich identifizierte Konsumenten auf nicht mehr als 4% beläuft. Dieser Identifikation kann, muß aber nicht, eine Registrierung folgen. Die reale Zahl registrierter Konsumenten ist damit aller Wahrscheinlichkeit nach noch niedriger anzusetzen, als es die Zahl von 4% vermuten läßt.

Warum so wenige der hier ermittelten Polizeikontakte, bei denen nach Rauschmitteln gefragt oder gefahndet wurde ("im Zusammenhang mit Rauschmitteln zur Rede gestellt"), zur Identifikation als Konsument führen, ist unbekannt. Sieht man einmal von möglichen Routinekontrollen ab, in die der Befragte eher zufällig hineingerät und die primär auf andere Personen gerichtet sind (etwa bei Kontrollen in öffentlichen Orten, vgl. dazu Reuband 1982:130), so mag in vielen Fällen auch der fehlende Nachweis des Besitzes oder Erwerbs von Rauschmitteln dafür verantwortlich sein. Kaum ein Konsument wird Haschisch bei sich tragen wie ein Raucher seine Zigaretten. Er wird es allenfalls dann bei sich haben, wenn er es gerade gekauft hat oder plant, die Droge außer Haus einzunehmen. Schließlich sind Fälle von Sanktionsverzicht selbst bei eindeutiger Beweislage als Möglichkeit denkbar.[1]

Fortgeschrittene Konsumenten werden es trotz aller Vorsichtsmaßnahmen schwerer haben als Anfänger, der polizeilichen Kontrolle zu entgehen: Nicht nur, daß sie der Polizei vermutlich von der Drogenszene her eher bekannt sind, sie werden auch die Mittel öfter auf dem Schwarzmarkt - etwa in öffentlich zugänglichen Diskotheken oder Lokalen - besorgen und darüber eine gewisse Sichtbarkeit erlangen. Schließlich setzt polizeiliche Observation primär an öffentlich zugänglichen Orten an (siehe Kreuzer 1976:139ff.). In anderen Fällen wird der Hinweis auf ihre Devianz über festgenommene "Dealer" erfolgen, die sich durch Belastung anderer Personen gute Ausgangsbedingungen für das eigene Strafverfahren zu verschaffen hoffen. Welche Gründe im einzelnen auch zusammenkommen mögen - der Anteil an Konsumenten mit Polizeikontakt, die als Konsumenten identifiziert werden, steigt mit wachsender Konsumerfahrung in der Tat überproportional an (siehe auch Abbildung 15). Polizeikontakte führen mit steigender Konsumerfahrung immer

1 Nach dem in der Bundesrepublik vorherrschenden Legalitätsprinzip wäre freiwilliger Sanktionsverzicht - im Gegensatz zu den USA, wo das Opportunitätsprinzip herrscht - nicht möglich (das Opportunitätsprinzip gilt bei Ordnungswidrigkeiten, nicht im Strafrecht). Dies schließt jedoch nicht aus, daß gerade im Drogenbereich vielfach faktisch anders verfahren wird (vgl. eingehender dazu Kreuzer 1976:141ff., Kreuzer et al. 1981:283ff.). Die Wahrscheinlichkeit des Sanktionsverzichts wird in dem Maße wachsen, wie auch auf seiten der Polizei der Konsument als Kranker betrachtet wird, der eigentlich therapeutischer Hilfe bedarf.

Abb. 15: Sichtbarkeit des Konsums bei der Polizei nach Konsumerfahrung (in %)

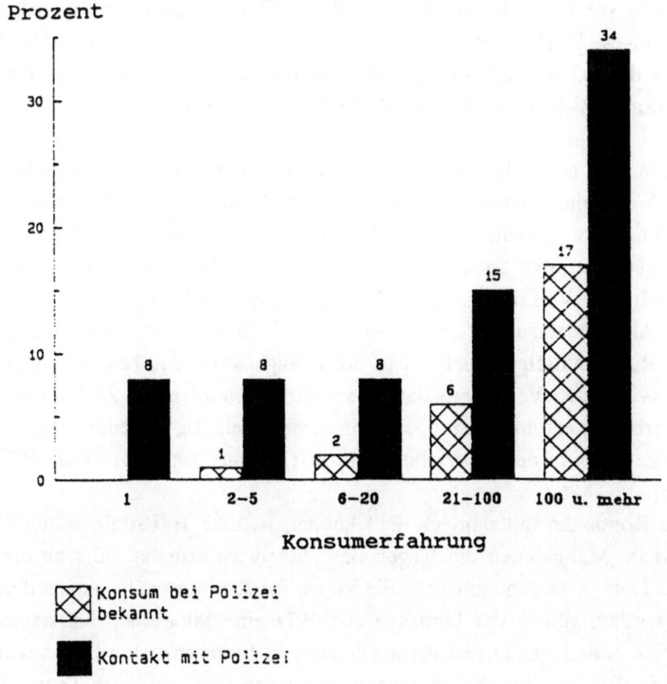

<u>Basis</u>: Drogenkonsumenten, Erhebung von 1973

<u>Frageformulierungen</u> zum Polizeikontakt: "Sind Sie schon einmal von der Polizei im Zusammenhang mit Rauschmitteln zur Rede gestellt worden?" Antwortkategorien: Ja, einmal - ja, zweimal - ja, mehr als zweimal (hier zu einer Kategorie zusammengefaßt). Formulierungen zur Sichtbarkeit: "Wurde einer oder mehreren der folgenden Personen oder Stellen schon einmal bekannt, daß Sie Rauschmittel genommen haben bzw. mit Rauschmitteln zu tun haben oder hatten?" Antwortkategorien u.a.: Polizei oder Staatsanwalt oder Richter (oder zweien oder allen diesen).

häufiger zu amtlicher Identifizierung. So sind unter den unter 20maligen Konsumenten mit Polizeikontakt weniger als ein Viertel als Konsumenten bekannt. Unter den über 100-maligen beläuft sich der Anteil bereits auf die Hälfte.

Nun bedeutet die Identifikation als Konsument noch keine Anklage. Viele Strafverfahren werden von der Staatsanwaltschaft, wie man aus der Erforschung der Alltagskriminalität weiß, bereits vor der Anklageerhebung wegen Geringfügigkeit oder unzureichender Beweislage eingestellt (Brusten 1974, Feltes et al. 1983). Dies gilt auch für die Drogendelikte: Von denen, die nach der Schüler-Umfrage der Polizei als Konsumenten bekannt wurden, kamen nicht mehr als die Hälfte jemals vor Gericht.[1]

Der andere Teil der polizeilich Identifizierten meldet vor allem Kontakte mit dem Jugendamt. Womöglich lagen in letzterem Fall nicht ausreichend Unterlagen für eine Anklageerhebung vor, gleichzeitig jedoch genug Hinweise für einen Konsumverdacht, der eine Intervention durch Sozialarbeiter rechtfertigte. Vielleicht beendete auch die Staatsanwaltschaft das Verfahren wegen Geringfügigkeit und zog andere Instanzen sozialer Kontrolle als "pädagogische" Alternative vor. Daß formelle Sanktionsmechanismen im Falle des Rauschmittelgebrauchs nicht notwendigerweise den besten Zugang zur Vermeidung unerwünschten Verhaltens darstellen, dürfte schon zu der Zeit der frühen Hamburger Schülerbefragung im Justizapparat ein nicht ungeläufiger Gedankengang gewesen sein (zum Drogenkonsum aus justizieller Sicht in Hamburg siehe Behrendt 1977:204).

Wo es zu Kontakten mit dem Gericht kommt, ist eine Haftstrafe selten. Zunächst sind nonkustodiale Maßnahmen die Regel: der Täter wird ermahnt oder zu einer Geldstrafe verurteilt. Unter den Jugendlichen, die sagen, ihr Konsum wäre jemals dem Gericht bekannt geworden, gibt in der Umfrage von 1971 eine Minderheit an, sie wären zu einer Jugendstrafe oder Jugendarrest verurteilt worden. In den meisten Fällen wird die Jugendstrafe vermutlich auf Bewährung ausgesetzt worden sein (vgl. auch Thate 1974:105, Judis 1975:152). Eine Gefängnisstrafe war und ist nach wie vor erst nach mehrmaligem Scheitern gerichtlicher Maßnahmen üblich. Eine Verurteilung von Konsumenten zu einer Haftstrafe bereits beim ersten Justizkontakt findet selten statt (vgl. auch Schweitzer und Wehr 1973:50, Berger et al. 1980:20).

---

1 Bei einem - relativ kleinen - Teil der Konsumenten führt der Weg zum Gericht nicht über die Polizei, sondern über das Jugendamt. Ob es sich hier um eine unvollständige Beantwortung des Fragebogens und um Mißverständnisse handelt, ob vorher die Polizei eingeschaltet war oder vom Jugendamt direkt die Polizei informiert wurde (etwa im Falle von Dealern), sei dahingestellt. Zahlen zur Polizeiauffälligkeit und Sanktionierung liegen neben für Hamburg lediglich für Nordrhein-Westfalen vor. In einer repräsentativen Schülererhebung aus etwa der gleichen Zeit gaben - ähnlich wie in Hamburg - 14% aller Konsumerfahrenen an, schon einmal mit der Polizei wegen Rauschmittelkonsums in Kontakt gekommen zu sein. Bei 53% handelte es sich um eine Ausweiskontrolle, bei 37% um eine Vernehmung/Vorladung/Festnahme, bei 10% wurde ein Gerichtsverfahren eröffnet oder abgeschlossen (errechnet nach Peterson und Wetz 1975:37).

4. Konsequenzen der Auffälligkeit für die Drogenkarriere

4.1 Kurzfristige Folgen der Intervention

Was sind die Folgen, die aus der Auffälligkeit für den weiteren Konsum erwachsen? Zwei Möglichkeiten stehen uns im Rahmen der herangezogenen Studien zur Verfügung, um dies zu klären. Die erste liegt darin, die Reaktion auf die Sichtbarmachung durch den Befragten beschreiben zu lassen. Er gibt an, ob und in welcher Richtung er nach dem Bekanntwerden seinen Konsum änderte. Es ist die gleiche Strategie, die schon William Belson in seiner Studie über Diebstahlsdelikte einschlug (Belson 1975:121ff.). Die zweite Möglichkeit besteht darin, die Bereitschaft zur Fortsetzung des Konsums in Abhängigkeit von der bisherigen Drogenerfahrung und der Art der Auffälligkeit zu untersuchen. Sie hat den gleichzeitigen Vorteil, daß wir über sie nicht nur die Wirkungen der unterschiedlichen Formen der Auffälligkeit, sondern auch die Wirkungen der Nicht-Auffälligkeit ermitteln können. Wir können die zentrale Aussage des Labeling Ansatzes prüfen, nach der eine Nichtintervention die Stabilisierung der Devianz tendenziell verhindert, eine Intervention diese jedoch begünstigt. Beide Vorgehensweisen müssen nicht das gleiche erbringen.

Betrachten wir zunächst die kurzfristigen Folgen, die der Befragte rückblickend mit dem Bekanntwerden seiner Abweichung verbindet. Wie man Tabelle 25 entnehmen kann, ist die häufigste Reaktion beim Sichtbarwerden des eigenen Konsums, diesen im gleichen Umfang wie bisher fortzusetzen. Als weiteren wichtigen Befund zeigt sich, daß eine Reduktion des Konsums häufiger ist als dessen Steigerung. Unter den aufgeführten Personen und Instanzen sind Eltern anscheinend hier besonders gut in der Lage, den Jugendlichen vom Konsum abzubringen. Am geringsten ist der Erfolg polizeilicher Intervention. Wird der Konsum den Eltern bekannt, findet sich in der 1973er Umfrage eine Abbruchquote von 30%. Wird er der Schule/Jugendbehörde bekannt, liegt die Quote bei 17% und im Fall polizeilicher Erfassung lediglich bei 3%.

Nun muß ein und dieselbe Art der Auffälligkeit nicht immer zu gleichen Konsequenzen führen. Folgt man Howard Becker (der in dieser Hinsicht weniger radikal ist als seine späteren Epigonen), so können die Folgen je nach Phase der Delinquenzkarriere unterschiedlich ausfallen: Probierer steigen am ehesten aus der Devianzkarriere wieder aus, fortgeschrittene Delinquenten setzen ihre Delinquenz häufiger fort (Becker 1973:37). Um den Faktor der ungleichen Drogenerfahrung als potentielle Störgrößen auszuschalten, untergliedern wir in Jugendliche mit wenig und viel Drogenerfahrung - hier in weniger und mehr als 20maligem Konsum unterteilt - und nehmen für beide Gruppen getrennt eine erneute Prüfung vor.

Tabelle 25 Auswirkungen der Auffälligkeit auf den Drogenkonsum nach Jahr der Erhebung (in Prozent)

Reaktion	1971 Eltern	1971 Schule, Jug.Amt	1971 Polizei	1973 Eltern	1973 Schule, Jug.Amt	1973 Polizei
Aufgehört	23	28	5	30	17	3
Weniger genommen	19	17	20	20	17	26
Gleich viel	53	45	55	47	52	52
Mehr genommen	5	10	20	3	13	19
	100	100	100	100	100	100
(N=)	(189)	(29)	(20)	(163)	(23)	(31)
Relation Weniger:Mehr	3.8	1.7	1.0	6.7	1.3	1.4

Die Kategorisierung der Auffälligkeit in der Umfrage von 1971 gründet sich auf die Antworten zur Frage nach der Instanz, der gegenüber der Konsum auffällig wurde, sowie zur erfahrenen Reaktion. Wer bei der Frage nach der ersten Auffälligkeit die Polizei nicht nennt, aber Polizeiintervention als eine Folge dieser ersten Auffälligkeit in der Nachfrage aufführt (Frageformulierungen und Antwortkategorien für 1971 wie in Tabelle 23),wird entsprechend in die Rubrik "Polizei" eingestuft. Dies schließt - wie in den anderen Tabellen - Gerichtskontakte oder Verurteilungen mit ein. In der 1973er Umfrage lautete die Frage: "Wurden einer oder mehrerer der folgenden Personen oder Stellen schon einmal bekannt, daß Sie Rauschmittel genommen haben bzw. etwas mit Rauschmitteln zu tun haben oder hatten?" Antwortkategorien: nein - ja, Eltern - ja, Schule oder Jugendamt oder beides - ja, Polizei oder Staatsanwalt oder Richter (oder zweien oder allen diesen). Frageformulierungen zur Reaktion auf die Auffälligkeit: "Haben Sie danach weiter Rauschmittel genommen?" Antwortkategorien: ich habe schon Rauschmittel genommen, es ist aber nichts bekannt geworden - nein - ja, aber weniger - ja, aber gleich viel - ja, aber mehr als vorher.

Wie man Tabelle 26 entnehmen kann, verläuft die Reaktion der Konsumenten in der Tat je nach Ausmaß der Konsumerfahrung unterschiedlich. Unter denen, die weniger als 20mal Drogen genommen haben, ist die Beendigung des Konsums oder zumindest die Reduktion die häufigste Folge. Unter denen mit mehr als 20maliger Erfahrung ist hingegen die Fortsetzung des Gebrauchs, z.T. sogar eine Steigerung die Konsequenz. Elterliche Intervention sowie Intervention durch Schule und Jugendbehörde bewirken sowohl bei Konsumenten mit viel als auch mit wenig Erfahrung häufiger eine Reduktion als eine Ausweitung des Gebrauchs. Im Falle des polizeilichen Eingriffs macht es dagegen einen Unterschied, ob Personen mit viel oder mit wenig Konsumerfahrung davon betroffen sind. Nur bei den unter 20maligen Verwendern ist Reduktion oder Abbruch die Regel; bei den mehr als 20maligen Verwendern ist das polizeiliche Einschreiten häufiger mit einer Steigerung als mit einer Reduktion verbunden. Nach diesen Daten scheint polizeiliche Auffälligkeit im Fall der Jugendlichen mit wenig Konsumerfahrung eher im Sinne der Abschreckungstheorie zu wirken, im Fall der Jugendlichen mit viel Konsumerfahrung eher im Sinne des Labeling Ansatzes. Allerdings darf hierbei nicht übersehen werden, daß es sich bei dem Teil derer, die ihren Konsum steigern, um eine Minderheit handelt. Für die Mehrheit findet die - besonders in der deutschsprachigen Rezeption des Labeling Ansatzes weithin unterstellte - Zwangsläufigkeit der Devianzsteigerung nicht statt.

4.2 Langfristige Folgen der Intervention

Grobe Untergliederungen nach Konsumhäufigkeit, wie wir sie vorgenommen haben, sind ein erster Schritt, um handlungsrelevante Ausgangsbedingungen zu kontrollieren. Eine vollständige Kontrolle sind sie nicht: Wir sind nicht in der Lage, das Ausmaß der Konsumerfahrung zum Zeitpunkt der Auffälligkeit zu erfassen. Wir wissen z.B. nicht, ob die Konsumenten vor oder erst nach der Polizeiauffälligkeit auf einen Konsum von über 20mal kamen. Wir kennen nicht die möglichen weiteren Unterschiede in der Konsumhäufigkeit zwischen den verschiedenen Kategorien für Auffälligkeit (die durchaus einen Scheinzusammenhang bewirken könnten). Vor allem aber waren wir bislang nicht in der Lage, die Folgen der Intervention im Vergleich zur Nichtintervention zu untersuchen.

Angesichts dessen wählen wir im folgenden eine andere Analysestrategie und wechseln die betrachtete abhängige Variable: Wir erfassen die Bereitschaft zur Fortsetzung des Konsums in Abhängigkeit von der Intervention durch Dritte und unter Kontrolle des bisherigen Drogengebrauchs. Indem wir die Bereitschaft zum Konsum zur abhängigen Variable erheben, können wir die nicht polizeiaufälligen Personen in die Betrachtung miteinbeziehen. Gegenüber Panelstudien sind wir zwar insofern im Nachteil, als wir nicht das real praktizierte Verhalten zum späteren Zeitpunkt messen können. Dafür können wir die Auswirkungen der Intervention kausal genauer eingrenzen: die geäußerte Handlungsbereitschaft ist der Intervention zeitlich nachgeordnet. In Panelstudien dagegen ist meist

Tabelle 26 Auswirkungen der Auffälligkeit auf den Drogenkonsum nach Jahr der Erhebung und Drogenerfahrung (in Prozent)

	Weniger als 20mal						20mal und mehr					
	1971			1973			1971			1973		
	Eltern	Schule JuAmt	Polizei	Eltern	Schule JuAmt	Polizei	Eltern	Schule JuAmt	Polizei	Eltern	Schule JuAmt	Polizei
Aufgehört	47	(78)	(25)	49	(40)	(-)	3	5	-	9	13	4
Weniger genommen	20	(11)	(75)	15	(40)	(100)	17	20	6	26	13	15
Gleich viel	31	(11)	(-)	34	(20)	(-)	72	60	65	61	62	58
Mehr genommen	2	(-)	(-)	2	-	(-)	8	15	24	4	13	23
	100	100	100	100	100	100	100	100	100	100	100	100
(N=)	(88)	(9)	(4)	(83)	(5)	(3)	(101)	(20)	(17)	(77)	(16)	(26)

nur die Information über die Delinquenz zum Zeitpunkt der Messung vorhanden und eine genauere biographische Einordnung nicht möglich. Wenn sich zwischen den Panelwellen eine Polizeiauffälligkeit ereignet und die Delinquenzhäufigkeit gleichzeitig steigt, weiß man nicht genau, ob diese Entwicklung der Intervention folgt oder ihr zwischen den Panelwellen womöglich nur unmittelbar vorangeht - sie gar erst bedingte (ähnlich Thomas und Bishop 1984:1237).

Da wir primär an den Folgen der Polizeiauffälligkeit interessiert sind und die Zahl für vertiefende Analysen unter den Probierern zu gering ist, beschränken wir uns im folgenden auf die Jugendlichen mit mehr als 20maligem Konsum. Nur hier finden sich Personen, die nach unserer vorhergegangenen Analyse den Erwartungen des Labeling Ansatzes noch am ehesten entsprechen könnten, indem sie ihren Konsum bei Polizeiauffälligkeit steigerten. Unsere Analyse stellt hierbei einen ersten Versuch einer empirischen Bestandsaufnahme auf der Basis einer großangelegten Repräsentativstichprobe dar. Weil Polizeiauffälligkeit wegen Drogen bei Jugendlichen allgemein selten vorkommt, ist die Zahl der Betroffenen dennoch notwendigerweise relativ klein. Um so wichtiger erscheint es, die Annahmen anhand getrennt durchgeführter Erhebungen zu prüfen und die Konsistenz der Befunde sowie deren Übereinstimmung mit Befunden anderer Untersuchungen zum Maßstab zu erheben.[1]

Die Bereitschaft zur Fortsetzung des Konsums erfassen wir über die Frage nach der Absicht, den Drogengebrauch in Zukunft zu beenden oder einzuschränken. Diesen Indikator haben wir bereits zuvor im Rahmen eines LISREL-Modells als Teil einer latenten Variablen verwendet. Er mißt in abgestufter Form die Konsumbereitschaft und reicht in seinen Antwortkategorien von der bereits vollzogenen Beendigung des Gebrauchs bis hin zum bekundeten Willen, den Konsum ohne Einschränkung oder Modifikation fortzusetzen. Die zugewiesenen Werte für die Antwortkategorien reichen von 1 bis 5. Je höher der Wert ausfällt, desto stärker ist der Befragte zur Fortsetzung des Konsums bereit (siehe dazu auch die Erläuterungen in Anhang 1).[2] Als unabhängige Variablen wählen wir die verschiedenen Instanzen, denen gegenüber der Konsum sichtbar wurde.

1 Die Analyse hat mehr als die übrigen Teile der Arbeit deshalb einen explorativen Charakter. Doch erscheint es uns wichtiger, anhand verfügbaren Materials überhaupt erste Ansätze einer Überprüfung vorzunehmen, als auf jegliche Prüfung zu verzichten und damit bloßen theoretischen Spekulationen, die oft wie wissenschaftliche Erkenntnisse behandelt werden, Auftrieb zu geben. Konstitutiv für Wissenschaft ist, daß sie kumulativ angelegt ist und durch Teilanalysen sukzessiv wissenschaftlicher Fortschritt ermöglicht wird.

2 An dieser Stelle können wir nur diesen Indikator einsetzen, da der zuvor verwendete zweite Indikator, welcher die Konsumbereitschaft im Fall eines Drogenangebots durch Freunde mißt, in den Umfragen von 1971 und 1973 (die allein Informationen zu Polizeikontakten enthalten) nicht enthalten ist.

Für eine Analyse unter Einsatz kategorialer unabhängiger Variablen bietet sich die Multiple Klassifikationsanalyse (MCA) an. Es handelt sich um ein Verfahren, das es erlaubt, analog zur Regression die Beziehung zwischen mehreren unabhängigen und einer abhängigen Variablen zu ermitteln. Gegenüber dem Regressionsverfahren hat es den Vorteil, daß bei den unabhängigen Variablen lediglich ein Nominalskalenniveau gefordert wird.[1] Gegenüber der Varianzanalyse liegt der Vorteil darin, daß es keine Orthogonalität zwischen den unabhängigen Prädikatoren voraussetzt. Gefordert ist, daß die abhängige Variable eine metrische Variable ist oder eine ordinale, der man zumindest unterstellen kann, daß sie einer ihr unterliegenden metrischen Variablen annäherungsweise entspricht (Andrews et al. 1975:9). Eine derartige Unterstellung scheint uns im vorliegenden Fall konzeptuell wie auch empirisch berechtigt (siehe dazu ausführlicher Anhang 1).

Zwei Arten von Koeffizienten werden in der Multiplen Klassifikationsanalyse ausgewiesen: Der erste Satz von Koeffizienten beinhaltet auf der Ebene der Gesamtstichprobe die Abweichung vom Mittelwert ohne Kontrolle der übrigen Variablen. Ein positiver Wert bedeutet in unserem Falle, daß die Subgruppe eine höhere Bereitschaft zur Fortsetzung des Konsum hat als der Durchschnitt, ein negativer Wert bedeutet eine unterproportionale Konsumbereitschaft. Der zweite Satz von Koeffizienten mißt die Abweichung vom Mittelwert unter Kontrolle der übrigen Variablen. Die Stärke des Einflusses der jeweiligen kategorialen Variablen schließlich wird durch zwei Effektkoeffizienten ausgewiesen: Eta, das den Einfluß ohne Kontrolle anderer Einflußgrößen mißt, und Beta, das den direkten Einfluß unter Kontrolle der anderen Variablen dokumentiert. Der Beta-Koeffizient ist analog zu den Beta-Koeffizienten in der Regressionsanalyse zu interpretieren.

Besonderer Beachtung bedarf die Kontrolle zusätzlicher Einflußgrößen. Sie könnten Scheinbeziehungen bedingen und Effekte polizeilicher Intervention erbringen, die realiter nicht existieren. So unterscheiden sich in unserer Untersuchung die Polizeiauffälligen von den Nichtauffälligen durch eine größere Drogenerfahrung (Reuband 1982:129) und - wie weitere Analysen zeigen - ein niedrigeres Einstiegsalter beim ersten Drogengebrauch. Beides könnte die Neigung, den Konsum fortzusetzen, begünstigen: Aus verschiedenen Untersuchungen ist bekannt, daß das Alter beim ersten Delikt die weitere Karriere mitbestimmt. Je jünger der Jugendliche ist, desto häufiger verfestigt sich später seine Delinquenz zu einem festen Muster (Robins und Murphy 1967:1589, Nurco et al. 1978:446, Petersilia 1980:368ff., Kaplan et al. 1986b:57).

---

1 Eine Alternative wäre die Dummy Regression. Sie zerlegt die einzelnen Kategorien der Variablen in verschiedene dichotome Variablen. Dabei bleibt eine Kategorie - aus Gründen der Unabhängigkeit der verwendeten Variable - außerhalb der Analyse und wird zum Maßstab für die Messung der Abweichungen. Vorteil der MCA ist demgegenüber, daß die Abweichung am Gesamtmittelwert gemessen wird. Dies macht die Analyse anschaulicher. Vorteil ist darüberhinaus, daß der Effekt über alle Kategorien einer Variablen gemessen werden kann (siehe Andrews et al. 1975:45). Die Anwendung der von uns favorisierten MCA schließt allerdings nicht aus, daß wir an gegebener Stelle zusätzlich eine Dummy Regression zur weiteren Absicherung unserer Befunde vornehmen (vgl. Fußnote 2, S. 238).

Angesichts der möglichen Konfundierung durch Drittvariablen ist es angeraten, die potentiellen "Störgrößen" in der Multiplen Klassifikationsanalyse zu kontrollieren. Dies geschieht im folgenden durch Einfügung von Kovariaten. Als diese werden verwendet: das Ausmaß der Konsumerfahrung, das Alter beim ersten Drogengebrauch, die Zahl der eingenommenen Drogenarten, das Alter des Befragten und - soweit dies innerhalb des Datensatzes möglich ist - das Ausmaß bisheriger Delinquenz (gemessen über verschiedene vorgegebene Delikte). Wir berücksichtigen die Delinquenz im vorliegenden Fall, um Einflüsse auszuschalten, die aus einer generellen Bindung an deviantes Verhalten erwachsen könnten: Womöglich ist die Bereitschaft zur Fortsetzung des Konsums auch eine Funktion der allgemeinen Neigung, sich gegen gesellschaftliche Normen aufzulehnen.

Die Ergebnisse der Analyse sind für die beiden verfügbaren Datensätze von 1971 und 1973 getrennt in Tabelle 27 und 28 zusammengestellt. Dabei interessiert uns an dieser Stelle lediglich der unbereinigte und der um die übrigen Drittvariablen "bereinigte" Effekt der Auffälligkeit. Nur diese Werte haben wir entsprechend näher dokumentiert. Die Befunde machen deutlich, daß es nicht darauf ankommt, ob die Devianz bekannt wird, sondern wem sie bekannt wird: Personen, von deren Konsum niemand erfährt, weisen keine Abweichung vom Mittelwert der Stichprobe aus. Dies ist angesichts der Verteilung der Befragten auf die verschiedenen Kategorien der Auffälligkeit zunächst einmal nicht verwunderlich: Die meisten Konsumenten werden nicht auffällig, der Mittelwert der Nichtauffälligen muß dementsprechend nahe am Gesamtmittelwert liegen. Relevanter ist, wie sich in Relation dazu die Auffälligen verhalten. Wir können daran ermessen, ob eine Nichtauffälligkeit tatsächlich Devianz langfristig verstärkt (wie es der Labeling Ansatz nahelegt) oder reduziert (wie es das Abschreckungspostulat behauptet).

Betrachten wir zur Abschätzung der Folgen zunächst die Effekte der verschiedenen Instanzen, denen der Drogengebrauch bekannt wurde. Gemessen an der Abweichung vom Mittelwert reduziert die Sichtbarkeit gegenüber den Eltern die Konsumbereitschaft. Der Effekt ist jedoch schwach. Schule und Jugendbehörde scheinen - solange man beide in einer übergreifenden Kategorie zusammenfaßt - keinen Einfluß auszuüben. Differenziert man zwischen beiden Instanzen (was in der 1971er Erhebung möglich ist), so ergeben sich zwar Effekte in der postulierten Richtung des Labeling Ansatzes - die Intervention des Jugendamtes erhöht im Vergleich zur Schule leicht die Konsumbereitschaft -, doch fallen sie zu gering aus, um daraus eine Bestätigung des Ansatzes abzuleiten. Der einzige Effekt, der eine nennenswerte Größenordnung annimmt, ist der der polizeilichen Intervention: Wo der Drogengebrauch der Polizei bekannt wird, wird anscheinend überproportional die Bereitschaft zum Drogengebrauch gesteigert. Dies gilt unabhängig von den sozialen

Tabelle 27 Konsumbereitschaft nach Art der Auffälligkeit 1971 (Multiple Klassifikationsanalyse)

Art der Auffälligkeit	N	Mittelwertabweichung* Unbereinigt	Bereinigt	Eta	Beta
Keine	151	-.01	.02		
Eltern	106	-.10	-.10		
Schule	17	.03	-.03		
Jugendamt	9	.19	.10		
Polizei	17	.56	.47		
				.11	.10**

Multiples R^2 = .027
Multiples R = .163
Gesamtmittelwert der abhängigen Variablen = 3.03.

* Positive Werte bedeuten hier eine überdurchschnittliche Bereitschaft zur Fortsetzung des Konsums.

** Haupteffekte nicht signifikant auf dem 0.05 Niveau.

Kovariaten: Alter, Alter beim ersten Drogengebrauch, Zahl der eingenommenen Drogenarten, Ausmaß der Drogenerfahrung.

Frageformulierung und Indikatorenbildung: "Wurde einer oder mehreren der folgenden Personen bzw. amtlichen Stellen schon einmal bekannt, daß Sie Rauschmittel genommen haben?" Antwortkategorien: Nein - Eltern - Schule - Polizei - Gericht - Jugendamt. Polizei und Gericht/Jugendarrest hier zur Kategorie "Polizei" zusammengefaßt. "Wenn es bekannt wurde: welche Folgen hatte dies? ... Vorladung Jugendbehörde ... Gerichtsverhandlung ... Jugendstrafe bzw. Jugendarrest. Beide Fragen sind miteinander kombiniert.

Basis: Befragte mit mehr als 20maligem Konsum.

Tabelle 28 Konsumbereitschaft nach Art der Auffälligkeit 1973 (Multiple Klassifikationsanalyse)

Art der Auffälligkeit	N	Mittelwertabweichung* Unbereinigt	Bereinigt	Eta	Beta
Nein	114	-.01	.11		
Eltern	78	-.36	-.41		
Schule, Jugendbehörde	15	.18	-.08		
Polizei	25	1.03	.81		
				.27	.24**

Multiples R^2 = .168
Multiples R = .410
Gesamtmittelwert der abhängigen Variablen = 2.58.

* Positive Werte bedeuten hier eine überdurchschnittliche Bereitschaft zur Fortsetzung des Konsums.

** Haupteffekt signifikant auf dem 0.01 Niveau.

Kovariaten: Alter, Alter beim ersten Drogengebrauch, Zahl der eingenommen Drogenarten, Ausmaß der Drogenerfahrung, Delinquenzhäufigkeit.

Frageformulierung und Indikatorenbildung: "Wurde einer oder mehreren der folgenden Personen bzw. amtlichen Stellen schon einmal bekannt, daß Sie Rauschmittel genommen haben bzw. etwas mit Rauschmittel zu tun haben oder hatten?" Antwortkategorien: nein - ja, Eltern - ja, Schule oder Jugendamt oder beides - ja, Polizei oder Staatsanwalt oder Richter (oder zweien oder allen diesen). Die Delinquenzhäufigkeit wird zusätzlich über Kovariate aufgeführt. Sie wird über die folgenden Delikte (in Stichworten) ermittelt: Fahren ohne Führerschein - Veranstaltungen besucht oder Verkehrsmittel benutzt, ohne dafür zu bezahlen - Sachbeschädigung - Laden-/Automatendiebstahl - Diebstahl bei Verwandten, Bekannten, Freunden - Einbruch - Kraftfahrzeugdiebstahl - Aneignung von Sachen unter Gewalt - Körperverletzung - jemanden bedroht, damit er das Verlangte tat - Polizisten Widerstand geleistet. In den Antwortkategorien wird nach der Häufigkeit differenziert. Diesen Angaben werden jeweils Mittelwerte zugewiesen (z.B. drei- bis fünfmal = 4) und diese für alle Delikte aufaddiert.

Basis: Befragte mit Konsumerfahrung 20mal und mehr.

Merkmalen des Konsumenten. Hinweise für einen Interaktionseffekt zwischen Polizeiauffälligkeit und sozialen Merkmalen des Befragten gibt es nicht.[1]

Ob die polizeiliche Auffälligkeit allerdings immer zu den gleichen Konsequenzen führt, ist fraglich: In der 1971er Umfrage geht die Wirkung polizeilicher Intervention in die gleiche Richtung wie 1973, ist jedoch schwächer und nicht signifikant. Möglicherweise reagiert die Polizei in verschiedenen Zeiten je nach Problematisierung des Drogenkonsums unterschiedlich auf den Drogenkonsumenten (vgl. Kreuzer 1976:149). Wahrscheinlicher aber bedeutet es für den Betroffenen selbst etwas anderes, ob sich die Entdeckung in einer "Aufschwungphase" des Drogengebrauchs (wie 1971) oder in einer "Abschwungphase" (wie 1973) vollzieht: solange er sich in eine breite potentielle Stützung unter Jugendlichen eingebettet glaubt und als Teil einer Avantgarde begreift, mag gegenüber externen Einflüssen eine gewisse Immunisierung bestehen. Der Deviante mag sie als irrelevant abtun und sich wenig davon betroffen fühlen.[2]

Doch wie immer auch man die Unterschiede zwischen beiden Erhebungen deutet - der Akzent ist der gleiche und scheint auf den ersten Blick die Grundannahmen des Labeling Ansatzes eher zu bestätigen als zu widerlegen. Wir werden darin durch die bereits vorher getroffenen Aussagen über die subjektive Beurteilung der unmittelbaren Intervention bestärkt: denn auch hier war bei polizeilicher Intervention eher eine Verfestigung der Devianz erkennbar als eine Reduktion. Wenn die beiden getrennt erhobenen und prinzipiell unterschiedlichen Maße für Interventionsfolgen derart konsistente Befunde erbringen, ist deren Glaubwürdigkeit um so höher einzuschätzen. Ob man den Effekt freilich auch im Sinne des Labeling Ansatzes interpretieren kann, ist eine andere Frage und wird später noch zu diskutieren sein.

---

1 Beschränkt man sich auf die polizeiliche Intervention als unabhängige Variable und führt zusätzlich als Faktor das Geschlecht, die Schulbildung und die Schichtzugehörigkeit als Faktor ein, so ergibt sich in der der Multiplen Klassifikationsanalyse vorgeschalteten Varianzanalyse kein Hinweis für derartige Einflüsse. Die Schulbildung wurde in dieser Analyse aufgrund des zuletzt besuchten Schultyps gebildet und umfaßt Hauptschule, Realschule und Gymnasium. Die Schichtzugehörigkeit wurde über Angaben zum Beruf und zur Schulbildung des Vaters in Anlehnung an Kleining und Moore (1968) konstruiert und in einer Variablen mit fünf Kategorien in die Berechnung einbezogen. Bei der Beurteilung der Bedeutsamkeit der Interaktionseffekte orientierten wir uns am statistischen Signifikanzwert der Interaktionseffekte (hier auf dem .05 Niveau).

2 Die Tatsache, daß nicht nur die Polizeiauffälligkeit in der Einflußstärke variiert, sondern auch die Eltern unterschiedlichen Einfluß haben, könnte ein Hinweis dafür sein, daß die zweite Interpretation die angemessenere ist. Die geringere subjektive Absicherung durch das wahrgenommene Meinungsklima der Gleichaltrigen in der sekundären Umwelt könnte eine größere Abhängigkeit von den Einflüssen der Erwachsenenwelt bedingen und instanzenspezifische Einwirkungen verstärken. Im Fall der Intervention der Eltern hieße das eine vermehrte Abkehr vom Konsum, im Fall polizeilicher Intervention eher eine gewisse Verstärkung der Konsumbereitschaft. Im übrigen sind die Bedingungen, unter denen erfolgreich Labeling Prozesse stattfinden und eine unterschiedliche Vulnerabilität für Labeling existiert, bislang wenig thematisiert und noch weniger untersucht worden. Zu den wenigen Ausnahmen siehe Roman und Trice (1971).

4.3 Auswirkungen polizeilicher Kontakte und Auffälligkeiten wegen Nicht-Drogen-Delikten

Nicht erst die Identifikation der Devianz durch die Polizei muß zu deren Stabilisierung beitragen. Bloße polizeiliche Verdächtigungen, die zu keinem Nachweis der Devianz führen und von den Betroffenen als ungerechtfertigt empfunden werden, könnten - so vermuten manche Autoren unter Berufung auf den Labeling Ansatz - ebenfalls eine Stabilisierung der Devianz begünstigen (so etwa Newton und Shelden 1975:237). Und damit nicht genug: Der Drogengebrauch ist oft nur eine von mehreren Formen ausgeübter Devianz. Polizeiliche Auffälligkeit ist ebenso bei den anderen Delikten möglich. Und diese Auffälligkeit könnte zu Generalisierungseffekten auf der Verhaltensebene führen und auf die Neigung zum fortgesetzten Drogengebrauch zurückwirken.[1]

Die wenigen Untersuchungen, die zur Frage des Generalisierungseffekts vorliegen, erweisen sich als weitgehend problematisch. Palamara, Cullen und Gersten, die bislang als einzige die These getestet haben, erheben einen Indikator für psychische Befindlichkeit zum Maßstab. Die Tatsache, daß Polizeiintervention für den Betroffenen mit einer Verschlechterung der psychischen Lage einhergeht, deuten sie als Beweis für das Vorhandensein eines Generalisierungseffekts (Palamara et al. 1986:100). Diese Interpretation ist nicht zwingend: Psychische Beeinträchtigungen dürften kaum gemeint sein, wo im Labeling Ansatz von einem "Master Status" und einer Stabilisierung der Devianz die Rede ist. Die psychischen Effekte werden allenfalls als eine Art Vermittlungsmechanismus gesehen, der aus der polizeilichen Reaktion resultiert und auf Delinquenz einwirkt und das Selbstbild beeinflußt.

Im folgenden versuchen wir, die Annahmen über die Auswirkungen des bloßen Polizeikontakts und der Generalisierungseffekte polizeilicher Entdeckung zu prüfen. Die bloßen Polizeikontakte, die nicht notwendigerweise zu einer Identifizierung als Konsument führen, werden über die Frage erfaßt, ob der Befragte schon einmal von der Polizei "in Zusammenhang mit Rauschmitteln zur Rede gestellt" worden sei. Die Frage des Generalisierungseffektes von Polizeiauffälligkeit testen wir über die Auswirkungen polizeilicher Auffälligkeit wegen anderer Delikte auf den Drogengebrauch. Die Frage zur Polizeiauffälligkeit wegen anderer Delikte schließt an eine Liste verschiedener Delikte an, zu denen

1 Ob diese Positionen generalisierter Auswirkungen als eine zentrale These des Labeling Ansatzes gelten können, ist im übrigen in der Literatur kontrovers. Manche Autoren glauben, aus dem Labeling Ansatz lediglich herauslesen zu können, seine Implikationen wären devianzspezifisch (so z.B. Robins 1975:23). Andere behaupten, daß sich die Effekte polizeilicher Auffälligkeit nicht auf die identifizierte Devianz beschränken, sondern auf andere Formen ausstrahlen; schließlich beinhalte die Etikettierung des Abweichenden ja eine Bewertung der ganzen Person, die Devianz würde - ähnlich wie von Becker (1973) beschrieben - zum "Master Status" (siehe dazu auch Tittle 1975:407).

anzugeben war, ob man sie jemals begangen hat (von trivialeren Delikten wie Schwarzfahren bis hin zu schwereren wie Kraftfahrzeugdiebstahl oder Einbruch). Die Frage lautet: "Sind Sie irgendwann in ihrem Leben schon von der Polizei wegen solcher oder ähnlicher Dinge, wie sie eben beschrieben worden sind, vernommen worden?" Erfaßt wurde die Häufigkeit, mit der dies geschah. Je häufiger dies der Fall ist, desto eher dürfte eine Identifikation als Abweichler stattgefunden haben.[1]

Die Ergebnisse dieser Analysen sind in Tabelle 29 zusammengestellt. Als erstes läßt sich zeigen, daß der bloße Polizeikontakt, der im Zusammenhang mit einer Fahndung nach Drogen stattfindet, die Konsumbereitschaft nicht fördert. Der Effekt ist im Gegenteil leicht negativ. Dies bedeutet: Die Identifikation als Konsument durch die Polizei und bloße Verdachtskontakte sind anscheinend zwei verschiedene Dinge. Wenn es einen devianzstabilisierenden Effekt von Polizeiauffälligkeit gibt, dann offenbar nur dort, wo es über den bloßen Kontakt hinaus zur Identifikation der Devianz kommt.[2] Zum zweiten läßt sich zeigen, daß die Polizeikontakte wegen anderer Verdächtigungen nicht die Bereitschaft zum Drogengebrauch begünstigen. Wer mehr als einmal der Polizei auffiel, weist - wenn auch nur in schwachem Maße - sogar einen leicht negativen Effektkoeffizienten auf. Dabei ist gerade in dieser Kategorie die Chance besonders groß, daß es nicht beim bloßen Polizeikontakt bleibt, sondern Sichtbarkeit hergestellt wird und es zur Festnahme kommt. Der Gesamteffekt der Variablen, ausgedrückt im Beta-Koeffizienten, bleibt vernachlässigbar.

Die Devianzstabilisierung scheint damit devianzspezifisch zu sein: Wer als Drogenkonsument identifiziert wird, hat eine gewisse Neigung, den Konsum nach Intervention überproportional fortzusetzen. Wer wegen anderer Delikte aufgegriffen wurde, weist keine

1 Eine andere Form der Testung der Generalisierungsthese (die mangels entsprechender Daten nicht möglich ist) bestände in der Untersuchung der Auffälligkeit wegen Drogen auf andere Formen der Delinquenz. Gäbe es einen Generalisierungseffekt, müßte er jedoch in beiden Richtungen wirken; unabhäng davon, welches Delikt man zum Ausgangspunkt nimmt, müßte man zu gleichartigen Befunden kommen..

2 Zur zusätzlichen Absicherung unserer Befunde - insbesonders im Hinblick auf mögliche Scheinbeziehungen - haben wir weiterhin eine Multiple Klassifikationsanalyse unter Einschluß weiterer Faktoren gerechnet: Geschlecht, Schulbildung, Schichtzugehörigkeit. Die Kovariaten blieben die gleichen wie in den früheren Analysen. Die Polizeiauffälligkeit wurde dabei einmal über den Polizeikontakt und die Sichtbarkeit als Teil einer Variablen operationalisiert, ein anderes Mal nur über die polizeiliche Sichtbarkeit. In beiden Fällen ergaben sich zwischen der Polizeiauffälligkeit und den sozialen Merkmalen keine Hinweise für Interaktionseffekte im Hinblick auf die Bereitschaft zur Fortsetzung des Konsums. In einer zusätzlichen Analyse haben wir eine Dummy Regression gerechnet. Bei der Dummy Regression wurde der paarweise Ausschluß von Werten gewählt, als unabhängig galten die gleichen Variablen, die wir als Kovariaten in der MCA verwendeten. Durch Wahl des paarweisen Ausschlusses haben wir den Vorteil, die Fallzahl gegenüber der MCA leicht erhöhen zu können. Gibt man die polizeiliche Identifikation als Konsument als dichotome Variable in die Analyse ein, so erbringt sie mit Beta = .19 einen nennenswerten und bedeutsamen eigenständigen Effekt auf die Konsumbereitschaft. Die Auswirkungen der bloßen Polizeikontakte dagegen sind vernachlässigbar.

Tabelle 29 Konsumbereitschaft nach Art des Polizeikontakts 1973 (Multiple Klassifikationsanalyse)

Art des Polizeikontakts	N	Mittelwertabweichung* Unbereinigt	Mittelwertabweichung* Bereinigt	Eta	Beta
Polizeiliche Auffälligkeit als Drogenkonsument					
Nein	172	-.07	-.02		
Nur Kontakt	26	-.41	-.56		
Als Konsument bekannt	21	1.09	.86		
				.25	.22**
Zahl sonstiger Polizeikontakte/Auffälligkeiten					
Keine	155	-.05	-.00		
Einmal	38	.24	.15		
Zweimal u. mehr	26	-.06	-.20		
				.07	.06

Multiples R^2 = .155
Multiples R = .393
Gesamtmittelwert der abhängigen Variablen 2.53.

* Positive Werte bedeuten hier eine überdurchschnittliche Bereitschaft zur Fortsetzung des Konsums.

** Haupteffekt auf dem .004 Niveau signifikant.

Kovariaten: Alter, Alter beim ersten Drogengebrauch, Zahl der eingenommenen Drogenarten, Delinquenzhäufigkeit (Beschreibung siehe Tabelle 28).

Interaktionseffekte: Keine statistisch signifikanten Interaktionseffekte zwischen den Haupteffekten.

Frageformulierungen und Indikatorenbildung: Die polizeiliche Auffälligkeit des Drogenkonsumenten wird über zwei Fragen gebildet: eine nach den Instanzen, denen gegenüber der Drogengebrauch bekannt wurde (siehe Tabelle 25), eine andere nach Kontakten mit der Polizei wegen Rauschmitteln: "Sind Sie schon einmal von der Polizei im Zusammenhang mit Rauschmitteln zur Rede gestellt worden?" Wer dies bejaht, aber verneint, der Konsum sei der Polizei bekannt geworden, wird unter der Rubrik "nur Kontakt" aufgeführt. Wer eine Sichtbarkeit gegenüber der Polizei angibt, wird der Kategorie "als Konsument bekannt" zugeordnet. Die Variable "Zahl sonstiger Polizeikontakte/Auffälligkeiten" wird über die Frage erfaßt: "Sind Sie irgendwann in Ihrem Leben schon einmal von der Polizei wegen solcher oder ähnlicher Dinge, wie sie oben beschrieben worden sind, vernommen worden?" Diese Frage folgt der Liste selbstberichteter Delikte.

Basis: Befragte mit Konsumerfahrung 20mal und mehr.

analogen Effekte im Bereich des Drogengebrauchs auf. Eine generalisierte "Stabilisierung" von Devianz durch polizeiliche Intervention, wie sie etwa von Palamara (1986) behauptet worden ist, gibt es unseren Daten zufolge nicht. Die Identifikation der Devianz durch die Polizei konstituiert keinen "Master Status", der auf die gesamte Lebensführung ausstrahlt und das Handeln nachhaltig prägt.

5. Intervenierende Mechanismen zwischen Auffälligkeit und Karriereverlauf

5.1 Alternative Deutungen des "Labeling Effekts"

Daß der Labeling Ansatz allein nicht - wie in dessen einst verbreiteter, radikaler Form unterstellt - die Fortsetzung der Delinquenz erklärt, hat sich im Fall des Rauschmittelgebrauchs in unseren früheren Analysen bereits gezeigt: Ob Jugendliche den Konsum fortsetzen oder nicht, ist danach maßgeblich eine Sache motivationaler Einflüsse, die durch eine Reihe individueller und kontextueller Faktoren bestimmt werden, die mit Polizeiauffälligkeit nichts zu tun haben. Daß auch jene Versionen nur bedingt haltbar sind, die Polizeikontakten allgemein einen - wenn auch nicht herausragenden, aber zumindest existenten sekundären - Einfluß unterstellen, hat die Analyse der Polizeiauffälligkeit belegt: Nicht jede Art von Polizeikontakt fördert Devianz. Nur dort, wo das Verhalten als abweichend identifiziert wird und der Delinquente bereits in seiner Delinquenzkarriere weiter fortgeschritten ist, scheint eine Verstärkung des bisherigen Verhaltensmusters etwas häufiger als dessen Reduktion zu sein. Welche sozialen Prozesse zwischen der Intervention und dem späteren Verhalten liegen, wissen wir freilich nicht. Die relevanten intervenierenden Variablen wurden nicht erhoben und können auch nicht nachträglich konstruiert werden. Für viele Autoren, die den Labeling Ansatz aufgreifen, reicht es, einen Gesamteffekt der Intervention konstatieren zu können. Für sie ist es relativ müßig, welcher Mechanismus im einzelnen den Effekt bewirkt hat - ob es nun mehr das Selbstbild ist oder die Beschränkung der Handlungschancen. Der Labeling Effekt scheint für sie hinreichend bestätigt.

Diese Interpretation ist voreilig. Übersehen wird (wie meist auch in der sonstigen Literatur), daß der gleiche Effekt ebenfalls bei anderen Theorien - und dies paradoxerweise selbst bei Gültigkeit des Abschreckungspostulats - eintreten könnte: dann nämlich, wenn die Konfrontation mit der Polizei nicht derart massiv ausfällt, wie es den Vorstellungen der Devianten von Sanktionen entspricht und dadurch die Abschreckungswirkung unterhöhlt wird. Typischerweise seien für Delinquenten die Kontakte mit der Polizei nicht so unangenehm und deprimierend wie zunächst erwartet, behaupten z.B. Scott Briar und Irving Piliavin für amerikanische Jugendliche. Der Polizeikontakt führe unter diesen Umständen möglicherweise zu der Erkenntnis, daß die Kosten, die mit der Delinquenz verbunden sind, viel niedriger liegen, als zunächst antizipiert. Damit wird nicht das Vorhandensein von Stigmata und nicht die Schärfe der Intervention, sondern ihr Fehlen für die

Stabilisierung der Abweichung verantwortlich gemacht (vgl. Briar und Piliavin 1965:44, Piliavin et al. 1968:231, ähnlich Erickson et al. 1984:382).

Daß auch in der Bundesrepublik bei Drogendelikten der Kontakt vielfach ohne eine Sanktionierung bleibt, hat unsere vorherige Analyse gezeigt. In die gleiche Richtung gehen Befunde unter Heroinabhängigen (Kreuzer et al. 1981:263, Meer-Fandrey 1985:138). Daß dies ebenfalls für die USA und England im Fall von nicht-drogenbezogenen Delikten gilt, bei denen ebenfalls polizeiliche Intervention eine Fortsetzung der Delinquenz zu begünstigen schien, belegen verschiedene Arbeiten (vgl. u.a. Gold und Williams 1969:10, Gold 1970, West 1982:109). Damit könnte man der Labeling Interpretation eine alternative Deutung für den gleichen Sachverhalt gegenüberstellen - eine Deutung, die auf Grundannahmen des Abschreckungs-Prinzips beruht. Um über die Brauchbarkeit des Labeling Ansatzes zu entscheiden, bedarf es deshalb anderer Daten und Analysen als solchen allein über die bloßen Auswirkungen polizeilicher Intervention. Es bedarf einer zusätzlichen Analyse der intervenierenden Prozesse, um sagen zu können, welche Theorie den Effekt am besten erklärt.

5.2 Labeling oder Abschreckung als intervenierende Mechanismen?

Nach dem Labeling Ansatz hat der Eingriff von Instanzen sozialer Kontrolle im wesentlichen zwei Folgen, die eine Stabilisierung der Devianz begünstigen: eine Auswirkung auf das Selbstbild und eine Beschränkung von Handlungschancen. Die Folgen für das Selbstbild werden von vielen - wenn nicht sogar den meisten - Vertretern des Labeling Ansatzes in einem "Schockcharakter" der Intervention gesehen. Die Personen, die von der Polizei aufgegriffen werden, würden Reaktionen erfahren, die einer Degradierungszeremonie gleichkommen. Sie würden in einer Weise als "Kriminelle" etikettiert, welche ihr Selbstbild massiv beeinträchtigt (siehe Matza 1973:177, Peters 1973:22, Keckeisen 1974:39, Kobrin 1976:244).

Wäre es tatsächlich der Schockcharakter, der die Begegnung prägt, müßten die Probierer, die sich mit ihrem devianten Verhalten noch nicht so stark identifiziert haben wie die fortgeschrittenen Konsumenten, um so stärker davon betroffen sein (und den Konsum stabilisieren): sie werden wie Delinquente behandelt, obwohl sie sich selbst allenfalls als Personen sehen, die vorübergehend, oft nur versuchsweise und keineswegs auf Dauer die Grenze zur Abweichung überschritten haben. Gerade die Probierer aber werden nach unseren Daten über die unmittelbaren Konsequenzen polizeilicher Erfassung überproportional häufig vom weiteren Konsum abgehalten. Dies spricht entweder dafür, am Schockcharakter der Begegnung zu zweifeln, oder ihm eine abschreckende, statt devianzstabilisierende Wirkung zu unterstellen.

Daß der Polizeikontakt für die Betroffenen Schockcharakter hat, könnte man zum anderen aufgrund entsprechender Berichte von Heroinabhängigen bezweifeln. Heroinabhängige sprechen selten von derartigen Gefühlen und von einem Umgang mit der Polizei, welcher der verbreiteten Deutung des Labeling Prozesses entspricht. Statt dessen, so scheint es, verlaufen die Kontakte für sie oft weniger bedrohlich als erwartet, entwickelt sich fast schon so etwas wie eine "kommunikative Nähe" und "ein fast kollegial zu bezeichnendes Verhältnis zur Polizei" (Kreuzer et al. 1981:255ff., Meer-Fandrey 1985:136f.). Wenn aber die Heroinabhängigen, die am stärksten in die Devianz verstrickt sind und häufiger als Cannabiskonsumenten polizeilicher Kontrolle und Fahndung unterliegen, derartige Erfahrungen machen: um wieviel weniger dramatisch muß dann erst der Kontakt der Cannabiskonsumenten mit der Polizei verlaufen? Cannabiskonsumenten sind schließlich nicht nur weniger in den Konsum verstrickt, sie verüben gewöhnlich auch nicht die Folgekriminalität, zu der Abhängige gezwungen sind (dazu auch Kreuzer 1975:191ff., Kreuzer et al. 1981:235ff.), um Abstinenzerscheinungen abzuwehren. Aufgrund der geringeren Kriminalität werden sie seltener in spektakuläre Situationen der Verfolgung und Kontrolle geraten, sie werden wohl auch eher als die "harmloseren" Drogenverwender gelten. Ob angesichts der eingeschränkten Dramatik des Polizeikontakts und der selteneren Anklageerhebung und Verurteilung der zweite wichtige Mechanismus des Labeling Prozesses - die Einschränkung der Handlungschancen - überhaupt wirksam werden kann, ist um so mehr die Frage.

Wenn die Prozesse der polizeilichen Konfrontation nicht derart massiv verlaufen, wie man es nach dem Labeling Ansatz erwarten würde, was kann dann die beobachtete Stabilisierung der Devianz bewirkt haben? Ist es, wie manche Autoren vermutet haben, etwa eine zu geringe Abschreckung? Ist die Reaktion der Polizei und der Strafjustiz so milde, daß die Jugendlichen zu weiterer Delinquenz geradezu ermuntert werden? Gegen diese Annahme sprechen ausländische Untersuchungen, die bei amtlich registriertem Polizeikontakt ansetzen. Sie belegen mehrheitlich[1], daß "weiche" Reaktionen (wie bloße informelle Verwarnung) gegenüber strengeren Maßnahmen (wie Überweisung an das Gericht und Bestrafung) keine höheren "Rückfallzahlen", gemessen an der selbstberichteten Delinquenz oder offizieller Registrierung, erbringen. Zum Teil zeigt sich sogar, daß die

---

1 Es gibt lediglich zwei Ausnahmen: die Untersuchung von Sherman und Berk (1984) und die von McCord (1985). Die Arbeit von McCord (1985) ist die problematischste, weil sie Drittfaktoren - vor allem hinsichtlich der Delinquenz - nicht kontrolliert. Die Untersuchung von Sherman und Berk (1984) geht dagegen von einem Randomisierungsexperiment aus. Sie zeigt, daß Arrest durch die Polizei gegenüber anderen, "milderen" Reaktionsformen (wie Beratung oder Anordnung, das Haus für acht Stunden nicht zu verlassen), die Rückfälligkeit reduziert. Dies gilt bei häuslichen Gewalttätigkeiten zwischen Ehegatten - einem Delikt also, bei dem man aufgrund der starken affektuellen Determination am wenigsten ein Kosten-Nutzen-Denken erwarten würde, wie es den Abschreckungsprinzipien entspricht. Offen bleiben in dieser Untersuchung der Stellenwert vorheriger Auffälligkeiten (sie sind bei den meisten gegeben) und der Stellenwert der späteren staatlichen Reaktionen (bei der Mehrheit gibt es keine formelle Strafe in Form von Geldstrafe oder Inhaftierung, vgl. Sherman und Berk 1984:270).

strengeren zu höheren Rückfallquoten führen (vgl. Wolfgang et al. 1972:243, Erickson 1976:227ff., Dinitz und Conrad 1980:150, van der Werff 1981:145, Farrington und Bennett 1981:130, Bazemore 1985:148, Klein 1986:71ff.; siehe hierzu auch die Ergebnisse der "Diversionsprojekte": Klein 1979:194, Polk 1984:649).[1]

Gegen diese These, unzureichende Sanktionierung würde das Abschreckungsprinzip unterhöhlen und in dieser Weise Devianz begünstigen, spricht auch der Befund unserer Untersuchung (der aufgrund niedriger Fallzahlen allerdings nur als tentativ gesehen werden kann), wonach Konsumenten mit Justizkontakten verstärkt zur Fortsetzung des Konsums neigen. Während unter den zehn Jugendlichen mit mehr als 20maligem Konsum, die Gerichtskontakte hatten, alle den Konsum nach der Intervention fortgesetzt oder gesteigert haben, findet sich bei den sechs Personen, die nicht vor Gericht kamen, kein vergleichbares Muster. Stabilität oder Rückgang des Konsums und nicht etwa eine Steigerung kennzeichnet sie.

Wir können der Frage nach den abschreckenden Wirkungen und Folgen des Polizeikontaktes in unserer Untersuchung aber noch in einer anderen Weise nachgehen: über die Konsumenten, deren Devianz sichtbar wurde und die den Konsum später einstellten. Wenn es so etwas wie eine Abschreckungswirkung gibt, müßte sie sich in den verbalisierten Gründen für den Abbruch des Konsums abbilden. Wenn es im Fall erfolgter Interventionen die unzureichende Sanktion ist, die für die Fortsetzung des Drogengebrauch zuständig ist, müßte sich - spiegelbildlich - in der Beendigung des Konsums die Wirksamkeit der Sanktionierung und des Abschreckungsprinzips widerspiegeln. Wer aus Furcht vor Strafe den Konsum einstellt, müßte dies, wie es dem Kalkül des Abschreckungspostulats entspricht, als Grund seiner Entscheidung thematisieren. Dabei mag es relativ gleichgültig sein, ob der Konsum sofort nach der äußeren Intervention oder erst später unterbrochen wird.

---

1 Die genannten Untersuchungen stellen sämtlich Studien dar, die mögliche Drittfaktoren zu kontrollieren versuchen. Solange dies nicht geschieht (wie etwa bei Mott 1983), muß ungewiß bleiben, inwieweit sich in dem Muster lediglich Eigenheiten der Delinquenz widerspiegeln - die Polizei antizipiert möglicherweise die stärkere "kriminelle Gefährdung" und reagiert um so härter. Die beste, aber nur selten gewählte Untersuchungsstrategie liegt in der Randomisierung polizeilicher Reaktionen (so bei Rose und Hamilton 1970, Klein 1986): die Reaktion der Polizei erfolgt ungeachtet der tat- und täterspezifischen Merkmale. Nach Malcom Klein, der ein derartiges Randomisierungsprojekt bei Jugendlichen untersucht, ist die offizielle Rückfälligkeit jeweils dort am geringsten, wo seitens der Polizei am wenigsten repressiv reagiert wird und der Jugendliche ohne weitere Maßnahmen seitens der Behörden wieder freigelassen wird. Bei strafrechtlichen Maßnahmen ist die Rückfälligkeit am höchsten. Bei Wahl der selbstberichteten Delinquenz als Maßstab der Rückfälligkeit verschwindet die Beziehung (Klein 1986:71). Unterschiedliches Selektionshandeln der Polizei, das sich an der Art der vorherigen amtlichen Registrierung mit ausrichtet, könnte eine mögliche Erklärung der Diskrepanz sein: womöglich gelten bei ungeklärten Delikten diejenigen als potentielle Täter, die mit härteren Sanktionen in den Akten ausgewiesen sind. Dies könnte dafür sprechen, keine nennenswerten Effekte der Art der Intervention auf die zukünftige Delinquenz zu unterstellen.

Wie man Tabelle 30 entnehmen kann, spricht wenig für eine direkte Abschreckungswirkung, wie sie von den meisten Abschreckungstheoretikern unterstellt wird. Jugendliche, deren Konsum den eigenen Eltern bekannt wurde, geben nur zu 2% an, sie hätten den Konsum aus Furcht beendet, "erwischt zu werden". Unter denen, die in den Blickpunkt der Schule, Jugendamt oder Polizei gerieten, liegt dieser Wert zwar höher, mit maximal 17% repräsentiert er gleichwohl nur eine Minderheit unter ihnen. Der Anteil steigt selbst in der Untergruppe jener Konsumenten kaum an, die bald nach ihrem Polizeikontakt den Konsum einstellten. Daß andere Personen in der Umwelt des devianten Akteurs ihn zur Aufgabe seines Verhalten bewegen, dafür gibt es eher Hinweise. Daß Eltern oder Freunde sie dazu veranlaßt hätten, meinen rund ein Fünftel der Jugendlichen, die bei den Eltern auffielen. Bei den Polizeiauffälligen sind in etwa vergleichbare Wert anzutreffen. Die Art der Reaktion wird in vielen Fällen auf der argumentativen Ebene verlaufen (statt auf der Ebene bloßer Sanktionsausübung). Durch Verweis auf Gefährdungen und die Art der Argumentation wird dabei die Bewertung des Verhaltens sichtbar werden. Diese setzt dem Verhalten des einzelnen äußere Grenzen; er wird der Breite und der Intensität der Mißbilligung gewahr.

Am bedeutsamsten jedoch erweisen sich nach unseren Daten die Ängste um gesundheitliche Schäden - sei es in Form von Sucht oder anderer gesundheitlicher Folgen. Ein kleiner Teil der Konsumenten ist sogar der Meinung, bereits negative gesundheitliche Erlebnisse und Folgen davongetragen zu haben. Es sind die Gründe, die - in fast gleichem Ausmaß - auch bei denen zu finden sind, die den Konsum ohne äußere Intervention einstellen. Und es sind zugleich die Gründe, die von Nicht-Konsumenten für ihre Abstinenz vorgebracht werden. Dies zeigt sich nicht nur in unserer Untersuchung, sondern allgemein in den Drogenstudien der Bundesrepublik (siehe u.a. Schüttler und Körner 1974, Schmitt et al. 1975:52, 74, Peterson und Wetz 1975:44).

Was bedeutet nun dieses Ergebnis für die Effekte polizeilicher Intervention? Selbst wenn die Intervention zu einem Abbruch des Drogengebrauchs führen sollte, würde dies nach unseren Befunden nicht über das Abschreckungsprinzip und der Furcht vor Strafe geschehen. Es gibt allenfalls einen indirekten Einfluß: einen, der von den allgemeinen Vorstellungen über mögliche und wahrscheinliche Wirkungen des Drogengebrauchs herrührt. Befürchtungen, die nach wie vor im Konsumenten verborgen sind, werden offenbar durch die Erfahrung äußerer Intervention aktiviert und verschieben das prekäre Gleichgewicht konsonanter und dissonanter Definitionen. Ihm wird bewußt, daß es verschiedenartige negative Folgen gibt, die ihn im Verlauf der Drogenkarriere treffen können. Die Ambivalenz, die Drogen entgegengebracht wird und die wir schon für die Erstsituation des Drogengebrauchs nachwiesen, wird erneut für das Denken und Handeln bedeutsam.

Tabelle 30 Grund für Beendigung des Konsums nach Art der Auffälligkeit und Jahr der Erhebung (Mehrfachnennungen in Prozent)

	1971				1973			
	Nicht bekannt	Eltern	Schule, Jugendamt	Polizei	Nicht bekannt	Eltern	Schule, Jugendamt	Polizei
Ich hatte Angst wegen evtl. gesundheitl. Schäden	27	23	53	(50)	41	42	37	29
Ich hatte Angst, süchtig zu werden	32	25	47	(17)	31	24	37	29
Ich wurde krank davon	2	9	-	(-)	4	8	11	14
Eltern oder Freunde haben mich dazu veranlaßt	11	21	5	(17)	13	18	26	21
Ich befürchtete, erwischt zu werden	2	2	-	(17)	3	2	11	14
Es kostete zuviel Geld	25	19	11	(17)	21	24	26	36
Es wirkte nicht (d.h. ich wurde nicht 'high')	22	18	16	(-)	17	18	5	7
Andere Gründe	9	19	-	(17)	15	18	16	21
(N=)	130 (426)	136 (111)	132 (19)	135 (6)	145 (390)	151 (130)	169 (19)	143 (14)

Frageformulierungen wie in Tabelle 17

5.3 Delinquente Freunde als Element der Devianzstabilisierung?

Sichtbarkeit der Devianz gegenüber der Polizei scheint unter einem Teil der progredienten Konsumenten häufiger die Abweichung zu verfestigen, als daß sie sie destabilisiert. Die bisherigen Interpretationen, welche die Ursachen dafür auf Etikettierungsprozesse oder fehlende Abschreckung zurückführen, greifen jedoch zu kurz. Womöglich muß man die beobachteten Folgen der Polizeiauffälligkeit über ganz andere intervenierende Variablen begreifen, als sie in der Literatur gewöhnlich thematisiert werden: über die devianten, Rauschmittel konsumierenden Freunde oder Bekannten. Polizeiauffälligkeit macht - auch wenn sie ohne Sanktionen einhergeht - für den Konsumenten das potentielle Sanktionsrisiko seines Tuns deutlich: Mag er auch diesmal noch "davongekommen" sein, die Chance der erneuten Auffälligkeit bei fortgesetztem Drogengebrauch bleibt bestehen. Unter diesen Umständen liegt es nahe, zum einen die Problembewältigungsstrategie der Personen in vergleichbarer Lage zu erkunden (etwa im Hinblick auf die Vermeidung von Polizeikontrollen), und bei ihnen zum andern eine kognitive und soziale Stützung zu finden (dazu vgl. Festinger und Aronson 1970). Äußerer Druck, so ist aus Untersuchungen zur Gruppendynamik bekannt, vermag interne Solidarität zu stärken (vgl. z.B. Hofstätter 1965:92ff., Janis 1970). Der Gedankengang, es gebe durch die Auffälligkeit ausgelöst einen verstärkten Zusammenschluß der Devianten, findet sich im übrigen schon in Ansätzen bei Tannenbaum (1938:16ff.). Und er findet sich als Bemerkung ebenfalls - wenn auch im einzelnen nicht weiter ausgeführt - bei Erwin K. Scheuch. Danach kann die Strafverfolgung die Wirkung haben, "das Bewußtsein einer Eigenart, der Gruppenzugehörigkeit, bei den Konsumenten dieser Drogen zu stärken" (Scheuch 1971a:8f.).[1]

Wäre die Annahme richtig, der Polizeikontakt würde die Binnenkommunikation und Solidarität der habituellen Konsumenten stärken und damit in einem nächsten Schritt dann auch die Bereitschaft zum fortgesetzten Konsum, so hieße das: Der beobachtete Effekt der Polizeiauffälligkeit hätte mit den Labeling Prozessen in dem postulierten Sinne - Einfluß auf Selbstbild und Beschränkung der Handlungschancen - nichts zu tun. Der entscheidende Mechanismus bestünde in der kollektiv geteilten Reaktion auf Probleme in gleicher Ausgangslage. Das hieße zugleich: Die Auswirkungen polizeilicher Intervention sind eine Funktion des Eingebundenseins in deviante Netzwerke. Wer in seiner Delinquenz isoliert ist, auf den wirkt die Intervention abschreckend oder bleibt wirkungslos. Wer dagegen seine Delinquenz nicht isoliert praktiziert und andere Delinquente kennt, bei dem wird die Intervention möglicherweise einen verstärkten Zusammenschluß bringen. Das beobachtete Phänomen ist aus dieser Sicht das Produkt gruppendynamischer Prozesse und

---

1 Siehe auch Farrell und Nelson (1976), welche die Stärkung der Gruppenbindung als eine Folge negativer Etikettierung im Falle der Homosexualität vermuten. Untersuchungen, die aus dieser Perspektive Folgen äußerer Intervention genauer analysieren, fehlen jedoch bislang. Die Untersuchung von Farrell und Nelson liefert allenfalls Anhaltspunkte.

nicht das Produkt einer bloßen Übernahme externer Etikettierung.

Diese gruppenspezifische Erklärung wird nicht bei allen delinquenten Tätern und nicht bei allen Delikten gleichermaßen brauchbar sein. So ist unter Jugendlichen die Delinquenz im allgemeinen eher eine Funktion der Einbindung in deviante Netzwerke und wird häufiger gemeinschaftlich begangen als unter Erwachsenen (vgl. Albrecht 1974:140, Kaiser 1979:193ff.). Was die deliktspezifischen Variationen angeht, so wird es einen Unterschied machen, ob es sich um einen mehr oder minder spontanen individuellen Akt im Affekt - wie bei Gewalttätigkeiten in der Familie - handelt oder um einen Akt, der gewöhnlich mit anderen Personen unternommen wird, der Delinquente hier gar auf diese angewiesen ist.

Der Zwang zur Kooperation mit anderen Personen ist im Falle des Drogenkonsums besonders groß: Mehr als im Falle der üblichen Kriminalität bedarf es eines spezifischen Wissens zur Ausübung der eigenen Delinquenz. Wer Rauschmittel in fortgesetzter Weise auf dem Schwarzmarkt besorgen muß, der muß informiert sein, wo er diese erwerben kann. Er muß andere Konsumenten kennen, die ihm das Mittel verschaffen können, er muß Zugang zu Dealern haben. Je gefährdeter der kontinuierliche Zugang zu Drogen ist, desto größer die Notwendigkeit für ihn, für Stabilität des Zugangs zu sorgen. Zudem ist der Konsum von Drogen wie Cannabis ein Phänomen, das in der Geschichte seiner Ausbreitung seit jeher in starkem Maße mit einem "sozialen" Gebrauchscharakter verbunden ist. Konsumenten unterhalten mit anderen Konsumenten Kontakte, nehmen Drogen gemeinsam ein. Die Möglichkeit, auf Personen mit ähnlicher Orientierung zu rekurrieren, ist aus dieser Sicht von vornherein günstig.

Für die Neigung zum Kontakt mit anderen Konsumenten mag ein besonderes Moment hinzukommen, das aus der Qualität der Abweichung erwächst: Drogenkonsum zählt zur Typologie der Kriminalität ohne Opfer. Dies mag die Überzeugung, letztlich nichts Unrechtes zu tun, fördern. Daß dies der Fall sein könnte, dafür gibt es aus einer schweizerischen Untersuchung Hinweise: Rauschmittelkonsumenten haben danach im Gegensatz zu normalen Tätern im Bereich der Kleinkriminalität das Gefühl, im Prinzip nichts Schuldhaftes zu begehen. Entsprechend sehen sie die Intervention der Kontrollinstanzen öfters als eine Ungerechtigkeit (Buchmann 1983:116). Wer sich aber unschuldig fühlt, die gesamtgesellschaftliche Wertung nicht teilt, wird bestrebt sein, seine kognitive und soziale Absicherung bei Personen zu suchen, die ebenfalls diese Devianz praktizieren. Er wird über sie versuchen, die Infragestellung seiner Realitätsdeutung abzuwehren. Die Wendung hin zu Gleichgesinnten ist damit auch eine Art Versuch, kognitive Dissonanz zu reduzieren und die eigene Realitätsdefinition zu stabilisieren (siehe dazu u.a. auch Hofstätter 1965:96ff., Aronson und Festinger 1970).

Daß polizeiliche Auffälligkeit tatsächlich eine vermehrte Zuwendung zu anderen Drogenkonsumenten bedingt und diese im eigenen Freundes- und Bekanntenkreis einen steigenden Anteil einnehmen, zeigen Analysen unserer Daten: Wer von der Polizei wegen Rauschmittelgebrauchs aufgegriffen und als Konsument identifiziert wurde, hat einen höheren Anteil an Konsumenten im Freundes- und Bekanntenkreis als jemand, dem dies nicht widerfahren ist.[1] Der Effekt ist, wie man den Abbildungen 16 und 17 entnehmen kann, besonders in der Erhebung von 1973 ausgeprägt - der gleichen Zeit, in der auch die Auswirkung der Polizeiauffälligkeit am stärksten ist![2]

Die Auswirkungen der Polizeiauffälligkeit scheinen damit - besonders unter den in ihrer Drogenkarriere weit fortgeschrittenen Konsumenten - das Muster soziokulturellen Lernens von Devianz zu verstärken. Unter den Probierern ist die Einbindung in den Kreis der Devianten vermutlich noch zu schwach und die konventionellen Bindungen an die gesamtgesellschaftlichen Definitionen des Drogengebrauchs zu groß, um ähnliche Prozesse der Devianzstabilisierung hervorzurufen. Entsprechend führt bei ihnen polizeiliche Intervention am ehesten zum Abbruch der delinquenten Karriere. Insofern hat Howard Becker mit Recht behauptet, daß der Weg zurück in die Konformität durch Kontakte mit Instanzen sozialer Kontrolle in der Anfangsphase der Delinquenz möglich ist (Becker 1973:37). Und noch etwas Weiteres wird in unserer Analyse deutlich: führt die polizeiliche Auffälligkeit zu dem höchsten Anteil von Konsumenten im Freundeskreis, so üben Eltern auf den Anteil konsumierender Freunde einen gegenteiligen Effekt aus. Sie scheinen von allen Instanzen am besten in der Lage, auf den Freundeskreis einzuwirken und in dieser Weise indirekt den einzelnen vom Konsum abzubringen.

---

1 David Farrington hat in seiner britischen Untersuchung zur Kriminalität Jugendlicher ebenfalls versucht, den Folgen nachzugehen. Das Ergebnis der Analyse belegt, anders als von ihm ursprünglich vermutet und anders als unsere Daten von uns gedeutet werden, einen Rückgang in den durchschnittlichen Delinquenzwerten der Freunde unter den öffentlich etikettierten Jugendlichen (Farrington 1977:120). Die Analyse erfolgt methodisch jedoch in fragwürdiger Weise, so daß man seine Befunde nicht für unsere Fragestellung heranziehen kann: Das von ihm verwendete Maß trennt nicht zwischen Anzahl der Delinquenten und Anzahl der Delikte. Und es trennt vor allem nicht zwischen der Anzahl der konformen und der nichtkonformen Freunde. Je mehr Delikte von einigen wenigen Freunden begangen wurden, desto größer muß der Wert ausfallen - selbst dann, wenn sich der einzelne ansonsten mehrheitlich unter konformen Jugendlichen aufhält.

2 Man könnte einwenden, daß Polizeiauffälligkeit und Anteil an Konsumenten im Freundeskreis allein deswegen Zusammenhänge aufweisen könnten, weil sie durch Drittfaktoren - wie Konsumhäufigkeit - bedingt sind. Berechnet man, um dies zu prüfen, bei den über 20maligen Konsumenten im Rahmen einer Regressionsanalyse den Einfluß der Polizeiauffälligkeit auf den Freundeskreis unter Kontrolle der bisherigen Konsumerfahrung, so kommt man in der Erhebung von 1973 auf ein beta von .20 - mithin auf einen Wert, der aufgrund seiner Stärke allgemein als Hinweis für Einfluß verstanden wird. Der von uns in den Abbildungen ausgewiesene Effekt kann also nicht als Artefakt weiterer interner Variation in der Konsumhäufigkeit und ihrer Determination von Auffälligkeit angesehen werden.

Abb. 16: Drogenkonsumenten (als Mehrheit) im Freundeskreis nach Auffälligkeit und Konsumerfahrung 1971 (in %)

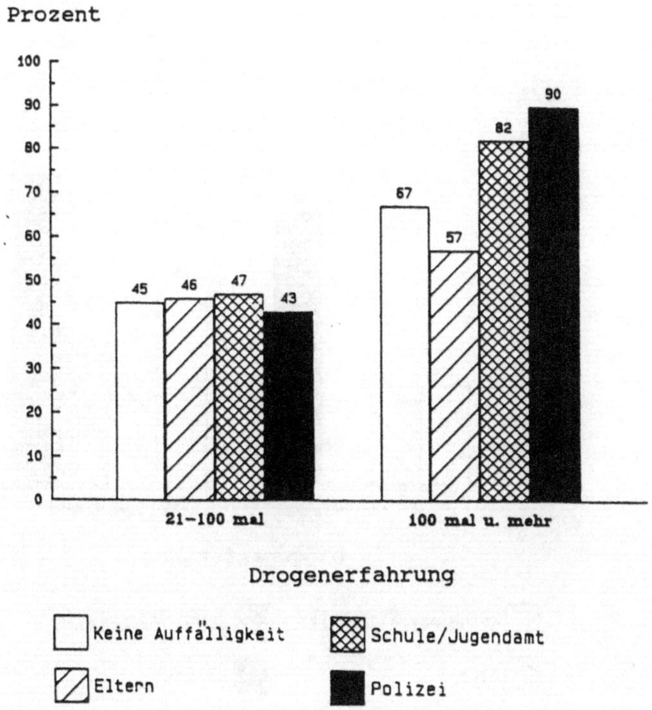

Basis: Drogenkonsumenten, Befragung von 1971

Frageformulierungen zur Auffälligkeit: "Wurde einer oder mehreren der folgenden Personen oder amtlichen Stellen schon einmal bekannt, daß Sie Rauschmittel genommen haben?" Antwortkategorien: Nein - Eltern - Schule - Polizei - Gericht - Jugendamt (Polizei und Gericht sowie Schule und Jugendamt sind hier zusammengefaßt). Fragen zum Freundeskreis sowie Nachfrage: "Wenn es bekannt wurde: welche Folgen hatte dies?" Vorladung (Jugendbehörde), Gerichtsverhandlung, Verwarnung durch die Schule, Jugendstrafe bzw. Jugendarrest. Die Kategorisierung der Auffälligkeit erfolgt nach der Haupt- und Nachfrage, wobei unter "Polizei" auch jene gefaßt sind, die vor Gericht kamen. Frageformulierung zum Freundeskreis: "Wieviele Ihrer Freunde und näheren Bekannten nehmen Rauschmittel?" Antwortkategorien: fast alle - etwa drei Viertel - etwa die Hälfte - etwa ein Viertel - keiner - weiß nicht.

Abb. 17: Drogenkonsumenten (als Mehrheit) im Freundeskreis nach Auffälligkeit und Konsumerfahrung 1973 (in %)

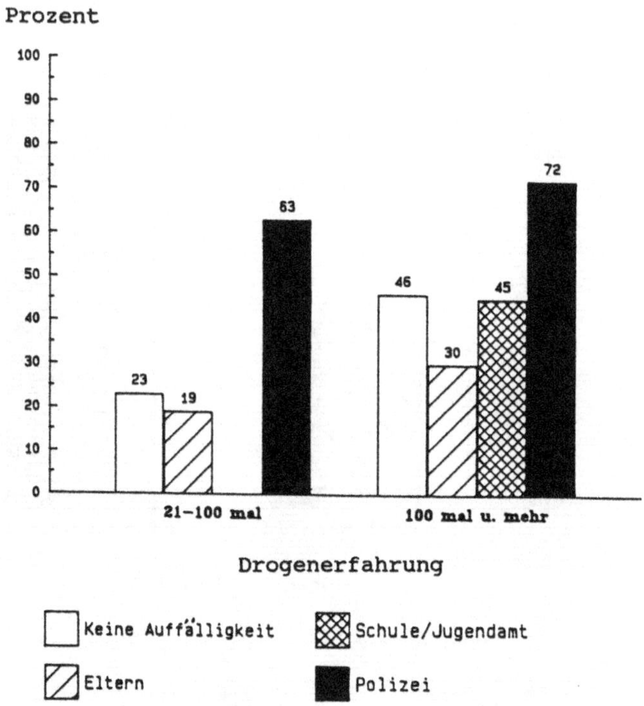

Basis: Drogenkonsumenten, Befragung von 1973

Frageformulierungen: "Wurde einer oder mehreren der folgenden Personen oder Stellen schon einmal bekannt, daß Sie Rauschmittel genommen haben bzw. etwas mit Rauschmitteln zu tun haben oder hatten?" Antwortkategorien: Nein - Eltern - Schule oder Jugendamt (oder beiden) - Polizei oder Staatsanwalt oder Jugendrichter (oder zweien oder allen diesen). Frageformulierung zum Freundes- und Bekanntenkreis: "Wieviele Ihrer Freunde und näheren Bekannten nehmen Rauschmittel?" Antwortkategorien: Fast alle - etwa drei Viertel - etwa die Hälfte - etwa ein Viertel ... keiner/weiß nicht.

5.4 Ausblick

Unsere Analyse repräsentiert einen ersten Schritt, den Labeling Ansatz auf der Ebene der Polizeiauffälligkeit für die Bundesrepublik zu untersuchen. Sie ist von der Datenlage her notwendigerweise methodischen Beschränkungen unterworfen und sollte aus dieser Sicht auch gesehen werden: Die Zahl der Befragten ist in der jeweiligen Kategorie der Polizeiauffälligkeit gering. Die Stärke des Effekts ist schwach. Wir verfügen über keine Longitudinalstudie, mit deren Hilfe wir tatsächliches Verhalten zu einem späteren Zeitpunkt feststellen könnten. Wir wissen nicht, welche informellen Reaktionen in der Umwelt des einzelnen mit den formellen Reaktionen der Polizei einhergehen und wie sehr diese sein Verhalten mitprägen. Wir stützen unsere Aussagen über zukünftiges Verhalten primär auf Angaben zum vermuteten zukünftigen Konsum und haben nur eine Reihe von sozialen und deliktspezifischen Merkmalen als Kontrollvariable eingeführt. Doch ist unser Ergebnis andererseits nicht einzigartig. Es fügt sich in die zuvor beschriebenen Muster früherer Untersuchungen ein, welche z.T. auf der Basis eines Longitudinaldesigns entstanden. Mag auch der Drogengebrauch eine Form abweichenden Verhaltens darstellen, wo Polizeiintervention die Intensität des Kontakts zu anderen Devianten in besonderem Maße fördert - in abgestufter Form findet sich der Effekt ebenfalls bei anderen, von Jugendlichen begangenen Delikten.

Auf der Basis unserer Analyse scheint für weitere Forschung vor allem bedeutsam: die Polizeiauffälligkeit übt vermutlich keinen generellen Effekt aus. Nicht nur, daß unterschiedliche Effekte je nach persönlichen Ressourcen und Immunisierungsstrategien gegenüber Labeling Prozessen wahrscheinlich sind (dazu siehe auch Covington 1984), man muß offenbar nach dem Ausmaß bisheriger Delinquenz unterscheiden. Dies ist bislang kaum geschehen. Wo es geschah, sind die Befunde z.T. aufgrund der kleinen Fallzahlen und womöglich auch der ausgewählten Delikte uneinheitlich.[1] Man muß weiterhin den intervenierenden Prozessen mehr Beachtung schenken. Selbst wenn es Folgen im Sinne des Labeling Ansatzes gibt, müssen die intervenierenden Mechanismen keineswegs den postulierten entsprechen. So mag der Effekt je nach dem "sozialen Charakter" der Delinquenz und der Art des Delikts - ob mit oder ohne Opfer - unterschiedlich groß ausfallen. Wo die Delinquenz prinzipiell in deviante soziale Netzwerke eingebunden ist und der

---

1 Eine der wenigen Ausnahmen stellt Erickson (1976) dar, der mit seiner Untersuchung den Folgen unterschiedlicher justizieller Reaktionen nachgeht, dabei allerdings sehr schnell zu recht kleinen Fallzahlen (unter N=10) kommt. Eine andere Ausnahme findet sich bei Thomas und Bishop (1984). Danach gibt es keinen unterschiedlichen Effekt je nach Ausmaß vorheriger Delinquenz. Womöglich auch macht es einen Unterschied (was wir hier nicht prüfen können), wie häufig bereits jemand polizeilich erfaßt und sanktioniert wurde. Kumulative Sanktionierung mag unter Umständen dem einzelnen ab einem bestimmten Stadium und in einer bestimmten Phase des Übergangs in das Erwachsenenalter das Gefühl geben, die Ausübung der Delinquenz würde mit mehr Sanktionen als Gratifikationen verbunden sein (siehe hierzu auch die impressionistischen Befunde bei Parker (1979:209)). Die stützende Funktion devianter Netzwerke mag angesichts des Übermaßes an Sanktionierung an Bedeutung verlieren.

Kontakt zu diesen Delinquenten ausgeweitet werden, kann es andersartige Konsequenzen geben als dort, wo diese Einbindung fehlt.

Die Verstärkung der Devianz beim fortgeschrittenen Drogengebrauch - so bleibt als Resümee - könnte eine Folge der hohen Netzwerkeinbindung bei Drogenkonsumenten sein, die in anderen Untersuchungen festgestellte analoge Wirkung auf andere Delikte (wie Gold 1970, Farrington 1977) eine Folge der Beschränkung auf Jugenddelinquenz. Denn für Jugendliche ist vor allem der enge Kontakt mit Gleichaltrigen und das häufige gemeinsame Begehen des Delikts typisch. Wo die Netzwerkeinbindung hingegen weniger stark ausgeprägt ist - so bei Erwachsenen und bei spezifischen Delikten - mag eine Intervention die Devianz womöglich reduzieren. Die amerikanische Untersuchung über Gewalt in der Ehe von Sherman und Berk (1984), in der die "härteren" Maßnahmen seitens der Polizei eine gewisse Abschreckungswirkung erbrachten, könnte ein Hinweis für die Richtigkeit dieser Annahme sein. Zwei Momente kommen hier zusammen: es handelt sich - anders als bei den meisten anderen Untersuchungen zu diesem Thema - nicht um eine Stichprobe von Jugendlichen, sondern von Erwachsenen; weiterhin geht es hier um einen geradezu typischen Akt für individuell vollzogene und motivierte Delinquenz.

Damit stellt sich die Frage nach den Effekten polizeilicher und sonstiger Intervention und Sanktion neu: Auch wenn Effekte in der vom Labeling Ansatz postulierten Richtung auftreten, müssen sie nicht Folge von Prinzipien des Labeling Ansatzes sein. Zu fragen wäre nicht, ob es den postulierten Effekt gibt, sondern unter welchen Bedingungen Abschreckung, Labeling und andere Prozesse sozialer Kontrolle wirken und mit welchen Konsequenzen sie für welche Arten von Delinquenten einhergehen.

TEIL V

BEDINGUNGEN FÜR DIE INTERPERSONALE VERMITTLUNG DEVIANTER MOTIVATION

Ausblick und Konsequenzen

KAPITEL VIII

ZUR SICHTBARKEIT DEVIANTER EINSTELLUNGEN IM SOZIALEN KONTEXT BEDINGUNGEN AKTIVER INFORMATIONSVERMITTLUNG

1. Abweichung und Sichtbarkeit - sozialwissenschaftliche Relevanz und Forschungsstrategie

Ob jemand zu Drogen greift oder als Probierer den Konsum fortsetzt, ob er sich nach polizeilicher Intervention des weiteren Konsums enthält oder nicht, ist nach unseren Analysen entscheidend durch die Personen geprägt, mit denen er häufiger Kontakte hat und die er zu seiner engeren Umwelt zählt. Es sind die Konsumenten und zum Konsum bereiten Jugendlichen, vor allem im Freundes- und Bekanntenkreis, welche die Motivation zum Drogengebrauch wecken und die Gelegenheit zum Konsum bieten. Sie sind es, die mit ihrer spezifischen Sichtweise den Griff zur Droge als ein durchaus subjektiv "rationales" Verhalten erscheinen lassen. Doch wie häufig wird die eigene Abweichung und deren Begründung in der Umwelt der Altersgleichen überhaupt bekannt? Und unter welchen Bedingungen ist der Akteur dazu bereit, sie sichtbar werden zu lassen? Nur wo die devianten Orientierungen sichtbar werden, kann von ihnen überhaupt ein Einfluß auf andere Personen ausgehen. Neue deviante Verhaltensweisen könnten sich niemals ausbreiten, wenn die Beteiligten sie durchweg verschweigen und als reine Privatangelegenheit behandeln würden.

Die Thematik der Sichtbarkeit von Devianz avanciert aus dieser Sicht zu einer zentralen Frage in der Gesamterklärung von Abweichung: Wir müssen, wollten wir den Prozeß der Vermittlung devianten Verhaltens erklären, damit eine weitere Perspektive in unsere Diskussion einbringen und uns jenen Personen zuwenden, die als potentielle Vermittler einer positiven Drogendefinition auftreten. Gemessen an der Bedeutsamkeit der Thematik ist das Wissen darüber spärlich. Die wenigen Veröffentlichungen zur Frage der Sichtbarkeit von Devianz erfassen lediglich global die Tatsache differentieller Transparenz in unterschiedlichen Kontexten wie Eltern, Polizei, Mitschüler etc. (vgl. in bezug auf Delinquenz u.a. Brusten und Hurrelmann 1973, Kirchhoff 1975, Villmow und Stephan 1983, in bezug auf Rauschmittelkonsum u.a. Binder 1971 und Feyerabend 1973). Ungeklärt bleibt, wieviele Personen davon wissen und ungeklärt bleibt ebenso, welche Faktoren innerhalb dieses Kontextes auf die Sichtbarkeit Einfluß nehmen.

Die Abstinenz gegenüber dieser Frage ist angesichts der Paradigmaverschiebung innerhalb der neueren Soziologie abweichenden Verhaltens bemerkenswert: nimmt doch die Frage der Sichtbarkeit im Labeling Ansatz einen gewichtigen Platz ein. Erst durch Sichtbarkeit werde die Regelverletzung öffentlich zur Abweichung (siehe Becker 1973:20). Nicht minder muß die Vernachlässigung dieser Frage in der allgemeinen Soziologie erstaunen, werden doch bereits bei den Klassikern der Soziologie Kommunikationsprozesse als zentraler Aspekt sozialen Lebens verstanden (z.B. Dewey 1916, Mead 1968, Tarde 1969, Simmel 1958). Eine eigenständige theoretische Tradition, Kommunikationsprozesse unter dem Aspekt der Sichtbarkeit von Einstellungen oder Verhaltensweisen zu betrachten, hat sich gleichwohl nicht entwickelt. Und auch in der Netzwerkanalyse sind Fragen dieser Art bislang kein Thema.

In den empirischen Studien, in denen die Frage der Sichtbarkeit aus einer allgemeinen sozialwissenschaftlichen (und nicht notwendigerweise devianzspezifischen) Perspektive angesprochen wird, nimmt das Thema eine marginale Stellung ein. Die Perspektive ist zudem meist eine andere als die uns hier interessierende: Es geht weniger um die Bedingungen für die Sichtbarmachung als - aus einer eher komplementären Perspektive - um die differentielle Wahrnehmung von Eigenschaften in der Umwelt des Individuums. Wohl am häufigsten enthalten Untersuchungen zur Wahl- und zur Stadt- und Gemeindesoziologie Informationen dazu (vgl. u.a. Scheuch 1965, Önen 1968, Schwonke und Herlyn 1967, DIVO 1957, Klingemann 1969, Reuband 1971). Ob die Wahrnehmung der Umwelt auf einer direkten Vermittlung durch die jeweiligen Interaktionspartner zurückgeht, infeniert wurde oder eine über Dritte erlangte Information repräsentiert, bleibt dabei ungeklärt. In vielen Fällen dürfte es sich um eine Mischung aus verschiedenen Informationsquellen handeln, nicht selten auch um die Projektion eigener Einstellungen (in bezug auf einzelne Partner siehe Laumann 1973, Pappi und Wolf 1984, in bezug auf größere Aggregate - wie Nachbarschaften - siehe Wallen 1943:272, O'Gorman 1975:324f., O'Gorman und Garry 1976:453, Fields und Schuman 1976:437ff.).

In der psychologischen Forschung sieht die Situation nicht viel günstiger aus. Zwar verfügt man - zumal in den USA - inzwischen über mehrere empirische Arbeiten, die sich gezielt mit den Bedingungen aktiver Sichtbarmachung befassen. Dafür werden, der Forschungstradition in der Psychologie gemäß, in erster Linie Studenten, meist Psychologiestudenten im Anfangssemester, als Befragte gewählt (Chelune 1979:20). Angesichts dessen ist fraglich, ob verallgemeinerungsfähige Aussagen, die über die spezifische Befragtengruppe hinausgehen, aus den Befunden abgeleitet werden können. Der Ausgangspunkt war zudem lange Zeit rein individualpsychologischer Art und wurde von einer psychotherapeutischen Perspektive her geleitet. Erst nachdem sich zusehends zeigte, daß die Tendenz zur Offenlegung privater Sachverhalte nur schwach mit Indikatoren für psychische Gesundheit (Cozby 1973:77) und selten in konsistenter Weise mit Persönlichkeitsmerkmalen in Beziehung stand (Archer 1979:41), gerieten situationsspezifische Faktoren in den Blickpunkt. Gleichwohl blieb oft die theoretische Verarbeitung der Befunde hinter ihrer bloßen Dokumentation kontextueller und situationsspezifischer Einflüsse zurück (Archer 1979:56).

2. Ansätze zu einer Theorie der Sichtbarkeit

Die einzigen umfassender angelegten Arbeiten, welche die Bedingungen aktiver, bewußter Informationsweitergabe an die Umwelt theoretisch systematisieren und empirisch prüfen und auf repräsentative Bevölkerungsumfragen zurückgreifen, stammen von Erwin K. Scheuch (1965) und von Elisabeth Noelle-Neumann (1974, 1980). Beide gehen von vergleichbaren Fragestellungen aus. Beide interessiert, unter welchen Bedingungen politische Einstellungen anderen Personen mitgeteilt werden. Die Perspektiven und Akzente sind indes verschieden: Das beginnt mit der zuerkannten Bedeutsamkeit verschiedener Variablen und setzt sich in der Art der Operationalisierung fort. So hebt Scheuch ausdrücklich die Bedeutsamkeit der primären Beziehungen hervor: Kommunikation in Primärgruppen, so vermerkt er unter Verweis auf die Literatur, hat sich als von größerer Bedeutung für Einstellungen und Einstellungsänderungen der einzelnen Akteure erwiesen als die Kommunikation, die von den Massenmedien ausgeht (Scheuch 1965:170). Noelle-Neumann dagegen rekurriert mit ihrer Theorie der "Schweigespirale" bevorzugt auf Massenmedien. Nur wirken diese bei ihr nicht direkt, wie in der traditionellen Theorie der Massenkommunikation behauptet, sondern vermittelt über die Wahrnehmung von Mehrheits- und Minderheitspositionen in der Bevölkerung. Sie spricht an dieser Stelle synonym von "Meinungsklima", das den einzelnen prägt. Die Bedingungen, unter denen Akteure eigene Einstellungen sichtbar machen, sind für sie letztlich nur insoweit von Interesse, als sie Medieneinfluß zu erklären helfen (Noelle-Neumann 1980).

In der empirischen Analyse stehen bei Scheuch die tatsächliche Sichtbarkeit politischer Einstellungen in unterschiedlichen Primärumwelten und die Möglichkeit im Vordergrund, die eigene Meinung innerhalb dieser Kontexte zu äußern. Bei Noelle-Neumann geht es um die Bereitschaft, sich in fiktiven Situationen des Kontaktes mit Freunden - z.B. während einer Bahnfahrt - über spezifische, zumeist politische Themen zu unterhalten.[1] Diese Unterschiede in den Vorgehensweisen sind keineswegs trivial: zum einen steht reales Verhalten auf der einen Seite potentiellem Verhalten gegenüber, zum anderen steht Kommunikation unter Personen, die sich kennen, Kommunikation mit Fremden gegenüber. Von dieser fiktiven Kommunikation wird bei Noelle-Neumann auf faktische Kommunikation geschlossen. Ob jedoch die gleichen Variablen sowohl für die fiktive als auch die reale Kommunikation Bedeutung haben, bedarf erst der empirischen Klärung.

---

1 In anderen Arbeiten von Noelle-Neumann zur "Schweigespirale" wird noch eine andere Operationalisierung des Kommunikationsmusters gewählt. So wurden in der Untersuchung zur Bundestagswahl 1976 11 verschiedene Statements über die Bereitschaft zur Sichtbarmachung von Einstellungen erfaßt, wobei die Art der Sichtbarmachung von der politischen Diskussion bis hin zum Tragen von Anstecknadeln reicht. Ohne Begründung wird die Bereitschaft mit der tatsächlich vollzogenen Sichtbarmachung eigener Einstellungen gleichgesetzt und weitreichende Interpretationen aus den Befunden abgeleitet (siehe Noelle-Neumann 1977a:418ff.).

Man kann die beiden Ansätze von Scheuch und Noelle-Neumann - ergänzt um Hypothesen und Befunde aus anderen Untersuchungen - zum Ausgangspunkt einer Analyse machen, in der es um die Bedingungen für die Sichtbarmachung abweichender Einstellungen und Verhaltensweisen geht. Zwar steht bei beiden Autoren kein Verhalten im Vordergrund, das an gesamtgesellschaftlichen Normen gemessen als "abweichend" anzusehen ist. Geht man jedoch davon aus, daß Konformität und Abweichung keine grundlegenden Gegensätze sind, sondern Bestandteile eines Kontinuums, so kann man die Ansätze auf Formen abweichenden Verhaltens wie den Drogenkonsum sehr wohl anwenden. Was für Verhalten zutrifft, das relativ zu einem spezifischen Kontext abweichend ist, muß ebenfalls für ein Verhalten gelten, das über die meisten Kontexte hinweg als abweichend verstanden wird.

Der wohl wichtigste Gesichtspunkt in unserem Zusammenhang, der mit Scheuchs Position verbunden ist, ist der eines spezifischen Adressatenkreises. Für Scheuch ist die Bereitschaft zur Sichtbarmachung im wesentlichen eine Funktion möglicher Mißbilligung durch den Adressaten. Wo Dissens wahrscheinlich ist, wird die Kommunikation über das Thema vermieden. Eine Art Selbstzensur in der Äußerung der eigenen Meinung wird betrieben als Teil einer allgemeinen Lebensstrategie, deren Funktion es ist, "in unmittelbaren persönlichen Interaktionen die Gemeinsamkeiten hervorzuheben und eventuelle Gegensätze temporär, d.h. im Kontext der jeweiligen Situation, unsichtbar werden zu lassen" (Scheuch 1965:171).

In zweiter Linie ist die Sichtbarkeit eine Funktion der sozialen Unterstützung der eigenen Ansicht. Scheuch verweist in diesem Zusammenhang sowohl auf die Normen in der primären Umwelt als auch der intermediären Umwelt. Wer seine eigene Position gestützt sieht, ist eher bereit, die eigenen Einstellungen sichtbar zu machen (Scheuch 1965:186, 200). Unter der intermediären oder "sekundären"[1] Umwelt versteht Scheuch hierbei die kategoriale Zugehörigkeite des einzelnen zu Quasi-Gruppen. Der Akteur gehört ihnen qua sozialer Merkmale an (siehe Scheuch 1965:193f.). Die sekundäre Umwelt ist mithin übergreifender Art und im Gegensatz zur primären Umwelt durch den einzelnen nicht mehr übersehbar. Bestandteil der primären Umwelt sind u.a. die Freunde, zur sekundären Umwelt zählen Altersgleiche als abstrakte Größe oder - auf höherer Abstraktionsebene - die Bevölkerung an sich.

---

1 In anderem Zusammenhang spricht Scheuch von der "primären" und der "sekundären Wirklichkeit" und meint damit die direkt erfahrene und diejenige, die nur indirekt erfahren werden kann, weil sie jenseits des eigenen Alltagsbereiches liegt (Scheuch 1970:209f.). Der Begriff der primären Umwelt ist eine Weiterentwicklung (mit anderer Akzentuierung) des Begriffs der Primärgruppen (Scheuch 1965:172ff.). Der Begriff der sekundären Umwelt, den wir hier vorziehen, entspräche dem Begriff der Sekundärgruppen bei Ch.H. Cooley.

Die Unterstützung in der sekundären Umwelt wird bei Scheuch über sozialstrukturelle Merkmale und politische Orientierungen abgeleitet. Diese dienen als Indikatoren für die wahrgenommene Unterstützung in den Bezugsgruppen, die über diese Merkmalskombinationen beschrieben sind. Derart konzipiert ergeben sich Querverbindungen zu Noelle-Neumann: auch sie sieht die Bereitschaft zur Sichtbarmachung als eine Funktion der wahrgenommenen Unterstützung an. Damit erweisen sich grundlegende Elemente ihrer Theorie als Bestandteil des Scheuchschen Gesamtmodells - mit dem Unterschied, daß Noelle-Neumann den Teil für das Ganze nimmt und glaubt, allein über die Perzeption der sekundären Umwelt Prozesse der Meinungsbildung in der Gesellschaft abbilden zu können.

Es ist bemerkenswert, daß im Gefolge der Untersuchungen zu Noelle-Neumanns "Schweigespirale" deren Prämissen über den herausragenden Einfluß der sekundären Umwelt unkritisch übernommen wurden. Daß die primäre Umwelt womöglich weitaus wichtiger ist, kommt gar nicht in das Blickfeld. Deisenberg verweist in ihrer umfassenden Bestandsaufnahme zur "Schweigespirale" lediglich auf eine unveröffentlichte holländische Studie aus den 80er Jahren, in der die Bedeutung bestehender enger sozialer Beziehungen betont wird (Deisenberg 1986:267ff.). Auf die Arbeit von Scheuch (1965) zu diesem Thema wird nicht eingegangen, sie ist nicht einmal im Literaturverzeichnis aufgeführt. Sie findet sich auch nicht in den Arbeiten von Noelle-Neumann zur "Schweigespirale" zitiert. All dies ist ein Zeichen mehr für die geringe Kumulativität der Forschung auf dem Gebiet.

Die Ansätze von Scheuch und Noelle-Neumann unterscheiden sich jedoch nicht nur in der Spezifikation der relevanten Variablen, sie differieren auch in der Erklärung der Einflußmechanismen. So ist die Verheimlichung eigener Einstellungen für Scheuch Ausdruck eines allgemeinen Bemühens, Dissens in der Interaktion zu minimieren (Scheuch 1965). Für Noelle-Neumann ist es die Furcht vor allgemeiner Isolation, die hier zur Geltung kommt. Die Furcht veranlaßt den einzelnen, sich nicht gegen die Mehrheitsmeinung zu äußern (Noelle-Neumann 1980:59ff.; vgl. auch Deisenberg 1986:93).

Erscheinen das Bemühen, Dissens zu minimieren, und die Angst vor Isolation auf den ersten Blick wie Kehrseiten ein und derselben Sache, so sind doch damit prinzipielle Unterschiede in der Sichtweise verknüpft. Bemühungen um Konsens können Interaktionssituationen ungeachtet der Angst vor Isolation prägen: der Befragte, der sich z.B. im Interview den vermuteten Meinungen des Interviewers anpaßt (vgl. dazu auch Steinert 1984), macht dies, obwohl seine Äußerungen keine Konsequenzen über die Kontaktsituation hinaus haben. Sobald das Interview beendet ist, ist auch die soziale Beziehung beendet. Die Angst vor Isolation dagegen greift über die jeweilige Beziehung hinaus. Sie ist allgemeiner Art, meint, in der Zurückweisung durch den Interaktionspartner eine von ihm abgehobene Zurückweisung durch die Umwelt per se zu erkennen.

Indem Noelle-Neumann alle sozialen Beziehungen faktisch gleichsetzt und so vorgeht, als hätte der Kontakt mit Fremden die gleiche Bedeutung wie der Kontakt mit Freunden, wird sie den unterschiedlichen, sozial bedingten Toleranzen für die Äußerung devianter Einstellungen nicht gerecht. Ihre Betrachtungsweise ist letztlich eine unsoziologische, indem sie - allzu sehr im Gefolge der traditionellen Kommunikationswissenschaft - den Prozeß der individuellen Meinungsbildung im öffentlichen Raum ansiedelt und die Bedeutung primärer und dauerhafter Beziehungen übersieht.

3. Fragestellungen und methodisches Vorgehen

Im folgenden versuchen wir, die zuvor referierten zentralen Annahmen der beiden Theorien zu prüfen. Wir wollen untersuchen, unter welchen Bedingungen es bei Jugendlichen zur Sichtbarkeit der eigenen Einstellungen zum Drogengebrauch vis-à-vis den Personen kommt, mit denen sie des öfteren zusammentreffen und mit denen sie näher bekannt sind. Dabei nehmen wir nicht die atypischen Kontaktsituationen zwischen Fremden, wie bei Noelle-Neumann, sondern ähnlich wie bei Scheuch die Kontakte als Maßstab, durch die sich Meinungsbildung am nachhaltigsten vollzieht: Personen, mit denen sie näher bekannt sind und mit denen regelmäßiger Kontakt unterhalten wird (siehe dazu Katz und Lazarsfeld 1955, Lane 1959). Dies geschieht für den Kreis der Altersgleichen, die für Jugendliche eine zentrale Bedeutung haben, am Beispiel der Klassenkameraden: Sie sind Bestandteil der subjektiv relevanten Umwelt von Schülern. Mit ihnen verbringen sie nicht nur die Zeit in der Schule, sondern auch den größten Teil ihrer freien Zeit; sie stellen das Rekrutierungspotential für den engeren Freundeskreis dar (vgl. Coleman 1961, Kreutz 1964:86, Reuband 1974:222, Kehrmann 1978:Frage 53a). Die Bedingungen, die den Konsumenten veranlassen, sich allgemein gegenüber Altersgleichen zu offenbaren, müßten sich gleichermaßen bei ihnen nachweisen lassen.[1]

Indem wir uns für einen einzelnen sozialen Kontext - den des Klassenverbandes - entscheiden, fragen wir nicht mehr, wie Noelle-Neumann, global, sondern kontextspezifisch nach der wahrgenommenen Unterstützung des Verhaltens. Dies hat den Vorteil, daß wir den Einfluß des einen Kontextes vom Einfluß anderer Kontexte trennen können. Wenn es eine adressatenspezifische Reaktion geben sollte, wie von Scheuch postuliert, müßte

1 Die Frage zur Sichtbarmachung eigener Einstellungen im Klassenverband war in unserer Umfrage ursprünglich gestellt worden, um die Bedingungen für die realistische und fehlerhafte Wahrnehmung von Einstellungen der eigenen Klassenkameraden zum Drogengebrauch feststellen zu können. Aus einer anderen Perspektive kann man die Frage jedoch auch benutzen, um die Determinanten für die Offenlegung eigener Einstellungen gegenüber anderen Personen zu analysieren. Die Beschränkung auf den Klassenverband sehen wir aus dieser Sicht nicht als Nachteil an. Erst die Tatsache, daß es sich um einen abgegrenzten Kontext handelt, erlaubt es, kontextspezifische Determinanten zu rekonstruieren.

sich dies hieran feststellen lassen. Für die Analyse ziehen wir die Befragten heran, die schon einmal Rauschmittel (meist Haschisch) probiert haben und weiterhin zum Konsum bereit sind (N = 422). Sie haben die Grenze zum abweichenden Verhalten überschritten und haben dem Gebrauch gegenüber weiterhin eine weitgehend positive Einstellung.[1]

Als abhängige Variable dient uns die Antwort auf die Frage: "Wievielen Klassenkameraden haben Sie schon einmal gesagt, was Sie selbst vom Rauschmittelgebrauch halten? Wieviele kennen also Ihre Einstellung zum Rauschmittelgebrauch?". Die Frage richtet sich mithin auf bereits vollzogene Kommunikation und nicht auf fiktive. Und dies scheint uns im vorliegenden Falle auch unumgänglich: Generell macht es nur dann Sinn, die fiktive Bereitschaft zur Offenheit der Meinungsäußerung zu erfassen, wenn die Wahrscheinlichkeit einer bereits vollzogenen Informationsvermittlung gering ist (wie beim Kontakt zwischen Fremden) oder wenn sich die Kommunikation auf neuentstandene, aktuelle Themenstellungen bezieht. Beides ist im vorliegenden Falle nicht gegeben. Rauschmittelkonsum ist kein neues Phänomen, und die Beziehung zu den Mitschülern besteht seit längerem. Die Entscheidung für die Erfassung vollzogener Kommunikation bringt zwangsläufig gewisse Nachteile mit sich. Wir müssen zwischen den unabhängigen und der abhängigen Variable "unschärfere" Beziehungen als im Falle fiktiver Kommunikationsbereitschaft in Kauf nehmen. Wir müssen die Korrelationen als eine tendenziell konservative Schätzung des tatsächlichen Beziehungszusammenhangs ansehen und interpretieren.[2]

4. Die Bedeutung von Adressaten, primärer und sekundärer Umwelt

4.1 Wahrgenommene Unterstützung im Adressatenkreis und in der primären Umwelt

Unter den Drogenkonsumenten, die dem Drogengebrauch nach wie vor positiv zugetan sind, ist Geheimhaltung des Konsums keine Regel, sondern die Ausnahme. Nur bei 20% der Konsumenten weiß keiner der Mitschüler von der eigenen Einstellung zum Konsum. Diese Zahl scheint für die Zeit der Befragung nicht untypisch und keineswegs auf Hamburg beschränkt zu sein. So kommt eine nordrhein-westfälische Schüleruntersuchung aus dem Jahre 1972, bei der die Sichtbarkeit nicht über die Konsumenten, sondern im

1 Die Frage zur Feststellung der Konsumbereitschaft lautete: "Stellen Sie sich vor, ein Freund würde Ihnen Haschisch anbieten. Wie gern würden Sie selbst das angebotene Haschisch nehmen?" Als potentielle Konsumenten werden all jene betrachtet, die die Kategorie "sehr gern", "gern" und "halbe-halbe" wählten.

2 So ist z.B. denkbar, daß in verschiedenen unabhängigen Variablen zwischenzeitlich Veränderungen eingetreten sind, welche die Rekonstruktion der Beziehungen beeinflussen und die Stärke des Zusammenhangs mindern: zum Beispiel, wenn die Bereitschaft, die eigene Einstellung zu äußern, von der vermuteten Einstellung der Klassenkameraden abhängt und durch den Prozeß der Kommunikation die Fehleinschätzung des Klassenklimas erkannt wird. Es wird dann zu einer Korrektur der Mitschülerperzeption kommen. Die Neigung zur Unterschätzung der Beziehungen wird zusätzlich durch die eingeschränkte Varianz der abhängigen Variablen gefördert. Dies muß die Stärke der Korrelation reduzieren. Um Vergleiche mit analogen Analysen in den vorherigen Kapiteln durchführen zu können, nehmen wir diese methodische Einschränkung gleichwohl in Kauf und verzichten auf alternative Analyseverfahren.

Rahmen einer soziometrischen Untersuchung über die Mitschüler ermittelt wurde, zu dem Ergebnis, daß lediglich bei 34% der Konsumenten keiner der Mitschüler von ihrer Konsumerfahrung weiß (Peterson und Wetz 1975:99).

Kommt es im Klassenverband zur Sichtbarkeit, so ist sie selektiv. Lediglich 10% der Befragten unserer Untersuchung geben an, alle Mitschüler wüßten um ihre Einstellung bzw. ihr Verhalten. Daß der Kreis der informierten Klassenkameraden so klein ausfällt, kann als Zeichen dafür gewertet werden, daß die Einstellung in der Regel nicht im Rahmen der Unterrichtsdiskussion offenbart wird: unter diesen Umständen hätten alle oder zumindest fast alle Mitschüler davon wissen müssen. Eine derartige Offenheit dürfte im Unterricht aus mehreren Gründen kaum vorkommen: weil wahrscheinlich nur selten über die Rauschmittelthematik im Unterricht diskutiert wird (für die frühen 70er Jahre vgl. Gostomzyk et al. 1973:67) und weil Lehrer anwesend sind und man die Einstellung zwangsweise allen Mitschülern gegenüber offenlegen würde. In beiden Fällen ist man potentiellen Sanktionen ausgesetzt.

Wer gegenüber anderen Personen Verhalten oder Einstellungen sichtbar macht, die von diesen nicht gebilligt werden, läuft Gefahr, Sanktionen - und seien sie nur verbaler Art - auf sich zu ziehen. In dem Erklärungsansatz von Scheuch spielt die entsprechend vermutete oder wahrgenommene Einstellung des Adressaten deshalb eine zentrale Rolle. Und für deren Bedeutsamkeit gibt es in der Tat vor allem in Untersuchungen über Konformität und Gruppendynamik Hinweise. Sie machen deutlich, wie sehr verbale und averbale Mißbilligung - mitunter schon allein die bloße Wahrnehmung von Meinungsdissens - für den einzelnen eine Sanktionierung darstellen und zu einer Änderung seines Kommunikationsverhaltens führen kann (vgl. u.a. Asch 1952:477ff., Mangold 1973:235, Taylor 1979:129). Ist eine Teilnahme an der Diskussion aber nicht vermeidbar - so eine Untersuchung von Diskussionen im Alltag -, wird eine selektive Strategie der Meinungsäußerung betrieben: Gemeinsamkeiten werden betont und Einstellungsunterschiede verschwiegen (Scheuch 1965:187ff.; vgl. auch Gordon 1952).

Angesichts des Sanktionspotentials von Meinungsdissens wäre die Bereitschaft zur Offenlegung der eigenen positiven Einstellung zum Rauschmittelkonsum überproportional oft dann zu erwarten, wenn den Adressaten keine negative Bewertung des Drogenkonsums zugeschrieben wird. Zur Prüfung der Hypothese ziehen wir die Perzeption der Konsumbereitschaft in der Klasse heran. Grundlage sind die Antworten auf die Frage nach dem Anteil von Klassenkameraden, die "wohl gerne Haschisch nehmen (würden), wenn man es ihnen anböte". Die Ergebnisse dieser Analyse sprechen für eine herausragende Bedeutung des Adressatenkreises: Wird kaum einer der Klassenkameraden als potentieller Konsument eingestuft, so weiß bei 6% der Konsumenten die Hälfte oder mehr der Klassenkameraden von der eigenen Einstellung. Wo die Mehrheit als konsumbereit eingestuft wird,

Abb. 18: Sichtbarkeit* nach wahrgenommener Unterstützung im Klassenverband (in %)

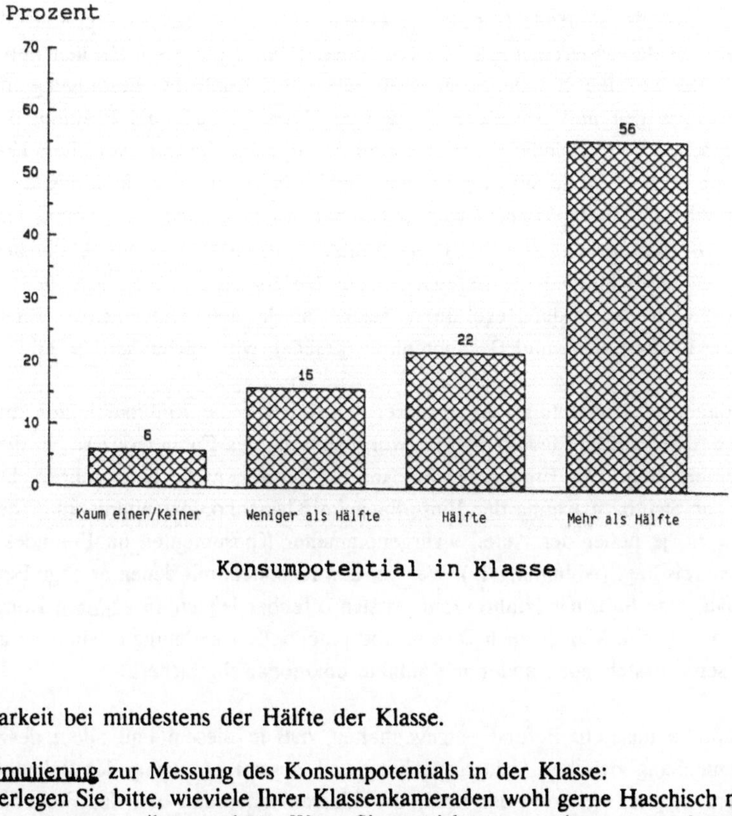

* Sichtbarkeit bei mindestens der Hälfte der Klasse.

Frageformulierung zur Messung des Konsumpotentials in der Klasse:
"Nun überlegen Sie bitte, wieviele Ihrer Klassenkameraden wohl gerne Haschisch nehmen würden, wenn man es ihnen anböte. Wenn Sie es nicht genau wissen, versuchen Sie die Zahl zu schätzen." Antwortkategorien: Fast alle - etwa drei Viertel - etwa die Hälfte - etwa ein Viertel - ungefähr zehn Prozent - weniger als zehn Prozent - kaum einer - keiner.
Formulierung zur Messung der Sichtbarkeit: "Wievielen Ihrer Klassenkameraden haben Sie schon einmal gesagt, was Sie selbst vom Rauschmittelgebrauch halten? Wieviele kennen also Ihre Einstellung zum Rauschmittelgebrauch?" Alle - die meisten - ungefähr die Häfte - eine Minderheit - niemand.

liegt der Wert bei 56% (Abbildung 18). Je nach Wahrnehmung ist mithin mal nur eine Minderheit, mal die Mehrheit informiert. Den adressatenspezifischen Kontext zu vernachlässigen, wie bei Noelle-Neumann, heißt, die Komplexität des Kommunikationsprozesses zu verkennen.

Findet jemand innerhalb des Adressatenkreises keine Stützung, so bedeutet dies noch lange nicht, daß er keinerlei soziale Unterstützung erfährt: Menschen gehören schließlich nicht nur einer, sondern mehreren Umwelten an, und diese können verschiedene, miteinander in Konflikt stehende Normen aufweisen. Was in der einen Gruppe als abweichend gilt, wird in der anderen möglicherweise toleriert oder gar als wünschenswert definiert. Solange der einzelne in anderen, subjektiv relevanten Kontexten Bestätigung erfährt, mag er sich vorwagen und Abweichendes äußern. Dies ist auch die Position, die sich im Scheuchschen Beitrag findet. Danach nimmt die primäre Umwelt - vor allem Freunde und Bekannte - eine zentrale Stützungsfunktion für Verhalten in anderen Kontexten wahr. Daß die Annahme auf empirische Evidenzen verweisen kann und die primäre Umwelt das Verhalten in anderen Kontexten beeinflußt, zeigt sich in einer Untersuchung von Schulman. Danach steigt die Bereitschaft zur Diskussion mit Fremden, die eine andere Meinung vertreten, in der Regel um so stärker an, je mehr Unterstützung für die eigene Meinung im Freundes- und Bekanntenkreis gesehen wird (Schulman 1971).

Wir können die Bedeutung der primären Umwelt für die Kommunikation im Rahmen unserer Arbeit prüfen, indem wir die Wahrnehmung des Freundeskreises in die Betrachtung einbeziehen. Die Ergebnisse der Analyse bestätigen die Erwartungen. Die Bereitschaft zur Sichtbarmachung der Einstellung im Klassenkontext nimmt unter den Konsumenten zu, je höher der Anteil wahrgenommener Konsumenten im Freundes- und Bekanntenkreis liegt (Abbildung 19). Wer bei den Personen, mit denen er enge Beziehungen unterhält, eine Stützung erfährt, kann es sich offenbar leisten, in anderen Kontexten abweichend zu sein. Mag er auch Dissens und potentielle Ablehnung erleben, so ist er doch durch seine bestehenden anderen Kontakte emotional abgesichert.

Man könnte unserem Befund entgegenhalten, daß in diesem Fall allein deswegen ein Zusammenhang zwischen Sichtbarmachung und Zusammensetzung des Bekanntenkreises bestehen könnte, weil sich der Kreis der Klassenkameraden und der Freunde und Bekannten überschneidet: Wer von sich sagt, ein Teil der Klassenkameraden wüßte um den Konsum, meint unter Umständen nur die Freunde, die der Klasse angehören. Wäre dem so, wäre der Befund ein methodisches Artefakt der jeweiligen Kontexterfassung. Dies trifft jedoch, wie nähere Analysen zeigen, nicht zu: Wo die Hälfte oder mehr der Freunde und näheren Bekannten aus Klassenkameraden besteht, gibt es zwischen der Unterstützung im Freundeskreis und der Offenlegung der Einstellungen eine praktisch genausogroße

Abb. 19: Sichtbarkeit* nach wahrgenommener Unterstützung im Freundes- und Bekanntenkreis (in %)

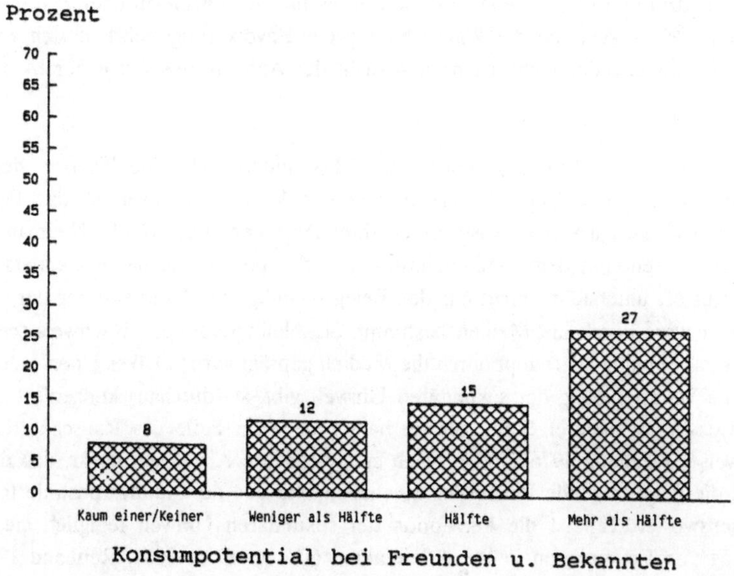

* Sichtbarkeit bei mindestens der Hälfte der Freunde und Bekannten.

Frageformulierungen zur Messung des Konsumpotentials unter Freunden und Bekannten: "Und wieviele Ihrer Freunde und näheren Bekannten nehmen tatsächlich ab und zu Haschisch oder andere Rauschmittel?" Antwortkategorien: Fast alle - etwa drei Viertel - etwa die Häfte - ein Viertel - ungefähr zehn Prozent - weniger als zehn Prozent - kaum einer - keiner.

Zur Operationalisierung der Sichtbarkeit siehe Abb. 18.

Korrelation wie dort, wo keine Mitschüler der Primärumwelt zugerechnet werden.[1]

4.2 Wahrgenommene Unterstützung in der sekundären Umwelt

Wie sehr vermag nun die Unterstützung in der sekundären Umwelt die gleiche Funktion wie die primäre Umwelt zu erfüllen? Folgt man Noelle-Neumann, so müßte die wahrgenommene Bevölkerungsmeinung den größten Einfluß ausüben. Ob man die eigene Meinung mehrheitlich unterstützt sieht oder nicht, prägt nach ihr die Bereitschaft, die Meinung kundzutun. Entsprechend wird die Bereitschaft zur Offenheit über Zeit in dem Maße steigen oder sinken, wie die Wahrnehmung der Bevölkerungsmehrheit sich wandelt. Ob sie sich wandelt oder nicht, ist nach Ansicht der Autorin eine Folge der Medienberichterstattung.

Ihre Theorie der "Schweigespirale" ist nichts anderes als eine Theorie der Massenkommunikation mit "neuem" Satz erklärender Variablen. Doch ist das Postulat des Medieneinflusses das schwächste Glied ihrer Argumentation. Noelle-Neumann, die ihre Theorie so sehr mit dem Medieneinfluß zu verknüpfen sucht, bleibt - anders als in der Literatur oft unterstellt - nicht nur den Beleg schuldig, die Wahrnehmung der sekundären Umwelt wäre durch die Medien bestimmt. Sie bleibt selbst den Nachweis schuldig, daß die Wahrnehmung überhaupt durch die Medien geprägt wird.[2] Daß es einen Medieneinfluß auf die Wahrnehmung der sekundären Umwelt gibt, sei durchaus konzediert. Dafür gibt es, wie wir an anderer Stelle gezeigt haben, auch im Falle des Rauschmittelgebrauchs Hinweise (Reuband 1976b:50ff.). Doch es gibt ebenso Anzeichen dafür, daß die Medien nicht die herausragende Bedeutung innehaben, wie von der Autorin postuliert: Zu einem nennenswerten Teil ist die Perzeption der sekundären Umwelt lediglich die Generalisierung von Erfahrungen in Primärkontakten (Brown 1971:10065, Reuband 1976b:50ff.). Der Mensch nimmt seine primäre Umwelt zum Abbild der sekundären Umwelt.

Lassen wir die Frage der Genese der Wahrnehmung und den Stellenwert der Massenmedien einmal außer acht und betrachten nur den zweiten Teil der Theorie - den Ein-

---

1 Dies gilt nicht nur für die wahrgenommene Konsumerfahrung der Freunde und Bekannten, sondern auch für deren wahrgenommene Konsumbereitschaft. Im Falle der wahrgenommenen Konsumerfahrung beläuft sich die Korrelation bei Personen mit und ohne Freundesrekrutierung aus der Klasse auf r=.34. Im Falle der wahrgenommenen Konsumbereitschaft gibt es ein r=.36 bei jenen Befragten, die mindestens die Hälfte der Freunde aus der Klasse rekrutieren. Und r=.24 bei denen ohne Freund aus der Klasse.

2 Die Tatsache, daß die Journalisten eine spezifische Sicht der Realität haben und das Meinungsklima bestimmen könnten, sagt wenig aus. Ihre Ansichten müssen sich auf ihre journalistische Arbeit nicht auswirken. Nur eine gleichzeitige Kombination von Umfragedaten und Inhaltsanalysen kann die Frage klären. Daß wahrgenommene Bevölkerungsmeinung und Medienmeinung nicht notwendigerweise identisch sind, wird in der Rezeption der "Schweigespirale" zudem meist übersehen. Man verfährt - ähnlich wie die Autorin - so, als wäre der Nachweis eines Einflusses der perzipierten sekundären Umwelt zugleich ein Nachweis von Medieneinfluß.

fluß der Wahrnehmung auf die Bereitschaft zur Kommunikation. Manche Befunde aus Untersuchungen der Autorin sprechen für einen Effekt der Umweltwahrnehmung. So nimmt die Bereitschaft zur Diskussion eines kontroversen Themas in dem Maße zu, wie der Akteur meint, die Bevölkerung hätte die gleichen Absichten wie er selbst (Noelle-Neumann 1974:308ff.). Dieser Befund läßt sich im Rahmen unserer Prüfung nicht replizieren (vgl. Abbildung 20): Der Zusammenhang zwischen der Offenlegung eigener Einstellungen und der wahrgenommenen Verbreitung von Konsumerfahrung unter Gleichaltrigen ist zu schwach und damit zugleich auch zu gering, um überhaupt als Mediator zwischen Medienberichterstattung und Verhalten zu wirken.

Nun argumentiert die Autorin nicht nur mit den wahrgenommenen Mehrheitsverhältnissen der Gegenwart, sondern auch der Zukunft. Wer sich in der Zukunft durch die Mehrheitsmeinung gestützt sehe, sich selbst als eine Art Avantgarde begreife, sei offener. Wenn dies zuträfe, könnte es sein, daß die erwartete Beziehung in unserer Analyse nur deswegen ausbleibt, weil die Stützung in der sekundären Umwelt von den Konsumenten in die Zukunft verlagert ist und die gegenwärtigen Verhältnisse angesichts dessen verblassen. Zu den zukünftigen Mehrheitsverhältnissen verfügen wir zwar über keinen Indikator, wohl aber zur Frage, ob der Rauschmittelkonsum weiterhin ansteigen werde oder nicht ("der Höhepunkt der sog. Rauschgiftwelle ist überschritten - es gibt kaum noch Jugendliche, die jetzt noch mit dem Konsum von Rauschmitteln anfangen"). Die Antworten auf dieses Statement lassen sich als Indikator für die Entwicklungspotentiale interpretieren: Wer die Aussage bejaht, wird sich zukünftig in einer Minderheitsposition sehen. Wer sie verneint, glaubt an ein Weiterbestehen des Rauschmittelgebrauchs und sieht sich nicht auf der "Verlierer"-Seite. Für ihn ist die Möglichkeit nicht ausgeschlossen, daß der Drogenkonsum in der Zukunft gesellschaftliche "Normalität" erlangt und er sich selbst dann im Einklang mit der Mehrheit der Jugendlichen befinden wird.

Unsere Daten sprechen gegen einen derartigen Effekt: Wer der Aussage, die Rauschmittelwelle wäre vorüber, zustimmt, hat praktisch genauso häufig die eigene Meinung zum Drogengebrauch geäußert, wie derjenige, der die Aussage strikt ablehnt. Weder das aktuelle noch das zukünftige "Meinungsklima" wirken sich auf die Kommunikation aus. Doch warum verfehlt bei uns die These von der Bedeutung der sekundären Umwelt den Test, während sie bei der Autorin eine Bestätigung erlangt? Klammert man einmal die unterschiedlichen Zeitbezüge aus - in einem Fall richtet sich die Frage auf zukünftiges, im anderen Fall auf vergangenes Verhalten -, so liegt die Erklärung für diese Diskrepanz womöglich in der Art der von ihr gewählten Operationalisierungen: Die Analyse des Einflusses der sekundären Umwelt ist bei Noelle-Neumann an Kontaktsituationen mit Fremden und nicht (wie bei uns) mit Freunden und Bekannten festgemacht. Über Fremde aber weiß der einzelne in der Regel nichts; er ist, anders als bei seinen Freunden und Bekannten, auf Mutmaßungen angewiesen.

Abb. 20: Sichtbarkeit* nach wahrgenommener Unterstützung in der sekundären Umwelt (in %)

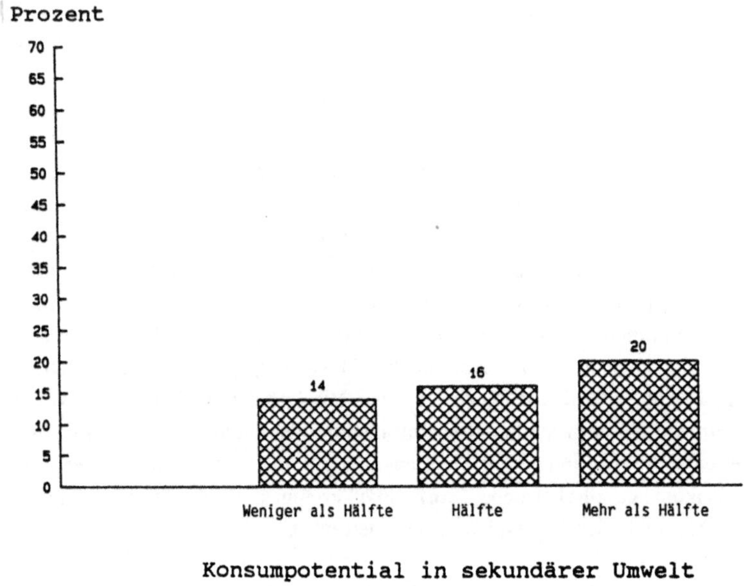

* Sichtbarkeit bei mindestens der Hälfte der Klasse.

Frageformulierungen zur Messung des Konsumpotentials in der sekundären Umwelt: "Und wieviele Jugendliche in Hamburg, die etwa in Ihrem Alter sind, haben Ihrer Ansicht nach tatsächlich schon mindestens einmal Haschisch oder ein anderes Rauschmittel genommen?" Antwortkategorien: Fast alle - etwa drei Viertel - etwa die Hälfte - etwa ein Viertel - ungefähr zehn Prozent - weniger als zehn Prozent - kaum einer - keiner.

Und damit drängt sich eine alternative Interpretation auf, die - in der Diskussion der "Schweigespirale" übersehen - dieses Phänomen ebensogut erklären könnte: möglicherweise gibt es nur deswegen einen Einfluß des "Meinungsklimas" auf die Bereitschaft zur Offenheit, weil der Akteur von der wahrgenommenen Mehrheitsmeinung der Bevölkerung auf den unbekannten Interaktionspartner hin generalisiert. Solange ihm keine Informationen über den Fremden zur Verfügung stehen und er Dissens vermeiden will, ist es für ihn die beste Strategie, die Meinung zu "erraten" und sich an der mutmaßlichen Bevölkerungsmeinung zu orientieren. Der Akteur, der sich in Übereinstimmung mit der Bevölkerungsmeinung sieht und die eigene Meinung offenlegt, ist aus dieser Sicht nicht notwendigerweise bemüht, seinen Interaktionspartner von der eigenen Meinung zu überzeugen. Er glaubt vielmehr, in ihm einen Gesprächspartner mit verwandter Orientierung zu finden. Er gibt sich offen, weil er Bestätigung erwartet. Das von Noelle-Neumann beschriebene Phänomen wäre unter diesen Umständen reduzierbar auf die Deutung des Kommunikationsverhaltens als adressatenspezifische Kommunikation (so wie sie von Scheuch als relevante Einflußgröße postuliert wurde und wir sie durch die Wahrnehmung des Klassenkontextes operationalisiert haben).

5. Direkte Einflüsse im Vergleich zueinander

Wir haben die einzelnen Einflußgrößen bisher getrennt diskutiert und analysiert. Viele korrelieren untereinander; angesichts dessen mag das Ausmaß direkten Einflusses geringer sein, als es zunächst den Anschein hat. In anderen Fällen haben wir uns auf die Analyse einzelner Indikatoren beschränkt. Manche könnten zu einer übergreifenden ("latenten") Variable zusammengefaßt werden; der von diesen Variablen ausgeübte Einfluß müßte dadurch anwachsen. Um den direkten Effekt der verschiedenen Variablen zu messen, entscheiden wir uns für eine Regressionsanalyse. Um den Vorteil der z.T. vorhandenen multiplen Indikatoren für den gleichen Sachverhalt zu nutzen, führen wir diese Regressionsanalyse mit LISREL durch. Dabei ergänzen wir die zuvor diskutierten Variablen um mehrere, zusätzliche Variablen (zu den Indikatoren und Meßmodell siehe Tabelle 31).

Zum einen werden die Definitionen des Drogengebrauchs (analog den früher diskutierten Modellen unterschieden in "Negativ- und Positiv-Definitionen" der Drogenwirkung) zusätzlich einbezogen. Wer sich in eine Diskussion begibt und seine positive Einstellung zum Drogengebrauch kundtut, bedarf oft überzeugend scheinender Argumente, um in dieser Diskussion zu bestehen. Er muß die möglichen Einwände gegenüber seinen Drogendefinitionen antizipieren und hinreichend an die Legitimität seines Tuns glauben. In der Untersuchung von Scheuch (1965) gab es Hinweise dafür, daß nur in den Fällen, in denen die Interaktionspartner sich sicher fühlen und Argumente in die Diskussion einbringen können, ein Gespräch trotz Meinungsdissens fortgeführt wird. Die Sicherheit in der Kommunikation wäre danach mit eine Funktion der kognitiven Stützung der eigenen

Tabelle 31 Sichtbarkeit devianter Einstellungen - Indikatoren und Ladungen im Meßmodell (vollstandardisierte Lösung)

Latente Variable	Nr.	Indikatoren	Ladung
Sichtbarkeit	1	Sichtbarkeit	1.00
Konsum in Klasse	2	Konsum in Klasse	1.00
Konsum Freunde	3	Bereitschaft Freunde	.802
	4	Erfahrung Freunde	.829
Konsum Altersgleiche	5	Bereitschaft Altersgleiche	.889
	6	Erfahrung Altersgleiche	.396
Zukunftstrend	7	Zukunftstrend	1.00
Verhältnis zur Klasse	8	Verhältnis zur Klasse	1.00
Kontaktfähigkeit	9	Kontakt mit Jugendlichen	.658
	10	Kontakt mit Fremden	.729
Konsum	11	Log. Konsumerfahrung	1.00
Negativ-Def.	12	Sucht	.794
	13	Kriminalität	.549
	14	Kontrollverlust	.498
Positiv-Def.	15	Ausgeglichenheit	.542
	16	Geselligkeit	.539

Die Nr. bei den Indikatoren verweist auf die Variablenübersicht. Bei Ladungen von 1.00 handelt es sich um fixierte Ladungen. Der manifeste Indikator wird mit der latenten Variable gleichgesetzt.

Basis: Konsumenten mit Bereitschaft zum Drogengebrauch.

Übersicht über Indikatoren und Codes

Nr.	Indikatoren-bezeichnung	Indikatoren-beschreibung	Antwortkategorien und Codes*
1	Sichtbarkeit	Sichtbarkeit der Einstellung zum Drogenkonsum unter Klassenkameraden	1 = niemand 5 = alle
2	Konsum in Klasse	Bereitschaft zum Konsum unter Klassenkameraden	1 = keiner 8 = fast alle
3	Bereitschaft Freunde	Anteil potentieller Konsumenten im Freundes- und Bekanntenkreis	1 = keiner 7 = fast alle
4	Erfahrung Freunde	Anteil an Konsumenten im Freundes- und Bekanntenkreis	1 = keiner 7 = fast alle
5	Bereitschaft Altersgleiche	Anteil an potentiellen Konsumenten unter Altersgleichen	1 = kaum einer 7 = fast alle
6	Erfahrung Altersgleiche	Anteil an Konsumenten unter Altersgleichen	1 = kaum einer 7 = fast alle
7	Zukunftstrend	Zukünftiger Konsum unter Altersgleichen: Höhepunkt der Drogenwelle überschritten	1 = sehr richtig 5 = völlig falsch
8	Verhältnis zur Klasse	Anteil Mitschüler im Freundeskreis	1 = niemand 5 = alle
9	Kontakt mit Jugendlichen	In Gesellschaft Jugendlicher schnell Kontakt	1 = starke Ablehnung 6 = starke Zustimmung
10	Kontakt mit Fremden	Mit Fremden schnell im Gespräch	1 = starke Ablehnung 6 = starke Zustimmung
11	Log. Konsumerfahrung	Häufigkeit des Drogengebrauchs, logarithmiert	Niedrigster Wert vor Logarithmierung = 1, höchster Wert vor Logarithmierung = 525
12	Sucht	Drogenwirkung Suchtgefahr	1 = starke Ablehnung 6 = starke Zustimmung
13	Kriminalität	Drogenwirkung Kriminalitätsgefahr	1 = starke Ablehnung 6 = starke Zustimmung
14	Kontrollverlust	Drogenwirkung Kontrollverlust	1 = starke Ablehnung 6 = starke Zustimmung
15	Ausgeglichenheit	Drogenwirkung Ausgeglichenheit	1 = starke Ablehnung 6 = starke Zustimmung
16	Geselligkeit	Drogenwirkung Förderung der Geselligkeit	1 = starke Ablehnung 6 = starke Zustimmung

* Die Codung ist hier lediglich mit der Unter- und der Obergrenze ausgewiesen. Die Frageformulierungen und die Antwortkategorien sind unter der jeweiligen Indikatorennummer unten aufgeführt.

Frageformulierungen und Antwortkategorien: (1): "Wievielen Ihrer Klassenkameraden haben Sie schon einmal gesagt, was Sie selbst vom Rauschmittelgebrauch halten? Wieviele kennen also Ihre Einstellung zum Rauschmittelgebrauch?" Alle - die meisten - ungefähr die Hälfte - eine Minderheit - niemand. (2) "Nun überlegen Sie bitte, wieviele Ihrer Klassenkameraden wohl gerne Haschisch nehmen würden, wenn man es ihnen anböte (wenn Sie es nicht genau wissen, versuchen Sie, die Zahl zu schätzen)." Fast alle - etwa drei Viertel - etwa die Hälfte - etwa ein Viertel - ungefähr 10 Prozent - weniger als 10 Prozent - kaum einer - niemand. (3) "Was meinen Sie: Wieviele Ihrer Freunde und näheren Bekannten würden wohl Haschisch nehmen, wenn man es ihnen anböte?" Fast alle - etwa drei Viertel - etwa die Hälfte - etwa ein Viertel - weniger als ein Viertel - einer oder zwei - keiner. (4) "Und wieviele Ihrer Freunde und näheren Bekannten nehmen tatsächlich ab und zu Haschisch oder andere Rauschmittel?" Fast alle - etwa drei Viertel - etwa die Hälfte - etwa ein Viertel - weniger als ein Viertel - einer oder zwei - keiner - weiß nicht. (5) "Und wie ist es mit den Jugendlichen, die ungefähr in Ihrem Alter sind und nicht Ihrer Klasse angehören - also auch diejenigen, die nicht auf Ihre Schule gehen: Wieviele von ihnen würden wohl gerne Haschisch nehmen?" Fast alle - etwa drei Viertel - etwa ein Viertel - ungefähr 10 Prozent - weniger als 10 Prozent - kaum einer. (6) "Und wieviele Jugendliche in Hamburg, die etwa in Ihrem Alter sind, haben Ihrer Ansicht nach tatsächlich schon mindestens einmal Haschisch oder ein anderes Rauschmittel genommen?" Fast alle - etwa drei Viertel - etwa die Hälfte - etwa ein Viertel - ungefähr 10 Prozent - weniger als 10 Prozent - kaum einer. (7) "Der Höhepunkt der sogenannten Rauschgiftwelle ist überschritten - es gibt kaum noch Jugendliche, die jetzt noch mit dem Konsum anfangen." Halte ich für sehr richtig - halte ich für richtig - halte ich weder für ganz falsch noch für ganz richtig - halte ich für falsch - halte ich für völlig falsch. (8) "Wieviele Ihrer Freunde und näheren Bekannten gehören Ihrer Klasse an (wenn es nur eine Einteilung in Klassenstufen gibt, geben Sie bitte an, wieviele Ihrer Stufe angehören)." Alle - die meisten - ungefähr die Hälfte - eine Minderheit - niemand. (9) "In Gesellschaft anderer Jugendlicher finde ich sehr schnell Kontakt". Sechsstufige Skala von starker, mittlerer, schwacher Zustimmung bis starker Ablehnung. (10) "Mit fremden Menschen komme ich meist schnell ins Gespräch". Sechsstufige Skala von starker, mittlerer, schwacher Zustimmung bis starker Ablehnung. (11) Konsumerfahrung jemals im Leben logarithmiert (siehe Anhang 1). (12-16) "Es folgt nun eine Liste mit Behauptungen über die Wirkungen und Folgen von Haschisch. Geben Sie bitte anhand der sechsstufigen Skala an, in welch starkem Maße Sie den jeweiligen Aussagen zustimmen oder nicht zustimmen. Es kommt hier wieder auf Ihre Meinung an, nicht so sehr auf Ihr Wissen". Als Antwort stand eine sechsstufige Skala mit starker, mittlerer, schwacher Zustimmung bzw. Ablehnung zur Verfügung. (12) "Man wird auf die Dauer süchtig", (13) "Kriminelle Neigungen werden gefördert", (14) "Man verliert die Selbstkontrolle", (15) "Man wird ausgeglichen und zufrieden", (16) "Kontakt und Geselligkeit werden gefördert".

Ansicht. In die gleiche Richtung deuten Befunde, nach denen die Intensität und damit die Gewißheit (Lane und Sears 1964:98), mit der eine Meinung vertreten wird, von der Zahl stützender Informationen beeinflußt wird (Smith 1968:11).

Das Ausmaß der Drogenerfahrung ("Konsum"), welches die Stärke der Bindung an den Konsum anzeigt und zugleich mit der Dauer des Konsums korreliert, beziehen wir zum anderen als zusätzlichen Einflußfaktor mit ein. Wer schon eine lange Zeit Drogen genommen hat, dürfte rein von der Wahrscheinlichkeit her mehr Personen schon einmal etwas über die eigene Drogenerfahrung berichtet haben als jemand, der erst mit dem Gebrauch begonnen hat. Darüberhinaus erscheint es ratsam, diese Variable als eine Art Kontrollvariable für die Feststellung des direkten Einflusses zu verwenden, der sich aus den anderen hier einbezogenen Variablen ergibt.

Weiterhin führen wir neu einen Indikator für emotionale Enge der Beziehung ("Verhältnis zur Klasse") ein. Noelle-Neumann, die in ihrer Analyse nur Situationen auswählt, in denen Fremde Kontakte eingehen, wird der Pluralität der Beziehungen und der daraus folgenden unterschiedlichen Konsequenzen nicht gerecht: Gerade in Beziehungen, in denen sich vor allem Meinungsbildung vollzieht und die Einstellungen des einzelnen geprägt werden, ist die Toleranz für Abweichung und die Sichtbarkeit besonders groß. Und bei dieser Art von Beziehungen handelt es sich in der Regel um Kontakte primärer Art. Wenn es stimmt, daß die Bereitschaft zur offenen Kommunikation mit der emotionalen Nähe zum Interaktionspartner steigt (dazu siehe auch Taylor 1979:124), müßte in unserer Untersuchung bei denjenigen Jugendlichen die größere Sichtbarkeit anzutreffen sein, die mit vielen Klassenkameraden engere Beziehungen unterhalten: Weil sich in diesem Falle der Kreis der Klassenkameraden und der Freunde überschneidet, wird die Verbreitung der Information auf den Klassenverband begünstigt.[1]

Schließlich beziehen wir noch einen Variablenkomplex in die Analyse mit ein, der sich auf die Kontaktfähigkeit der Befragten bezieht ("Kontaktfähigkeit"). Für Noelle-Neumann ist das Verschweigen der eigenen Ansichten Folge einer allgemeinen Angst vor Isolation. Wir versuchen eine Testung, indem wir von dem Gedanken ausgehen, daß die Furcht vor Isolation immer nur eine relative sein kann - relativ zur eigenen Fähigkeit, neue Kontakte

---

1 Freunden kommt in diesem Prozeß der Informationsvermittlung im Vergleich zu Fremden eine herausgehobene Position zu. Sobald Beziehungen etabliert sind, erweisen sie sich meist als fest genug, um punktuellen Dissens zu ertragen (dazu siehe auch Winslow 1937:434, Lazarsfeld und Merton 1954:32, Blau 1964:66). Es gehört geradezu zur Freundesrolle, daß die involvierten Personen einander offen gegenübertreten und die Beziehung durch ein starkes Element von Vertrauen charakterisiert ist (Naegele 1958, Eppel und Eppel 1966:69ff., Wright 1970, Kleinke 1979:61). Freunden wird nicht nur mehr als bloßen Bekannten erzählt (Dodd 1958/59:543), sondern auch mehr über persönliche Themen (Schneider 1969:211).

mit anderen Menschen einzugehen. Die Furcht müßte in dem Maße sinken, wie der Akteur sich in der Lage glaubt, der Mißbilligung durch einen Teil von Personen die Billigung durch andere Personen entgegensetzen zu können. Noelle-Neumann, welche die Angst vor allgemeiner Isolation thematisiert, testet ihre Annahme hingegen lediglich situationsspezifisch: im Hinblick auf die Adressaten der Kommunikation (siehe Noelle-Neumann 1980:66ff.). So überprüft, ist die adressatenspezifische Dissensminimierung, wie sie von Scheuch postuliert wird, von der allgemeinen Isolationsthese nicht zu trennen.

Was sind nun die Ergebnisse der erweiterten Analyse? Wie man Tabelle 32 entnehmen kann, geht der stärkste Einfluß im Rahmen der Regressionsanalyse von der wahrgenommenen sozialen Stützung des Konsums in der Umwelt des Akteurs aus. An erster Stelle steht dabei - durchaus im Einklang mit Scheuchs Hypothese - das wahrgenommene Meinungsklima unter den Adressaten der Kommunikation, den Mitschülern. An zweiter Stelle folgt der Konsum der Freunde und Bekannten. Keinerlei Einfluß (gemessen am Kriterium, nach dem Beta bei mindestens .10 liegen sollte) läßt sich für die Altersgleichen und die zukünftige Entwicklung des Rauschmittelgebrauchs nachweisen.

Daß das wahrgenommene Meinungsklima unter den Altersgleichen auch im Rahmen dieser erweiterten Analyse keinen Einfluß ausübt, muß angesichts der Zentralität, die diese Variable in der Noelle-Neumannschen Theorie einnimmt, besonders erstaunen. Die Aktualität des Themas, die Noelle-Neumann in neueren Arbeiten als Voraussetzung für das Wirksamwerden der "Schweigespirale" begreift (Deisenberg 1986:87), kann kein Grund dafür sein. Zur Zeit der Erhebung bis in die 80er Jahre hinein wurde die Rauschmittelthematik von der Bevölkerung als ein aktuelles Problem mit hohem Stellenwert begriffen (vgl. u.a. EMNID 1978:12f., DER STERN/Gruner und Jahr 1981:80, Reuband 1986b:494). Die Gründe für das Scheitern müssen in der Überschätzung des Einflusses der sekundären Umwelt liegen.[1]

Schließlich gibt es auch keinen Einfluß der allgemeinen Kontaktfähigkeit auf die Bereitschaft, die eigene Devianz anderen Personen gegenüber einzugestehen. Vermutlich geht es bei den hier einwirkenden Mechanismen gar nicht - wie von Noelle-Neumann postuliert - um eine allgemeine Angst, die aktiviert wird, sondern lediglich um eine spezifische Angst: vor der Isolation innerhalb des Kontextes, dem gegenüber die eigenen Ansichten geäußert werden. Was hingegen als eigenständige Einflußgröße in der multivariaten Analyse neben der wahrgenommenen Unterstützung in der Schulklasse und

1 Damit sei nicht gesagt, man müsse die Perzeption der sekundären Umwelt als Einflußgröße als vollkommen irrelevant einstufen. Ihr Effekt wird in unserem Fall möglicherweise durch die Wahl des retrospektiven Zeitbezugs - erklärt wird Verhalten in der Vergangenheit - unterschätzt. Doch unterschätzt werden dürfte unter diesen Bedingungen auch die Einflußstärke der übrigen, hier als relevant ausgewiesenen Variablen. Am relativen Stellenwert dürfte sich dadurch nichts ändern.

Tabelle 32 Determinanten der Sichtbarkeit - Ergebnisse der Regressionsanalyse in LISREL

Latente Variablen	Beta-Koeffizient
Konsum in Klasse	.287
Konsum Freunde	.208
Konsum unter Altersgleichen	-.004
Zukünftiger Konsum unter Altersgleichen	-.072
Verhältnis zur Klasse	.196
Kontaktfähigkeit	.089
Konsum	.120
Negativ-Def.	-.070
Positiv-Def.	-.071
	R^2 = .244

N = zwischen 379 und 419
AGFI = .977
RMSR = .030
Kein Residuum über .10
Paarweiser Ausschluß von Werten
"Unweighted-Least-Squares"(ULS)-Schätzverfahren

Matrix der Korrelationen und Residuen sowie der Korrelationen zwischen den latenten Variablen in Anhang 2 dem Freundeskreis bestehen bleibt, ist die Konsumerfahrung und Struktur der Beziehung zum Klassenkontext. Eine kognitive Stützung des Rauschmittelkonsums über entsprechende positive Drogendefinitionen und das Fehlen negativer Definitionen - analog zur (früher diskutierten) Einflußstruktur auf den Konsum und die Konsumbereitschaft - läßt sich nicht feststellen. Vermutlich ist für die Sichtbarmachung im Gegensatz zur Erklärung der Konsumbereitschaft oder Konsumprogredienz allein die soziale Stützung das Entscheidende. Es geht nicht darum, das Verhalten für sich und andere "plausibel" zu definieren; es geht allein darum, Dissens zu vermeiden, der aus der unterschiedlichen Einstellung zum Drogengebrauch erwächst. Nicht die Begründung, sondern die Tatsache der Devianz zählt.

Vom Aspekt des Veränderungspotentials her gesehen sind es in erster Linie Kommunikationsmerkmale des sozialen Kontextes sowie die perzipierten Einstellungen und Verhaltensmuster in der primären Umwelt, die als zentrale Einflußgrößen der Kommunikation in Betracht kommen. Veränderungen in der Sichtbarkeit devianter Einstellungen dürften sich demnach immer dann ereignen, wenn innerhalb des vorgegebenen Adressatenkontextes oder der primären Umwelt eine veränderte Einstellung zur Abweichung perzipiert wird (gleichgültig, ob dieser Wandel real ist oder nicht). Es handelt sich dabei, wie Noelle-Neumann in ihrer Arbeit ausführt, vermutlich um einen sich selbst verstärkenden Prozeß, der in Gang gesetzt wird: Wer weniger Stützung in der Umwelt wahrnimmt, wird schweigen und dadurch die Sichtbarkeit und potentielle Stützung des abweichenden Verhaltens noch mehr reduzieren. Nur ist in diesem Falle - anders als in der ursprünglichen Theorie der "Schweigespirale" konzipiert - nicht die sekundäre, sondern die primäre Umwelt die entscheidende Instanz.

KAPITEL IX

SCHLUSSBEMERKUNGEN
VON DER "PATHOLOGIE" ZUR "NORMALITÄT" DER ABWEICHUNG
BEFUNDE UND KONSEQUENZEN

1. Rückblick auf Untersuchungsziele und Befunde

Die vorliegende Arbeit ist unter einer doppelten Zielsetzung entstanden: Zum einen sollte das Phänomen des Drogenkonsums in der Bundesrepublik Deutschland einer eingehenden Bestandsaufnahme und Analyse unterzogen werden; zum anderen sollten anhand des Drogengebrauchs Jugendlicher die wichtigsten Theorien abweichenden Verhaltens überprüft werden.

Zu diesem Zweck untersuchten wir zunächst die Erscheinungsformen und Trends des Konsums illegaler Drogen. Derartige Bestandsaufnahmen haben einen eigenständigen Wert, insofern sie einer Beschreibung gesellschaftlicher Wirklichkeit dienen. Sie haben jedoch auch Konsequenzen für die Ursachenanalyse und bilden den Hintergrund für weitergehende Kausalerklärungen auf mikrosoziologischer Ebene ab. Als wichtigster Befund dieser Bestandsaufnahme zeigte sich, daß der Drogenkonsum (meist handelt es sich um den Gebrauch von Cannabis) in der Regel auf wenige Probierhandlungen beschränkt bleibt. Jugendliche experimentieren mit Drogen ähnlich wie mit vielen anderen Dingen. Und sie hören damit wieder auf, so wie - gerade im Jugendalter - mit vielen anderen Dingen wieder aufgehört wird, die nur mal getestet werden sollten und denen ansonsten eine ambivalente Haltung entgegengebracht wird.

Damit ist der Drogengebrauch keine Sache des "Alles oder Nichts", wie es viele Darstellungen zum Drogengebrauch, aber auch nicht wenige kriminologische Abhandlungen über abweichendes Verhalten, suggerieren. Er ist vielmehr, wie Howard S. Becker erstmals deutlich gemacht hat, durch verschiedene Stufen oder Phasen charakterisiert, die hintereinandergeschaltet sind und nicht alle durchlaufen werden müssen. Einige Individuen bleiben im Probierstadium, andere gehen darüber hinaus und entwickeln habitualisierte Gebrauchsmuster.

Die aufgrund dieses Tatbestands naheliegende Perspektive eines "Karriere-Prozesses" haben wir in zweifacher Weise umzusetzen versucht. Zum einen, indem wir dem Zusammenspiel von Motivation und Situation - hier untersucht für die Phase des Erstkonsums - besondere Beachtung schenkten: Wie werden bestehende Dispositionen realisiert, wie wirken sich situative Gelegenheiten auf die Delinquenz aus? Zum anderen haben wir die Karriere-Perspektive angelegt, indem wir die Untersuchung unter Berücksichtigung von verschiedenen Phasen der Drogenkarriere vornahmen: Wie sehr wirken die Determinanten des Handelns in der einen Phase auch in der anderen Phase auf das Individuum ein?

Bei der Analyse der ersten Fragestellung zeigte sich, daß in der Situation des ersten Drogengebrauchs ambivalente Orientierungen überwiegen: Der Jugendliche fühlt sich einerseits zur Droge hingezogen und erhofft sich positives Wirkungserleben, schreckt aber zugleich aus Furcht vor gesundheitlichen Schäden zurück. Mögen auch diese Ambivalenzen später durch spezifische Anreize überlagert werden, so wirken die Befürchtungen doch unterschwellig weiter und können, je nach Anlaß, wieder in das Bewußtsein drängen und das Handeln bestimmen. Die Ambivalenzen finden eine Parallele in der Existenz einer spezifischen Einstellungskonfiguration, die durch eine Mischung positiver und negativer Drogendefinitionen gekennzeichnet ist und den einzelnen auch über den Erstgebrauch hinaus prägt.

Weil viele Jugendliche gegenüber dem Drogengebrauch eine ambivalente Haltung einnehmen, reichen motivationale Einflüsse in der Regel nicht aus, um die Droge auszuprobieren. Es kommt eine gewisse Eigendynamik der Situation hinzu. Der "Einstieg" in die Devianz ist damit weder als reiner Zufall noch als gezielte Realisierung bestehender Intentionen zu sehen. Das Handeln kann nur im Zusammenwirken motivationaler und situativer Einflußgrößen verstanden werden. Je nach Phase der devianten Karriere dürften die motivationalen oder die situativen Einflüsse von größerer Bedeutung sein.

Dem Karriereansatz folgend, haben wir in einem weiteren Untersuchungsgang dann, jeweils für Nichtkonsumenten und Konsumenten getrennt, die verschiedenen Erklärungsansätze auf ihre Brauchbarkeit hin geprüft. Dem in der deutschsprachigen Literatur dominanten "Pathologischen Erklärungsansatz" stellten wir soziologische Erklärungen gegenüber. Dabei griffen wir, z.T. in von uns leicht modifizierter Form, auf die wichtigsten Theorien zum Drogengebrauch und abweichenden Verhalten zurück: auf die differentielle Assoziationstheorie von Edwin Sutherland, die Kontrolltheorie von Travis Hirschi und den Labeling Ansatz. Spezifisch für den Drogengebrauch zogen wir zusätzlich den Erklärungsansatz von Howard S. Becker mit heran. Als wichtigstes Ergebnis dieser Analyse ergab sich ein "Versagen" des "Pathologischen Erklärungsansatzes" und eine Überlegenheit sozialwissenschaftlicher Theorien: Hatte das Frustrationserlebnis bei den Nichtkonsumenten noch einen recht schwachen Effekt auf die Konsumbereitschaft, entfiel dieser Einfluß bei denjenigen, bei denen der Effekt nach der Literatur am ehesten hätte erwartet werden müssen: den Konsumenten. Die sozialwissenschaftlichen Erklärungsansätze, die auf einer Konzeption soziokulturellen Lernens aufbauen, erwiesen sich als erklärungskräftiger.

Zugleich gab es Hinweise dafür, daß der Stellenwert der unabhängigen Variable je nach untersuchter Phase der Drogenkarriere variiert, manche Variablen als nicht mehr erklärungskräftig herausfallen, andere an Einfluß gewinnen. Bei der Erklärung der Konsumbereitschaft unter Nichtkonsumenten wirkt eine etwas andere Variablenkonstellation als unter Konsumenten.

2. Das "Versagen" des "Pathologischen Erklärungsansatzes"

Selbstverständlichkeiten, die nicht mehr hinterfragt werden, müssen nicht notwendigerweise auch empirisch wahr sein. Wie das Beispiel des "Pathologischen Erklärungsansatzes" gezeigt hat, kann ein fast universaler Konsens in der Ursachenzuschreibung auf höchst fragwürdigen Annahmen basieren. Wie aber kann es dazu kommen, daß Annahmen über Drogenkonsum zu Selbstverständlichkeiten werden und dennoch so sehr von der empirisch nachweisbaren Realität abweichen?

Die Vorherrschaft der Praktiker, ihre professionelle Helferideologie und die selektive Rekrutierung von Konsumenten in ihren Klientenkreis haben - wie wir an anderer Stelle dieser Arbeit näher ausgeführt haben - gewiß einen entscheidenden Anteil an der Durchsetzung des "Pathologischen Ansatzes" in der Drogenliteratur gehabt. Hinzukommt, daß das Rauscherleben in den meisten Industriegesellschaften als negativ bewertet wird (vgl. Legnaro 1982). Man steht ihm besonders dort mit Unverständnis gegenüber, wo es mit neuen, kulturell nicht etablierten Drogen einhergeht. Für viele Autoren - vor allem medizinischer Provenienz - geht diese kulturelle Bewertung implizit in ihre Darstellungen des Drogenphänomens mit ein. Gesprochen wird z.B. vom Rausch als "krankhaftem Ausnahmezustand" (Schmitt et al. 1975:1), von "künstlichen Himmelfahrten" (Kühn 1968:43), "künstlichen Hilfsmitteln" (Ladewig et al. 1979:10) oder direkt von "Bewußtseinsstörung" (Täschner 1983:23). Von hier zur tautologischen Motivzuschreibung ist es oft nur ein kurzer Weg: die Bewußtseins<u>veränderung</u> wird von vornherein mit einer Bewußtseins<u>störung</u> gleichgesetzt. Entsprechend wird der Motivation eine pathologische Struktur zugeschrieben und oft in einem nächsten Schritt daraus dann die Pathologie der Konsumenten abgeleitet: Weil die Motivation pathologisch ist, muß auch der Konsument pathologisch sein.

Die Tatsache, daß in der Bundesrepublik die "pathologische" Sichtweise weitaus stärker als in den USA verbreitet ist, mag z.T. auf länderspezifische Traditionen innerhalb der Medizin und Psychiatrie zurückgehen. Sie könnte jedoch ebenfalls durch die unterschiedliche Prävalenz und Entwicklung des Drogenkonsums mit bedingt sein. So haben nach Christine Schmerl individualistische Erklärungsversuche von Drogenepidemien stets deren Entstehung begleitet. Sie nehmen ihrer Meinung nach dann an Gewicht zu, wenn eine neue Drogenepidemie anfängt sich auszubreiten oder wenn eine fortgeschrittene anfängt zu stagnieren. "In Zeiten der fortgeschrittenen, aber stets wachsenden Epidemien treten sie eher zurück" (Schmerl 1984:4).

Der Befund, wonach der Anstieg des Drogenkonsums unter Jugendlichen in den USA - (vgl. Johnson et al. 1993) länger anhielt als in der Bundesrepublik, könnte in diesem Zusammenhang ebenso bedeutsam sein wie die Tatsache, daß in den USA eine Mehrheit der Jugendlichen schon ein- oder mehrmals Drogen nahm, während es in der Bundesrepublik eine Minderheit ist (vgl. Reuband 1986a). Wo eine Mehrheit der Jugendlichen Drogenerfahrung gesammelt hat, wird es schwerfallen, den Konsum auf individuelle Pathologien zu reduzieren. Es hieße, der Jugend als Gesamtheit eine pathologische Orientierung und gestörte Lebensbedingungen zuzuschreiben und einen dramatischen Anstieg in dieser "Pathologie" innerhalb kurzer Zeit zu unterstellen. Angesichts dessen gewinnen andere Deutungsmuster an Bedeutung - solche, in denen die individuelle Pathologie der Konsumenten weniger stark betont wird.

Wenn diese Annahme zuträfe, dürfte es zwischen der Entwicklung und Verbreitung eines Phänomens gesellschaftlicher Abweichung und seiner Deutung eine gewisse, wissenssoziologisch deutbare Korrespondenz geben. Reale Unterschiede auf der Ebene der Konsumenten müßten nicht damit einhergehen: denn auch dort, wo die Abweichung nur eine Minderheit umfaßt, können - wie wir gezeigt haben - soziale Einflüsse sehr wohl das Verhalten bestimmen. Es bedarf keines Rekurses auf individualpsychologische Faktoren. Die besonders in der Psychiatrie und Medizin verbreitete Vorstellung, daß überall dort individuelle Pathologie das Verhalten erklärt, wo das Phänomen eine Minderheit betrifft (so z.B. Berner et al. 1963:759, Weiner 1971:162, Bejerot 1980:255), gründet sich auf ein Mißverständnis: daß derjenige, der in seinem Verhalten vom Durchschnitt abweicht, einer sozialen Stützung seiner Abweichung entbehrt und nicht durch externe soziale Einflüsse zum Handeln motiviert werden kann. Verkannt wird, daß es ein geschlossenes und universal geltendes System sozialer Erwartungen und Normen in den modernen Industriegesellschaften nicht gibt und in einer Gesellschaft soziale Milieus existieren können, in denen das als konform gilt, was in anderen Milieus als Abweichung beurteilt und sanktioniert wird. Die Pluralisierung der Gesellschaft geht mit einer Pluralisierung der Lebensstile einher, die für das Individuum vermehrte "Wahlmöglichkeiten" schafft.

3. Sozialwissenschaftliche Interpretationen und die Bedeutung interpersonaler Beziehungen

Von den sozialwissenschaftlichen Erklärungsansätzen eignen sich nach unseren Befunden am ehesten jene Ansätze zur Erklärung, in denen das deviante Handeln als das Ergebnis eines soziokulturellen Lernprozesses begriffen wird. So geht nach unseren Analysen der stärkste Einfluß auf die Konsumbereitschaft und Konsumprogredienz von den Freunden und Bekannten aus: zum einen indirekt - wie in Sutherlands Theorie differentieller Assoziation behauptet wird - über die Definition des abweichenden Handelns als subjektiv sinnvolles Handeln (gemessen über die zugeschriebenen Drogenwirkungen); zum anderen direkt. Dieser direkte Einfluß erweist sich gegenüber dem indirekten Einfluß als stärker. Das bedeutet: Sutherlands Ansatz, in dem der direkte Einfluß der Freunde als unbedeutend eingestuft wird, ist in gewissem Maße revisionsbedürftig. Die Befunde entsprechen am ehesten der von uns vorgenommenen Modifikation seiner Theorie, nach der den Personen der primären Umwelt ein "sozialer Validierungscharakter" von "Realität" zukommt. Der Rauschmittelgebrauch erweist sich als ein Akt der Konformität: nicht mit der Gesamtgesellschaft, sondern mit der eigenen subjektiv relevanten Umwelt der Gleichaltrigen.

Im Gegensatz zu den üblichen Darstellungen in der Soziologie können die konkurrierenden Theorien abweichenden Verhaltens zum Teil ineinander überführt werden. Wir haben die Querverbindungen herausgearbeitet und gezeigt, daß eine Synthese prinzipiell denkbar ist, weil in den verschiedenen Theorien oft nur unterschiedliche Aspekte menschlicher sozialer Beziehung angesprochen werden: In der Theorie differentieller Assoziation sind es die inhaltlichen Orientierungen der primären Interaktionspartner, in der Kontrolltheorie - in den hier ausgewählten Teilen - ist es die Beziehungsebene. Wenn man die Beziehungsebene und die Orientierungsebene einbezieht, eröffnet sich eine Integrationsmöglichkeit, die in einen Ansatz soziokulturellen Lernens mündet.[1]

Diese Integrationsmöglichkeit gilt, bei entsprechender Umformulierung, auch für Teile des Labeling Ansatzes. Nach dem Labeling Ansatz führt die Intervention durch Instanzen sozialer Kontrolle zu Etikettierungsprozessen, die das Selbstbild beeinträchtigen und die Handlungschancen der Akteure verschlechtern, so daß diesen schließlich nur noch die Fortsetzung der Devianz bleibt. Diese Mechanismen sind jedoch, wie wir zeigen konnten, vermutlich weitaus seltener damit verbunden als im Labeling Ansatz unterstellt; sie sind nicht der Regelfall. Wenn es zu einer Stabilisierung von Devianz kommt - beschränkt auf Konsumenten im fortgeschrittenen Stadium der Drogenkarriere -, ist die Einbettung des Devianten in den Kreis devianter Freunde und Bekannte als Wirkungsmechanismus offenbar oft entscheidender. Die Intervention von Instanzen formeller sozialer Kontrolle verstärkt unter bestimmten Umständen nur die Neigung, sich mit Devianten zusammenzuschließen, und dies wiederum verstärkt in einem folgenden Schritt die Devianz. Wenn diese Deutung zuträfe, wären die empirischen Befunde, die auf den ersten Blick wie eine Bestätigung des herkömmlichen Labeling Ansatzes erscheinen, sehr wohl mit den "ätiologischen" Theorien vereinbar. Was neu eingeführt wird, ist ein zusätzlicher Prozeß, der auf das übrige Variablengeflecht Rückwirkungen hat. Dem Freundes- und Bekanntenkreis

1 Dies schließt Unterschiede in anderen Teilen dabei nicht aus. Eine schrittweise Ergänzung unseres auf interpersonale Beziehungen hin eingeschränkten Erklärungsmodells durch weitere Variablen (wie sie etwa in der Kontrolltheorie behauptet werden) erscheint wünschenswert und sinnvoll. Unsere Überprüfung der wichtigsten Theorien hat sich auf die Kernbestandteile der Theorien beschränkt - vor allem jene, mit denen Kontroversen verbunden sind.

käme dabei, wie schon in der Erklärung der ersten Devianz und deren Fortsetzung, eine Schlüsselrolle zu.

Der herausgehobene Stellenwert des Freundes- und Bekanntenkreises für den Drogenkonsum Jugendlicher ist in der bisherigen Drogenliteratur fast durchgängig unbeachtet geblieben. Die Tatsache, daß der jugendliche Konsument in den Kreis anderer Konsumenten eingebunden ist, wurde zwar mitunter erwähnt, doch geschah dies gewöhnlich im Rahmen einer anderen Deutung: Statt den Kontakten zu Konsumenten im Freundes- und Bekanntenkreis einen eigenständigen sozialisierenden Effekt zuzuschreiben, wurden sie lediglich als Folge bloßer Selektionsprozesse interpretiert. Nur gelegentlich hat es Autoren gegeben, die den Interaktionspartnern eine eigenständige Bedeutung einräumten - doch dann aus einer falschen Perspektive: Die Ausbreitung des Drogengebrauchs wird zur Ausbreitung einer "Infektion" (siehe z.B. Leuner 1971:281, Christian und Stübing 1977:79, Jenner 1981:188). "Infektionen" aber sind nur in einem medizinischen Krankheitsmodell denkbar und werden, vor allem von Medizinern, auch so gesehen.

Radikal zu Ende gedacht wird die Bakteriologie aus dieser Sicht zu der Disziplin, der man die Erklärungsansätze entnimmt (so bei Rubner 1980:148ff.). Auch wenn diese Deutung in der Folgezeit kaum auf Resonanz in der "scientific community" der Drogenexperten stieß, ist ein analoges Denken - wenngleich gemildert - doch in manchen Darstellungen des Drogengebrauchs in anderer Form wiederzufinden: Interpersonaler Einfluß wird zur bloßen "Nachahmung" und gerät so letztlich implizit zum Beweis für die psychische Belastung und Auffälligkeit des Konsumenten (siehe z.B. Täschner 1986:50). Aus dieser Sicht ergänzt das "Infektionsmodell" eher das traditionelle "Pathologiemodell", statt es zu entkräften. Der Betroffene ist - mehr oder minder gegen seinen Willen - der "Ansteckung" ausgeliefert.

Indes: Nicht nur gesellschaftlich abweichende Verhaltensweisen, wie Drogenkonsum, werden interpersonal vermittelt. Bei konformen Verhaltensweisen und Motivationen ist dies ebenso der Fall. Diese Vermittlung im Rahmen eines Sozialisationsprozesses wird jedoch erst handlungswirksam, wenn der einzelne das Handeln motivational nachvollziehen kann. Wenn das Handeln nur "dank unserer Zustimmung und unserer Mitarbeit wirksam werden kann, dann" - so Emile Durkheim allgemein auf Handeln bezogen - "kann man nur noch bildlich von Ansteckung sprechen, und das Bild ist ungenau. Wir selbst sind die Urheber der Handlung, wenn wir auch nicht ihre Erfinder sind" (Durkheim 1973:130). Am ehesten geeignet wäre hier der Begriff der "interpersonalen Beeinflussung" und makrosoziologisch für den gesellschaftlichen Ausbreitungsprozeß der Begriff der "sozialen Diffusion".

Daß Menschen nicht nur durch frühere Lernprozesse, sondern ebenfalls durch ihre gegenwärtige interpersonale Umwelt geprägt werden, ist in der Soziologie kein neuartiger Befund. Theoretisch ist die soziale Einbindung des Menschen schon immer hervorgehoben worden, etwa bei den Klassikern wie Charles H. Cooley oder George H. Mead. In der empirischen Forschung gab es eine "Wiederentdeckung" dieses Einflusses, in den 40er und 50er Jahren zunächst als "Gruppeneinfluß" konzipiert. Besonders die Studien von Paul F. Lazarsfeld zum Wahlverhalten, später auch zu anderen Themen, nehmen hier einen herausgehobenen Stellenwert ein (vgl. u.a. Katz und Lazarsfeld 1955). Mit der Paradigmenverschiebung der Wahlsoziologie und dem Niedergang der Columbia-Schule verlor diese Akzentuierung später wieder an Bedeutung. In der Kriminalsoziologie zählt Gruppeneinfluß zwar ebenfalls seit langem zur traditionellen Erkenntnis. Die Bedeutung dieses Einflusses ist aber, wie auch Siegfried Lamnek für deutsche Verhältnisse noch einmal hervorgehoben hat, wenig systematisch untersucht (Lamnek 1985:175). Schließlich hat auch die Soziologie der Gruppe, wie Friedhelm Neidhardt resümiert, in der allgemeinen Soziologie keine nennenswerte Weiterentwicklung erfahren (Neidhardt 1983:12). Erst in neuerer Zeit gibt es mit dem vermehrten Interesse an sozialen Netzwerken eine gewisse Rückbesinnung auf die Bedeutung der Personen, mit denen der einzelne mehr oder minder regelmäßigen Kontakt hat und engere Beziehungen unterhält. Eine weitere vertiefende Analyse der Interaktions- und Kommunikationsprozesse scheint nötig.

4. Ausblick auf neue Perspektiven und Forschungsstrategien

In unserer Analyse haben wir die Einstellungen und das Verhalten der Interaktionspartner über die Wahrnehmung der Befragten ermittelt. Damit haben wir - unabhängig davon, wie sehr die Wahrnehmungen mit der Realität kongruent sind[1] - die für den Handelnden relevanten Variablen erfaßt. Menschen können ihr an anderen Personen orientiertes Handeln lediglich auf das stützen, was sie bei diesen anderen Personen wahrnehmen. Wenn eine Situation als real definiert wird, so William E. Thomas (1965), ist sie auch in ihrer Konsequenz real.

Die Möglichkeit einer Beeinflussung auf anderen Wegen als der Perzeption ist gleichwohl nicht ausgeschlossen: Der Einfluß verläuft hier vielleicht nur in anderer Form. Er könnte z.B. über die Vermittlung von Wertorientierungen stattfinden, die nicht drogenbezogen sind, aber Konsequenzen für die Bewertung des Drogengebrauchs haben (z.B. in Form spezifischer Einstellungen zu Arbeit und Genuß).[2] Somit böte sich an, die tatsächliche

---

1 In manchen Fällen wird der Jugendliche seine eigenen Einstellungen auf andere Personen projizieren (vgl. auch Laumann 1973, Pappi und Wolf 1984), in anderen wird er den Konsum anderer Akteure nicht wahrnehmen, weil diese ihm gegenüber das Verhalten nicht eingestehen. Doch in den meisten Fällen dürfte die Perzeption hinlänglich realistisch sein, wie Daten aus soziometrischen Untersuchungen zum Drogengebrauch belegen (vgl. u.a. Peterson und Wetz 1975).

2 In einer Analyse des Marihuanagebrauchs zeigen Kandel und Andrews, daß der tatsächliche Konsum des besten Freundes Einfluß auf den Drogengebrauch hat. Dies geschieht unabhängig von der wahrgenommenen Zahl der Marihuana konsumierenden Freunde (Kandel und Andrews 1987:Fig. 5). Was in dieser Analyse jedoch fehlt, ist die Perzeption des Marihuanakonsums beim besten Freund (respektive die objektive Erfas-

Zusammensetzung des Freundes- und Bekanntenkreises in Form einer eigenständigen Variablen in das Untersuchungsdesign und in die Analyse mit aufzunehmen. Die Relevanz der Perzeptionsdaten würde dadurch keineswegs eingeschränkt, sie würden lediglich in einen umfassenderen Kontext der Einflußstrukturen eingebettet werden.

Mit der Einbeziehung der einzelnen Interaktionspartner in die Betrachtung erweitert sich der Akzent der Analyse: hin zu einer Untersuchung des objektiven sozialen Kontextes, bei dem nicht nur die Kontakte per se, sondern ebenfalls die Struktur des Netzwerkes und die sich daraus ergebenden Möglichkeiten der Diffusion und Beeinflussung Bedeutung erlangen. Ansätze in diese Richtung sind in der Literatur zum Drogengebrauch und zur Drogenabhängigkeit noch selten (siehe u.a. Alarcón 1969, Chambers et al. 1970, Levengood et al. 1973, Crawford 1977, Minor 1983, Kaplan et al. 1987), eine systematische und kumulative Analyse von Diffusionsprozessen und Netzwerkbeziehungen in lokalen Kontexten fehlt.

Eng mit dieser Perspektivenerweiterung ist die Analyse der Kommunikationsinhalte verbunden. Denn damit sich Einfluß entfalten kann, müssen die eigenen Einstellungen bzw. das eigene abweichende Verhalten sichtbar gemacht werden. Entsprechend bedarf es der Analyse der Bedingungen für die Bereitschaft zur Offenlegung und einer Analyse der Kommunikationsprozesse: Welche Art von Informationen über die Abweichung werden weitergegeben, welche zurückgehalten? Welche indirekten und direkten Kommunikationseinflüsse wirken sich über das jeweilige Netzwerk aus, in das der Deviante eingebunden ist? Und wie wirken die Personen, die von der Devianz erfahren, auf den devianten Akteur zurück? Wie wird die Kommunikation gezielt eingesetzt, um die eigene gesamtgesellschaftliche Abweichung kognitiv und sozial zu stabilisieren?

Die andere sinnvolle Erweiterung des Forschungsansatzes liegt in der Ausweitung der Karriere-Perspektive und in der Untersuchung der jeweiligen "Verästelungen" von Karrieren - sei es zurück in die Konformität oder in weitere Abweichung im Zeitverlauf. In der bisherigen biographischen Tradition hat man sich meist damit begnügt, nur jene Extremkategorien von Personen zu untersuchen, die sich bereits in Devianz als stabilem Handlungsmuster verstrickt haben. Daß die Karriere-Perspektive jedoch beides beinhalten muß - sowohl die Analyse des Weges in die Abweichung als auch die Analyse des Weges zurück in die Konformität -, wird schon von Howard S. Becker betont: Wir sollten unser Interesse nicht nur denen widmen, die einer Karriere folgen, die in zunehmende Devianz mündet; wir sollten auch jene betrachten, die einen flüchtigen Kontakt mit der Devianz

---

sung des Freundeskreises insgesamt), um die verschiedenen Einflußstrukturen zu trennen. Die Perzeptionsdaten werden "objektiven" Daten gleichgestellt und gleichgewichtig behandelt.

haben und deren Karriere sie davon in konventionelle Formen des Lebens (zurück-)führt (Becker 1973:24f.).

Wir haben in dieser Arbeit diese beiden möglichen Handlungsverläufe in die Gesamtbetrachtung einbezogen: durch die Auswahl einer nicht selektierten Stichprobe und, damit eng verbunden, über Rückerinnerungsfragen und Handlungsabsichten. Der nächste Schritt, den man hieran anknüpfen könnte und der eine genauere zeitliche und kausale Verknüpfung unter Einbeziehung intervenierender Mechanismen ermöglichen würde, bestände in einer Panelstudie: einer, die über einen längeren Zeitraum verläuft und mehrere Wellen umfaßt.[1] Dabei würde es nicht nur darum gehen, lediglich die Veränderungen in den relevanten Variablen über Zeit festzustellen. Es reicht nicht, die Handlungsrelevanz der Konsumbereitschaft oder die soziale Determination des Handelns durch Variablen zu bestimmen, die in früheren Zeiten erhoben wurden. Immer wird auch eine Einbeziehung retrospektiver Fragen nötig sein, die auf die zwischenzeitlichen Ereignisse, Entscheidungen und Definitionsprozesse bezogen sind und eine Modellierung der zwischenzeitlichen Verlaufsprozesse und Karrierephasen erlauben. Diese Verbindung von Panelanalyse und biographischer Forschung - durchaus durchführbar im Rahmen repräsentativer Stichproben und standardisierter Befragungen mittels Verfahren, die Lazarsfeld in seiner "reason analysis" beschrieb[2] - könnte einen Zugang zu einer Perspektive ermöglichen, bei der Devianz als eine Option unter anderen und Handeln als Abfolge sukzessiver Entscheidungsprozesse unter jeweils wechselnden Rahmenbedingungen begriffen wird.

1 Weil Rauschmittelerfahrung - ebenso wie die meisten kriminalsoziologisch interessanten Formen jugendlicher Devianz - nur bei einem Teil aller Jugendlichen vorkommt, wird die Panelstudie nur bei hinreichend großer Fallzahl in der jeweiligen Devianzkategorie sinnvoll sein. Umfragen, in denen mit Befragtenzahlen in der üblichen Größenordnung in der Umfrageforschung (1000 bis 2000 Befragte) gearbeitet wird - wie etwa die Berliner Panelstudie bei Jugendlichen (Silbereisen und Kastner 1985) -, erlauben mangels hinreichend großer Konsumentenzahlen keine weitergehenden Analysen. Sie können über eine bloße Untersuchung des Übergangs von Nichtkonsum zu Konsum nicht hinausführen und deshalb den Weg zum fortgesetzten Gebrauch nicht erklären. Ein möglicher Zugang, das Problem der Fallzahlen zu lösen, liegt in einer Überrepräsentation der Konsumenten.

2 In diesem Zusammenhang sei ebenfalls auf die Möglichkeit der Verknüpfung mit der Ereignisanalyse (vgl. u.a. Blossfeld 1986) hingewiesen. Charakteristisch für die Ereignisanalyse ist, daß zeitliche Sequenzen unter dem Einfluß vorausgegangener Ereignisse abgebildet und modelliert werden.

ANHANG

Anhang 1

INDIKATOREN ZUR MESSUNG DER KONSUMBEREITSCHAFT UND KONSUMERFAHRUNG

1. Konsumbereitschaft unter Nichtkonsumenten

Die Konsumbereitschaft unter Nichtkonsumenten wird in unserer Umfrage von 1975 über Fragen gemessen, welche die wichtigsten situationsspezifischen Elemente der Entscheidungssituation für oder gegen Haschisch modellieren - solche, die sich auf die Art der Interaktionspartner, die Furcht vor negativen gesundheitlichen Folgen und die Tatsache der Abweichung von gesellschaftlichen Normen beziehen. Die Fragen wurden innerhalb des Fragebogens an unterschiedlicher Stelle plaziert. Durch diese Plazierung werden Ausstrahlungseffekte gewöhnlich reduziert.

(1) "Stellen Sie sich vor, ein Freund würde Ihnen Haschisch anbieten. Wie gerne würden Sie selbst das angebotene Haschisch nehmen?" Antwortkategorien: sehr gern - gern - halbe/halbe - ich würde es wahrscheinlich nicht nehmen - ich würde es auf keinen Fall nehmen.

(2) "Stellen Sie sich vor, neue wissenschaftliche Untersuchungen würden eindeutig zeigen, daß der Gebrauch von Haschisch keinen körperlichen oder seelischen Schaden zur Folge hätte. Wie wahrscheinlich ist es, daß Sie unter diesen Umständen Haschisch probieren würden?" Antwortkategorien: Sehr wahrscheinlich - wahrscheinlich - halbe/halbe - unwahrscheinlich - völlig ausgeschlossen.

(3) "Wenn Sie bisher keine Rauschmittel genommen haben, würden Sie Rauschmittel ausprobieren, wenn sie Ihnen angeboten würden und Sie sicher wären, daß Sie nicht bestraft würden (also nicht erwischt würden)?" Antwortkategorien: Nein - ja - weiß nicht - ja, aber nur Haschisch - ja, aber nur Weckmittel - ja, auch LSD - ja, auch Heroin - ja, aber nur LSD.

Den einzelnen Kategorien der Frage 1 und 2 werden numerische Werte zwischen 1 und 5 zugeordnet (Auf keinen Fall/völlig ausgeschlossen = 1 ... sehr gern bzw. sehr wahrscheinlich = 5). Bei Frage 3 wird allen Formen der Zustimmung der Wert 5 zugewiesen, "Weiß nicht" der Wert 3 und der Verneinung der Wert 1. Der in Tabelle 5 verwendete Index für Konsumbereitschaft stützt sich auf eine Summierung dieser Variablen mit anschließender Kategorisierung in 4 Stufen. Diese orientiert sich an der Konsumneigung und dem Ausmaß divergierender Bewertungen. Punktezahl 3-5 = "Negativ", 6-8 = "Negativ ambivalent", 9-11 = "Positiv ambivalent", 12-15 = "Positiv". Personen mit fehlenden Angaben bei einer oder mehreren der drei Variablen (Punktezahl 0-2) werden aus der Berechnung ausgelassen. Wo wir die Konsumbereitschaft im Rahmen eines Pfadmodells mit LISREL analysieren, verwenden wir statt des Index die einzelnen Indikatoren und beziehen diese in das Meßmodell als manifest beobachtete Variablen mit ein.

2. Konsumbereitschaft unter Konsumenten

Unter Konsumenten wird die Konsumbereitschaft primär über die folgenden Fragen gemessen:

"Wollen Sie demnächst vollkommen aufhören, Rauschmittel zu nehmen?" Antwortkategorien: Nein, ich will nicht aufhören - nein, ich will nicht vollkommen aufhören, will aber weniger oft Rauschmittel nehmen - nein, ich will nicht vollkommen aufhören, aber manche Rauschmittel nicht mehr nehmen - nein, ich will nicht vollkommen aufhören, will aber weniger oft Rauschmittel nehmen und auch manche Rauschmittel nicht mehr nehmen - vielleicht - ich habe schon aufgehört - ich will zwar irgendwann aufhören, aber noch nicht sofort - ich will erst dann aufhören, wenn es mir nicht mehr bekommt - ja, ich will vollkommen aufhören.

In der Umfrage von 1971 und 1973 ist dies die einzige Variable, die man zur Messung der Konsumbereitschaft unter Konsumenten heranziehen kann, in der Umfrage von 1975 - welche diese Frage in der ursprünglichen Form replizierte - kann sie durch eine weitere ergänzt werden. Um die Variable, welche Aussagen über die Bereitschaft zum fortgesetzten Konsum erlaubt, als ordinales Meßinstrument für Konsumbereitschaft verwenden zu können, wird eine Umkategorisierung mit folgender Wertzuweisung vorgenommen:

Neue Bezeichnung	Skalenwert
hat schon aufgehört	= 1
will aufhören	= 2
will vielleicht aufhören	= 3
will nicht aufhören, aber Konsum einschränken	= 4
will nicht aufhören und auch Konsum nicht einschränken	= 5

Während die erste wie die letzte Kategorie unmittelbar aus den ursprünglichen Antwortvorgaben entnommen werden kann (letztere entspricht der Kategorie "Nein" in der ursprünglichen Version), sind die übrigen ein Kompositum aus mehreren anderen. "Vielleicht" (= 3) setzt sich aus den Antworten "ich will zwar irgendwann aufhören, aber nicht sofort" - "ich will erst dann aufhören, wenn es mir nicht mehr bekommt" - sowie "vielleicht" zusammen. Die Kategorie "nicht aufhören, aber Konsum einschränken" (= 4) setzt sich zusammen aus: "ich will nicht vollkommen aufhören, will aber weniger oft Rauschmittel nehmen" - "will nicht vollkommen aufhören, aber manche Rauschmittel nicht mehr nehmen" - "will nicht vollkommen aufhören, aber weniger oft Rauschmittel nehmen und auch manche Rauschmittel nicht mehr nehmen".

Die resultierende neue Variable kann man als Variable ansehen, welche in abgestufter Form die Bereitschaft zum Drogengebrauch erfaßt. Setzt man diese Variable mit derjenigen in Beziehung, die als Indikator für den gleichen Sachverhalt angesehen werden kann und eine Bereitschaft zur Haschischeinnahme mißt ("Stellen sie sich vor, ein Freund würde Ihnen Haschisch anbieten, wie gern würden Sie selbst das angebotene Haschisch nehmen?"), so erhält man eine Beziehung, welche die Deutung der Variable als ordinalskaliert stützt: je höher der Wert auf der neuen konstruierten Variablen, desto größer der Anteil an Personen, die von sich sagen, sie würden "sehr gern" oder "gern" das angebotene Haschisch nehmen (wo der Wert 1 zugewiesen ist, meinen dies in der 1975er Erhebung 7%, beim Wert 2 = 21%, 3 = 40%, 4 = 66% und 5 = 83%). Die Korrelation zwischen beiden Variablen beträgt bei den Konsumerfahrenen insgesamt r = .65. Der Zusammenhang ist damit als zufriedenstellend anzusehen. Dabei ist zu bedenken, daß die beiden Fragen zur Konsumbereitschaft an verschiedenen Stellen des - insgesamt über zwei Schulstunden auszufüllenden - Fragebogens liegen. Allein die Tatsache der unterschiedlichen Plazierung kann eine Korrelation reduzieren: Korrelationen zwischen den gleichen Variablen an unterschiedlichen Stellen eines Fragebogens sind in ihren Werten unseren oft vergleichbar. Ein Beispiel dafür ist die Messung der globalen Lebenszufriedenheit, welche im bundesdeutschen Wohlfahrtssurvey am Anfang und Ende des Fragebogens - im zeitlichen Abstand von einer Stunde - erhoben wurde und sich auf eine Korrelation von r = .60 beläuft (Glatzer 1984a:187). Die beiden von uns verwendeten Variablen erweisen sich im LISREL-Modell als Teile der gleichen latenten Variablen mit vergleichbar hohen Reliabilitäten (vgl. Tabelle 18).

Wo wir Pfadanalysen mit LISREL auf der Basis der 1975er Daten rechnen, ziehen wir bei den Konsumenten zusätzlich die schon unter Nichtkonsumenten verwendete Frage heran "Stellen Sie sich vor, ein Freund würde Ihnen Haschisch anbieten, wie gern würden Sie selbst das angebotene Haschisch nehmen?". Den Antwortkategorien von "sehr gern" bis "auf keinen Fall nehmen" wird analog zum Vorgehen bei den Nichtkonsumenten der Wert von 1 bis 5 zugewiesen. Die anderen Indikatoren für Konsumbereitschaft, die wir bei den Nichtkonsumenten einsetzen, lassen wir in diesem Zusammenhang aus: die nach dem Konsum bei fehlender Gesundheitsgefährdung ebenso wie die Frage nach Konsum bei Fehlen einer Strafandrohung. In dem einen Fall erscheint uns die Verwendung wenig sinnvoll, da die Formulierung zu sehr auf bisherige Nichtkonsumenten abgestimmt ist, im anderen Fall richtet sich die Frage explizit nur an Nichtkonsumenten.

3. Bestimmung der Drogenerfahrung und Kategorisierung der Drogenarten

Die Einteilung der Befragten danach, ob sie Drogen genommen haben oder nicht, ist an der Frage nach den jemals genommenen Rauschmitteln und der Beantwortung der weiteren Fragen orientiert. Wer sich über mehrere Fragen konsistent als Drogenkonsument bezeichnet und entsprechend antwortet, wird als Konsument eingestuft. Die Frage nach den verwendeten Drogen wird in den Schülerbefragungen von 1971 bis 1975 als offene Frage formuliert. Lediglich Beispiele für die verschiedenen Drogen werden vorgegeben und es dann dem Befragten überlassen, die Drogen in der Reihenfolge ihrer Verwendung aufzuführen und zu benennen.

"Lesen Sie sich bitte die folgende alphabetisch geordnete Liste von Rauschmitteln bzw. Drogen durch: AN1, Cafilon, Captagon, Ephedrin, Haschisch, Haschisch mit Opium, Heroin, Jetrium, LSD, Marihuana, Meskalin, Morphium (bzw. morphiumhaltige Rauschmittel), Nemtan, Opium, Percoffedrinol, Preludin, Ritakin, Rosimon (neu), Synvitan."

In den späteren Hamburger Befragungen, die uns in einigen Tabellen zum Vergleich dienen, wird der Konsum dagegen über eine vorgegebene Liste verschiedener Drogen erfaßt, für die eine explizite Beantwortung pro Mittel verlangt wird. Aufgrund der Angaben zum Drogenkonsum wird in den von uns zugrundegelegten Schülerumfragen folgende Einteilung in Drogenarten vorgenommen: Cannabis = Haschisch, Marihuana, Haschisch mit Opium. Haschisch mit Opium wird in diesem Fall dem Haschisch zugeordnet, weil zur Zeit der Schülerbefragungen wie auch später eine Opiumbeimengung praktisch nicht vorkommt und es sich hier nur um Haschisch handeln dürfte; der Opiumglaube ist ein Mythos (siehe Bschor et al. 1971, Kleiner 1971, Mattke 1972, Täschner 1981:13). Halluzinogene = LSD, "Trips", DOM, STP, Meskalin. Weckmittel, in der Literatur synonym auch Stimulantien oder Amphetamine genannt = freiverkäufliche Weckmittel (wie Ephedrin, Percoffedrinol, Cafilon, Katovit), rezeptpflichtige Weckmittel (wie Captagon, Pervitin) oder sonstige und nicht näher spezifizierte, wie z.B. "speed"). Schlaf- und Beruhigungsmittel (wie Librium, Valium), in der Literatur synonym auch Sedativa genannt. Inhalationsmittel (wie Gase, Klebstoffe, Äther), synonym auch Schnüffelstoffe genannt.

4. Ausmaß der Konsumerfahrung

Die Konsumerfahrung, verstanden als Häufigkeit, mit der jemals Drogen genommen wurden, wird in den Schülerbefragungen über die angegebene Häufigkeit der Verwendung pro Droge bestimmt. Bis zu vier Drogen wurden mit Häufigkeitsangaben auf der Basis von Klassenintervallen (1mal, 2-5mal, 5-10mal, 11-20mal, 21-50mal, mehr als 100mal) erhoben und verschlüsselt. Den einzelnen Häufigkeitsklassen weisen wir den Mittelpunkt des jeweiligen Klassenintervalls zu und addieren die Werte: wer z.B. die Häufigkeitsklasse 2-5mal ankreuzt, erhält den Wert drei; wer den Wert 51-100mal ankreuzt, den Wert 75; wer über 100mal Konsum angibt, erhält den - fiktiv festgelegten - Wert von 150. In den wenigen Fällen, wo lediglich Angaben zur Droge, aber nicht zu deren Konsumhäufigkeit gemacht wurden, haben wir den unter den Konsumenten anzutreffenden häufigsten (Modal)Wert (= 5) als Intervallwert zugewiesen. In der 1982er Umfrage, die wir vereinzelt heranziehen, wird die Konsumerfahrung über die Befragten von vornherein nicht nach Drogen differenziert, sondern in ihrer Gesamtheit - in einer ansonsten weitgehend identischen Intervallklassenbildung - erfragt.

In den tabellarischen Analysen fassen wir die Konsumerfahrung zu mehreren Häufigkeitsklassen zusammen. In den Korrelations- und Kausalanalysen, bei denen es uns um die Stärke des Zusammenhangs mit unabhängigen Variablen geht, verwenden wir die Variablen in ihrer metrischen Form - allerdings nicht in ihrer ursprünglichen Version, sondern logarithmiert. Wir logarithmieren der üblichen Praxis in der Sozialforschung gemäß (vgl. Jagodzinski und Weede 1980:137), um den Einfluß von "Ausreißern" auf das Meßergebnis zu minimieren: die meisten Konsumenten sind Probierer, nur wenige vereinen hohe Konsumwerte auf sich; die Konsumerfahrung ist sehr schief verteilt. Unter diesen Umständen können einige wenige Extremwerte den Zusammenhang mit anderen Variablen beeinflussen. Durch die Logarithmierung wird der Einfluß der Extremwerte reduziert und den niedrigen und mittleren Häufigkeitskategorien mehr Einfluß eingeräumt.

Anhang 2

KORRELATIONSMATRIZEN

Tabelle 33: Matrix der Korrelationen und Residuen im LISREL-Modell zur Konsumbereitschaft, Mittelwerte und Standardabweichungen - Nichtkonsumenten

	1	2	3	4	5	6	7	8	9	10	11	12	13	14	15	16	17	M	SA
1	-	.424	.379	.182	.178	.154	.148	-.079	-.071	-.115	.061	.099	.369	.212	.140	.100	.154	2.11	1.29
2	.015	-	.379	.185	.182	.098	.099	-.078	-.041	-.071	.023	.053	.347	.228	.129	.114	.167	2.01	.85
3	-.007	.012	-	.185	.172	.107	.113	-.042	-.021	-.081	.030	.048	.343	.203	.134	.097	.158	2.21	.98
4	-.008	.005	.015	-	.429	.090	.106	-.063	-.075	-.068	.031	.034	.267	.130	.120	.091	.121	2.51	.68
5	-.014	.000	.001	003	-	.142	.151	-.047	-.074	.083	.040	.060	.241	.082	.131	.071	.152	2.50	.69
6	.014	-.034	-.018	-.054	-.008	-	.684	-.130	-.127	-.143	-.078	.117	.164	.100	.311	232	.327	1.93	1.18
7	.017	-.025	-.004	-.028	.015	.011	-	-.162	-.156	-.190	.085	.113	.173	.099	.238	.157	.282	1.45	.94
8	-.002	-.005	.027	-.013	.004	.029	-.014	-	.273	.336	.001	-.050	-.054	-.032	-.139	-.126	-.110	5.31	1.25
9	-.003	.023	.039	-.031	-.030	.012	-.026	.016	-	.274	-.057	-.032	-.069	-.029	-.127	-.094	-.099	4.34	1.50
10	-.027	.012	-.003	-.011	-.026	.037	-.022	.004	-.017	-	-.052	-.095	-.090	-.036	-.179	-.131	.115	5.19	1.08
11	.002	-.034	-.023	-.004	.004	-.015	-.002	.027	-.034	-.023	-	.404	.062	.057	.090	.109	.101	3.44	1.68
12	.021	-.020	-.022	-.012	.014	-.006	-.001	-.017	-.003	-.057	.001	-	.087	.064	.095	.128	.113	3.21	1.59
13	-.015	-.017	-.001	.020	-.010	.020	.039	.019	-.005	-.007	.007	.015	-	.409	.169	.137	.220	2.25	.88
14	-.007	.020	.007	-.012	-.061	.018	.022	.009	.007	.010	.025	.023	.020	-	.073	.096	.108	2.39	1.41
15	-.005	-.009	.004	.010	.020	.015	-.038	-.003	-.008	-.025	-.008	-.033	-.035	-.043	-	.465	.397	1.28	.59
16	-.018	.002	-.009	.002	.001	-.008	-.068	-.016	.003	-.006	.030	.023	-.029	.002	.088	-	.313	1.27	.61
17	.016	.036	.035	.018	.048	.048	.020	.018	.014	.030	.009	-.008	.027	.044	-.040	-.044	-	2.30	1.22

Obere Diagonale: Matrix der Korrelationen, untere Diagonale: Matrix der Residuen

1 = Familie, 2 = Mutter, 3 = Vater, 4 = Schule, 5 = Lehrer, 6 = Bereitschaft Freunde, 7 = Erfahrung Freunde, 8 = Sucht, 9 = Kriminalität, 10 = Kontrollverlust, 11 = Ausgeglichenheit, 12 = Geselligkeit, 13 = Unzufriedenheit, 14 = Unglücklichsein, 15 = Angebot Freunde, 16 = Sanktionsverzicht, 17 = Risikolosigkeit.

Zur Operationalisierung der Indikatoren siehe Tabelle 18, M = Mittelwert, SA = Standardabweichung

Tabelle 34: Korrelationsmatrix der latenten Variablen im LISREL-Modell zur Konsumbereitschaft - Nichtkonsumenten

	1	2	3	4	5	6	7
1	1.000						
2	.545	1.000					
3	.251	.261	1.000				
4	-.217	-.143	-.346	1.000			
5	.163	.098	.199	-.084	1.000		
6	.708	.464	.205	-.162	.120	1.000	
7	.325	.248	.512	-.368	.259	.362	1.000

1 = Gestörtes Verhältnis zu den Eltern

2 = Gestörtes Verhältnis zur Schule

3 = Konsum Freunde

4 = Neg. Def.

5 = Pos. Def.

6 = Frustrationen

7 = Konsumbereitschaft

Tabelle 35: Matrix der Korrelationen und Residuen im LISREL-Modell zur Konsumerfahrung, Mittelwert und Standardabweichungen - Konsumenten

	1	2	3	4	5	6	7	8	9	10	11	12	13	14	15	M	SA
1	-	.459	.502	241	.151	116	.132	-.127	-.132	-.125	-.078	.007	.348	271	.133	2.73	1.52
2	.042	-	.342	.232	.215	039	064	-.083	-.041	000	-.014	.023	.303	192	.037	2.24	.93
3	.008	-.028	-	.194	.151	.112	.161	-.088	-.103	-.068	.099	.055	.357	.254	.125	2.59	1.12
4	-.021	.036	-.039	-	.412	.124	.130	-.178	-.150	-.129	.063	.063	.255	114	.118	2.72	.76
5	-.029	.080	-.008	.002	-	.088	.043	-.016	-.009	.002	.037	.100	.252	.037	.004	2.69	.73
6	.000	-.048	.009	-.001	.003	-	.736	-.295	-.251	-.221	.205	.167	077	.116	.370	3.87	1.76
7	-.005	-.039	.039	-.018	-.058	.005	-	-.320	-.274	-.259	.188	.151	.100	.133	.507	3.44	1.84
8	-.020	-.003	006	-.098	.039	-.020	.005	-	.457	.431	-.179	-.031	-.033	-.025	-.361	3.64	1.82
9	-.040	.029	021	-.081	.039	-.012	.007	.006	-	.378	-.183	-.021	-.041	.002	-.293	302	1.66
10	-.037	067	.010	-.063	.047	.007	-.009	-.000	.004	-	-.160	-.112	-.039	-.012	-.316	3.79	1.43
11	-.019	-.086	.013	-.002	-.008	.015	-.036	.021	-.009	.006	-	.370	.130	.140	.223	4.18	1.42
12	-.070	-.034	-.013	.013	.066	.036	-.003	-.033	.034	-.060	.000	-	135	.082	.042	3.87	1.51
13	-.043	.009	.009	-.001	.076	-.016	-.010	.047	.028	.027	.059	.079	-	.433	.069	2.57	1.05
14	.005	-.008	.018	-.061	-.041	.053	.059	.029	.049	.033	.092	.044	.000	-	.107	2.67	1.50
15	.031	-.040	.034	.023	-.060	-.041	.033	.006	.025	-.012	.044	-.047	-.010	.053	-	2.82	1.23

Obere Diagonale: Matrix der Korrelationen, untere Diagonale: Matrix der Residuen

1 = Familie, 2 = Mutter, 3 = Vater, 4 = Schule, 5 = Lehrer, 6 = Bereitschaft Freunde, 7 = Erfahrung Freunde, 8 = Sucht, 9 = Kriminalität, 10 = Kontrollverlust, 11 = Ausgeglichenheit, 12 = Geselligkeit, 13 = Unzufriedenheit, 14 = Unglücklichsein, 15 = Konsumerfahrung

Zur Operationalisierung der Indikatoren siehe Tabelle 18 . M = Mittelwert, SA = Standardabweichung

Tabelle 36: Korrelationsmatrix der latenten Variablen im LISREL-Modell zur Konsumerfahrung - Konsumenten

	1	2	3	4	5	6	7
1	1.000						
2	.454	1.000					
3	.198	.206	1.000				
4	-.198	-.144	-.484	1.000			
5	.162	.101	261	-.138	1.000		
6	.658	.416	147	-.138	.110	1.000	
7	.137	.122	.521	-.508	.140	.099	1.000

1 = Gestörtes Verhältnis zu Eltern

2 = Gestörtes Verhältnis zur Schule

3 = Konsum Freude

4 = Neg. Def.

5 = Pos. Def.

6 = Frustrationen

7 = Konsum

Tabelle 37: Korrelationsmatrix der Korrelationen im LISREL-Modell zur Konsumbereitschaft, Mittelwerte und Standardabweichungen - aktuelle Konsumenten

	1	2	3	4	5	6	7	8	9	10	11	12	13	14	15	16	17	M	SA
1	-	464	540	305	165	080	074	-141	-105	-117	116	054	398	333	074	150	137	2.87	1.57
2	065	-	287	299	205	-002	070	-072	056	061	000	028	288	205	026	118	074	2.29	.94
3	019	-069	-	245	207	116	145	-046	-066	-043	091	053	436	301	083	122	140	2.73	1.14
4	-022	076	-047	-	433	143	137	-142	-112	-037	114	028	306	186	114	145	137	2.76	.77
5	-044	063	022	-001	-	103	045	-005	026	042	009	054	278	132	-024	041	062	2.72	.73
6	-024	-072	025	018	023	-	696	-288	-222	-194	162	128	035	087	388	416	396	4.44	1.68
7	-093	-010	040	-006	-046	015	-	-303	-230	-184	099	100	097	113	505	468	486	4.13	1.73
8	-094	-040	-004	-084	032	-014	010	-	479	396	-156	-046	-031	-026	-359	-380	-384	3.31	1.80
9	-069	080	-034	-069	054	-013	008	030	-	304	-118	045	-006	020	-269	-293	-287	2.70	1.56
10	-084	083	-014	001	068	-003	033	-015	-008	-	-123	-103	-069	-006	-263	-287	-304	3.54	1.40
11	-003	-081	-015	032	-043	009	-076	021	017	001	-	306	148	132	197	217	169	4.40	1.31
12	-040	-037	-031	-031	016	050	011	-010	072	-078	000	-	154	099	-004	013	112	3.99	1.45
13	-046	-015	040	-006	079	-052	-002	007	024	-041	056	082	-	470	044	050	083	2.64	1.11
14	004	-020	007	-046	-015	022	039	004	043	015	063	045	000	-	069	104	101	2.81	1.54
15	002	-023	018	027	-080	-029	030	009	010	-008	-049	-058	-017	024	-	490	352	2.65	1.68
16	009	022	-003	019	-039	-009	-017	026	015	-005	048	-053	-063	020	056	-	574	3.34	1.12
17	004	-017	021	018	-014	-006	027	000	005	-037	009	050	-024	021	-059	000	-	2.78	1.46

Obere Diagonale: Matrix der Korrelationen; untere Diagonale: Matrix der Residuen

1 = Familie, 2 = Mutter, 3 = Vater, 4 = Schule, 5 = Lehrer, 6 = Bereitschaft Freunde, 7 = Erfahrung Freunde, 8 = Sucht, 9 = Kriminalität, 10 = Kontrollverlust, 11 = Ausgeglichenheit, 12 = Geselligkeit, 13 = Unzufriedenheit, 14 = Unglücklichsein, 15 = Konsumerfahrung, 16 = Angebot Freunde, 17 = Fortsetzung.

Zur Operationalisierung der Indikatoren siehe Tabelle 18, M = Mittelwert, SA = Standardabweichung

Tabelle 38: Korrelationsmatrix der latenten Variablen im LISREL-Modell zur Konsumbereitschaft - aktuelle Konsumenten

	1	2	3	4	5	6	7	8
1	1.000							
2	.518	1.000						
3	.175	.197	1.000					
4	-.081	-.091	-.462	1.000				
5	.241	.142	.199	-.092	1.000			
6	.730	.476	.142	-.065	.178	1.000		
7	.094	.106	.540	.478	.107	.076	1.000	
8	.236	.196	.707	-.678	.165	.182	.558	1.000

1 = Gestörtes Verhältnis zu Eltern

2 = Gestörtes Verhältnis zur Schule

3 = Konsum Freunde

4 = Neg. Def.

5 = Pos. Def.

6 = Frustrationen

7 = Konsum

8 = Konsumbereitschaft

Tabelle 39: Matrix der Korrelationen und Residuen - Modell zur Erklärung der Sichtbarkeit

	1	2	3	4	5	6	7	8	9	10	11	12	13	14	15	16	M	SA
1	-	.358	.232	.230	.147	.062	.028	.210	.086	.096	.220	-.177	-.062	-.086	.055	-.050	2.12	.79
2	.000	-	.247	.122	.347	.171	.110	.188	.088	.134	.044	.002	.028	.068	.001	.049	3.88	1.57
3	.005	.067	-	.665	.410	.189	.149	-.101	.017	-.027	.336	-.289	-.198	-.149	.136	.156	4.49	1.68
4	-.005	-.064	.000	-	.286	.095	.206	-.115	.024	-.001	.529	-.299	-.211	-.178	.111	.154	4.07	1.31
5	.001	-.006	.073	-.062	-	.352	.120	.006	.058	-.024	.110	-.030	-.036	.003	.072	.116	3.89	1.38
6	-.003	.014	.039	-.059	.000	-	.031	-.051	.044	.024	.088	.011	-.015	.019	-.019	.100	4.76	1.19
7	.000	.000	-.026	.025	.008	-.019	-	.077	.059	.024	.122	-.007	-.033	-.032	.065	.066	3.52	.91
8	-.000	.000	.005	-.005	.020	-.044	.000	-	.047	.075	-.156	-.046	.022	.012	.015	-.047	2.08	.77
9	-.000	-.018	.015	.022	.034	.033	.020	-.011	-	.479	-.042	.034	.076	.023	.022	.042	5.15	.80
10	.000	.017	-.029	-.004	-.050	.013	-.018	.010	.000	-	-.062	.057	.016	.018	-.034	-.004	4.24	1.24
11	.000	.000	.090	.087	-.015	.033	.000	.000	-.008	-.007	-	-.365	-.244	-.250	.116	-.065	2.73	1.67
12	-.030	-.032	-.007	-.006	-.009	.020	.020	-.034	-.011	.007	.004	-	.439	.381	-.125	-.024	3.20	1.78
13	.039	.004	-.003	-.009	-.021	-.008	-.015	.031	.045	-.019	.011	.003	-	.288	-.108	.037	2.61	1.55
14	.005	.047	.028	.005	.017	.025	-.015	.020	-.005	-.013	-.019	-.014	.015	-	-.077	-.088	3.39	1.36
15	.053	-.024	-.001	-.031	-.021	-.061	-.001	.031	.017	-.039	.090	-.044	-.052	-.027	-	.292	4.47	1.23
16	-.053	.024	.020	.013	.023	.059	.001	-.031	.037	-.009	-.091	.057	.092	-.037	.000	-	4.02	1.42

Oberhalb der Diagonale: Matrix der Korrelationen, unterhalb der Diagonale: Matrix der Residuen.

1= Sichtbarkeit, 2= Konsum in Klasse, 3= Bereitschaft Freunde, 4 = Erfahrung Freunde, 5 = Bereitschaft Altersgleiche, 7 = Zukunftstrend, 8 = Verhältnis zur Klasse, 9 = Kontakt mit Jugendlichen, 10 = Kontakt mit Fremden, 11 = Log. Konsumerfahrung, 12 = Sucht, 13 = Kriminalität, 14 = Kontrollverlust, 15 = Ausgeglichenheit, 16 = Geselligkeit

Zur Operationalisierung der Indikatoren siehe Tabelle 31,
M= Mittelwert, SA= Standardabweichung

Tabelle 40: Korrelationsmatrix der latenten Variablen im LISREL-Modell zur Sichtbarkeit devianter Einstellungen

	1	2	3	4	5	6	7	8	9	10
1	1.000									
2	.220	1.000								
3	.358	.044	1.000							
4	.164	.141	.397	1.000						
5	.283	.532	.225	.472	1.000					
6	.028	.122	.110	.126	.218	1.000				
7	.210	-.156	.188	-.016	-.132	-.077	1.000			
8	.131	-.075	.161	.040	.005	-.058	.089	1.000		
9	-.184	-.465	.043	-.030	-.444	.033	-.016	.087	1.000	
10	.005	.048	.046	.195	.316	.122	-.029	.014	-.188	1.000

1 = Sichtbarkeit in Klasse
2 = Konsum
3 = Konsum in Klasse
4 = Konsum unter Altersgleichen
5 = Konsum unter Freunden
6 = Zukünftiger Konsum unter Altersgleichen
7 = Verhältnis zur Klasse
8 = Kontaktfähigkeit
9 = Negativ Def.
10 = Positiv Def.

Anhang 3

VERZEICHNIS DER TABELLEN UND ABBILDUNGEN

Tabellen

Abbildungen

LITERATURVERZEICHNIS

LITERATURVERZEICHNIS

ACH, N.: Analyse des Willens. Berlin 1935

ADAMS, R.: Differential association and learning principles revisited, in: Social Problems, 20, 1973, S. 458-470

ADLER, I. und D.B. KANDEL: Risk periods for drug involvement in adolescence in France and in Israel: application of survival analysis to cross-sectional data, in: Social Forces, 62, 1983, S. 375-397

AGETON, S. und D.S. ELLIOTT: The effects of legal processing on selfconcept, in: Social Problems, 22, 1974, S. 87-100

AGNEW, R.: A revised strain theory of delinquency, in: Social Forces, 64, 1985, S. 151-167

AHRENS, H.: Zur Einführung in die Problematik von Lösungsmittelmißbrauch bei Kindern, Jugendlichen und Erwachsenen, in: Deutsche Hauptstelle gegen die Suchtgefahren (Hg.), Süchtiges Verhalten, Grenzen und Grauzonen des Alltags. Hamm 1985, S. 275-292

AIKEN, L.S.: Retrospective self-reports by clients differ from original reports: implications for the evaluation of drug treatment programs, in: The International Journal of the Addictions, 21, 1986, S. 767-788

AJZEN, I. und M. FISHBEIN: Attitude-behavior relations: a theoretical analysis and review of empirical research, in: Psychological Bulletin, 84, 1977, S. 888-918

AKERS, R.L.: Deviant behavior. A social learning approach. 2. Aufl. Belmont, Cal. 1977

AKERS, R.L., M.D. KROHN, L. LANZA-KADUCE und M. RADOSEVICH: Social learning and deviant behavior, in: American Sociological Review, 44, 1979, S. 635-655

ALARCON, R.E. de: The spread of heroin abuse in a community, in: Bulletin on Narcotics, 22, 1969, S. 17-22

ALBRECHT, G.: Die "Erklärung" von Devianz durch die "Theorie" des Symbolischen Interaktionismus - Neue Perspektiven und alte Fehler, in: G. Albrecht, H. Daheim und F. Sack (Hg.), Soziologie. Sprache - Bezug zu Praxis - Verhältnis zu anderen Wissenschaften. Opladen 1973, S. 775-803

ALBRECHT, G.: Jugendkriminalität, in: G. Kaiser, F. Sack und Schellhoss (Hg.), Kleines kriminologisches Wörterbuch. Freiburg 1974, S. 137-143

ALBRECHT, G. und S. KARSTEDT-HENKE: Alternative methods of conflict - Settling and sanctioning: their impact on young offenders, in: K. Hurrelmann, F.-X. Kaufmann und F. Lösel (Hg.), Social intervention: potential and constraints. Berlin und New York 1987, S. 315-332

ALBRECHT, H.J.: Die generalpräventive Effizienz von strafrechtlichen Sanktionen, in: Forschungsgruppe Kriminologie (Hg.), Empirische Kriminologie. Ein Jahrzehnt kriminologische Forschung am Max-Planck-Institut Freiburg i. Br. - Bestandsaufnahme und Ausblick. Freiburg 1980, S. 295-327

ALLERBECK, K.: Meßniveau und Analyseverfahren - Das Problem "strittiger Intervallskalen", in: Zeitschrift für Soziologie, 7, 1978, S.199-214

ALLERBECK, K. und L. ROSENMAYR: Einführung in die Jugendsoziologie, Heidelberg 1976

ALLERBECK, K. und W. HOAG: Jugend ohne Zukunft? Einstellungen, Umwelt, Lebensperspektiven. München und Zürich 1985

ALLERBECK, K. und W. HOAG: Umfragereplikation als Messung sozialen Wandels, in: Kölner Zeitschrift für Soziologie und Sozialpsychologie, 36, S. 755-772

ANDERSON, L.S., T.G. CHIRICOS und G.P. WALDO: Formal and informal sanctions: a comparison of deterrent effects, in: Social Problems, 25, 1977, S. 103-114

ANDREWS, F.M., J.N. MORGAN, J.A. SONQUIST und L. KLEM: Multiple classification analysis. A report on a computer program for multiple regression using categorical predictors. 2. Aufl., Ann Arbor, Michigan 1975

ANDREWS, F.M. und S.B. WHITEY: Social indicators of well-being: Americans' perceptions of life quality. New York 1976

ANDREWS, D.A.: Structural intervention and differential associations, in: American Sociological Review, 45, 1980, S. 448-462

AOK (Allgemeine Ortskrankenkasse): Die sinnlose Flucht. Sonderdruck aus "bleib gesund". Magazin der AOK. 1980

ARCHER, R.L.: Role of personality and the social situation, in: G.J. Chelune u.a.: Self-disclosure. San Francisco 1979, S. 28-58

ARONSON, E.: Dissonance theory: progress and problems, in: E.F. Borgatta (Hg.), Social psychology. Readings and perspectives. Chicago 1969, S. 443-461

ASCH, S.: Social Psychology. Englewood Cliffs, N.J. 1952

ASHER, H.B.: Causal modeling. Beverly Hills und London 1976

AULD, J.: Marijuana use and social control. London 1981

AUSUBEL, D.P.: An interactional approach to narcotic addiction,in: D.J. Lettieri, M. Sayers und H. Wallenstein Pearson (Hg.), Theories on drug abuse. Selected contemporary perspectives. NIDA Research Monograph 30. Rockville, Md. 1980, S. 4-7

BAAKE,D. und W. HEITMEYER: Einleitung, in: D. Baake und W. Heitmeyer (Hg.), Neue Widersprüche. Jugend in den 80er Jahren. München 1985, S. 7-23

BÄUERLE, D., H. KÖNIG und H. PEDINA: Praxis der Drogenberatung. Stuttgart 1979

BÄUERLE, D.: Drogenberatung in der Schule. Stuttgart 1981

BALE, R.N.: The validity and reliability of self-reported data from heroin addicts: mailed questionnaires compared with face-to-face interviews, in: The International Journal of the Addictions, 14, 1979, S. 993-1000

BALE, R.N., W.W. VAN STONE, T.M.J. ENGELSING, V.P. ZARCONE und J.M. KULDAU: The validity of self-reported heroin use, in: The International Journal of the Addictions, 16, 1981, S. 1387-1398

BAYERISCHES STAATSMINISTERIUM DES INNERN und BAYERISCHES STAATSMINISTERIUM FÜR ARBEIT UND SOZIALORDNUNG (Hg.): Alkohol Drogen Medikamente Tabak. Jugend fragt Jugend. Repräsentativerhebungen bei Jugendlichen in Bayern 1973,1976,1980,1984. München o.J. (ca. 1985)

BAZEMORE, G.: Delinquency reform and the labeling perspective, in: Criminal Justice and Behavior, 12, 1985, S. 131-169

BECKER, H.S.: Notes on the concept of committment, in: American Journal of Sociology, 66, 1960, S. 32-40

BECKER, H.S.: History, culture and subjective experience: an exploration of drug-induced experiences, in: Journal of Health and Social Behavior, 8, 1967, S. 163-176

BECKER, H.S.: Personal change in adult life, in: B. Neugarten (Hg.), Middle age and aging. A reader in social psychology. Chicago und London 1968, S. 148-156

BECKER, H.S.: Outsiders. Studies in the sociology of deviance. New York und London 1973 (zuerst 1963)

BECKER, W.: Einleitung, in: W. Becker (Hg.), Jugend in der Rauschgiftwelle? Hamm 1968, S. 5-10

BECKER, W.: Jugendalkoholismus und Kriminalität, in: Drogeninformation, 6, Nr. 1, 1976, S. 13-18.

BECKER, W.: Die heutige Situation des Drogenmißbrauchs in der Bundesrepublik, in: Drogeninformation, 9, Nr. 3-4, 1979, S. 3-10.

BEHR, H.G.: Von Hanf ist die Rede. Kultur und Politik einer Droge. Basel 1982

BEHRENDT, J.U.: Drogengebrauch unter Hamburger Gymnasiasten. Eine repräsentative empirische Untersuchung des Konsumverhaltens, der Einstellung zu Drogen und einiger Variablen des sozialen Hintergrunds. Med. Dissertation, Universität Hamburg. Hamburg 1971

BEHRENDT, J.U.: Illegaler Drogenkonsum und soziale Kontrolle. Theoretische Diskussion der sozialen

Reaktion und eine empirische Untersuchung zur justiziellen Entscheidung bei Delinquenz von Drogenabhängigen. Dissertation im Fachbereich Philosophie, Sozialwissenschaften der Universität Hamburg. Hamburg 1977

BEJEROT, N.: Drug abuse and drug policy. An epidemiological and methodological study of drug abuse of intraveneous type in the Stockholm police arrest population 1965-1970 in relation to changes in drug policy. Copenhagen 1975

BEJEROT, N.: Addiction to pleasure: a biological and social-psychological theory of addiction, in: D.J. Lettieri, M. Sayers und H. Wallenstein Pearson (Hg.), Theories on drug abuse. Selected contemporary perspectives. NIDA Research Monograph 30. Rockville, Md. 1980, S. 246-255

BELSON, W.A.: Juvenile theft: the causal factors. A report of an investigation of the tenability of various causal hypotheses about the development of stealing by London boys. London 1975

BENSON, G. und M.B. HOLMBERG: Validity of questionnaires in population studies on drug use, in: Acta psychiatrica scandinavia, 71, 1985, S. 9-18

BENTLER, P.M. und C.-P. CHOU: Practical issues in structural modeling, in: Sociological Methods and Research, 16, 1987, S. 78-117

BERELSON, B.R., P.F. LAZARSFELD und W.N. MCPHEE: Voting. A study of opinion formation in a presidential campaign. Chicago und London 1954

BERGER, H.: Differentielle Karrieremuster bei jugendlichen Drogenkonsumenten. Dissertation an der Wirtschafts- und Sozialwissenschaftlichen Fakultät der Universität zu Köln. Köln 1976

BERGER, H., K.H. REUBAND und U. WIDLITZEK: Wege in die Heroinabhängigkeit. Zur Entwicklung abweichender Karrieren. München 1980

BERGER, P.L. und T. LUCKMANN: The social construction of reality. A treatise in the sociology of knowledge. Garden City, N.Y. 1967

BERGIUS, M.: Der exzessive Gebrauch psychotroper Drogen bei Gymnasiasten unter besonderer Berücksichtigung des Umsteigephänomens. Ergebnisse einer Feldstudie. Med. Dissertation. Kiel 1972

BERINGER, K.: Zur Kulturgeschichte der Rauschgifte, in: Studium Generale, 1, 1948, S. 281-288

BERKOWITZ, A.: Indicators of drug abuse - urinanalysis screening, in: L.G. Richards und L.B. Blevens (Hg.), The epidemiology of drug abuse. Current issues. NIDA Research Monograph 10. Washington 1977, S. 138-147

BERLITZ, C., H.-W. GUTH, R. KAULITZKI und K.F. SCHUMANN: Grenzen der Generalprävention. Das Beispiel Jugendkriminalität, in: Kriminologisches Journal, 19, 1987, S. 13-31

BERRIDGE, V.: Victorian opium eating: responses to opiate use in nineteenth-century England, in: Victorian Studies, 22, 1978, S. 437-461

BERRIDGE, V.: Opiate use in England, 1800-1926, in: Annals of the New York Academy of Sciences, 398, 1982, S. 1-11

BERSCHEID, E. und E.H. WALSTER: Interpersonal attraction. Reading, Mass. 1969

BEST, P.: Die Schule im Netzwerk der Sozialkontrolle. Lokale Strukturen und Strategien. München 1979

BEVERIDGE, W.I.B.: The art of scientific investigation. New York 1957 (zuerst 1950)

BIENER, K.: Jugend und Drogen. Sozialmedizinische Pilotstudien zur primären Prävention des Drogenproblems der Jugend. Zürich 1978

BIERINGER, G.M., F.M. MÜLBERT, E.W. SCHMUTZ und F. SCHMIDT: Drogen-, Tabak- und Alkoholkonsum Mannheimer Oberschüler - eine Repräsentativumfrage an Mannheimer Gymnasien und dem Gymnasium Buchen/Odenwald. Kurzfassung einer Inaug.-Diss. von Bieringer, Mülbert u. Schmutz der klin. Fak. Mannheim der Universität Heidelberg. Unveröffentlichtes Manuskript, o.J.

BINDER, H.: Dokumentation zum Rauschdrogengebrauch bei Münchener Gymnasiasten. Als Manuskript vervielfältigt. München 1971

BLACK, D.J. und A.J. REISS: Police control of juveniles, in: American Sociological Review, 35, 1970, S. 63-77

BLACKMORE, J.: The relationship between self-reported delinquency and official conviction among adolescent boys, in: British Journal of Criminology, 19, 1974, S. 172-175

BLAKELY, C.H., M.G. KUSHLER, J.A. PARISIAN und W.S. DAVIDSON II: Self-reported delinquency as an evaluation measure. Comparative reliability and validity of alternative weighting schemes, in: Criminal Justice and Behavior, 7, 1980, S. 369-386

BLANKENBURG, E.: Indikatorenvergleich der Rechtskulturen in der Bundesrepublik und den Niederlanden, in: Zeitschrift für Rechtssoziologie, 6, 1985, S. 255-273

BLAU, P.M.: Exchange and power in social life. New York 1964

BLOSSFELD, H.P.: Ereignisanalyse. Statistische Theorien und Anwendung in den Wirtschafts- und Sozialwissenschaften. Frankfurt/New York 1986

BLUM, R.H. und B. FERGUSON: Predicting who will turn on, in: R. Blum et al., Students and drugs. San Francisco 1970, S. 275-290

BLUMER, H. (unter Mitarbeit von A. SUTTER, R. SMITH und S. AHMED): The world of youthful drug use. Vervielfältigter Bericht. Berkely 1967

BLUMER, H.: Society as symbolic interaction, in: J.G. Manis und B.N. Meltzer (Hg.), Symbolic interaction. A reader in social psychology. 2. Aufl. Boston 1972, S. 145-154

BLÜCHER, V.G.: Die Generation der Unbefangenen. Düsseldorf 1966

BMJFG (Bundesministerium für Jugend, Familie und Gesundheit): Dokumente zum Drogenproblem. Bonn-Bad Godesberg 1972

BMJFG (Bundesministerium für Jugend, Familie und Gesundheit): Konsum und Mißbrauch von Alkohol, illegalen Drogen, Medikamenten und Tabakwaren durch junge Menschen. Bonn-Bad Godesberg 1983

BMJFG (Bundesministerium für Jugend, Familie und Gesundheit): Bericht der Bundesregierung über die gegenwärtige Situation des Mißbrauchs von Alkohol, illegalen Drogen und Medikamenten in der Bundesrepublik Deutschland und die Ausführungen des Aktionsprogramms des Bundes und der Länder zur Eindämmung und Verhütung des Alkoholmißbrauchs, in: Deutscher Bundestag, 10. Wahlperiode. Drucksache 10/5856 vom 18.7.1986

BODE, E.: Soziale Gleichstellung und Sucht, in: Deutsche Hauptstelle gegen die Suchtgefahren (Hg.), Sucht und Gesellschaft. Ursachen, Folgen, Zusammenhänge. Hamm 1984, S. 134-150

BODE, E.: Gesellschaft und Sucht: Weiblicher Lebenszusammenhang und Abhängigkeitsverhalten, in: Hamburgische Landesstelle gegen die Suchtgefahr (Hg.), Frau und Sucht. Hamburg 1985, S. 9-15

BOHLE, H.H.: Abweichendes Verhalten, in: H. Eyferth, H.-U. Otto und H. Thiersch (Hg.), Handbuch zur Sozialarbeit/Sozialpädagogik. Neuwied und Darmstadt 1984, S. 1-11

BOLLEN, K.A. und K.H. BARB: Pearson's R and coarseley categorized measures, in: American Sociological Review, 46, 1981, S. 232-239

BONHOEFFER, K. und G. ILBERG: Über Verbreitung und Bekämpfung des Morphinismus und Kokainismus (erstmals erschienen 1926), in: Wiener Zeitschrift für Suchtforschung, 6, 1983, S. 72-76

BOUDON, R.: Die Logik des gesellschaftlichen Handelns. Eine Einführung in die soziologische Denk- und Arbeitsweise. Neuwied und Darmstadt 1980

BOYLE, R.P.: Pfadanalyse und Ordinalskalen, in: H.J. Hummell und R. Ziegler (Hg.), Korrelation und Kausalität. Stuttgart 1976, S. 236-255

BRADBURN, N.M.: The structure of psychological well-being. Chicago 1969

BRAUN, J.: Opiateabhängigkeit. Ursachen und Motivationen des Entzugs. Unveröffentlichte Diplomarbeit F.U. Berlin im Fach Psychologie. Berlin 1977

BRAUNSCHWEIG, B., E. GÜNTHER, J. KAMMHOLZ, E.O. KRASEMANN und K.-J. LANGE: Prävention des Drogenmißbrauchs bei Jugendlichen. Ergebnisse einer Aktion der Gesundheitsbehörde

Hamburg, in: Öffentliches Gesundheits-Wesen, 41, 1979, S. 68-76
BREUER, H.: Für absolutes Verbot von Alkohol- und Medikamentenwerbung, in: Landesregierung Nordrhein-Westfalen (Hg.), Protokoll der Drogenkonferenz, 8. Januar 1980. Düsseldorf 1980, S. 25-29
BRIAR, S. und I. PILIAVIN: Delinquency situational inducements and commitment to conformity, in: Social Problems, 13, 1965, S. 35-45
BRICKENSTEIN, R.: Aktuelle Probleme der Cannabisdroge Haschisch, in: Wehrmedizinische Monatsschrift, 14, 1970, S. 57-61
BROOK, J.S., I.V. LUKOFF und M. WHITEMAN: Initiation into adolescent marijuana use, in: The Journal of Genetic Psychology, 137, 1980, S. 133-142
BROWN, M.: Stability and change in drug use patterns among high school students, in: Congressional Record. Proceedings and Debates of the 92nd Congress. First Session, 117 (September 27), No. 141, 1971, S. 10064-10070
BRUSTEN, M.: Determinanten selektiver Sanktionierung durch die Polizei, in: J. Feest und R. Lautmann (Hg.), Die Polizei. Soziologische Studien und Forschungsberichte. Opladen 1971, S. 31-70
BRUSTEN, M. und K. HURRELMANN: Abweichendes Verhalten in der Schule. Eine Untersuchung zu Prozessen der Stigmatisierung. München 1973
BRUSTEN, M.: Polizei - Staatsanwaltschaft - Gericht. Empirische Daten und Thesen zur Produktion von Kriminalstatistiken, in: Monatsschrift für Kriminologie und Strafrechtsreform, 57, 1974, S. 129-150
BRUSTEN, M. und P. MALINOWSKI: Die Vernehmungsmethoden der Polizei und ihre Funktion für die gesellschaftliche Verteilung des Etiketts "kriminell", in: M. Brusten und J. Hohmeier (Hg.), Stigmatisierung 2. Zur Produktion gesellschaftlicher Randgruppen. Neuwied und Darmstadt 1975, S. 57-112
BRUSTEN, M. und W. SPRINGER: Die Klienten der Sozialarbeit - Vergleichende Aktenanalyse von verschiedenen Institutionen einer Stadt, in: Kriminologisches Journal, 8, 1976, S. 280-290
BSCHOR, F., E. KLUG und J. HERHA: Cannabis-Proben aus Berlin. Erste Ergebnisse einer Analysereihe, in: FU Pressedienst Wissenschaft Nr. 5 ("Jugendliche und Rauschmittel"), 1971, S. 31-33
BSCHOR, F., H.G. SCHOMMER und J. WESSEL: Risiken und Perspektiven der Drogenabhängigkeit. Katamnese-Ergebnisse bei 100 Opiatabhängigen der Zugangsjahre 1969-1974, in: Deutsche Medizinische Wochenschrift, 109, 1984, S. 1101-1105
BUCHMANN, M.: Konformität und Abweichung im Jugendalter. Diessenhofen 1983
BUCHMANN, M. und T. HELD: Zur Strukturblindheit der heutigen Devianzsoziologie, in: Schweizerische Zeitschrift für Soziologie, 5, 1979, S. 5-19
BÜHLER, C.: Der Lebenslauf als psychologisches Problem. 2. rev. Aufl. Göttingen 1959
BÜHLER-NIEDERBERGER, A.: Analytische Induktion als Verfahren der qualitativen Methodologie, in: Zeitschrift für Soziologie, 14, 1986, S. 475-485
BULMER, M.: The Chicago School of Sociology. Institutionalization, diversity, and the rise of sociological research. Chicago 1984
BUNCE, R.: Social and political sources of drug effects: the case of bad trips on psychodelics, in: Journal of Drug Issues, 1979, S. 213-233
BUNDESKRIMINALAMT: Polizeiliche Kriminalstatistik 1988. Wiesbaden 1989
BUNDESPRESSE- UND INFORMATIONSAMT: Gesellschaftliche Daten 1979, Bonn-Bad Godesberg 1979
BUNDESREGIERUNG: Bericht über Bestrebungen und Leistungen der Jugendhilfe. Fünfter Jugendbericht. Unterrichtung durch die Bundesregierung. Stellungnahme der Bundesregierung zum Fünften Jugendbericht, in: Deutscher Bundestag, 8. Wahlperiode. Drucksache 8/3684. Bonn 1980
BUNDESZENTRALE FÜR GESUNDHEITLICHE AUFKLÄRUNG: Infoset Drogen. Mappe: Blatt 7. Köln o.J. (ca. 1980)

BURCHARD, J.M.: Ist die heutige Jugend rauschgiftgefährdet?, in: W. Becker (Hg.), Jugend in der Rauschgiftwelle? Hamm 1968, S. 36-38
BURCHARD, J.M., P. WENDIGGENSEN, J. BEHRENDT, U. v.HIRCHHEYDT und P. KEMPE: Fragebogen-Untersuchungen in der Hamburger Drogenszene, in: H.E. Erhardt (Hg.), Perspektiven der heutigen Psychiatrie. Frankfurt/M. 1972, S. 186-190
BURGESS, R.L. und R.L. AKERS: Differential association and modern behavior theory (zuerst 1966), in: A.L. Guenther (Hg.), Criminal behavior and social systems: contributions of American sociology. 3. Aufl. Chicago 1971, S. 211-234
CAMPBELL, A., P.E. CONVERSE und W.L. RODGERS: The quality of American life: perceptions, evaluations, and satisfactions. New York 1976
CARLHOFF, H.W.: Drogen und Drogenabhängigkeit, in: H.W. Carlhoff (Hg.), Drogenkompendium für Lehrer und Eltern. Heidelberg 1980, S. 15-28
CARLIN, A.S., C.B. BAKKER, L. HALPERN und R.D. POST: Social facilitation of marijuana intoxication: impact of social set and pharmacological activity, in: Journal of Abnormal Social Psychology, 80, 1972, S. 132-140
CARLIN, A.S., E. DETZER und F.F. STAUSS: Psychopathology and nonmedical drug use: a comparison of patient and nonpatient drug users, in: The International Journal of the Addictions, 13, 1978, S. 337-348
CARTWRIGHT, D. und A. ZANDER: Pressure to uniformity in groups, in: D. Cartwright und A. Zander (Hg.), Group dynamics. Research and theory. 3. Aufl. London 1970, S. 139-151
CHAMBERS, C.D., B.K. SHERIDAN und T. WILLIS: Diffusion paths for a drug of abuse. Unveröffentlichtes Manuskript. New York 1970
CHAMBLISS, W.J. und R.H. NAGASAWA: On the validity of official statistics. A comparative study of white, black and Japanese high school boys, in: Journal of Crime and Delinquency, 6, 1969, S. 71-77
CHAPMAN, D.: Sociology and the stereotype of the criminal. London 1968
CHEEK, F.E., M. SARETT-BARRIS, C.M. HOLSTEIN, S. NEWELL und S. SMITH: Four patterns of campus marijuana use. Part I: Drug use, in: The International Journal of the Addictions, 8, 1973, S. 13-31
CHEIN, J., D.L. GERARD, R.S. LEE und G. ROSENFELD: The road to H. Narcotics, delinquency and social policy. New York und London 1964
CHELUNE, G.J.: Measuring openness in interpersonal communication, in: G.J. Chelune u.a.: Self-disclosure. San Francisco 1979, S. 2-27
CHRISTIAN, E. und G. STÜBING: Drogenmißbrauch und Drogenabhängigkeit. 3. Aufl. Köln 1977
CIALDINI, R.B., R.E. PETTY und J.T. CACIOPPO: Attitude and attitude change, in: Annual Review of Psychology, 32, 1981, S. 357-404
CLARK, T.: The initial decision to use drugs, in: D.T. Jaffe und T. Clark (Hg.), Worlds apart. Young people and drug programs. New York 1974, S. 47-74
CLOWARD, R.A. und L.E. OHLIN: Subcultural differentiation, in: M.E. Wolfgang, L. Savitz und N. Johnston (Hg.), The sociology of crime and delinquency. 6. Aufl. New York 1966 (zuerst 1962), S. 277-288
COHEN, A.K.: Delinquent boys. Glencoe, Ill. 1955
COHEN, A.K., A. LINDESMITH und K. SCHUESSLER: Introduction, in: A.K. Cohen, A. Lindesmith u. K. Schuessler (Hg.), The Sutherland Papers. Bloomington 1956, S. 1-4
COHEN, A.K.: Multiple factor approaches, in: M.E. Wolfgang, L. Savitz und N. Johnston (Hg.), The sociology of crime and delinquency. New York 1962, S. 77-80
COHEN, A.K.: The sociology of the deviant act, anomie theory and beyond, in: American Sociological Review, 30, 1965, S. 5-14
COHEN, A.K.: Deviance and control. Englewood Cliffs, N.J. 1966
COHEN, H.: Multiple drug use considered in the light of the steppingstone hypothesis, in: The

International Journal of the Addictions, 7, 1972, S. 27-55
COHEN, S.: Criminology and the sociology of deviance in Britain, in: P. Rock und M. McIntosh (Hg.), Deviance and social control. London 1974, S. 1-40
COHEN, S.: Medizinischer Stand der Marihuana-Forschung, in: G. Völger und K.v. Welck (Hg.), Rausch und Realität. Drogen im Kulturvergleich. Bd. 3. Reinbek bei Hamburg 1982, S. 1390-1396
COLE, S.: The growth of scientific knowledge: theories of deviance as a case study, in: L.A. Coser (Hg.), The idea of social structure. Papers in honor of Robert K. Merton. New York 1975, S. 175-220
COLEMAN, J.S.: The adolescent society. The social life of the teenager and its impact on education. New York 1961
COLEMAN, J.S.: Social theory, social research and a theory of action, in: American Journal of Sociology, 6, 1986, S. 1309-1335
CONTI, C.: Abschied vom Bürgertum. Alternative Bewegungen in Deutschland von 1890 bis heute. Reinbek bei Hamburg 1984
CONVERSE, P.E.: The nature of belief systems in mass publics, in: D.A. Apter (Hg.), Ideology and discontent. New York 1964, S. 206-261
COLEMAN, J.S.: The adolescent society. The social life of the teenager and its impact on education. New York 1961
COVINGTON, J.: Insulation from labeling, in: Criminology, 27, 1984, S. 619-643
COZBY, P.C.: Self-disclosure. A literature review, in: Psychological Bulletin, 79, 1973, S. 73-91
CRAWFORD, G.A., P.H. HUGHES, M.F. KOHLER: The dynamics of heroin spread in endemic neighborhoods, in: Addictive Diseases, 3, 1977, S. 141-150
CREMER-SCHÄFER, H.: Über den Stellenwert autobiographischer Geschichten von Straftätern als eine sozialgeschichtliche Quelle, in: Kriminologisches Journal, 2, Beiheft 1987, S. 160-175
CRESSEY, D.: The development of a theory: differential association, in: M.E. Wolfgang, L. Savitz und N. Johnston (Hg.), The sociology of crime and delinquency. New York 1962, S. 81-90
CUSKEY, W.R., L.H. BERGER, und A.H. RICHARDSON: The effects of marijuana decriminalization on drug use patterns: a literature review and research critique, in: Contemporary Drug Problems, 1978, S. 491-532
DAI, B.: Opium addiction: a sociopsychiatric approach, in: E.W. Burgess und D.J. Bogue (Hg.), Contributions to urban sociology. Chicago und London 1964, S. 643-654
DANNER : Das Ausmaß der Betäubungsmittelsucht in der Bundesrepublik, in: Bulletin des Presseamtes der Bundesregierung, Nr. 223, 1954, S. 2057-2059
DEISENBERG, A.M.: Die Schweigespirale - Die Rezeption des Modells im In- und Ausland. München 1986
DEMERS, D.K. und R.J. LUNDMANN: Perceptual deterrence research: some additional evidence for designing studies, in: Journal of Quantitative Criminology, 3, 1987, S. 185-194
DE ROPP, R.: Bewußtsein und Rausch. Drogen und ihre Wirkung. München 1964
DER SPIEGEL: Rauschmittel. Alte Sehnsucht, in: Der Spiegel, Nr. 34, 1971, S. 51-52
DER STERN / GRUNER und JAHR: Lebensziele. Potentiale und Trends alternativen Verhaltens, Hamburg 1981
DEUTSCHES ALLGEMEINES SONNTAGSBLATT vom 11.2.1989, S. 1
DEVEREUX, E.C.: Autorität und moralische Entwicklung bei deutschen und amerikanischen Kindern, in: G. Lüschen und E. Lupri (Hg.), Soziologie der Familie. Sonderheft 14 der Kölner Zeitschrift für Soziologie und Sozialpsychologie. Opladen 1970, S. 353-379
DEWEY, J.: Democracy and education. New York 1916, zitiert nach: L.H. Warshay: Breadth of perspective, in: A.M. Rose (Hg.), Human behavior and social processes. London 1962, S. 153
DIECKHOFF, R.: Rausch und Realität - Literarische Avantgarde und Drogenkonsum von der Romantik

bis zum Surrealismus, in: G. Völger und K. v. Welck (Hg.), Rausch und Realität. Drogen im Kulturvergleich. Bd. 2. Reinbek bei Hamburg 1982, S. 692-736

DIEKMANN, A.: Die Befolgung von Gesetzen. Empirische Untersuchungen zu einer rechtssoziologischen Theorie. Berlin 1980

DINITZ, S. und J.P. CONRAD: The dangerous two percent, in: D. Shichor und D.H. Kelly (Hg.), Critical issues in juvenile delinquency. Lexington, Mass. und Toronto 1980, S. 139-155

DITZEL, P.W. und K.A. KOVAR: Rausch- und Suchtmittel. Information, Beratung und Nachweis. Stuttgart 1983

DIVO: Untersuchungen der Wählerschaft und der Wahlentscheidung. Als Manuskript vervielfältigt. Frankfurt/M. 1957

DOBKIN DE RIOS, M.: Man, culture and hallucinogens: an overview, in: V. Rubin (Hg.), Cannabis and culture. The Hague und Paris 1975, S. 401-416

DODD, S.C.: Formulas for spreading opinion, in: Public Opinion Quarterly, 22, 1958-59, S. 537-554

DÖLLING, D.: Strafeinschätzung und Delinquenz bei Jugendlichen und Heranwachsenden - Ein Beitrag zur empirischen Analyse der generalpräventiven Wirkungen der Strafe, in: H.-J. Kerner, H. Kury und K. Sessar (Hg.), Deutsche Forschungen zur Kriminalitätsentstehung und Kriminalitätskontrolle. Bd. 1. Köln 1983, S. 51-85

DÖRNER, K., R. KÖCHERT, G.v. LAER und K. SCHERER: Gemeindepsychiatrie. Gemeindegesundheit zwischen Psychiatrie und Umweltschutz. Stuttgart 1979

DOWNS, D.: The delinquent solution, in: J.B. Mays (Hg.), Juvenile delinquency, the family and the social group. London 1972, S. 88-100

DRÖGE, F. und T. KRÄMER-BADONI: Die Kneipe. Zur Soziologie einer Kulturform. Frankfurt/M. 1987

DROGENHILFE TÜBINGEN: Tätigkeitsbericht 1984. Tübingen 1985

DROGENINFORMATION, Nr. 1/2, 1983; Nr. 3, 1987

DROGEN REPORT, Nr. 5, Nr. 6, 1984; Nr. 2, 1985

DROGEN REPORT FÜR NORDRHEIN-WESTFALEN, Nr. 1, 1981

DUNCAN, D.F.: Marijuana and heroin: a study of initiation of drug use by heroin addicts, in: British Journal of the Addictions, 70, 1975, S. 192-197

DUNCAN, O.D.: Measuring social change via replication of surveys, in: K.C. Land und S. Spilerman (Hg.), Social indicator models. New York 1975, S. 105-127

DURKHEIM, E.: The divison of labor in society. New York 1964 (zuerst auf französisch 1893)

DURKHEIM, E.: Regeln der soziologischen Methode (hg. von R. König). 2. Aufl. Neuwied und Berlin 1965 (zuerst auf französisch 1895)

DURKHEIM, E.: Der Selbstmord. Neuwied und Berlin 1973 (zuerst auf französisch 1897)

DURKHEIM, E.: Soziologie und Philosophie. Frankfurt/M. 1976 (zuerst auf französisch 1924)

ECKERT, A.: Zur Geschichte der Ballonfahrt, in: Landschaftsverband Westfalen Lippe/Westfälisches Landesmuseum für Kunst und Kulturgeschichte (Hg.). Leichter als Luft. Zur Geschichte der Ballonfahrt. Münster o.J. ca. 1988 (zuerst 1978), S. 14-133

EDWARDS, G. und C. BUSCH: Preface, in: G. Edwards und C. Busch (Hg.), Drug problems in Britain. A review of ten years. London 1981, S. 2-3

EISENSTADT, S.N.: From generation to generation. New York 1956

ELLIOTT, D.S. und S.S. AGETON: Reconciling differences in estimates of delinquency, in: American Sociological Review, 45, 1980, S. 95-110

ELLIOTT, D.S., D. HUIZINGA und S.S. AGETON: Explaining delinquency and drug use. Beverly Hills 1985

EMNID: Jugend zwischen 13 und 24. Vergleich über 20 Jahre. Hamburg 1975

EMNID: Jugend in Europa. Ihre Eingliederung in die Welt der Erwachsenen. 3 Bde. Hamburg 1977
EMNID: Rauschgift - Heute noch ein Problem?, in: Emnid-Informationen 1978, S. 12-13.
EPPEL, E.M. und M. EPPEL: Adolescents and morality. A study of some moral values and dilemma of working class adolescents in the changing climate of opinion. London 1966
ERICKSON, M.L., J.P. GIBBS und G.F. JENSEN: The deterrence doctrine and the perceived certainty of legal sanctions, in: American Sociological Review, 42, 1977, S. 305-317
ERICKSON, M.L., M.C. STAFFORD und J.M. GALLIHER: The normative erosion hypothesis: the latent consequences of juvenile justice practices, in: The Sociological Quarterly, 25, 1984, S. 373-384
ERIKSON, K.T.: Deviance and definition (zuerst 1964), in: A.L. Guenther (Hg.), Criminal behavior and social systems: contributions of American sociology. 3. Aufl. Chicago 1971, S. 32-41
ERICKSON, P.: Deterrence and deviance: the example of cannabis prohibition, in: The Journal of Criminal Law and Criminology, 67, 1976, S. 222-232
ERLENMEYER, A.: Die Morphiumsucht und ihre Behandlung. 3. Aufl. Berlin 1887
ERLENMEYER, A.: Behandlung des chronischen Morphinismus und Cocainismus, in: F. Penzoldt und R. Stintzing (Hg.), Handbuch der speziellen Therapie innerer Krankheiten. Jena 1894, S. 335-372
ESSER, H.: Warum die Routine nicht weiterhilft - Überlegungen zur Kritik an der "Variablen-Soziologie", in: N. Müller und H. Stackowiak (Hg.), Problemlösungen operanter Sozialwissenschaften. Bd. 1. Stuttgart 1987, S. 230-245
ESSER, H.: Verfällt die soziologische Methode?, in: Soziale Welt, 40, 1989, S.57-75
FARRELL, R.A. und J.F. NELSON: A causal model of secondary deviance: the case of homosexuals, in: The Sociological Quarterly, 17, 1976, S. 109-120
FARRINGTON, D.P.: Self-reports of deviant behavior: predictive and stable?, in: The Journal of Criminal Law and Criminology, 64, 1973, S. 99-109
FARRINGTON, D.P.: The effects of public labelling, in: British Journal of Criminology, 17, 1977, S. 112-125
FARRINGTON, D.P., S.G. OSBORN und D.J. WEST: The persistance of labelling effects, in: British Journal of Criminology, 18, 1978, S. 277-284
FARRINGTON, D.P. und T. BENNETT: Police cautioning of juveniles in London, in: British Journal of Criminology, 21, 1981, S. 123-135
FARRINGTON, D.P.: Age and crime, in: M. Tonry und N. Morris (Hg.), Crime and justice. An annual review of research. Chicago und London 1986, S.189-250
FEEST, J. und E. BLANKENBURG: Die Definitionsmacht der Polizei. Strategien der Strafverfolgung und soziale Selektion. Düsseldorf 1972
FELTES, T., H. JANSSEN und M. VOSS: Die Erledigung von Strafverfahren durch Staatsanwaltschaft und Gericht - Brauchen wir die sog. Diversionsmodelle in der Bundesrepublik?, in: H.-J. Kerner, H. Kury und K. Sessar (Hg.), Deutsche Forschungen zur Kriminalitätsentstehung und Kriminalitätskontrolle. Bd. 2. Köln 1983, S. 868-895
FESTINGER, L.: A theory of cognitive dissonance. Stanford 1957
FESTINGER, L. und E. ARONSON: Arousal and reduction of dissonance in social contexts, in: D. Cartwright und A. Zander (Hg.), Group dynamics. Research and theory. 3. Aufl. London 1970, S. 125-136
FEYERABEND, N.: Drogenkonsum - ein Problem für die Schule? Eine empirische Untersuchung im Landkreis Siegen. Vervielfältigter Bericht. Siegen 1973
FIELDS, J.M. und H. SCHUMANN: Public beliefs about the public, in: Public Opinion Quarterly, 40, 1976, S. 427-448
FILSER, F.: Einführung in die Kriminalsoziologie. Paderborn 1983
FISHER, G.: Milieu of marihuana use, in: International Journal of Social Psychiatry, 20, 1974, S. 45-55
FISHER, G. und A. STECKLER: On being introduced to marijuana: Expectations, effects and experiences

of past and current users, in: Journal of Drug Education, 4, 1974, S. 85-95
FORD, D.H. und H.B. URBAN: Systems of psychotherapy. A comparative study. New York 1963
FOSTER, J.D., S. DINITZ und W.C. RECKLESS: Perceptions of stigma following public intervention for delinquent behavior, in: Social Problems, 20, 1972, 202-209
FRANKE, M.: Diskussionsbeitrag, in: Heroin. Die Drogenjugend. Ein Symposium über Heroin-abhängige Jugendliche, in: Bild der Wissenschaft, 10/11, 1980a, S. 178-220
FRANKE, M.: Das Drogenproblem in Zahlen - gesundheitspolitische Aspekte im Blick auf die Erfassung des Drogenproblems, in: Gesamtverband für Suchtkrankenhilfe im Diakonischen Werk der EKD (Hg.), Drogentagung 1980. Wiesbaden 3.12. - 5.12.1980. Kassel 1980b, S. 3-5
FRANKE, M.: Grußwort zur Tagung "Cannabis heute" am 12.10.1979 in Nürnberg, in: W. Feuerlein (Hg.), Cannabis heute. Bestandsaufnahme zum Haschischproblem. Wiesbaden 1980c, S. 3-5
FRANKE, M.: Prävention des Drogenmißbrauchs in der Bundesrepublik Deutschland, in: Sozialpädiatrie in Praxis und Klinik, 5, 1983, S. 406-411
FRANQUE, A.v.: Das Delirium tremens. München 1859
FREELAND, J.B. und R.S. CAMPBELL: The social context of first marijana use, in: International Journal of the Addictions, 8, 1973, S.317-324
FREHSE, D.: Strukturbedingungen urbaner Kriminalität. Eine Kriminalgeographie der Stadt Kiel unter besonderer Berücksichtigung der Jugendkriminalität. Göttingen 1979
FREUND, W.S.: Zur Berg- und Talfahrt der Sozialwissenschaften in Deutschland, in: Soziologie, 2, 1987, S. 134-167
FREY, D.: Einleitung, in: D. Frey (Hg.), Kognitive Theorien der Sozialpsychologie. Bern 1978, S. 11-15
FRIEDRICHS, J.: Situation als soziologische Erhebungseinheit, in: Zeitschrift für Soziologie, 3, 1974, S. 44-53
FUCHS, D.: Die Unterstützung des politischen Systems der Bundesrepublik Deutschland. Opladen 1989
FURIAN, M.: Ursachenorientierte Prophylaxe süchtigen Verhaltens, in: M. Furian (Hg.), Ursachenorientierte Prophylaxe süchtigen Verhaltens, Heidelberg 1981, S. 11-14
GABRIEL, E.: Die Süchtigkeit. Psychopathologie der Suchten. Hamburg 1963
GAEDT, F., C. GAEDT und K.H. REUBAND: Zur Rauschmittelberichterstattung der Tageszeitungen in der Bundesrepublik und West-Berlin, in: K.H. Reuband (Hg.), Rauschmittelkonsum. Soziale Abweichung und institutionelle Reaktion. Wiesbaden 1976, S. 77-107
GALTUNG, J.: Theory and method of social research. London 1967
GARFINKEL, H.: Conditions of successful degradation ceremonies, in: American Journal of Sociology, 61, 1956, S. 420-424
GÄRTNER, B.: Der Zusammenhang von familiärer Sozialisation, schulischen Bedingungen und Drogenkonsum von Jugendlichen. Unveröffentlichte Diplomarbeit, Pädagogische Hochschule Berlin. Berlin 1975
GEIS, G.: Not the law's business? An examination of homosexuality, abortion, prostitution, narcotics and gambling in the United States. National Institute of Mental Health. Crime and Delinquency Issues. Rockville, Md. 1972
GERDES, K. und C.v. WOLFFERSDORF-EHLERS: Drogenszene - Suche nach Gegenwart. Stuttgart 1974
GERTH, H. und C.W. MILLS: Person und Gesellschaft. Die Psychologie sozialer Institutionen. Frankfurt und Bonn 1970
GERTZ, K.: Drogenmißbrauch Jugendlicher, in: H.W. Carlhoff (Hg.), Drogenkompendium für Lehrer und Eltern. Heidelberg 1980, S. 20-28
GINSBERG, I.J. und J.R. GREENLEY: Competing theories of marijuana use: a longitudinal study, in: Journal of Health and Social Behavior, 19, 1978, S. 22-34
GIORDANO, P.C., S.A. CERNKOVICH und M.D. PUGH: Friendships and Delinquency, in: American

Journal of Sociology, 91, 1986, S. 1170-1202
GIRTLER, R.: Polizei-Alltag. Strategien, Ziele und Strukturen polizeilichen Handelns. Opladen 1980
GLASER, D.: Differential association: retrospect and prospect, in: A.L. Guenther (Hg.), Criminal behavior and social systems: contributions of American sociology. 3. Aufl., Chicago 1971, S. 173-186
GLASER, D.: Strategic criminal justice planning. National Institute of Mental Health. Crime and Delinquency Issues. Rockville, Md. 1975
GLATZER, W.: Lebenszufriedenheit und alternative Maße subjektiven Wohlbefindens, in: W. Glatzer und W. Zapf (Hg.), Lebensqualität in der Bundesrepublik. Objektive Lebensbedingungen und subjektives Wohlbefinden. Frankfurt/M. und New York 1984a, S. 177-191
GLATZER, W.: Zufriedenheitsunterschiede zwischen Lebensbereichen, in: W. Glatzer und W. Zapf (Hg.), Lebensqualität in der Bundesrepublik. Objektive Lebensbedingungen und subjektives Wohlbefinden. Frankfurt/M. und New York 1984b, S. 192-205
GOFFMAN, E.: The presentation of self in everyday life. Garden City, N.Y. 1959
GOFFMAN, E.: Behavior in public places. Notes on the social organization of gatherings. New York 1963
GOFFMAN, E.: Asyle. Frankfurt/M. 1972
GOLD, M.: Undetected delinquent behavior, in: Journal of Research in Crime and Delinquency, 3, 1966, S. 27-46
GOLD, M. und J.R. WILLIAMS: National study of the aftermath of apprehension, in: Prospectus: American Journal of Law Reform, 3, 1969, S. 3-12
GOLD, M.: Delinquent behavior in an American city. Belmont, Cal. 1970
GOLD, M.: The validity of self-reports of delinquent behavior. Institute for Social Research. University of Michigan. Unveröffentlichtes Manuskript. Ann Arbor, o.J.
GOLDSTEIN, P.J., D.S. LIPTON, E. PREBLE, I. SOBEL, T. MILLER, W. ABBOTT, W. PAIGE und F. SOTO: The marketing of street heroin in New York City, in: Journal of Drug Issues, 1984, S. 553-566
GOODE, E.: The marijuana smokers. New York und London 1970
GOODE, E.: On behalf of labeling theory, in: Social Problems, 22, 1975, S. 570-583
GORDON, R.L.: Interaction between attitude and the definition of the situation in the expression of opinion, in: American Sociological Review, 17, 1952, S. 50-58
GOSTOMZYK, H., H. EDELMANN und J.E. STOLL: Rauschmittel in Rheinland Pfalz. Eine Schülerbefragung. Pressestelle der Johannes-Gutenberg-Universität Mainz. Mainz 1973
GOVE, W.R.: The labeling perspective: an overview, in: W.R. Gove (Hg.), The labeling of deviance. Evaluating a perspective. New York 1975, S. 3-20
GRAEVEN, D.B. und K.A. GRAEVEN: Treated and untreated addicts: Factors associated with participation in treatment and cessation of heroin use, in: Journal of Drug Issues, 13, 1983, S. 207-218
GRAFF, J. und P. SCHMIDT: Structural equation models with qualitative observed variables, in: P. Nijkamp, H. Leitner und N. Wrigley (Hg.), Measuring the unmeasurable. Amsterdam 1985, S. 301-316
GRASMICK, H.G. und G.J. BRYJAK: The deterrent effect of perceived severity of punishment, in: Social Forces, 59, 1980, S. 471-491
GRASMICK, H.G. und D.E. GREEN: Deterrence and the morally committed, in: The Sociological Quarterly, 22, 1981, S. 1-14
GREEN, J.: Overview of adolescent drug use, in: G.M. Beschner und A.S. Friedman (Hg.), Youth drug abuse. Problems, issues, and treatment. Lexington, Mass. und Toronto 1979, S. 17-44
GUENTHER, A.L.: Vorbemerkungen zu Teil 4, in: A.L. Guenther (Hg.), Criminal behavior and social systems: contributions of American sociology. 3. Aufl., Chicago 1971, S. 169-172
HAAS, E.: Selbstheilung durch Drogen. Frankfurt/M. 1974
HABERMANN, P.W., E. JOSEPHSON, A. ZANES, J. ELINSON: High school drug behavior: a methodological report on pilot studies, in: S. Einstein und S. Allen (Hg.), Proceedings of the 1st

International Conference on student drug surveys. Farmingdale 1972, S. 103-121
HABICH, R., D. LANDUA und H.M. MOHR: Subjektives Wohlbefinden, in: Statistisches Bundesamt, (Hg.) Datenreport 1987. Zahlen und Dakten über die Bundesrepublik Deutschland. Bonn 1987, S.458-469
HAFERKAMP, H.: Zur Notwendigkeit handlungstheoretischer Analysen der Kriminalität und der Kriminalisierung, in: Arbeitskreis Junger Kriminologen (Hg.), Kritische Kriminologie. Beiträge zu einer Standortbestimmung. München 1974, S. 44-68
HAFERKAMP, H.: Zur zukünftigen Neuorientierung der kriminologischen Forschung, in: Kriminologisches Journal, 19, 1987, S. 171-192
HAGAN, J.: Modern criminology. Crime, criminal behavior, and its control. New York 1987
HAMBURGER ABENDBLATT vom 3.7.1951
HAMPER, S., B. HÜLLSTRUNG, H.-D. KÖRNER und M. STÖHR: Zur Motivation des Drogenverzichts, in: Deutsche Medizinische Wochenschrift, 98, 1973, S. 1247-1250
HANSEN, P.F.: Die Sucht nach Genußmitteln und Rauschgiften, in: K.O. Moller, Rauschgifte und Genußmittel. Basel 1951, S. 29-55
HARDT, R.H. und S. PETERSON-HARDT: On determining the quality of the delinquency self-report method, in: Journal of Research in Crime and Delinquency, 14, 1977, S. 247-261
HARING, C.: Sexualität und Drogenkonsum, in: W. Keup (Hg.), Mißbrauch chemischer Substanzen. Hamm 1975, S. 65-69
HARTNOLL, R., M. MITCHESON, R. LEWIS und S. BRYER: Estimating the prevalence of opioid dependence, in: The Lancet, 1985, S. 203-206
HASSE, H.E., E.LUNGERSHAUSEN und H.P.WEBER: Notfallsituationen bei jugendlichen Drogenkonsumenten, in: Deutsche Medizinische Wochenschrift, 96, 1971, S.449-453
HASSE, H.E. und H. WALDMANN: "Flashback": Spontane psychotische Episoden als Folgeerscheinungen des Phantasticagebrauchs Jugendlicher, in: Archiv für Psychiatrische Nervenkrankheiten, 214, 1971, S. 399-439
HAUBER, A.R.: Jugendkriminalität und ihre Konsequenzen: Traditionelle und alternative Maßnahmen der Polizei, in: H. Kury (Hg.), Kriminologische Forschung in der Diskussion: Berichte, Standpunkte, Analysen. Köln 1985, S. 238-254
HAUSNER, W.K.: Die Frankfurter Drogenscene. Beobachtungen bei 100 jungen Drogenkonsumenten. Med. Dissertation, Universität Frankfurt. Frankfurt/M. 1972
HECKMANN, W.: Eigentlich ist dieses Leben ein ständiger Hilferuf, in: C. Schaefers (Hg.), Notausgänge. Berichte, Protokolle, Analysen. Hannover 1980, S. 59-83
HECKMANN, W.: Jugendliche im Taumel vom Suchen zum Fliehen. Drogenabhängige und ihre 'Scene', in: U. Schlicht (Hg.), Trotz und Träume. Jugend lehnt sich auf. Berlin 1982, S. 165-189
HECKMANN, W.: Begegnungen mit Sisiphos - Zur Therapie der Sucht, in: D. Korczak (Hg.), Die betäubte Gesellschaft. Süchte - Ursachen - Formen - Therapien. Frankfurt /M. 1986, S. 187-201
HEFELE, B. Drogenbibliographie. Verzeichnis der deutschsprachigen Literatur über Rauschmittel und Drogen von 1800 bis 1984 mit einer Übersicht über internationale Bibliographien. 2 Bde. München 1988
HEIDER, F.: The psychology of interpersonal relations. New York 1958
HEINZ, W.: Jugendkriminalität und strafrechtliche Sozialkontrolle, in: Schriftenreihe der Polizei-Führungsakademie, 1, 1985, S. 35-55.
HELWEG, H.J.: Opium und Morphium, in: K.O. Moeller (Hg.), Rauschgifte und Genußmittel. Basel 1951, S. 320-353
HERHA, J.: Erfahrungen mit Haschisch. Ergebnisse einer Befragung von 234 Konsumenten von Cannabis und anderen Drogen in Berlin (West), 1969/70. Med. Dissertation. Berlin 1973
HERHA, J.: Der Haschischrausch in Erlebnisschilderungen. Aus dem Institut für gerichtliche und soziale Medizin der FU Berlin. Unveröffentlichtes Manuskript, o.J.

HERLYN, U.: Wohnen im Hochhaus. Stuttgart und Bern 1970
HESS, H. und H. STEINERT: Zur Einleitung: kritische Kriminologie zwölf Jahre danach, in: Kriminologisches Journal, 1. Beiheft, 1986, S. 2-8
HESSE, E.: Die Rausch- und Genußgifte. 2. Aufl. Stuttgart 1953
HESSISCHES KULTURMINISTERIUM UND HESSISCHES SOZIALMINISTERIUM: Rauschmittelkonsum von Schülern in Hessen. Ergebnisse einer repräsentativen Schülerbefragung. Wiesbaden 1974
HIBBELL, B.: Narkotikavanor bland sholung dom, in: Narkotikantrecklingen 1982. National Swedish Council for Crime Prevention. Rapport 1982:2. Stockholm 1982, S. 13-32
HINDELANG, M.J.: The commitment of delinquents to their misdeeds: do delinquents drift?, in: Social Problems, 17, 1970, S. 502-509
HINDELANG, M.J.: The effect of normality deviation on the interpretation of correlation coefficients, in: Journal of Crime and Delinquency, 8, 1971, S. 156-164
HINDELANG, M.: Causes of delinquency: a partial replication and extension, in: Social Problems, 20, 1973, S. 471-487
HINDELANG, M.: Moral evaluations of illegal behavior, in: Social Problems, 21, 1974, S. 370-384
HINDELANG, M.J., T. HIRSCHI und J.G. WEIS: Measuring delinquency. Beverly Hills und London 1981
HIRSCHI, T.: Causes of delinquency. Berkeley, Cal. 1972 (zuerst 1969)
HIRSCHI, T.: Procedual rules and the study of deviant behavior, in: Social Problems, 21, 1973, S. 159-172
HIRSCHI, T.: Causes and prevention of juvenile delinquency, in: H.M. Johnson (Hg.), Social system and legal process. San Francisco 1978, S. 322-341
HIRSCHI, T. und M. GOTTFREDSON: Introduction: The Sutherland tradition in criminology, in: T. Hirschi u. M. Gottfredson (Hg.), Understanding crime. Current theories and research. Beverly Hills und London 1980, S. 7-20
HOBI, V.: Das Drogenproblem Jugendlicher. Psychologische und sozialpsychologische Aspekte. Bern 1973
HOFMANN, A.: LSD - Seine Erfindung und Stellung innerhalb der Psychodrogen, in: G. Völger und K.v. Welck (Hg.), Rausch und Realität. Drogen im Kulturvergleich, Bd. 3. Reinbek bei Hamburg 1982, S. 1118-1127
HOFSTÄTTER, P.R.: Einführung in die Sozialpsychologie. Stuttgart 1963
HOFSTÄTTER, P.R.: Gruppendynamik. Kritik der Massenpsychologie. Reinbek bei Hamburg 1965
HOLM, P.C.: Rauschgift und Verbrechen. Die Süchtigen in der Bundesrepublik - Gefängnis schafft keine Abhilfe, in: Welt am Sonntag 5.8.1956
HOMANN, U.: Das Haschischverbot. Gesellschaftliche Funktion und Wirkung. Frankfurt/M. 1972
HOMANS, G.C.: The human group. London 1951
HOOD, R. und R. SPARKS: Kriminalität. Verbrechen, Rechtsprechung und Strafvollzug. München 1970
HORNUNG, R., G. SCHMIDTCHEN und M. SCHOLL-SCHAAF: Drogen in Zürich. Verbreitung und Hintergründe des Drogenkonsums Jugendlicher. Ergebnisse einer repräsentativen Motivstudie. Bern 1983
HUBA, G.J., J.A. WINGARD und P.M. BENTLER: Intentions to use drugs among adolescents: a longitudinal analysis, in: The International Journal of the Addictions, 16, 1981, Nr. 2, S. 331-339
HUGHES, E.C.: Men and their work. New York 1958
HULSMANN, L.C.: Die Entwicklung der Cannabisdiskussion in Holland 1964-1980, in: W. Burian und E. Eisenbach-Stangl (Hg.), Haschisch: Prohibition oder Legalisierung. Weinheim und Basel 1982, S. 157-168
HUNT, L.G. und C.D. CHAMBERS: Heroin epidemics. New York 1976
HUNT, L.G., E.C. FARLEY und R.G. HUNT: Spread of drug use in population of youths, in: G.M. Beschner und A.S. Friedman (Hg.), Youth drug abuse. Problems, issues, and treatment. Lexington, Mass., Toronto 1979, S. 45-61

HURRELMANN, K., B. ROSEWITZ und H.K. WOLF: Lebensphase Jugend. Eine Einführung in die sozialwissenschaftliche Jugendforschung. Weinheim und München 1985

HURRELMANN, K. und I. VOGT: Warum Kinder und Jugendliche zu Drogen greifen. Ein Überblick über Untersuchungsergebnisse und Erklärungsversuche, in: Deutsche Jugend, 33, 1985, S. 30-39

HYMAN, H. with W.J. COBB, J.J. FELDMAN, C.W. HART and C.H. STEMBER: Interviewing in social research. Chicago 1954

HYMAN, H.: Secondary analysis of sample surveys. New York 1972

INCIARDI, J.A.: The war on drugs. Heroin, cocaine, crime, and public policy. Palo Alto, Cal. 1986

INFAS: Infas Report vom 5.10.70 Nr. 203/3289 "Tiere quälen frevelhafter als Kinder verprügeln". Bad Godesberg 1970

INFAS: Zur Situation der Jugendlichen in Nordrhein-Westfalen. Untersuchung im Auftrag des Ministeriums für Arbeit, Gesundheit und Soziales des Landes NRW. Bonn-Bad Godesberg 1982

INFRATEST: Drogen und Rauschmittelmißbrauch in Bayern. Unveröffentlichter Bericht. München 1973

INFRATEST: Nachbefragung zur Repräsentativbefragung Drogen und Rauschmittelmißbrauch in Bayern. Unveröffentlichter Bericht. München 1974

INFRATEST: Drogen-Alkohol-Nikotin-Arzneimittel. Wiederholungsuntersuchung 1976. Unveröffentlichter Bericht. München 1976

INFRATEST: Alkohol, Drogen, Medikamente, Tabak. Repräsentativerhebung bei Jugendlichen in Bayern. 2. Wiederholung 1980. Unveröffentlichter Tabellenband. München 1980

INFRATEST: Repräsentativerhebung zum Mißbrauchverhalten bei Jugendlichen im Alter von 12 bis 24 Jahren in Hamburg 1981. Unveröffentlichter Tabellenband. München 1982

INFRATEST: Konsum und Mißbrauch von Alkohol, illegalen Drogen und Tabakwaren bei Kindern und Jugendlichen in der Bundesrepublik Deutschland. Unveröffentlichter Tabellenband.7 München 1987

INSTITUT FÜR DEMOSKOPIE ALLENSBACH: Eine Generation später. Bundesrepublik Deutschland 1953-1979. Eine Allensbacher Langzeit-Studie. Allensbach am Bodensee 1981

INSTITUT FÜR JUGENDFORSCHUNG: Tabellenbände zu den Drogenuntersuchungen im Auftrag der Bundeszentrale für gesundheitliche Aufklärung. München 1973, 1976, 1979, 1982, 1987

ISAKSSON, H.O. (Hg.): Report 84. On the alcohol and drug situation in Sweden. Swedish Council for Information on Alcohol and other Drugs. Stockholm 1985

ISDD (INSTITUTE FOR THE STUDY OF DRUG DEPENDENCE): On heroin. Background paper on heroin, patterns of use, health and welfare aspects, crime and education. London 1985

IWEMA: Erfolgskontrolle einer Kampagne zur direkten und indirekten Beeinflussung von drogengefährdeten Jugendlichen. Unveröffentlichter Bericht. Köln 1972

JACKSON, E.F., C.R. TITTLE und M.J. BURKE: Offense-specific models of the differential association process, in: Social Problems, 33, 1986, S. 335-356

JACOB, W.: Zur Statistik des Morphinismus in der Vor- und Nachkriegszeit (erstmals erschienen 1925), in: Wiener Zeitschrift für Suchtforschung, 7, 1984, S. 87-96

JAGODZINSKI, W. und E. WEEDE: Weltpolitische und ökonomische Determinanten einer ungleichen Einkommensverteilung. Eine international vergleichende Perspektive, in: Zeitschrift für Soziologie, 9, 1980, S. 132-148

JAGODZINSKI, W.: Wie transformiert man labile in stabile Relationen? Zu den Problemen der Minderungskorrektur mit LISREL, in: Zeitschrift für Soziologie, 13, 1984, S. 225-242

JAIDE, W.: Generationen eines Jahrhunderts. Wechsel der Jugendgenerationen im Jahrhunderttrend. Opladen 1988

JANOWITZ, M.: Introduction, in: W.I. Thomas, On social organisation. Selected papers. Edited and with an Introduction by M. Janowitz. Chicago und London 1966, S. vii-lviii

JAQUITH, S.M.: Adolescent marijuana and alcohol use: an empirical test of differential association

theory, in: Criminology, 19, 1981, S. 271-280
JASINSKY, M.: Drogenkonsum Hamburger Schüler, in: Informationen des Amtes für Schule, Nr. 32. Hamburg 1971
JASINSKY, M.: Die Suche nach den Ursachen. Der Entwicklungsgang von Sutherlands Theorie der differentiellen Assoziation, in: Monatsschrift für Kriminologie und Strafrechtsreform, 55, 1972, S. 49-62
JASINSKY, M.: Rauschmittelkonsum Hamburger Schüler. Zweite Repräsentativerhebung an Hamburger Schulen. Berichte und Dokumente aus der Freien und Hansestadt Hamburg Nr. 387. Staatliche Pressestelle. Hamburg 1973
JENNER, C.: Wege aus der Sucht. Salzburg 1981
JENSEN, G.F.: Parents, peers, and delinquent action: a test of the differential association perspective, in: American Journal of Sociology, 78, 1972, S. 562-575
JESSE, J.: Suchtprävention in Schleswig-Holstein. Entwicklung, Beschreibung und Analyse vorbeugender Arbeit. Kiel 1983
JESSOR , R.: Predicting time of onset of marihana use: a developmental study of high school youth, in: D. J. Lettieri, Hg., Predicting adolescent drug abuse: a review of issues, methods and correlates. Rockville, Md. 1975, S.283-298
JESSOR, R. und S.L. JESSOR: Problem behavior and psychosocial development. A longitudinal study of youth. New York 1977
JESSOR, R.: Adolescent development and behavioral health, in: J.D. Matarazzo, S.M. Weiss, J.A. Herd, N.E. Miller und S.M. Weiss (Hg.), Behavioral health: a handbook of health enhancement and disease prevention. New York 1984, S. 69-90
JOEL, E. und F. FRÄNKEL: Öffentliche Maßnahmen gegen den Mißbrauch von Betäubungsmitteln, in: Klinische Wochenschrift, 6, 1927, S. 1053-1057
JOEL, E.: Die Behandlung der Giftsuchten. Alkoholismus, Morphinismus, Kokainismus etc. Leipzig 1928
JÖRESKOG, K.G. und D. SÖRBOM: LISREL. Analysis of linear structural relationships by the method of maximum likelihood. Version V. Uppsala 1985
JOHNSON, B.D.: Marihuana users and drug subcultures. New York 1973
JOHNSON, D.R. und J.C. CREECH: Ordinal measures in multiple indicators models: a simulation study of categorization errors, in: American Sociological Review, 48, 1983, S. 398-407
JOHNSON, R.E.: Juvenile delinquency and its origins. An integrated theoretical approach. London 1979
JOHNSON, R.E., A.C. MARCOS and S.J. BAHR: The role of peers in the complex etiology of adolescent drug use, in: Criminology, 25, 1987, S. 323-340
JOHNSSTON, L.D., P.M. O'MALLEY und J.G. BACHMANN: Marijuana decriminalization: the impact on youth 1975-1980. Ann Arbor, Michigan 1981
JOHNSTON, L.D.: The etiology and prevention of substance use: what can we learn from recent historical changes?, in: C. LaRue und R.J. Battjes (Hg.), Etiology of drug abuse: implications for prevention. NIDA Research Monograph 56. Rockville, Md. 1985, S. 155-177
JOHNSTON, L.D. und P.M. O'MALLEY: Issues of validity and population coverage in student surveys of drug use, in: B.A. Rouse, N.J. Kozel und L.G. Richards (Hg.), Self-report methods of estimating drug use: meeting current challenges to validity. NIDA Research Monograph 57. Rockville, Md. 1985, S. 31-54
JOHNSTON, L.D., P.O. MALLEY und J. BACHMANN: Use of licit and illicit drugs by America's high-school students 1975-1984. Rockville, Md. 1985
JOHNSTON, L.D., P.O. MALLEY und J. BACHMANN: Drug use, drinking, and smoking: national survey results from high school, college and young adult populations 1975-1988. Rockville, Md. 1989
JOHNSTON, L.D., P.O. MALLEY und J. BACHMANN: National survey results on drug use from monitoring the future study, 1975-1992, Vol 1. Rockville, Md. 1993
JUDIS, R.-M.: Der jugendliche Drogendelinquent. Eine kriminologische Analyse von 625 rechtskräftigen

Strafurteilen aus dem Jahre 1972. Jur. Dissertation an der Universität Marburg. Marburg 1975
JUNGER-TAS, J. und M. JUNGER: Effects of intervention by the police and the prosecutor, in: J. Junger-Tas und R.L. Block (Hg.), Juvenile delinquency in The Netherlands. Dutch studies on crime and justice. Amstelveen 1988, S. 177-203
JUNGJOHANN, E., K. BEHRENDS, R. ZIMMERMANN und M. SCHNEIDER: Drogenreport Essen. Beitrag zur Epidemiologie des Drogenmißbrauchs unter Jugendlichen. Vervielfältigter Bericht. Essen 1972
KADUSHIN, C.: Reason analysis, in: International Encyclopedia of the Social Sciences. Bd. 13. 2. Aufl. New York 1968, S. 338-343
KADUSHIN, C.: Why people go to psychiatrists. New York 1969
KAHL, J.: Diskussionsbeitrag, in: Heroin. Die Drogenjugend. Ein Symposium über heroinabhängige Jugendliche, in: Bild der Wissenschaft, 10/11, 1980, S. 178-220
KAISER, G.: Kriminologie. Eine Einführung in die Grundlagen. 4. Aufl. Heidelberg und Karlsruhe 1979
KANDEL, D.B.: Interpersonal influences on adolescent illegal drug use, in: E. Josephson und E.E. Carroll (Hg.), Drug use. Epidemiological and sociological approaches. Washington, D.C. 1974, S. 207-240
KANDEL, D.B.: Reaching the hard-to-reach: illicit drug use among high school absentees, in: Addictive Diseases, 1, 1975a, S. 465-480
KANDEL, D.B.: Stages in adolescent involvement in drug use, in: Science, 190, 1975b, S. 912-914
KANDEL, D.B. und R. FAUST: Sequence and stages in patterns of adolescent drug use, in: Archives of general Psychiatry, 32, 1975, S. 923-932
KANDEL, D.B.: Homophily, selection, and socialization in adolescent friendships, in: American Journal of Sociology, 84, 1978, S. 427-436
KANDEL, D.B.: Drug and drinking behavior among youth, in: A. Inkeles, N.J. Smelser and R.H. Turner (Hg.), Annual Review of Sociology, 6, Palo Alto Cal. 1980, S. 235-285
KANDEL, D.B. und K. YAMAGUCHI: Developmental patterns of the use of legal, illegal and medically prescribed psychotropic drugs from adolescence to young adulthood, in: C. LaRue Jones und R.J. Battjes (Hg.), Etiology of drug abuse: implications for prevention. NIDA Research Monograph 56. Rockville, Md. 1985, S. 193-235
KANDEL, D.B. und K. ANDREWS: Processes of adolescent socialization by parents and peers, in: The International Journal of the Addictions, 22, 1987, S. 319-342
KAPLAN, C.D., D. KORF und C. STERK: Temporal and social contexts of heroin-using populations. An illustration of the snowball sampling technique, in: The Journal of Nervous and Mental Disease, 175, 1987, S. 566-574
KAPLAN, H.B., S.S. MARTIN und R.J. JOHNSON: Self-rejection and the explanation of deviance: specification of the structure among latent constructs, in: American Journal of Sociology, 92, 1986a, S. 384-411
KAPLAN, H.B., S.S. MARTIN, R.J. JOHNSON und C.A. ROBBINS: Escalation of marijuana use: application of a general theory of deviant behavior, Journal of Health and Social Behavior, 27, 1986b, S. 44-61
KASTNER, P. und R.K. SILBEREISEN: Drogengebrauch Jugendlicher aus entwicklungstheoretischer Sicht. Berichte aus der Arbeitsgruppe TU drop Jugendforschung 36/1984.
KATZ, E. und P.F. LAZARSFELD: Personal influence. The part played by people in the flow of mass communication. New York und London 1964 (zuerst 1955)
KAUPEN, W.: Das Verhältnis der Bevölkerung zum Recht in einer demokratischen Gesellschaft, in: H. Steinert (Hg.), Der Prozeß der Kriminalisierung. Untersuchungen zur Kriminalsoziologie. München 1973, S. 27-50
KEHRMANN Marktforschung: Jugend '78 (Untersuchung im Auftrag der Zeitschrift Quick). Unveröffentl. Tabellenband. Hamburg 1978
KECKEISEN, W.: Die gesellschaftliche Definition abweichenden Verhaltens. Perspektiven und Grenzen

des labeling approach. München 1974
KERSCHER, I.: Sozialwissenschaftliche Kriminalitätstheorien. Eine Einführung. Weinheim und Basel 1978
KEUP, W. und C. TORGE: Ätiologie des Mißbrauch aus objektiver und subjektiver Sicht, in: W. Keup (Hg.), Mißbrauch chemischer Substanzen. Hamm 1975, S. 51-58
KEUP, W.: Zahlen zur Gefährdung durch Drogen und Medikamente, in: Deutsche Hauptstelle gegen die Suchtgefahren, Informationsdienst, 37, Nr. 1/2, 1984, S. 12-48
KEUP, W.: Mißbrauchs-Substanzen, Nennungen von Substanzen mit praktiziertem Mißbrauch im Frühwarnsystem, in: Suchtgefahren, 31, 1985, S. 178-198
KHANTZIAN, E.J.: An ego/self theory of substance dependence: a contemporary psychoanalytic perspective, in: D.J. Lettieri, M. Sayers und H. Wallenstein Pearson (Hg.), Theories on drug abuse. Selected contemporary perspectives. NIDA Research Monograph 30. Rockville, Md. 1980, S. 29-33
KINDERMANN, W.: Das kritische Alter: Die 15jährigen, in: Bild der Wissenschaft, Heft 10, 1981, S. 129-144
KINDERMANN, W. und W. SCHNEIDER: Auf der Suche nach neuen Wegen in der Drogenarbeit, in: Suchtgefahren, 28, 1982, S. 115-134
KINDERMANN, W.: Ambulante Therapie bei Drogenabhängigen, in: O. Schrappe (Hg.), Methoden der Behandlung von Alkohol-, Drogen- und Medikamentenabhängigkeit (Gemeinsamkeiten und Unterschiede). Stuttgart 1983, S. 155-162
KINDERMANN, W.: Drogenabhängigkeit bei Minderjährigen, in: Deutsche Hauptstelle gegen die Suchtgefahren (Hg.), Süchtiges Verhalten. Hamm 1985, S. 293-304
KING, F.W.: Anonymous identificable questionnaires in drug usage surveys, in: American Psychologist, 25, 1970, S. 981-985
KIRCHHOFF, G.F.: Selbstberichtete Delinquenz. Eine empirische Untersuchung. Göttingen 1975
KITSUSE, J.J.: Societal reaction to deviant behavior, in: Social problems, 9, 1962, S. 247-256
KLEIN, M.W.: Deinstitutionalization and diversion of juvenile offenders: a litany of impediments, in: N. Morris und M. Tonry (Hg.), Crime and justice. An annual review of research. Band I. Chicago und London 1979, S. 145-201
KLEIN, M.W.: Labeling theory and delinquency policy. An experimental test, in: Criminal Justice and Behavior, 13, 1986, No. 1, S. 47-79
KLEINER, D.: Opium im Haschisch - eine Legende?, in: Deutsches Ärzteblatt, 68, 1971, S. 1164-1165
KLEINER, D.: Über Motivationsarbeit mit Drogenabhängigen zur Therapieaufnahme, in: Zentralblatt für Jugendrecht und Jugendwohlfahrt, 67, 1980, S. 245-249
KLEINING, G. und H. MOORE: Soziale Selbsteinstufung (SSE). Ein Instrument zur Messung sozialer Schichten, in: Kölner Zeitschrift für Soziologie und Sozialpsychologie, 23, 1968, S. 1-33
KLEINKE, C.L.: Effects of personal evaluations, in: G.J. Chelune u.a.: Self-disclosure. San Francisco 1979, S. 59-79
KLINGEMANN, H.D.: Bestimmungsgründe der Wahlentscheidung. Eine regionale Wahlanalyse. Meisenheim am Glan 1969
KNUTSSON, J.: Labeling theory - a critical examination. The National Swedish Council for Crime Prevention. Scientific Reference Group. Report No. 3. Stockholm 1977
KOBRIN, S.: The labeling approach: problems and limits, in: J.F. Short, Jr. (Hg.), Delinquency, crime and society. Chicago und London 1976, S. 239-253
KÖLNER STADT-ANZEIGER vom 14. 7. 1976; 17. 2. 1986, S. 8; 5. 6. 1987, S.3; 24./25. 10. 1987, S. 12, 7.3.1989
KÖNIG, R.: Kleider und Leute. Zur Soziologie der Mode. Frankfurt 1967
KOHFAHL, A.: Über Heroinmißbrauch, in: Zeitschrift für die gesamte gerichtliche Medizin, 8, 1926, S. 81-90

KOPTEFF, P.J.: A survey of the abuse of medicines and illicit drugs by Finnish students, in: The International Journal of the Addictions, 15, 1980, S. 264-275

KORCZAK, D.: Fragen und Daten zum Drogenkonsum, in: D. Korczak (Hg.), Die betäubte Gesellschaft. Süchte: Ursachen - Formen - Therapien. Frankfurt/Main 1986, S. 15-29

KORCZAK, D.: Ist Drogenprävention durch den niedergelassenen Kinderarzt möglich?, in: Th. Helbrügge, (Hg.), Drogen im Kindes- und Jugendalter. Lübeck 1987, S. 148-162

KORNBRODT, J.: Interview, in: DIE ZEIT, Nr. 5, 29.1.1988, S. 2

KORNHAUSER, A. und P.F. LAZARSFELD: The analysis of consumer action, in: P.F. Lazarsfeld und M. Rosenberg (Hg.), The language of social research. A reader on the methodology of social research. Glencoe, Ill. 1955, S. 338-343

KORNHAUSER, R.R.: Social sources of delinquency. An appraisal of analytic models. Chicago und London 1978

KRAEMER, S. und F.J. FELDHEGE: Ergebnisse eines stationären Entzugsprogramms, in: E.J. Tongue und L. Graz (Hg.), Conference proceedings of the 6th International Institute on the Prevention and Treatment of Drug Dependence in Hamburg 1976. Lausanne 1976, S. 421-436

KRAEPELIN, E.: Klinische Psychiatrie. Erster Teil. 9. Aufl. Leipzig 1927

KREISSL, R.: Der Labeling approach - Metamorphosen eines theoretischen Ansatzes, in: H.W. Franz (Hg.), 22. Deutscher Soziologentag 1984. Sektion Ad-hoc-Gruppen. Opladen 1985, S. 305-307

KREUTZ, H.: Jugend, Gruppenbildung und Objektwahl. 2 Bde. Dissertation. Universität Wien 1964

KREUTZ, H.: Soziologie der Jugend. München 1974

KREUZER, A.: Drogen und Delinquenz. Eine jugendkriminologisch-empirische Untersuchung der Erscheinungsformen und Zusammenhänge. Wiesbaden 1975

KREUZER, A.: Polizeiliche Drogenkontrolle. Über die Wechselbeziehung zwischen polizeilicher Strafverfolgung und Drogenscene, in: K.H. Reuband (Hg.), Rauschmittelkonsum. Soziale Abweichung und institutionelle Reaktion. Wiesbaden 1976, S. 125-153

KREUZER, A., C. GEBHARDT, M. MAASEN, M. STEIN-HILBERS: Drogenabhängigkeit und Kontrolle. Kriminologische Untersuchung über Phänomenologie des Heroinkonsums und polizeiliche Drogenkontrolle. BKA-Forschungsreihe. Wiesbaden 1981

KRIEGER, R.: Keine Angst vor neugierigen Kindern, in: Psychologie heute, Januar 1978, S. 14-20

KROHN, M.D., L. LANZA-KADUCE und R.L. AKERS: Community context and theories of deviant behavior: an examination of social learning and social bonding theories, in: The Sociological Quarterly, 25, 1984, S. 353-371

KUHN, T.S.: Die Struktur wissenschaftlicher Revolutionen. Frankfurt/M. 1973 (zuerst auf englisch 1962)

KÜHN, W.: Hanf und Amphetamin - aufkommende Gefahren für unsere Jugend, in: W. Becker (Hg.), Jugend in der Rauschgiftwelle? Hamm 1968, S. 39-47

KÜHNE, H.H.: Motivationsverläufe bei Rauschmittelgeschädigten. Ein Bericht über den Versuch einer empirischen Studie, in: H. Müller-Dietz (Hg.), Kriminaltherapie heute. Berlin 1974, S. 50-113

KUTSCH, T. und G. WISWEDE: Drogenkonsum als Form abweichenden Verhaltens, in: T. Kutsch, G. Wiswede (Hg.), Drogenkonsum: Einstieg, Abhängigkeit, Sucht. Königstein 1980, S. 1-20

LAARSS, R.H.: Dämon Rausch. Eine Abhandlung über den Mißbrauch von Betäubungsmitteln. Leipzig 1925

LABITZKE, G.: Rauschgift - Problem unserer Zeit und unserer Jugend, in: W. Becker (Hg.), Jugend in der Rauschgiftwelle? Hamm 1968, S. 56-61

LADEWIG, D., V. HOBI, H. DUBACHER und V. FAUST: Drogen unter uns. Medizinische, psychologische und juristische Aspekte des Drogenkonsums unter Berücksichtigung des Alkohol- und Tabakkonsums. 3. Aufl. Basel 1979

LADEWIG, D., V. HOBI, D. KLEINER, H. DUBACHER und V. FAUST: Drogen unter uns.

Medizinische, psychologische und juristische Aspekte des Drogenkonsums unter Berücksichtigung des Alkohol- und Tabakkonsums. 4. Aufl. Basel 1983

LAIMER, M.: Untersuchungen zum Suchtmittelkonsum von Schülern im Rheinisch-Bergischen Kreis. Vervielfältigter Bericht. Köln 1977

LAMNEK, S.: Theorien abweichenden Verhaltens. München 1979

LAMNEK, S.: Wider den Schulenzwang. Ein sekundäranalytischer Beitrag zur Delinquenz und Kriminalisierung Jugendlicher. München 1985

LANDAU, S.F.: Juveniles and the police, in: The British Journal of Criminology, 21, 1981, S. 27-46

LANDESKRIMINALAMT BADEN-WÜRTTEMBERG: Rauschgift. Das tödliche Spiel mit dem Leben. Stuttgart o.J. (ca. 1980)

LANDESREGIERUNG NORDRHEIN-WESTFALEN: Das Länderprogramm zur Bekämpfung des Drogenmißbrauchs in Nordrhein-Westfalen. Düsseldorf 1980

LANE, R.E.: Political Life. Glencoe, Ill. 1959

LANE, R.E. und D.O. SEARS: Public opinion. Englewood Cliffs, N.J. 1964

LANGE, K.-J.: Das Alter von Opiatabhängigen: werden sie jünger?, in: Suchtgefahren, 30, 1984, S. 280-284

LANGE, K.-J.: Ein Nachtrag zur Verläßlichkeit bisheriger Befunde zum Thema "Herauswachsen aus der Opiatabhängigkeit", in: Suchtgefahren, 32, 1986, S. 411

LANZA-KADUCE, L., R.L. AKERS, M.D. KROHN und M. RADOSEVICH: Cessation of alcohol and drug use among adolescents: a social learning model, in: Deviant Behavior, 5, 1984, S. 79-96

LAUMANN, E.O.: Bonds of pluralism. The form and substance of urban social networks. New York 1973

LAVENHAR, M.A., E.A. WOLFSON, A. SHEFFET, S. EINSTEIN und D.B. LOURIA: Survey of drug abuse in six New Jersey high schools: II - characteristics of drug users and nonusers, in: S. Einstein und S. Allen (Hg.), Proceedings of the 1st International Conference of student drug surveys. Farmingdale 1972, S. 33-53

LAZARSFELD, P.F.: The art of asking why, in: D. Katz et al. (Hg.), Public opinion and propaganda. New York 1954, S. 675-686

LAZARSFELD, P.F. und R.K. MERTON: Friendship as a social process: a substantive and methodological analysis, in: M. Berger, T. Able u. C. Page (Hg.), Freedom and control in modern society. New York 1954, S. 18-66

LAZARSFELD, P.F.: Historical notes on the empirical study of action: an intellectual odyssey, in: P.F. Lazarsfeld, Qualitative analysis. Historical and critical essays. Boston 1972, S. 53-105

LAZARSFELD, P.F.: Eine Episode in der Geschichte der empirischen Sozialforschung, in: T. Parsons, E. Shils und P.F. Lazarsfeld, Soziologie - autobiographisch. Drei kritische Berichte zur Entwicklung einer Wissenschaft. Stuttgart 1975, S. 147-225 (erstmals erschienen auf englisch 1968)

LEBER, J.C.: Sozialpsychologie der Rauschgiftabhängigkeit und Jugend, in: K. Heymann (Hg.), Drogengefährdung als Zeiterscheinung. Basel 1973, S. 47-58

LECHLER: Diskussionsbeitrag, in: E. Knischewski (Hg.), Drogenproblem - kritisch betrachtet. 2. Aufl. Kassel 1971, S. 61

LEGNARO, A.: Soziologische Aspekte des Alkoholismus, in: Kölner Zeitschrift für Soziologie und Sozialpsychologie, 25, 1973, S. 403-419

LEGNARO, A.: Drogenkonsum und Wertstruktur - Aspekte der kulturellen Integration illegaler Drogen, in: T. Kutsch, G. Wiswede (Hg.), Drogenkonsum: Einstieg, Abhängigkeit, Sucht. Königstein 1980, S. 178-191

LEGNARO, A.: Ansätze zu einer Soziologie des Rausches - zur Sozialgeschichte von Rausch und Ekstase in Europa, in: G. Völger und K.v. Welck (Hg.), Rausch und Realität. Drogen im Kulturvergleich. Bd. 1.

Reinbek bei Hamburg 1982, S. 93-114
LEHMANN, M.: Auswertung einer Befragung von Schülern am Schiller-Gymnasium in Köln. (Untersuchung der Bundeszentrale für gesundheitliche Aufklärung). Unveröffentlichtes Manuskript. Köln 1971
LEMERT, E.M.: Social pathology. New York 1951
LEMERT, E.M.: Social structure, social control, and deviation, in: M.B. Clinard (Hg.), Anomie and deviant behavior. A discussion and critique. New York, London 1964, S. 57-97
LEMERT, E.M.: Human deviance, social problem and social control. New York 1967
LEMERT, E.M.: Beyond Mead: the social reaction to deviance, in: Social Problems, 21, 1974, S. 457-467
LEMERT, E.M.: Issues in the study of deviance, in: The Sociological Quarterly, 22, 1981, S. 285-305
LERSNER, M.v., A. HENRICHS und W. NAGELE: Haschisch an Gymnasien. Eine Erkundungsstudie über den Haschischkonsum und die Motivation der Konsumenten. Unveröffentlichte Zulassungsarbeit für die pädagogische Prüfung für das Lehramt an Gymnasien. Freiburg 1971
LEUNER, H.: Über den Rauschmittelmißbrauch Jugendlicher, in: Der Nervenarzt, 42, 1971, S. 281-291
LEUNER, H.: Tiefenpsychologische Aspekte der Drogenerfahrung, in: G. Völger und K.v. Welck (Hg.), Rausch und Realität. Drogen im Kulturvergleich. Bd. 3. Reinbek bei Hamburg 1982, S. 1128-1142
LEVENGOOD, R., P. LOWINGER und K. SCHOOF: Heroin addiction in the suburbs - an epidemiologic study, in: American Journal of Public Health, 63, 1973, S. 209-214
LEVY, B.S.: Five years after: a follow-up of 50 narcotic addicts, in: American Journal of Psychiatry, 128, 1972, S. 868-872
LEWIN, L.: Phantastica. Die betäubenden und erregenden Genußmittel. Für Ärzte und Nichtärzte. 2., erw. Aufl. Berlin 1927
LINDEN, E. und J.C. HACKLER: Affective ties and delinquency, in: The Pacific Sociological Review, 16, 1973, S. 27-46
LINDESMITH, A.R.: Opiate addiction. Bloomington, Ind. 1947
LINDESMITH, A.R. und J. GAGNON: Anomie and drug addiction, in: M.B. Clinard (Hg.), Anomie and deviant behavior. A discussion and critique. New York und London 1964, S. 158-188
LINDESMITH, A.R. und A.L. STRAUSS: Symbolische Bedingungen der Sozialisation. Eine Sozialpsychologie. Teil 1. Frankfurt/M. 1983
LINZ, A.: Die deutsche Opiumgesetzgebung. Berlin und Göttingen 1948
LIPP, W.: Selbststigmatisierung, in: M. Brusten und J. Hohmeier (Hg.), Stigmatisierung 1. Zur Produktion gesellschaftlicher Randgruppen. Neuwied und Darmstadt 1975, S. 25-54
LIPSET, S.M. und S. ROKKAN: Cleavage structures, party system and voter alignments, in: S.M. Lipset und S. Rokkan (Hg.), Party system and voter alignments. New York 1967, S. 1-64
LISKA, A.E.: Interpreting the causal structure of differential association theory, in: Social Problems, 16, 1969, S. 485-492
LISKA, A.E. und M.D. REED: Ties to conventional institutions and delinquency: estimating reciprocal effects, in: American Sociological Review, 50, 1985, S. 547-560
LÖS, K.C.: Tablettensucht - ein Zeitproblem. Marihuana schmeckt wie 'Schreberschreck' - Alle Süchtigen sind polizeilich registriert, in: Hamburger Echo, 11.11. 1951
LOMAX, E.: The uses and abuses of opiates in nineteenth-century England, in: Bulletin of the History of Medicine, 47, 1973, S. 167-176
LONG, J.S.: Confirmatory factor analysis. A preface to LISREL. Beverly Hills 1983a
LONG, J.S.: Covariance structure models. An introduction to LISREL. Beverly Hills 1983b
LORENZ, S.: Zur Problematik der drogengefährdeten Jugendlichen aus soziologischer und psychologischer Sicht, in: Jugendschutz, 28, 1983, S. 113-125
LUCAS, W.L., S.E. GRUPP, R.L. SCHMITT: Predicting who will turn on: a four-year follow-up, in: The

International Journal of the Addictions, 10, 1975, S. 305-326
LUDWIG, W.: Mehrfachtäter im Kontext gesellschaftlicher Produktion von Jugendkriminalität, in: H. Schüler-Springorum (Hg.), Mehrfach auffällig. Untersuchung zur Jugendkriminalität. München 1982, S. 86-125
LUETGERT, M.J. und A. HABERMANN ARMSTRONG: Methodological issues in drug usage surveys: anonymity, recency, and frequency, in: International Journal of the Addictions, 8, 1973, S. 683-689
LUNDMANN, R.J., R.E. SYKES und J.P. CLARK: Police control of juveniles. A replication, in: Journal of Crime and Delinquency, 15, 1978, S. 74- 91
MADER, R. und W. SLUGA: Gruppenbeziehungen rauschgift- und drogenabhängiger Jugendlicher, in: Jahrbuch für Psychologie, Psychotherapie und medizinische Anthropologie, 17, 1969, S. 351-359
MADDUX, J.F. und D.P. DESMOND: Reliability and validity of information from chronic heroin users, in: Journal of Psychiatric Research, 12, 1975, S. 87-95
MALHOTRA, M.K.: Wuppertaler Schüler mit Drogenerfahrung, in: Öffentliches Gesundheits-Wesen, 36, 1974, S. 256-271
MANGOLD, W.: Gruppendiskussionen, in: R. König (Hg.), Handbuch der empirischen Sozialforschung. Band 2, 1. Teil. Stuttgart 1973, S. 228-259
MANNHEIM, K.: Das Problem der Generationen (zuerst 1928), in: K. Mannheim: Wissenssoziologie. 2. Aufl. Neuwied und Berlin 1970, S. 509-555
MARCOS, A.C., S.J. BAHR und R.E. JOHNSON: Test of a bonding/association theory of adolescent drug use, in: Social Forces, 65, 1986, S. 135-161
MASSEY, J.L. und M.D. KROHN: A longitudinal examination of an integrated social process model of deviant behavior, in: Social Forces, 65, 1986, S. 106-134
MASUCH, F.: Zur heutigen Bedeutung der Weckmittelsucht in Deutschland, in: Der öffentliche Gesundheitsdienst, 20, 1958/59, S. 220-224
MATHIESEN, J.: Drogen. Informationen über Arten, Verwendungsformen und Risiken der Rauschdrogen (bearbeitet von J. v. Scheidt). Herausgegeben vom Stadtjugendamt München. München 1970
MATSUEDA, R.L.: Testing control theory and differential association, in: American Sociological Review, 47, 1982, S. 489-504
MATSUEDA, R.L. und K. HEIMER: Race, family structure, and delinquency: a test of differential association and social control theories, in: American Sociological Review, 52, 1987, S. 826-840
MATZA, D.: Abweichendes Verhalten. Untersuchungen zur Genese abweichender Identität. Heidelberg 1973
MATTKE, D.J.: Stand der Drogenforschung, in: Sucht ist Flucht. Drogen und Rauschmittelmißbrauch in der Bundesrepublik. Materialien vom Anti-Drogenkongreß. Hamburg 1972, S. 41-61
MAUSS, M.: Soziologie und Anthropologie. Gabentausch, Todesvorstellung, Körpertechniken. Band II. Frankfurt/M. 1978
MAYS, J.B.: Juvenile delinquency, the family and the social group - an overview, in: J.B. Mays (Hg.), Juvenile delinquency, the family and the social group. London 1972, S. 3-14
McAULIFFE, W.E.: Beyond secondary deviance: negative labelling and its effects on the heroin addict, in: W.R. Gove (Hg.), The labeling of deviance. Evaluating a perspective. New York 1975, S. 205-242
McBRIDE, D.C. und R.R. CLAYTON: Methodological issues in the etiology of drug abuse, in: Journal of Drug Issues, 1985, S. 509-529
McCORD, J.: Deterrence and the light touch of the law, in: D.P. Farrington und J. Gunn (Hg.), Reactions to crime: the public, the police, courts, and prisons. Chichester 1985, S. 73-85
MEAD, G.H.: Geist, Identität und Gesellschaft. Frankfurt/M. 1968 (zuerst 1934)
MEAD, G.H.: Eine behavioristische Erklärung des signifikanten Symbols (zuerst 1927), in: G.H. Mead, Gesammelte Aufsätze. Bd. 1. (Herausgegeben von H. Joas). Frankfurt/M. 1987, S. 290-298

MEER-FANDREY, M.: Bedingungen und Folgen der Drogenabhängigkeit. Eine biographische Erhebung bei Fixern und Ex-Usern. Unveröffentlichte Diplomarbeit. Erziehungswissenschaftlich-Heilpädagogische Fakultät der Universität zu Köln. Köln 1985

MEIER, R.F. und W.T. JOHNSON: Deterrence as social control: the legal and extra legal production of conformity, in: American Sociological Review, 42, 1977, S. 292-304

MEIER, R.F., S.R. BURKETT und C.A. HICKMAN: Sanctions, peers, and deviance: preliminary models of a social control process, in: The Sociological Quarterly, 25, 1984, S. 67-82

MELCHINGER, H. (unter Mitarbeit von M. Schulzke), Wissenschaftliche Begleitung der Fachklinik Brauel. Zwischenbericht. Hannover 1986

MELOSSI, D.: Befindet sich die 'historische Kriminologie' in einer Krise? Zur gegenwärtigen Lage einer kritischen Kriminologie, in: Kriminologisches Journal, 16, 1984, S. 246-264

MENTZOS, S. und W. PITTRICH: Über die Zuverlässigkeit psychiatrisch-psychologischer Anamnesen, in: H.J. Heite (Hg.), Anamnese. Stuttgart und New York 1971, S. 141-161

MERTON, R.K.: Social structure and anomie, in: American Sociological Review, 3, 1938, S. 673-680

MERTON, R.K.: Social theory and social structure. Rev. ed. Glencoe, Ill. 1957

MERTON, R.K.: Social structure and anomie (Auszug aus: Social theory and social structure 1957), in: M.E. Wolfgang, L. Savitz und N. Johnston (Hg.), The sociology of crime and delinquency. New York 1962, S. 236-243

MERTON, R.K.: Anomie, anomia and social interaction: contexts of deviant behavior, in: M.B. Clinard (Hg.), Anomie and deviant behavior. A discussion and critique. New York und London 1964, S. 158-188

MEULEMANN, H.: Bildung und Lebensplanung. Die Sozialbeziehung zwischen Elternhaus und Schule. Frankfurt und New York 1985a

MEULEMANN, H.: Säkularisierung und Politik. Wertwandel und Wertstruktur in der Bundesrepublik Deutschland, in: Politische Vierteljahresschrift, 26, 1985b, S. 29-51

MEULEMANN, H.: Die Struktur religiöser Vorstellungen in der Bundesrepublik Deutschland. Eine konfirmatorische Faktorenanalyse, in: ZA Information 16, 1985c, S. 40-70

MIKURIYA, T.H.: Die Bedeutung des Cannabis in der Geschichte der Medizin, in: W. Burian und I. Eisenbach-Stangl (Hg.), Haschisch: Prohibition oder Legalisierung. Ursachen und Folgen des Cannabisverbots. Weinheim und Basel 1982, S. 87-102

MILLER, N.E., R.R. SEARS, O.H. MOWRER, L.W. DOOB und I. DOLLARD: Die Frustrations-Agression-Hypothese, in: H. Thomae (Hg.), Die Motivation menschlichen Handelns. Köln und Berlin 1968, S. 205-209

MILLER, L.L. und T.L. CORNETT: Marijuana: dose effects on pulse rate, subjective estimates of intoxication, free recall and recognition memory, in: Pharmacology Biochemistry and Behavior, 9, 1978, S. 573-577

MILLER, M.O. und M. GOLD: Iatrogenesis in the juvenile justice system, in: Youth and Society, 16, 1984, S. 83-111

MILMAN, D.H.: Patterns of drug usage among university students: V. Heavy use of marihuana and alcohol by undergraduates. Paper presented at the 30th International Congress on Alcoholism and Drug Dependence. Amsterdam 1972

MINOR, W.W.: Techniques of neutralization: a reconciliation and empirical examination, in: Journal of Crime and Delinquency, 18, 1981, S. 295-318

MINOR, W.W. und J. HARVEY: Deterrent and experience effects in percepted deterrence research: a replication and extension, in: Journal of Crime and Delinquency, 19, 1982, S. 190-203

MINOR, M.J.: Panel data on ego networks. A longitudinal study of former heroin addicts, in: R.S. Burt und M.J. Minor (Hg.), Applied network analysis. Beverly Hills 1983, S. 89-99

MITCHELL (Hg.), Social networks in urban situations. Analyses of personal relationship in Central

African towns. Manchester 1969
MOHR, H.-M.: Ausgewählte Aspekte zur wahrgenommenen Lebensqualität in der deutschen Wohnbevölkerung, in: H.-J. Krupp und U. Hanefeld (Hg.), Lebenslagen im Wandel: Analysen 1987. Frankfurt/M. und New York 1987, S. 161-179
MOSCOVICI, S.: Sozialer Wandel durch Minoritäten. München 1979
MOSER, G. und G. KALTON: Survey methods in sociology. London 1971
MOTT, J.: Police decision for dealing with juvenile offenders, in: British Journal of Criminology, 23, 1983, S. 249-262
MURRAY, G.F. und P.G. ERICKSON: Cross-sectional versus longitudinal research: an empirical comparison of projected and subsequent criminality, in: Social Science Research, 16, 1987, S. 107-118
MUSTO, D.F.: The American disease. Origins of narcotic control. New York und London 1973
NAEGELE, K.D.: Friendship and acquaintances. An exploration of some social distinctions, in: Harvard Educational Review 28, 1958, S. 232-252
NEIDHARDT, F.: Die Junge Generation. Jugend und Gesellschaft in der Bundesrepublik. 2. Aufl. Opladen 1968
NEIDHARDT, F.: Bezugspunkte einer soziologischen Theorie der Jugend, in: F. Neidhardt et al. (Hg.), Jugend im Spektrum der Wissenschaften. 2. Aufl. München 1972, S. 11-48
NEIDTHARDT, F.: Themen und Thesen zur Gruppensoziologie, in: F. Neidhardt, (Hg.) Gruppensoziologie. Perspektiven und Materialien. Sonderheft 25 der Kölner Zeitschrift für Soziologie und Sozialpsychologie. Opladen 1983, S.12-35
NEUMANN, L.: Effects of categorization on the correlation coefficient, in: Quality and Quantity, 16, 1982, S. 527-538
NEWCOMB, T.M.: The acquaintance process. New York 1961
NEWCOMB, T.M.: Interpersonal balance, in: E.F. Borgatta (Hg.), Social psychology. Readings and perspectives. Chicago 1969, S. 464-489
NEWTON, C.H. und G. SHELDEN: The delinquent label and its effect on future behavior: an empirical test of Lement's level of deviance, in: International Journal of Criminology and Penology, 3, 1975, S. 229-241
NIDA (National Institute on Drug Abuse): Marihuana and health. 6th Report to the U.S. Congress. 1976. Rockville, Md. 1977
NIDA: Marijuana and health. Eighth Report Congress. Rockville, Md. 1980
NOELLE-NEUMANN, E.: Die Schweigespirale. Über die Entstehung der öffentlichen Meinung, in: E. Forsthoff und R. Hörstel (Hg.), Standorte im Zeitstrom. Festschrift für Arnold Gehlen zum 70. Geburtstag am 29. Januar 1974. Frankfurt/M. 1974, S. 299-330
NOELLE-NEUMANN, E.: Das doppelte Meinungsklima. Der Einfluß des Fernsehens im Wahlkampf 1976, in: M. Kaase (Hg.), Wahlsoziologie heute. Analysen aus Anlaß der Bundestagswahl 1976. Politische Vierteljahresschrift, 18, 1977a, S. 408-451
NOELLE-NEUMANN, E.: Politik und Glück, in: H. Baier (Hg.), Freiheit und Sachzwang. Beiträge zu Ehren Helmut Schelskys. Opladen 1977b, S. 208-263
NOELLE-NEUMANN, E.: Die Schweigespirale. Öffentliche Meinung - unsere soziale Haut. München und Zürich 1980
NOELLE-NEUMANN, E.: Drogengefahr als Thema von Umfragen, in: Sucht-Report, 1, 1987, Heft 1, S. 23-28
NORDALM, V.: Repräsentativerhebung des Jugendamtes Dortmund an Dortmunder Schulen über den Drogenmißbrauch. Vervielfältigter Bericht. Dortmund 1972
NURCO, D.N., J.C. BALL, N. BEJEROT, V.P. DOLE, G. EDWARDS, D.W. GOODWIN, R. JESSOR und J.A. O'DONNELL: Sociology and epidemiology of addiction. Group report, in: J. Fishman (Hg.), The

bases of addiction. Dahlem-Konferenzen. Berlin 1978, S. 441-462
NYE, E.I.: Family relationships and delinquent behavior. Westport, Conn. 1973 (zuerst 1958)
O'DONNELL, J.A., H.L. VOSS, R.R. CLAYTON, R.R. SLATIN und R.G. ROOM: Young men and drugs - a nationwide survey. National Institute on Drug Abuse, Monograph 5. Rockville, Md. 1976
O'GORMAN, H.: Pluralistic ignorance and white estimate of white support for racial segregation, in: Public Opinion Quarterly, 39, 1975, S. 313-330
O'GORMAN, H. und S. GARRY: Pluralistic ignorance - a replication and extension, in: Public Opinion Quarterly, 40, 1976, S. 449-458
ÖNEN, Ü.: Der offene Block als Element städtebaulicher Gestaltung. Ein Beitrag zur soziologischen Problematik des Städtebaus. Magisterarbeit. Universität Hamburg 1968
OPP, K.D.: Abweichendes Verhalten und Gesellschaftsstruktur. Darmstadt und Neuwied 1974
OPP, K.D. und P. SCHMIDT: Einführung in die Mehrvariablenanalyse. Grundlagen der Formulierung und Prüfung komplexer sozialwissenschaftlicher Aussagen. Reinbek bei Hamburg 1976
ORCUTT, J.D.: Differential association and marijuana use: a closer look at Sutherland (with a little help from Becker), in: Criminology, 25, 1987, S. 341-357
OTTO, H.J.: Generalprävention und externe Verhaltenskontrolle. Wandel vom soziologischen zum ökonomischen Paradigma in der nordamerikanischen Kriminologie? Freiburg 1982
PALAMARA, F., F.T. CULLEN und J.C. GERSTEN: The effect of police and mental health intervention on juvenile deviance: specifying contingencies in the impact of formal reaction, in: Journal of Health and Social Behavior, 27, 1986, S. 90-105
PANKOW, J.: Über das psychohygienische Verhalten und gesundheitliche Wissen von höheren Schülern. Med. Dissertation, Universität zu Kiel. Kiel 1970
PAPPI, F.U. und G. WOLF: Angaben über beste Freunde im Interview: Zuverlässigkeit und Gültigkeit, in: H. Meulemann und K.H. Reuband (Hg.), Soziale Realität im Interview. Empirische Analysen methodischer Probleme. Frankfurt/M. und New York 1984, S. 281-300
PARKER, H.: Aus Jungen werden Männer. Kurze Adoleszenz in einem innerstädtischen Wohnbezirk, in: J.Clarke u.a. Jugendkultur als Widerstand. Frankfurt/M. 1979,S.181-216
PATERNOSTER, R., L. SALTZMANN, G.P. WALDO und T. CHIRICOS: Assessments of risk and behavioral experience: a exploratory study of change, in: Criminology, 23, 1985, S. 417-436
PENK, W.E. und R. ROBINOWITZ: Personality differences of volunteer and nonvolunteer heroin drug users, in: Journal of Abnormal Psychology, 85, 1976, S. 91-100
PENK, W.E. und R. ROBINOWITZ: A test of the voluntarism hypothesis among nonvolunteering opiate addicts who voluntarily return to treatment, in: Journal of Abnormal Psychology, 89, 1980, S. 234-239
PETERMANN, F.: Einstellung Jugendlicher zum Drogenproblem, in: Soziale Arbeit, 12, 1974, S. 537-545
PETERS, D.: Richter im Dienst der Macht. Stuttgart 1973
PETERS, H.: Jugendkriminalität, in: Gegenwartskunde, 34, 1985, S. 357-386
PETERSEN, R.C.: Marijuana overview, in: M.D. Glantz (Hg.), Correlates and consequences of marijuana use. NIDA Research Issues 34. Rockville, Md., 1984, S. 1-17
PETERSILIA, J.: Criminal career research: a review of recent evidence, in: N. Morris und M. Tonry (Hg.), Crime and Justice. An annual review of research. Chicago und London 1980, S. 321-380
PETERSON, B. und R. WETZ: Drogenerfahrung von Schülern. Ergebnisse einer empirischen Untersuchung. Stuttgart 1975
PEUCKERT, R.: Erscheinungsformen und Erklärungsversuche von Jugendkriminalität, in: Gegenwartskunde, 29, Sonderheft 29, 1980, S. 209-226
PEUCKERT, R.: Wohlstandsgesellschaft und Anomie, in: Gegenwartskunde, 34, 1985, S. 311-320
PFEIFER, A. und P. SCHMIDT: LISREL - Die Analyse komplexer Strukturgleichungsmodelle. Stuttgart und New York 1987

PFEIFER, D.K. und S. SCHEERER: Kriminalsoziologie. Eine Einführung in Theorien und Themen. Stuttgart 1979
PHILLIPS, D.: Knowledge from what? Theories and methods in social research. Chicago 1971
PHILLIPSON, M.: Theory, methodology and conceptualization, in: P. Filmer, M. Phillipson, D. Silverman and D. Walsh: New directions in sociological theory. London 1972, S. 77-116
PIEL, E.: Im Geflecht der kleinen Netze. Vom deutschen Rückzug ins Private. Osnabrück 1987
PIHL, R.O. und H. SIGAL: Motivation levels and the marihuana high, in: Journal of Abnormal Psychology, 87, 1978, S. 280-285
PILCZ, A.: Stellung des Alkoholikers im Strafrecht und Zivilrecht, in: G. Antons, P. Dittrich, J. v. Wagner-Jauregg (Hg.), Forensische Psychiatrie. 2 Bd. Wien und Leipzig 1910, S. 882-928
PILIAVIN, I.M. und S. BRIAR: Police encounters with juveniles, in: American Journal of Sociology, 70, 1964, S. 206-214
PILIAVIN, I.M., J.A. HARDYCK und A.C. VADUM: Constraining effects of personal costs on the transgressions of juveniles, in: Journal of Personality and Social Psychology, 10, 1968, S. 227-231
PILIAVIN,I, R. GARTNER, C. THORNTON UND M.L. MATSUEDA: Crime, Deterrence and Rational Choice, in: American Sociological Review, 51, 1986, S. 101-119
PLANT, M.: Drugtakers in an English town. London 1975
PÖGGELER, F.: Jugend auf der Suche nach dem Sinn des Lebens, in: Jugendschutz, 26, 1981, S. 33-39
POHLISCH, K.: Krankheitshäufigkeit und Art der Verbreitung der Opiatsuchten in Deutschland, in: Psychiatrisch-Neurologische Wochenschrift, 33, 1931a, S. 483-485
POHLISCH, K.: Die Verbreitung des chronischen Opiatmißbrauchs in Deutschland. Berlin 1931b
POLK, K.: Juvenile diversion: a look at the record, in: Crime and Delinquency, 30, 1984, S. 648-659
POLSKY, N.: Hustlers, beats and others. Garden City, N.Y. 1969
PORTMANN, R.: Suchtprophylaxe in der Schule, in: Hessisches Institut für Lehrerfortbildung (Hg.), Suchtprävention in der Schule. Fuldatal/Kassel 1982, S. 2-44
PROJEKTGRUPPE RAUSCHMITTELFRAGEN: "Amsel". Jahresbericht 1986. Jugendberatung und Jugendhilfe e.V. Frankfurt/M. 1987
PROJEKTGRUPPE TU DROP: Heroinabhängigkeit unbetreuter Jugendlicher. Weinheim und Basel 1984
PSYDATA: Jugend '81. Lebensentwürfe, Alltagskulturen, Zukunftsbilder. Band 1. Hamburg 1981
PSYDATA: Jugendliche + Erwachsene '85. Generationen im Vergleich. 5 Bde. Opladen 1985
PSYDATA: Jugend '92. 5 Bde. Opladen 1992
QUENSEL, S. und E. QUENSEL: Delinquenzbelastungsskalen für männliche Jugendliche, in: Kölner Zeitschrift für Soziologie und Sozialpsychologie, 1970, S. 75-97
QUINNEY, R.: Critique of legal orders. Crime control in capitalist society. Boston 1974
RAINS, P.: Imputations of deviance. A retrospective essay on the labeling perspective, in: Social Problems, 23, 1975, S. 1-11
RASCHKE, P., F. SCHLIEHE, D. FISCHER und A. GROENEMEYER: Therapie und Rehabilitation bei Drogenkonsumenten. Langzeitstudie am Beispiel des "Hammer Modells" (hg. vom Ministerium für Arbeit, Gesundheit und Soziales des Landes NRW). Düsseldorf 1985
RAY, M.C. und W.R. DOWNS: An empirical test of labeling theory using longitudinal data, in: Journal of Research on Crime and Delinquency, 23, 1986, S. 169-194
REBSCHER, E.: Die Entwicklung des Cannabismißbrauchs in der Bundesrepublik Deutschland in den letzten Jahren aus kriminologischer Sicht, in: W. Feuerlein (Hg.), Cannabis heute. Bestandsaufnahme zum Haschischproblem. Wiesbaden 1980, S. 118-126
REBSCHER, E.: Situation und Prognose der Rauschgiftkriminalität aus der Sicht des Bundeskriminalamtes, in: Kriminologische Probleme des Alkohol- und Drogenmißbrauchs. Heidelberg 1982, S. 27-40
REDHARDT, R.: Zur Psychopathologie der ideologischen und soziokulturellen Motivationszusammenhänge

des Haschischmißbrauches, in: Zeitschrift für Rechtsmedizin, 68, 1971, S. 57-72
REDLICH, F.: Rauschgifte und Suchten. Weltwirtschaftliche und soziologische Betrachtungen zu einem medizinischen Thema. Bonn 1929
REDLICH, F.C. und D.X. FREEDMAN: Theorie und Praxis der Psychiatrie. Bd. 2. Frankfurt/M. 1976
REEVES, C.: Motivation for changing methods of drug taking. Paper presented at the 30th International Congress on Alcoholism and Drug Dependence. Amsterdam 1972
REIMANN, H. und H. REIMANN: Jugendforschung in der Bundesrepublik, in: H. Reimann und H. Reimann (Hg.), Die Jugend. Einführung in die interdisziplinäre Juventologie, 2., völlig neu bearbeitete Aufl. Opladen 1987, S. 9-17
REISS, A.J. und A.C. RHODES: An empirical test of differential association theory, in: Journal of Research in Crime and Delinquency, 1, 1964, S. 13-17
REMSCHMIDT, H. und I. DAUNER: Klinische und soziale Aspekte der Drogenabhängigkeit bei Jugendlichen. Medizinische Klinik, 65, 1970, S. 1993-1997 u. 2041-2047
REMSCHMIDT, H. und I. DAUNER: Klinische und soziale Aspekte der Drogenabhängigkeit bei Jugendlichen. Teil 2. Medizinische Klinik, 65, 1970, S. 2041-2047
RENN, H.: Die Bedeutung gesellschaftlicher Faktoren bei der Suchtentwicklung, in: Deutsche Hauptstelle gegen die Suchtgefahren (Hg.), Sucht und Gesellschaft. Ursachen, Folgen, Zusammenhänge. Hamm 1984, S. 94-114
RENN, H.: Konsum von Alkohol, illegalen Drogen, Medikamenten und Tabakwaren bei Kindern und Jugendlichen in Hamburg. Ergebnisse einer Umfrage 1986/86 (Behörde für Arbeit, Gesundheit und Soziales der Freien und Hansestadt Hamburg). Hamburg 1988
REUBAND, K.H.: Die Bedeutung der Primärumwelten für das Wahlverhalten, in: Kölner Zeitschrift für Soziologie und Sozialpsychologie, 23, 1971, S. 544-567
REUBAND, K.H.: Differentielle Assoziation und soziale Schichtung. Dissertation im Fachbereich Philosophie, Sozialwissenschaften. Universität Hamburg. Hamburg 1974
REUBAND, K.H.: Normative Entfremdung als Devianzpotential. Über die Beziehung zwischen wahrgenommenem Lehrerverhalten und Bereitschaft zum Rauschmittelkonsum, in: K.H. Reuband (Hg.), Rauschmittelkonsum. Soziale Abweichung und institutionelle Reaktion. Wiesbaden 1976a, S. 17-40
REUBAND, K.H.: Bezugsgruppentheoretische Ansätze zur Erklärung der Konsumbereitschaft. Über den Stellenwert von Klassenkameraden und altersgleichen Jugendlichen, in: K.H. Reuband (Hg.), Rauschmittelkonsum. Soziale Abweichung und institutionelle Reaktion. Wiesbaden 1976b, S. 41-62
REUBAND, K.H.: Drogen - nicht mehr "in", aber noch lange nicht "out", in: Psychologie heute, 4, 1977a, S. 59-65
REUBAND, K.H.: Einstiegsdrogen und Drogensequenzen. Ergebnisse einer empirischen Analyse zum Rauschmittelkonsum, in: Medizinische Klinik, 72, 1977b, S. 618-624
REUBAND, K.H.: Untersuchungen zum Rauschmittelkonsum in der Bundesrepublik. Eine bibliographische Übersicht. Hamm 1977c
REUBAND, K.H.: Drogengebrauch und soziale Merkmale von Fixern, in: Neue Praxis, 9, 1979a, S. 85-108
REUBAND, K.H.: Devianz, Problemdefinition und institutionelle Reaktion. Ergebnisse einer Trendanalyse zum exzessiven Alkoholkonsum Jugendlicher, in: Kölner Zeitschrift für Soziologie und Sozialpsychologie, 31, 1979b, S. 56-78
REUBAND, K.H.: Konstanz und Wandel im Alkoholgebrauch Jugendlicher, in: H. Berger, A. Legnaro und K.H. Reuband (Hg.), Jugend und Alkohol. Trinkmuster, Suchtentwicklung und Therapie. Stuttgart 1980a, S. 22-41
REUBAND, K.H.: Exzessives Trinken bei Jugendlichen. Über den Einfluß von Problemlagen, sozialer Partizipation und Lebensstil, in: H. Berger, A. Legnaro und K.H. Reuband (Hg.), Jugend und Alkohol.

Trinkmuster, Suchtentwicklung und Therapie. Stuttgart 1980b, S. 76-93

REUBAND, K.H.: Delinquenz und Polizeiauffälligkeit, in: G. Albrecht und M. Brusten (Hg.), Soziale Probleme und soziale Kontrolle. Neue empirische Forschungen, Bestandsaufnahmen und kritische Analysen. Opladen 1982, S. 288-312

REUBAND, K.H.: Methodische Probleme bei der Erfassung altersspezifischer Verhaltensweisen: Die Zusammensetzung von Interviewerstäben und ihr Einfluß auf das Antwortverhalten Jugendlicher, in: ZA Information 17, 1985, S. 34-56

REUBAND, K.H.: Zur Verbreitung illegaler Drogenerfahrung in der Bevölkerung der Bundesrepublik - Versuche ihrer Messung im Rahmen der Umfrageforschung, in: Suchtgefahren, 32, 1986a, S. 87-102

REUBAND, K.H.: Drogenverbreitung, Wertewandel und Problemwahrnehmung. Anmerkungen zu einer neueren internationalen Studie, in: Neue Praxis, 6, 1986b, S. 491-500

REUBAND, K.H.: Drogenkonsum im Wandel. Eine retrospektive Messung der Drogenerfahrung Jugendlicher, 1967-1987, in: Zeitschrift für Sozialisationsforschung und Erziehungssoziologie (ZSE), 8, 1988a, S. 54-68

REUBAND, K.H.: Von äußerer Verhaltenskonformität zu selbständigem Handeln. Über die Bedeutung kultureller und struktureller Einflüsse für den Wandel in den Erziehungszielen und Sozialisationsinhalten, in: H. Meulemann und O. Luthe (Hg.), Wertewandel - Fakt oder Fiktion? Frankfurt/New York: Campus 1988b, S. 73-97

REUBAND, K.H.: Haschisch im Urteil der Bundesbürger. Moralische Bewertung, Gefahrenwahrnehmung und Sanktionsverlangen 1970-1987, in: Neue Praxis. Zeitschrift für Sozialarbeit, Sozialpädagogik und Sozialpolitik, 18, 1988c, S. 480-495

REUBAND, K.H.: Drogenstatistik 1987 - Neue Trends und Problemlagen: die Situation des Drogengebrauchs in der zweiten Hälfte der 80er Jahre, in: Deutsche Hauptstelle gegen die Suchtgefahren (Hg.), Jahrbuch '89 zur Frage der Suchtgefahren. Hamburg 1988d, S. 41-103

REUBAND, K.H.: Verbreitung und Erscheinungsformen des Drogengebrauchs: Umfragen unter Jugendlichen in Schleswig-Holstein 1968-1987, in: Jugendforum. Fachzeitschrift für Praxis, Wissenschaft und Politik der Jugendhilfe in Schleswig-Holstein, Nr. 9/10, 1988e, S. 240-244

REUBAND, K.H.: Illegale Drogen. Ein Sozialindikatorenreport, in: Deutsche Hauptstelle gegen die Suchtgefahren (Hg.), Jahrbuch '90 zur Frage der Suchtgefahren. Hamburg 1989a, S.113-155

REUBAND, K.H.: Drogen- und Alkoholkonsum bei Jugendlichen, in: M. Markefka und R. Nave-Herz (Hg.), Handbuch der Familien- und Jugendforschung. Bd. II: Jugendforschung. Neuwied und Frankfurt/M. 1989b, S. 757-778

REUBAND, K.H.: Abhängig vom ersten "Schuß"? Über das Experimentieren Jugendlicher mit Heroin und injektivem Drogengebrauch, in: Soziale Probleme, 2, 1991, S. 189-207

REUBAND, K.H.: Drogenkonsum und Drogenpolitik. Deutschland und die Niederlande im Vergleich. Opladen 1992

REUBAND, K.H.: Forschungsdefizite im Bereich des Drogengebrauchs, in: Sucht. Zeitschrift für Wissenschaft und Praxis, 39, 1993, S. 48-57

RIESMANN, P.: Die einsame Masse. Eine Untersuchung der Wandlungen des amerikanischen Charakters. 5. Aufl. Reinbek bei Hamburg 1961

ROBBINS, E.S., L. ROBBINS, W.A. FROSCH und M. STERN: College student drug use, in: American Journal of Psychiatry, 126, 1970, S. 1743-1751

ROBINS, L.N. und G.E. MURPHY: Drug use in a normal population of young negro men, in: American Journal of Public Health, 57, 1967, S. 1580-1596

ROBINS, L.N.: The Vietnam drug user returns. Final report. Special action office monograph, Series A, No. 2. Washington May 1974

ROBINS, L.N.: Alcoholism and labeling theory, in: W.R. Gove (Hg.), The labeling of deviance.

Evaluating a perspective. New York 1975 S. 21-33
ROGERS, E.M. und F.F. SHOEMAKER: Communication of innovations. A cross-cultural approach. New York 1971
ROKEACH, M.: Beliefs, attitudes and values. San Francisco 1968
ROMAN, P.M. und H.M. TRICE: Normalization: a neglected complement to labeling theory. Paper presented at the American Sociological Association meeting. Denver 1971
ROOM, R.: Measuring alcohol consumption in the U.S.: methods and rationals. Paper presented at the Alcohol Epidemiological Section 31st International Institute on the prevention and treatment of alcohol problems. Rome June 2-7, 1985
ROONEY, J.F. und T.L. WRIGHT: An extension of Jessor and Jessor's problem behavior theory from marijuana to cigarette use, in: The International Journal of the Addictions, 17, 1982, S. 1273-1287
ROSE, G. und R.A. HAMILTON: Effects of a juvenile liaison scheme, in: British Journal of Criminology, 10, 1970, S. 2-20
ROSSI, P.H.: Why families move. Glencoe, Ill. 1955
ROSZAK, T.: Gegenkultur. Gedanken über die technokratische Gesellschaft und die Opposition der Jugend. München 1973
ROUNSAVILLE, B.J. und H.D. KLEBER: Untreated opiate addicts. How do they differ from those seeking treatment?, in: Archives on General Psychiatry, 42, 1985, S. 1072-1077
ROUSE, B.A., N.J. KOZEL und L.G. RICHARDS (Hg.): Self-report methods of estimating drug use: meeting current challenges to validity. NIDA Research Monograph 57. Rockville, Md. 1985
RUBINGTON, E. und M.S. WEINBERG (Hg.): Deviance. The interactionist perspective. Text and readings in the sociology of deviance. 6. Aufl. London 1971
RUBNER, O.: Die Epidemiologie und das Kausalitätsproblem der Cannabis-Abhängigkeit, in: W. Feuerlein (Hg.), Cannabis heute. Bestandsaufnahme zum Haschischproblem. Wiesbaden 1980, S. 147-156
RÜTHER, W.: Abweichendes Verhalten und "labeling approach", Köln 1975
RUPPEN, R., U. MÜLLER, U. BAUMANN und J. ANGST: Zur Prüfung der Aussagegenauigkeit bei einer Befragung über Drogenkonsum, in: Zeitschrift für Präventivmedizin, 18, 1973, S. 173-181
RUSAM, A. und G. BERNHÖFT: Rauschmittelgefährdete Jugendliche. Bericht aus einer Beratungsstelle, in: Praxis der Kinderpsychologie und Kinderpsychiatrie, 21, 1972, S. 152-155
SACK, F.: Definition von Kriminalität als politisches Handeln: der labeling approach, in: Kriminologisches Journal, 4, 1972, S. 3-31
SACK, F.: Probleme der Kriminalsoziologie, in: R. König (Hg.), Handbuch der empirischen Sozialforschung. Band 12. Stuttgart 1978, S. 192-492
SACK, F.: Kriminalität, Gesellschaft und Geschichte: Berührungsängste der deutschen Kriminologie, in: Kriminologisches Journal, 19, 1987, S. 241-268
SADAVA, S.W.: Patterns of college student drug use: a longitudinal social learning study, in: Psychological Reports, 33, 1973, S. 75-86
SALTZMANN, L., R. PATERNOSTER, G.P. WALDO und T.G. CHIRICOS: Deterrent and experiential effects: the problem of causal ordering in perceptual deterrence research, in: Journal of Research in Crime and Delinquency, 19, 1982, S. 172-189
SARIS, W. und H. STRONKHORST: Causal modelling in nonexperimental research. An introduction to the LISREL approach. Amsterdam 1984
SAURBIER, H.: Bekämpfung der Drogensucht - eine Aufgabe für die Jugendhilfe, in: Politische Akademie Eichholz (Hg.), Werkbericht 5: Drogen - eine tödliche Gefahr. Melle 1980, S. 139-161
SAVITZ, L: Institutional Sources - arrests, in: L.G. Richards und L. B. Blevens (Hg.), The epidemiology of drug abuse. Current issues. NIDA Research Monograph 10. Washington 1977, S. 84-88
SCHADEWALDT, H.: Medizinhistorische Betrachtungen zum Rauschgiftproblem, in: Ärztliche Praxis, 23,

1971, S. 3591-3593 u. 3635-3638
SCHADEWALDT, H.: Einführung und Geschichte zur Theorie von Mißbrauch und Abhängigkeit, in: W. Feuerlein (Hg.), Theorie der Sucht. Berlin 1986, S. 151-164
SCHÄFERS, B. (Hg.): Jugend in der Gegenwartsgesellschaft. Sonderheft 2 von Gegenwartskunde. Gesellschaft - Staat - Erziehung, 29, 1980
SCHAPS, E. und C.R. SANDERS: Purposes, patterns and protection in a campus drug using community, in: Journal of Health and Social Behavior, 11, 1970, S. 135-145
SCHEERER, S.: Die abolitionistische Perspektive, in: Kriminologisches Journal, 16, 1984, S. 90-111
SCHEFF, T.J.: The societal reaction to deviance. Ascriptive elements in psychiatric screening of mental patients in a midwestern state, in: Social Problems, 11, 1964, S. 401-413
SCHEIDT, J. v.: Der falsche Weg zum Selbst. Studien zur Drogenkarriere, 2. erw. Aufl.. Frankfurt 1984 (zuerst 1972)
SCHENK, J.: Zur Persönlichkeitsstruktur des Haschischkonsumenten, in: Wehrpsychologische Untersuchungen, 9, 1974, Heft 1. Hg. vom Bundesministerium der Verteidigung. Bonn 1974a
SCHENK, J.: Ausmaß und Struktur des Drogenkonsums Jugendlicher in Deutschland, in: Wehrpsychologische Untersuchungen, 9, 1974, Heft 3/4. Hg. vom Bundesministerium der Verteidigung. Bonn 1974b
SCHENK, J.: Drogenkonsum und die Beurteilung von Drogen und Drogenkonsumenten bei frisch eingezogenen Rekruten. Eine repräsentative Befragung, in: Wehrpsychologische Untersuchungen, 9, 1974, Heft 5. Hg. vom Bundesministerium der Verteidigung. Bonn 1974c
SCHENK, J.: Droge und Gesellschaft. Berlin 1975
SCHENK, J.: Massenmedien und Drogenkonsum - Das Beispiel der Frankfurter Allgemeinen Zeitung, in: T. Kutsch, G. Wiswede (Hg.), Drogenkonsum: Einstieg, Abhängigkeit, Sucht. Königstein 1980, S. 161-177
SCHENK,M.: Soziale Netzwerke und Kommunikation. Tübingen 1984
SCHEUCH, E.K.: Die Sichtbarkeit politischer Einstellungen im alltäglichen Verhalten, in: E.K. Scheuch und R. Wildenmann (Hg.), Zur Soziologie der Wahl. Köln und Opladen 1965, S. 169-214
SCHEUCH, E.K.: Die primäre und die sekundäre Wirklichkeit, in: Merkur, 1970, S. 209-229
SCHEUCH, E.K.: Haschisch und LSD als Modedrogen. Osnabrück 1971a
SCHEUCH, E.K.: Vorstellungen von Glück in unterschiedlichen Sozialschichten, in: H. Kundler (Hg.), Anatomie des Glücks. Köln 1971b, S. 71-85
SCHEUCH, E.K.: Das Interview in der empirischen Sozialforschung, in: R. König (Hg.), Handbuch der empirischen Sozialforschung, Bd. 2, 1. Teil, 3. Aufl. Stuttgart 1973, S. 66-190
SCHEUCH, E.K.: Forschungstechniken als Teil der Soziologie heute, in: M.R. Lepsius (Hg.), Zwischenbilanz der Soziologie. Verhandlungen des 17. Deutschen Soziologentages. Stuttgart 1976, S.83-127
SCHEUCH, E.K. und T. KUTSCH: Grundbegriffe der Soziologie. Band 1. Grundlegung und elementare Phänomene. 2. veränderte Aufl. Stuttgart 1975
SCHIVELBUSCH, W.: Das Paradies, der Geschmack und die Vernunft. Eine Geschichte der Genußmittel. München und Wien 1980
SCHMERL, C.: Drogenabhängigkeit. Kritische Analyse psychologischer und soziologischer Erklärungsansätze. Opladen 1984
SCHMIDT, T.: Niederlande - Drogenpolitik zunehmend international anerkannt, in: Sucht Report, 1, 1987, S. 53
SCHMIDT-SCHERZER, R., W. KRAHE, C. RÖSCHINGER und E. THOMAS: Eine Tageslaufanalyse bei Drogenkonsumenten, in: Archiv für Psychologie, 123, 1971, S. 244-250
SCHMIDTBAUER, W. und J.v. SCHEIDT: Handbuch der Rauschdrogen. Frankfurt/M. 1984
SCHMIDTOBREICK, B.: Suizid und Suizidversuche bei Suchtkranken, in: E. Ringel et al.: Sucht und

Suizid. Freiburg 1976, S. 37-53
SCHMITT, W., O. STEIN und C. WOLF: Bericht über eine repräsentative Untersuchung zum Drogenproblem an saarländischen Schulen. Vervielfältigter Bericht. Saarbrücken 1975
SCHMITT, W. und O. STEIN: Drogenreport 1977. Bericht über den Konsum von Rauschmitteln, Nikotin, Alkohol und Medikamenten bei saarländischen Schülern. Vervielfältigter Bericht. Saarbrücken 1979
SCHMITZ, R.: Opium als Heilmittel, in: G. Völger und K.v. Welck (Hg.), Rausch und Realität. Drogen im Kulturvergleich. Bd. 2. Reinbek bei Hamburg 1982, S. 650-661
SCHNEIDER, A.: Expressive Verkehrskreise. Eine empirische Untersuchung zu freundschaftlichen und verwandtschaftlichen Beziehungen. Dissertation an der Wirtschafts- und Sozialwissenschaftlichen Fakultät der Universität zu Köln. Köln 1969
SCHÖCH, H.: Empirische Grundlagen der Generalprävention, in: T. Vogler (Hg.), Festschrift für Hans-Heinrich Jeschek zum 70. Geburtstag. Berlin 1985, S. 1081-1105
SCHÖNHÖFER, P.: Die Pharmakologie der Cannabis-Wirkstoffe, in: J. Schenk (Hg.), Drogenkonsum und Drogenabhängigkeit bei Jugendlichen. Ulm 1976, S. 72-90
SCHOLL-SCHAAF, M. und R. HORNUNG: Drogenkonsum im sozialen Lernfeld der Gleichaltrigen, in: W. Canzani (Hg.), Hilfe! Unser Kind nimmt Drogen. Zürich 1983, S. 49-57
SCHRAG, C.: Crime and justice: American style. Rockville, Md. 1971
SCHREIBER, M.: Staatliche Drogenpolitik im Rückblick, in: D. Korczak (Hg.), Die betäubte Gesellschaft. Süchte: Ursachen - Formen Therapien. Frankfurt/M. 1986, S. 220-233
SCHROEDER, F.C. (Hg.): Rauschgift. Bekämpfung des Drogenmißbrauchs. (Aktuelle Dokumente). Berlin und New York 1973
SCHROFF, K.D.: Fall einer Vergiftung mit Haschisch (erstmals erschienen 1857), in: Wiener Zeitschrift für Suchtforschung, 2, 1978/79, S. 39-42
SCHÜTTLER, R. und H.D. KÖRNER: Zum derzeitigen Stand des Drogengebrauchs bei Oberschülern unter besonderer Berücksichtigung des Motivs zum Drogenverzicht, in: Das öffentliche Gesundheitswesen, 36, 1974, S. 819-824
SCHULMAN, G.I.: Who will listen to the other side? Primary and secondary group support and selective exposure, in: Social Problems, 18, 1971, S. 404-415
SCHUMAN, H.S,: Attitudes vs. action versus attitudes vs. attitudes, in: Public Opinion Quarterly, 36, 1972, S. 347-354
SCHUMAN, H.S. und M.P. JOHNSON: Attitudes and behavior, in: A. Inkeles, J. Coleman und N. Smelser (Hg.), Annual Review of Sociology, Bd. 2, Palo Alto, Cal. 1976, S. 161-207
SCHUMANN, K.F.: Labeling approach und Abolitionismus, in: Kriminologisches Journal, 17, 1985, S. 19-43
SCHUR, E.M.: Radical nonintervention. Rethinking the delinquency problem. Englewood Cliffs, N.J. 1973
SCHUR, E.M.: Comments, in: W.R. Gove (Hg.), The labeling of deviance. Evaluating a perspective. New York 1975, S. 285-294
SCHWARTZ, M. und J. STRYKER: Deviance, self and others. Washington 1970
SCHWARZ, H.: Über Rauschgiftsucht. Halle (Saale) 1953
SCHWARZ, J., M. BERGIUS, O. ANHEGGER und K. BIRNBAUM: Ergebnisse einer repräsentativen Umfrage über den Gebrauch von Rauschmitteln bei Oberschülern in Schleswig-Holstein, in: Das öffentliche Gesundheitswesen, 33, 1971, S. 228-237
SCHWARZ, J.: Feststellungen zum Rauschmittelgebrauch Jugendlicher in Schleswig-Holstein, in: H. Schäfer (Hg.), Grundlagen der Kriminalistik. Bd. 9: Rauschgiftmißbrauch, Rauschgiftkriminalität. Hamburg 1972, S. 195-208
SCHWARZ, J., J. LAUBENTHAL, D. LEINEWEBER und A.-K. RUSTAD: Bisher unveröffentlichte Ergebnisse einer zweiten Umfrage über den Rauschmittelgebrauch bei Schülern in Schleswig-Holstein.

Unveröffentlichtes Manuskript. Kiel 1972
SCHWARZ, J.: Verbreitung und Epidemiologie des Drogenmißbrauchs und die Probleme Jugendlicher in Schleswig-Holstein, in: W. Keup (Hg.), Mißbrauch chemischer Substanzen (Alkohol, Medikamente, Drogen, Nikotin) - Neuere Forschungsergebnisse. 1. Wissenschaftliches Symposium in Tübingen 1974. Hamm 1975, S. 81-95
SCHWEITZER, H. und K. WEHR: Erkenntnisse aufgrund der Auswertung von Strafverfahren, die in Verbindung mit Betäubungsmittelmißbrauch stehen. Unveröffentlichtes Manuskript. Institut für Rechtsmedizin der Technischen Hochschule Aachen. Aachen 1973
SCHWEIZER, T.: Netzwerkanalyse als moderne Strukturanalyse, in: T. Schweizer (Hg.), Netzwerkanalyse. Ethnologische Perspektiven. Berlin 1989, S. 1-34
SCHWENKEL, I.: Jugenddelinquenz in den Mittelschichten. Phil. Dissertation, Universität Hamburg. Hamburg 1973
SCHWONKE, M. und U. HERLYN: Wolfsburg. Soziologische Analyse einer jungen Industriestadt. Stuttgart 1967
SCOTT, P.: Gangs and delinquent groups in London, in: J. B. Mays (Hg.), Juvenile delinquency, the family and the social groups. A reader. London 1972, S. 45-68
SEELISCH, B.: Untersuchungen zur Rauschmittelgefährdung Jugendlicher in Hamburg. Med. Dissertation, Universität Hamburg. Hamburg 1972
SHORT, J.F.Jr. und F.I. NYE: Reported behavior as a criterion of deviant behavior, in: Social Problems, 5, 1957, S. 207-213
SHORT, J.F., Jr. und F L. STRODTBECK: Group processes and gang delinquency. Chicago 1965
SICKINGER, R. und M. WÖBCKE: Rauschdrogen, in: G. Herz (Hg.), Schülerprobleme. Acht Beiträge zu Konfliktbereichen der Schülerexistenz. Wissenschaft und Praxis, Band 8. Lüneburg 1983, S. 175-207
SIEBER, M. und J. ANGST (unter Mitarbeit von J. Binder): Drogen, Alkohol- und Tabakkonsum. Ein Beitrag zur Epidemiologie und Ätiologie bei jungen Erwachsenen. Bern 1981
SILBEREISEN, R.K. und M. REITZLE: Self-esteem, leisure motives, and adolescents' substance use. Berichte aus der Arbeitsgruppe TU drop Jugendforschung 38/1984
SILBEREISEN, R.K. und P. KASTNER: Entwicklungstheoretische Perspektiven für die Prävention des Drogengebrauchs Jugendlicher, in: J. Brandstätter und H. Gräser (Hg.), Entwicklungsberatung unter dem Aspekt der Lebenspause. Göttingen 1985, S. 83-102
SILBERMANN, M.: Toward a theory of criminal deterrence, in: American Sociological Review, 41, 1976, S. 442-461
SIMMEL, G.: Soziologie. Untersuchungen über die Formen der Vergesellschaftung. 4. Aufl. Berlin 1958
SIMON, R., K. HERBST und L. GRIEB: Repräsentativerhebung 1990 zum Konsum und Mißbrauch von illegalen Drogen, alkoholischen Getränken, Medikamenten und Tabakwaren. Regionalauswertung für die Hansestadt Hamburg. IFT-Bericht. München 1992
SIMON, R., G. BÜHRINGER und P.M. WIBLISHÄUSER: Repräsentativerhebung 1990 zum Konsum und Mißbrauch von illegalen Drogen, alkoholischen Getränken, Medikamenten und Tabakwaren. IFT-Bericht. München 1992
SIMPSON, D.D., M.R. LLOYD und M.J. GENT: Reliability and validity of data. National follow-up study of admission to drug abuse treatments in the DARP During 1969-1972, IBR Report 76-18, Institute of Behavioral Research, Texas Christian University, Fort Worth, Texas 1976
SINGLE, E., D.B. KANDEL und B.D. JOHNSON: The reliability and validity of drug use response in a large scale longitudinal survey, in: Journal of Drug Issues, 1975, S. 426-443
SINUS: Die verunsicherte Generation. Jugend und Wertewandel. Opladen 1983
SINUS: Jugendforschung in der Bundesrepublik. Opladen 1984
SKRENTNY, W.: Diesseits und jenseits der Glitzermeile, in: W. Skrentny (Hg.), Hamburg zu Fuß. 20

Stadtteilrundgänge durch Geschichte und Gegenwart. Hamburg 1986, S. 159-176
SMAUS, G.: Gesellschaftsmodelle in der abolitionistischen Bewegung, in: Kriminologisches Journal, 18, 1986, S. 1-18
SMAUS, G.: Kriminologie und Geschichte. Eine Einführung, in: Kriminologisches Journal, 2. Beiheft 1987, S. 3-17
SMITH, D.D.: Cognitive consistency and the perception of other's opinion, in: Public Opinion Quarterly, 32, 1968, S. 1-15
SMITH, G.P. und C.G.FOGG: Teenage drug abuse. A search for causes and consequences, in: D.J.Lettieri (Hg.), Predicting adolescent drug abuse. A review of issues, methods and correlates. Rockville, Md. 1975, S.277-282
SMITH, D.J. und J. GRAY: Police and people in London. Aldershot 1985
SMITH, T.W.: Happiness: time trends, seasonal variations, intersurvey differences, and other mysteries, in: Social Psychology Quarterly, 42, 1979, S. 18-30
SPECTOR, M.: Labeling theory in Social Problems: a young journal launches a new theory, in: Social Problems, 24, 1976, S. 69-75
SPRINGER, W.: Kriminalitätstheorien und ihr Realitätsgehalt. Stuttgart 1973
SPRINGER, A.: Zur Kulturgeschichte des Haschisch in Europa, in: Kriminalsoziologische Bibliographie, 7, 1980, S. 121-138
SPRINGER, A.: Zur Kultur- und Zeitgeschichte des Cannabis, in: W. Burian und I. Eisenbach-Stangl (Hg.), Haschisch: Prohibition oder Legalisierung. Ursachen und Folgen des Cannabisverbots. Weinheim und Basel 1982, S. 34-43
STAATS, G.R.: Effects of supply, secrecy, and immorality on marijuana use: an examination of the Becker hypothesis, in: Contemporary Drug Problems, 3, 1977, S. 437-445
STAATS, G.R.: An empirical assessment of controls affecting marijuana usage, in: British Journal of Addiction, 73, 1978, S. 391-398
STADTJUGENDAMT: Untersuchung über Rauschmittelgebrauch an Speyer Schulen. Vervielfältigter Bericht. Speyer 1971
STAHL, C.D. und W. PANZER: Soziales Umfeld und Familiensituation bei drogengefährdeten Jugendlichen, in: Praxis der Kinderpsychologie und Kinderpsychiatrie, 22, 1973, S. 230-235
STALLBERG, F.W.: Bemerkungen zur Rezeption des Labeling Ansatzes in der westdeutschen Kriminalsoziologie, in: Kriminologisches Journal, 7, 1975, S. 161-171
STALLBERG, F.W.: Schule als Kontrollinstanz. Ein kriminalsoziologischer Bezugsrahmen, in: Kriminologisches Journal, 9, 1977, S. 175-186
STARK-ADAMEC, C., R.O. PIHL und R.E. ADEMEC: Contributions of individual differences to subjective intoxication, in: Psychological Reports, 47, 1980, S. 863-869
STATISTISCHES BUNDESAMT: Datenreport 1987. Zahlen und Fakten über die Bundesrepublik Deutschland. Bonn 1987
STEFFEN, W.: Analyse polizeilicher Ermittlungstätigkeit aus der Sicht des späteren Strafverfahrens. BKA-Forschungsreihe, Bd. 4. Wiesbaden 1976
STEIL, F.: Die Entmündigung beim chronischen Morphinismus. Med. Dissertation. Bonn 1925
STEINERT, H.: Das Interview als soziale Interaktion, in: H. Meulemann und K.H. Reuband (Hg.), Soziale Realität im Interview. Empirische Analysen methodischer Probleme. Frankfurt/M. und New York 1984, S. 17-59
STEINERT, H.: Zur Aktualität der Etikettierungs-Theorie, in: Kriminologisches Journal, 17, 1985, S. 29-43
STEINITZ, H.: Ein Unkraut bedroht Amerika. Marijuana verdirbt die Jugend - Die Zahl der Süchtigen wächst, in: Die Welt, 22.8.1951
STEPHENS, R.: The truthfulness of addict respondents in research projects, in: The International Journal

of the Addictions, 3, 1972, S. 549-558
STINCHCOMBE, A.L.: Police practice, types of crime, and social location, in: A.L. Guenther (Hg.), Criminal behavior and social systems. Contributions of American sociology. Chicago 1971, S. 352-367
STOSBERG, K.: Sozialisation und Sozialisationsstörungen - ein soziologischer Ansatz, in: W. Feuerlein (Hg.), Sozialisationsstörungen und Sucht. Entstehungsbedingungen, Folgen, therapeutische Konsequenzen. Wiesbaden 1981, S. 5-15
STOSBERG, K.: Normorientiertheit Süchtiger - ein sozialisationstheoretischer Ansatz, in: U. Kuypers (Hg.), Werte und Normen in der Hilfe für Suchtkranke. Freiburg 1984, S. 43-59
STOSBERG, K., M. PFEIFFER-BECK und E. LUNGENHAUSEN: Wege aus der Heroinabhängigkeit. Ergebnisse einer katamnestischen Untersuchung bei Patienten einer Langzeittherapieeinrichtung. Erlangen 1985
STRAUSS, A.: Spiegel und Masken. Die Suche nach Identität. Frankfurt/M. 1968
SUCHT REPORT: Harte Gangart gegen Drogenmißbrauch in Schweden, in: Sucht Report, Nr. 4, 1989, S. 50-51
SUTHERLAND, E.H.: Principles of criminology. 4.Aufl..Chicago 1947
SUTHERLAND, E.H.: The Sutherland Papers. Herausgegeben von A. Cohen, A. Lindesmith und K. Schuessler. Bloomington 1956
SUTHERLAND, E.H. und D.R. CRESSEY: Principles of criminology. 6. Aufl. Chicago 1960
SUTKER, P.B. und A.N. ALLAIN: Incarcerated and street heroin addicts: a personality comparison, in: Psychological Reports, 32, 1973, S. 243-246
SYKES, G.M. und D. MATZA: Techniques of neutralization: a theory of delinquency, in: M.E. Wolfgang, L. Savitz und N. Johnston (Hg.), The sociology of crime and delinquency. 6. Aufl. New York 1966 (zuerst 1962), S. 249-254
TÄSCHNER, K.-L.: Haschisch. Traum und Wirklichkeit. Wiesbaden 1981
TÄSCHNER, K.-L.: Therapie der Drogenabhängigkeit. Ein Handbuch. Stuttgart 1983
TÄSCHNER, K.-L.: Das Cannabisproblem. Haschisch und seine Wirkungen. 3. erw. Aufl.. Köln 1986
TÄSCHNER, K.-L. und G. BORT: Kokainmißbrauch - eine unterschätzte Gefahr?, in: Suchtgefahren, 33, 1987, S. 369-378
TANNENBAUM, F.: Crime and the Community. Boston 1938
TARDE, G.: On communication and social influence, hg. von T.N. Clark. Chicago und London 1969
TAYLOR, D.A.: Motivational bases, in: G.J. Chelune u.a.: Self-disclosure. San Francisco 1979, S. 110-150
TAYLOR, I., P. WALTON und J. YOUNG: The new criminology. For a theory of deviance. London 1973
TEC, N.: The peer group and marijuana use, in: Journal of Crime and Delinquency, 1972, S. 298-309
TEEVAN, J.: Subjective perception of deterrence (continued), in: Journal of Crime and Delinquency, 13, 1976, S. 155-164
THAMM, B.G.: "Sozialer Konsum" von Haschisch? - Eine Jugend- und gesundheitspolitische Herausforderung, in: W. Feuerlein (Hg.), Cannabis heute. Bestandsaufnahme zum Haschischproblem. Wiesbaden 1980, S. 147-156
THATE, B.R.: Süchtige Rauschgiftkonsumenten. Eine kriminologische Untersuchung an 251 Abgeurteilten. Jur. Dissertation, Universität Heidelberg. Heidelberg 1974
THOMAS, C.W. und D.M. BISHOP: The effect of formal and informal sanctions on delinquency: a longitudinal comparison of labeling and deterrence, in: The Journal of Criminal Law and Criminology, 75, 1984, S. 1222-1245
THOMAS, W.I.: Person und Sozialverhalten. Herausgegeben von E.H. Volkart. Neuwied und Berlin 1965
THOMAS, W.I.: On social organization and social personality. Selected papers. Edited and with an Introduction by M. Janowitz. Chicago und London 1966

THÜMMEL, R.: Cannabiskonsum und Persönlichkeit. Eine Vergleichsstudie von Cannabiskonsumenten und Nichtkonsumenten. Berichte und Studien aus der pädagogischen Abteilung der Universität Trier Nr. 13. August 1984
TITTLE, C.R.: Deterrents or labeling?, in: Social Forces, 53, 1975, S. 399-410
TITTLE, C.R.: Sanctions and social deviance. The question of deterrence. New York 1980
TITTLE, C.R., M.J. BURKE und E.F. JACKSON: Modeling Sutherland's theory of differential association: toward an empirical clarification, in: Social Forces, 65, 1986, S. 405-432
TURNER, R.H.: The quest for universals in sociological research, in: American Sociological Review, 18, 1953, S. 604-611
TURNER, R.: Deviance avowal as neutralization of commitment, in: Social Problems, 19, 1972, S. 308-321
UCHTENHAGEN, A.: Hintergründe des Drogenkonsums, in: W. Canzani (Hg.), Hilfe! Unser Kind nimmt Drogen. Zürich 1983, S. 59-68
UCHTENHAGEN, A. und R. WELZ: Epidemiology of drug use in some European countries. Referat auf der WHO Interregional Conference. Brüssel 1983
UCHTENHAGEN, A.: Gegenwärtiger Stand der Haschischforschung, in: G. Völger und K.v. Welck (Hg.), Rausch und Realität. Drogen im Kulturvergleich. Bd. 3. Reinbek bei Hamburg 1982, S. 1397-1401
UCHTENHAGEN, A.: Zehn Jahre Methadon-Programm in der Schweiz - zum Bericht der Schweizer Methadonkommission, in: Der Minister für Arbeit, Gesundheit und Soziales des Landes NRW (Hg.), Medikamentengestützte Rehabilitation bei Drogenabhängigen. Düsseldorf 1987, S. 76-86
VAN DER WERFF, C.: Recidivism and special deterrence, in: British Journal of Criminology, 21, 1981, S. 136-147
VILLMOW, B. und E. STEPHAN (unter Mitarbeit von H. Arnold): Jugendkriminalität in einer Gemeinde. Eine Analyse erfragter Delinquenz und Viktimisierung sowie amtlicher Registrierung. Kriminologische Forschungsberichte aus dem Max-Planck-Institut für ausländisches und internationales Strafrecht Freiburg i. Br., Band 6. Freiburg 1983
VÖLGER, G. und K.v. WELCK (Hg.), Rausch und Realität. Drogen im Kulturvergleich. 3. Bde. Hamburg 1982.
VOGT, I.: Für alle Leiden gibt es eine Pille. Über Psychopharmakakonsum und das geschlechtsrollenspezifische Gesundheitskonzept bei Mädchen und Frauen. Opladen 1985
VOLKART, E.H.: Einführung. Soziales Verhalten und Definition der Situation, in: W.I. Thomas, Person und Sozialverhalten. Herausgegeben von E.H. Volkart. Neuwied und Berlin 1965, S. 11-48
VORMANN, G.: Drogenhilfe, in: H. Eyferth, H.-U. Otto und H. Thiersch (Hg.), Handbuch zur Sozialarbeit/Sozialpädagogik. Neuwied und Darmstadt 1984, S. 263-270
VOSS, G.: Der Einfluß der sozialen Lage auf Nerven- und Geisteskrankheiten, Selbstmord und Verbrechen, in: M. Mosse und G. Tugendreich (Hg.), Krankheit und soziale Lage. München 1913, S. 400-472
WACHENFELT, M.A. von: Die THC-Gehalte in Cannabis und Cannabisharz in von der schwedischen Polizei beschlagnahmten Partien, in: Archiv für Kriminologie, 174, 1984, S. 167-178
WAGNER, K.: Das Potential des Labeling approach - Versuch einer programmatischen Neueinschätzung, in: Kriminologisches Journal, 17, 1985, S. 267-289
WALDMANN, H.: Gruppendynamik bei jugendlichen Rauschmittelkonsumenten in sozialpsychologischer Sicht, in: H. Schäfer (Hg.), Grundlagen der Kriminalistik. Bd. 9. Hamburg 1972, S. 93-99
WALDO, G.P. und T.G. CHIRICOS: Perceived penal sanction and selfreported criminality: a neglected approach to deterrence research, in: Social Problems, 19, 1972, S. 522-540
WALDORF, J.: Careers in dope. Englewood Cliffs, N.J. 1973
WALKER, M.A.: Self-reported crime studies and the British crime survey, in: The Howard Journal, 22,

1983, S. 168-176
WALLEN, R.: Individual's estimate of group opinion, in: Journal of Social Psychology, 17, 1943, S. 269-274
WANKE, K.: Neue Aspekte zum Suchtproblem. Multifaktorielle Analysen klinischer Erfahrungen mit jungen Drogenkonsumenten. Med. Habil.- Schrift, Universität Frankfurt. Frankfurt/M. 1971
WANKE, K., B. ZIEGLER und L. SÜLLWOLD: Empirische Untersuchungen zum Rauschmittelmißbrauch in Frankfurt, in: H.E. Ehrhardt (Hg.), Perspektiven der heutigen Psychiatrie. Frankfurt/M. 1972, S. 191-196
WANKE, K. und K.L. TÄSCHNER: Rauschmittel. Drogen, Medikamente, Alkohol. Stuttgart 1985
WASROW, J.E., J.E. OLSON, C. SALTZMANN, M.M. KATZ und C. CHASE: Psychological effects of tetrahydrocannabinol, in: Archives of General Psychiatry, 22, 1970, S. 97-107
WAY, E.L.: History of opiate use in the orient and the United States, in: Annals of the New York Academy of Sciences, 348, 1982, S. 12-33
WEBER, R.: Eine neue Wohnumwelt. Stuttgart und Bern 1971
WEBER, W.: Verändertes Verhalten und verminderte Leistungen in der Schule bei Cannabis-Konsumenten, in: W. Feuerlein (Hg.), Cannabis heute. Bestandsaufnahme zum Haschischproblem. Wiesbaden 1980, S. 110-117
WEEDE, E.: Hypothesen, Gleichungen und Daten. Spezifikations- und Meßprobleme bei Kausalmodellen für Daten aus einer und mehreren Beobachtungsperioden. Kronberg/Ts. 1977
WEGENER, B.: Widersprüche über Cannabis, in: Sucht Report, Nr. 6, 1987, S. 21-25
WEIDMANN, M.: Das Drogenverhalten von Basler Schülern. Basel 1977
WEINER, I.B.: The generation gap - fact and fancy, in: Adolescence, 6, 1971, S. 155-166
WELZ, R. und F. KLEFF: Drogenabhängigkeit - wie kann man sie messen? in: Suchtgefahren, 26, 1980, S. 153-164
WELZ, R.: Drogen, Alkohol und Suizid. Stuttgart 1983
WENDIGGENSEN, P.: Hamburger Drogenkonsumenten. Med. Dissertation, Universität Hamburg. Hamburg 1972
WESSELS, M.G.: Kognitive Psychologie. New York 1984
WEST, D.J. und D.P. FARRINGTON: The delinquent way of life. London 1977
WEST, D.J.: Delinquency. Its roots, careers and prospects. London 1982
WETZ, R.: Jugendliche und Rauschmittel (Untersuchung im Auftrag der Bundeszentrale für gesundheitliche Aufklärung). Köln 1971
WHITE, H.R., V. JOHNSON und A. HORWITZ: An application of three deviance theories to adolescent substance use, in: The International Journal of the Addictions, 21, 1986, S. 347-366
WHITEHEAD, P.C. und R.G. SMART: Validity and reliability of self-reported drug use, in: Canadian Journal of Criminology and Correction, 14, 1972, S. 1-8
WIATROWSKI, M.D., D.B. GRISWOLD und M.K. ROBERTS: Social control theory and delinquency, in: American Sociological Review, 46, 1981, S. 525-541
WIEBE, H.H.: Jugend in Europa. Ihre Situation in den zentraleuropäischen Gesellschaften und der Stand der Forschung. Opladen 1988
WIEDEMANN, L.R.: Welthafen ohne Marihuana. Rauschgiftvergehen in Hamburg sehr selten - Schwindel mit Pfefferminz, in: Welt am Sonntag, 3.1. 1954
WIENOLD, H.: Kontakt, Einfühlung und Attraktion. Zur Entwicklung von Paarbeziehungen. Stuttgart 1972
WILLE, R.: Processes of recovery from heroin dependence: relationship to treatment, social changes and drug use, in: Journal of Drug Issues, 13, 1983, S. 333-342
WILLIAM, K.R. und R. HAWKINS: Perceptual Research on general deterrence: a critical review, in:

Law and Society Review, 20, 1986, S. 545-572
WILLIAMS, R.M.: Friendships and social values in a suburban community: an explorating study, in: The Pacific Sociological Review, 2, 1959, S. 3-10
WILLIAMS, J.R. und M. GOLD: From delinquent behavior to official delinquency, in: Social Problems, 20, 1972, S. 209-229
WILLIAMS, J.R.: Effects of labeling the "drug-abuser": an inquiry. NIDA Research Monograph 6. Rockville, Md. 1976
WINFREE, L.T., C.T. GRIFFITHS und H. E. THEIS: Drugs, ethnicity and the impact of social control mechanisms: drug use in a rural school system. Paper presented at the Annual Meetings of the Society for the Study of Social Problems, Sept. 2-4, 1978, San Francisco.
WINSLOW, C.N.: A study of the extent of agreement between friends' opinions and their ability to estimate the opinion of each other, in: Journal of Social Psychology, 8, 1937, S. 433-442
WIRLER, A.: Clinical and social aspects of marihuana intoxication, in: Archives of General Psychiatry, 23, 1970, S. 320-325
WISSLER, A.: Die Opiumfrage. Eine Studie zur wirtschaftlichen und weltpolitischen Lage der Gegenwart. Jena 1931
WISWEDE, G.: Soziologie abweichenden Verhaltens. 2., völlig veränderte Aufl.. Stuttgart 1979
WOLFGANG, M.E., R.M. FIGLIO und T. SELLIN: Delinquency in a birth cohort. Chicago und London 1972
WOLFGANG, M.E., R.M. FIGLIO und T.P. THORNBERRY: Evaluating criminology. New York 1978
WORMSER, R.D.: Manifester Inhalt und latente Vorurteile der Drogenberichterstattung, in: K.H. Reuband (Hg.), Rauschmittelkonsum. Soziale Abweichung und institutionelle Reaktion. Wiesbaden 1976, S. 109-124
WORMSER, R.D.: Drogenkonsum und soziales Verhalten bei Schülern. Eine empirische Untersuchung der Zusammenhänge von Drogengebrauch, Leistung, Persönlichkeit und Sexualität. München 1973
WRIGHT, D: What is friendship?, in: New Society, No. 394, 1970, S. 632-634
YABLONSKY, L.: The hippie trip. Baltimore 1973
ZA (Zentralarchiv für Empirische Sozialforschung) Codebuch Nr. 1968. Köln o. J.
ZAPF, W.: Einleitung in das SPES-Indikatorensystem, in: W. Zapf (Hg.), Lebensbedingungen in der Bundesrepublik Deutschland. Sozialer Wandel und Wohlfahrtsentwicklung. Frankfurt/M. und New York 1978, S. 11-27
ZELLER, R.A. und Z.H. LEVINE: The effects of violating the normality assumption underlying r, in: Sociological Methods and Research, 2, 1974, S. 511-519
ZIMRING, F.E. und G.J. HAWKINS: Deterrence. The legal threat in crime control. Chicago und London 1973
ZIMMERMANN, R.: Zur Situation des ersten Rauschmittelkonsums. Über den Stellenwert situationsspezifischer Faktoren für die Aufnahme und Fortsetzung des Konsums, in: K.H. Reuband (Hg.), Rauschmittelkonsum. Soziale Abweichung und institutionelle Reaktion. Wiesbaden 1976, S. 63-75
ZINBERG, N.E.: The social setting as a control mechanism in intoxicant use, in: D.J. Lettieri, M. Sayers und H. Wallenstein Pearson (Hg.), Theories on drug abuse. Selected contemporary perspectives. NIDA Research Monograph 30. Rockville, Md. 1980, S. 236-244
ZYLMANN, E.: Suchtmittel in der Hand junger Menschen, in: W. Becker (Hg.), Jugend in der Rauschgiftwelle? Hamm 1968, S. 17-22

Aus dem Programm Sozialwissenschaften

Thomas Schweer/
Hermann Strasser

Cocas Fluch

Die gesellschaftliche Karriere des Kokains

1994. 205 S. Kart.
ISBN 3-531-12585-0

Die Autoren beschäftigen sich mit der Kulturgeschichte, den Konsumformen und den gesellschaftlichen Wirkungen des Kokains. Anhand der Chronologie des Koka-, Kokain- und Crackgebrauchs wird aufgezeigt, daß Prestige oder Stigma der Droge nicht so sehr von ihren objektiven Wirkungen abhängig ist als vielmehr von der sozialen Schicht, der ihr Gebrauch primär zugeordnet wird. Darüber hinaus analysiert das Buch die Situation in den drogenproduzierenden Staaten Südamerikas sowie in den konsumierenden Industrieländern.

Ronald Hitzler/Anne Honer/
Christoph Maeder (Hrsg.)

Expertenwissen

Die institutionalisierte Kompetenz zur Konstruktion von Wirklichkeit

1994. 318 S. Kart.
ISBN 3-531-12581-8

‚Expertenschaft' wird von den Autoren dieses Bandes als eine soziale Etikettierung begriffen, die aufgrund spezieller Kompetenzansprüche und Kompetenzunterstellungen vorgenommen wird. In diesen empirischen Arbeiten steht deshalb die Frage nach der gesellschaftlichen Konstruktion von Experten ebenso wie nach der Konstruktion von Wirklichkeit durch Experten im Vordergrund. Gefragt wird auch, inwiefern sich die beanspruchten und unterstellten Kompetenzen von Experten, Spezialisten und Professionellen gleichen und unterscheiden und wogegen sie sich ‚abheben' (z. B. gegen Laientum, Amateurhaftigkeit, Dilettantismus, gegen Allerweltswissen, den ‚gesunden Menschenverstand', bildungsbürgerliche Wohlinformiertheit usw.).

Manfred Clemenz/Arno Combe/
Christel Beier/Jutta Lutzi/
Norbert Spangenberg

Unter Mitarb. von R. Dichmann/
W. Habicht/D. Hosemann/
D. Reichardt

Soziale Krise, Institution und Familiendynamik

Konfliktstrukturen und Chancen therapeutischer Arbeit bei Multiproblem-Familien

1990. 346 S. Kart.
ISBN 3-531-12169-3

Multiproblem-Familien befinden sich zumeist in einer Situation, die ausweglos erscheint: Arbeitslosigkeit, Verschuldung, familiäre Konflikte, Schulversagen der Kinder, Alkoholismus, Drogenabhängigkeit und Prostitution sind die Probleme, mit denen diese Familien konfrontiert sind. Die Studie zeigt, wie wichtig therapeutische Hilfsmaßnahmen sind, die diesen Unterprivilegierten einen Ausweg aus gettoartigen Verhältnissen, aus Resignation und Hoffnungslosigkeit zu zeigen vermögen.

WESTDEUTSCHER VERLAG
OPLADEN · WIESBADEN

GPSR Compliance

The European Union's (EU) General Product Safety Regulation (GPSR) is a set of rules that requires consumer products to be safe and our obligations to ensure this.

If you have any concerns about our products, you can contact us on ProductSafety@springernature.com

In case Publisher is established outside the EU, the EU authorized representative is:

Springer Nature Customer Service Center GmbH
Europaplatz 3
69115 Heidelberg, Germany

Batch number: 10809468

Printed by Printforce, the Netherlands